U0138850

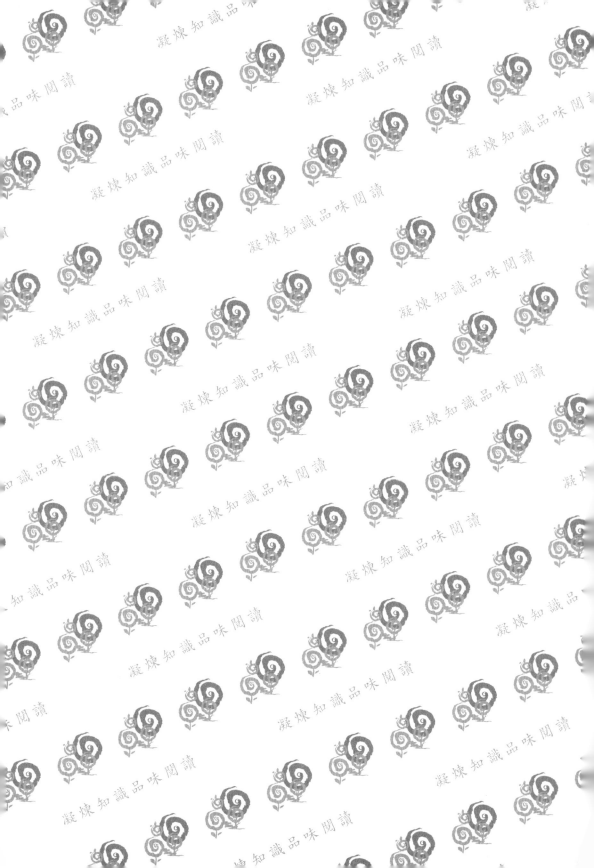

比較政府

張世賢｜著

|2023年最新版|

五南圖書出版公司 印行

六版序

　　現在是複雜快速變遷的社會，也是資訊社會；比較政府教科書要隨各國政府改變而隨之修正。修改的頻率要配合市場的需求。只要盯著，並不難，因為現在已有快速的谷歌報導，比期刊論文、工具書都還快。

　　圖書館的工具書，例如《世界政治手冊》（*Political Handbook of World, 2016-2017*）、《歐羅巴世界年鑑》（*The Europa World Year Book, 2017*）都也未能載入最新資料。最實用的，還是政府機關網站及谷歌網站。對於教科書的更新，要養成隨時更新的習慣，不可累積到改版時才更新，也就是要「與時俱進」。

　　本書第五版（2018.09）之後，因選舉資料已多改易，為及時提供最新資料，第六版之修訂，承蒙文化大學行政管理系蘇俊斌副教授、銘傳大學柯文娟兼任副教授全力進行，特予致謝。

　　由於人工智慧技術的革命，機器已有學習的能力，應用到比較政府的編纂，可以利用網路資訊，隨時因時間的改易，修訂各國政府記載的新觀念、新思維、新法規、新人事更迭、新政府組織結構，及新統計資料等，而不致成為歷史陳跡也快速與讀者一起學習，一起成長，一起在手邊，隨時方便翻閱參考，爭取時間，快速了解與應用。

張世賢 誌
2023 年 8 月 24 日

目錄

圖目次

表目次

第一章　緒　論

第一節　政府的涵義

一、政府的定義

　　政治與人類社會有著密切關係，單獨一個人是無法產生政治。然而二人以上因個人背景及生活環境不同，且所追求的目標及利益不同時，彼此之間的交往自然會產生利益衝突，因此需要政治來解決。當利益衝突無法獲得完全解決時，政治是無法達成目標的。唯有在雙方利益衝突能妥協時，政治才能存在。換言之，衝突與協調是政治上解決爭執的二大工作。

　　由於對於政治所持的理念和研究範圍不同，學者給予眾多不同的定義。其中，廣為眾人接受的有拉斯威爾（Harold D. Lasswell, 1952）的定義——政治是涉及「誰得到什麼，什麼時候，以及使用何種方法」；戴克（Vernon V. Dyke, 1960: 134）認為政治乃是指「在公共事務的爭議上，追求相互衝突慾望的行動者間的對抗」；而伊斯頓（David Easton, 1965）的說法是「權威性的價值分配」的過程。由這些定義我們不難瞭解政治乃充滿了衝突，因此需要政治權威當局來加以處理，而處理的方式是在正式及非正式的政治結構中行使政治權力。

　　人們與生俱來厭惡政治衝突，為了避免衝突演變為暴力，必須建立政府結構來疏導及處理衝突。十七世紀政治哲學家霍布斯（Thomas Hobbes, 1588-1679）曾描述在無國家情境（即自然狀態）一旦出現，則毫無限制的自由，將意味著「混亂」（Warre）。在此種情境下，人人相互對抗，而且生活將是孤獨的、困苦的、險惡的和物質缺乏的。因此，個人為了擺脫自然狀態的恐怖情境，就必須相互訂定契約，承認一個主權者的存在，以確保秩序和穩定。霍布斯的社會契約說（Social-Contract Theory）認為人民敬重和服從國家的最後目的是在換取政治統治體系的穩定和安全。

　　政府最重要的功能是透過公共政策來解決眾人之事，滿足人民需要。大抵而言，政府決策過程包括：(一)利益表達（Interest Articulation）：個人與利益團體可透過政黨、遊行、寫信、民意、調查等方式將意見向政府表達；(二)利益匯集（Interest Aggregation）：將不同或相互衝突的意見加以整合的過程，使其成為公共政策制定或討論的重心；(三)規則制定（Rule-Making）：當匯總的利益加以討論後，將制定一套完整的決策；(四)規則運用（Rule-Application）：當政策制定後，即須依據政策運行，不得加以變更（任意變更）；(五)規則裁決（Rule-Adjudication）：討論政策運行是否符合大眾利益，及執行效果如何（Ranney, 1996: 5）？

　　雖然政治研究離不開戰爭、紊亂和其他分裂行為，但是，政治研究最主要的關切是政府在社會組織如何解決衝突和相互牴觸的利益，而不致造成社會分裂。其主要目的不是在避免衝突，而是處理無可避免的衝突；亦不是試圖使社會意見一致，而是要有一個能使社會上多數人能容忍的政策，即使這些政策被認為是錯誤的。

　　從上述可知，「政府」（Government）具有兩種不同的意義，但又相互關聯：(一)指一群人在一段時間之內，在社會之中發揮其功能；(二)指執行這些功能的一套制度（Institution）。制度裡的行動者不斷更迭，可是制度和它所包含的程序（Procedure）卻能持續下去。

　　本書為政府所下的定義則同時包含了這兩層意義：政府是一套人和制度的組合體，為一特定的社會制定及執行法令（Ranney, 1996: 7）。

二、政府的特性

(一) 政府是由少數人所組成之機構

　　一個政府可能包括很多人，但其人數和全國人口相比必是少數的。即使希臘城邦國家的直接民權，所有享有公民權者，都可參加立法。但公民在全國人民中到底是占少數的。以現代民主國家言，所有投票者，也都屬於政府範圍內，而這些投票者在所有的人口裡，仍算是少數。組成政府的這些少數人，他們的行為，有一固定的行為模式，亦即他們在政府內的行為，不是隨心所欲，而是受傳統、規範、習慣、法令規章所約束，形成一套制度化的行為。政府是

人與制度的組合體，此套組合體稱機構。

(二) 政府是一個權力之組織體

政府是一個組織體。無論是專制獨裁或民主共和體制，政府都是擁有甚大的權力。政府的決定對整個社會都能發生約束力，其權力影響範圍比其他社群團體為廣。任何團體在政府權力範圍之內，若不遵守政府的決定，必受制裁。政府會運用各種強制性的手段，使人服從。雖然其他社群團體亦運用強制性手段使其成員就範，但不如政府所運用之具有高度強制性。政府內部為一權力結構，故稱權力的組織體。其權力能表現合法性、公權力、公信力、管轄力、約束力，及貫徹力。此一權力之組合體有上下層級，內部存有「命令與服從」關係之層級結構（Hierarchy）。

(三) 處理公共事務之過程

政府的權力，主要是為社會大眾處理事務，不論其為制定政策或執行政策，均在保障社會，適應社會的需求。其所作的事情，都是有關公眾的事務。在法治的社會，政策則以法令方式表達出來。

三、與其他社群團體的區別

(一) 對組成分子之約束強弱

社群團體成員可自由參加或退出，而組成國家的成員是國民，不能自由參與或自由退出。故政府對非志願的成員比社群團體具有更大的影響力。其強度係指政府賦予政策貫徹力，對違反命令、義務者可加以懲罰，包括剝奪自由、財產，甚至生命。而其他社群團體本身之正式組織或非正式組織對其成員的規範力、節制力之強度不如政府；如有，亦係政府所授予。

(二) 具有唯一合法獨占生死裁判

政府具有合法獨占的審判人民罪刑之權力，對於剝奪人民的生命權具有合法的獨占，是其他社群團體所沒有的。

(三) 擁有物質力量之多寡

物質力量並非指精神或倫理道德之力量，而是指人力、物力、財力等具體的力量。若以政府擁有之物質力量與其他社群團體相比較，有其絕對之優勢。例如，政府為貫徹其政令，可以使用行政機關人員、警察、法庭，甚至軍隊。

(四) 決策冒險性之高低

政府的決策與其他社群團體相比，有高度冒險性，好則國家興隆、社會繁榮，壞則可能亡國滅種，得失之間差距甚大（Ranney, 1996: 28-31）。

第二節　政府的分類

一、分類的目的

政府分類的目的在化繁為簡，化複雜為單純，以便於認識、分析並易於引申和解釋。

二、分類的標準之要求

(一) **明確**：分類的標準要明白、確定、具體，而不是模稜兩可。
(二) **實質**：分類的標準要實質的，不是形式的，在學理上有意義或可實際應用的。
(三) **窮盡**：分類的標準要使各項變數能歸類。
(四) **不重複**：只能歸於某一類，不能再歸於另一類。
(五) **可再分類**：對同一性質之分類對象，可再細加分類。

以上五點，第一點到第四點為良好分類所必備，而第五點則為更進一步的要求，並不一定要具備。

三、分類的標準

(一) 以選擇國家元首的方式作為分類標準

1. 世襲制：國家元首的產生係基於世襲，如英國和日本。

2. 共和制：國家元首的產生係經由選舉產生，如我國、美國、法國和德國。大抵上，國家元首由直接選舉產生，民意基礎大，權力亦大；由間接選舉產生者，民意基礎小，權力亦小。

(二) 以地域性分類作為分類標準

1. 單一政府（Unitary Government）：僅有一個中央政府。雖有許多地方政府，但權力是中央所賦予，可隨時收回或放出，沒有保障。地方政府僅為中央政府的分支或分派。

2. 聯邦政府（Federal Government）：由許多分子邦組成國家，稱為聯邦；中央與地方政府的權力同時基於憲法的規定而得到保障。地方政府權力為原始俱有，非由聯邦所賦（授）予，在憲法中獲得保障。聯邦政府的權力不如單一國政府的權力，聯邦與各邦的權力在憲法受到保障，不得互相侵犯。如美國聯邦政府與地方政府之權限，各自在憲法中規定、保障；目前有50個州，各州地位平等，各州由人民選出兩個代表，為聯邦參議院的成員。

3. 均權制：如中華民國，地方與中央之權限，於憲法第107條至第110條規定，依事項之性質，有全國一致性質者歸中央，有全省一致性質者歸省，有一縣之性質者歸縣。

(三) 依權力的功能區分之關係來分類

以立法權、行政權、司法權三權之間整體運作之不同而為區分標準：

1. 內閣制政府（Cabinet System, Parliamentary System）

標準的內閣制以英國為代表，行政權屬於內閣，內閣獨立於元首之外，而由國務總理及國務員組織。行政權要有立法權的支持與配合，方能行事。元首為虛位，政務由內閣負責；內閣若無國會的支持，則將形成倒閣；若國會不能代表民意則內閣可解散國會，進行改選。內閣制的精神在於國會能符合民意，內閣須有國會議員的支持，方能行事；兩者若有衝突，則訴諸於選民，即內閣

隨時要有民意的基礎方能行事。

2. 總統制（Presidential System）

標準的總統制以美國為代表，行政權屬於元首，各部首長只是元首的下屬。行政權一方與立法權分離，他方又與立法權相互配合。總統與國會議員由選民直接或間接選出，分別對選民負責。以美國為例，總統由選民間接選舉產生，向選民負責。參議員為各州兩名，50州共100名，任期六年，每兩年改選三分之一；眾議員按各州人口比例選出不同數之代表（全國劃分為435個選區），任期兩年。

總統制的精神為政務不由單一權力機關獨自作決策，必須由二個以上的機關相互配合作決定，如不能配合便形成相互牽制、制衡之局。以人事權為例，人事權屬行政權之範圍，但並非完全由行政首長一手包辦，須歷經提名、同意、任命三階段，提名權、任命權屬於總統，而同意權則在參議院。總統的人事權須獲得參議院的配合，方能成事。

以立法權之法律案能否成立為例，法律案成立的條件：(1)國會兩院議員三讀通過後；(2)由總統審查是否公布；(3)若同意則公布之，不同意（認為窒礙難行）可退回覆議；覆議時若有三分之二以上國會議員堅持原議，則總統只得公布，不得修正，否則就不公布；(4)若正值國會休會期間，總統無法退回覆議，則形成「袋中否決」。國會雖有立法權亦須與總統配合，否則受總統之牽制。

3. 委員制（Swiss System）

由國會選出委員會，行政權隸屬於立法權之下，其優點為既不牽制，也不對抗。以瑞士為代表，由選民選出議員，議員組成國會而擁有立法權；再由國會選出七位委員負責政務執行，擁有行政權。二權之間關係是行政權隸屬於立法權，彼此分工互助，而非相互對抗。國會無須倒閣，內閣亦無須解散國會。簡言之，瑞士委員制發達的原因：(1)瑞士小國寡民，施用此制因政務簡單、責任清楚，不致推諉塞責；(2)有良好的地方自治基礎，可選任適當議員；(3)人民生活水準高，不會造成委員會獨裁；(4)人民有創制權和複決權可以牽制政府，政府不致獨裁。

前蘇聯的「蘇維埃制」（Soviet System），類似委員制。由選民選出人民代表，組成蘇聯人民代表大會，為國家最高權力機關。再從蘇聯人民代表大會

的代表選出最高蘇維埃代表，組成蘇聯最高蘇維埃，為常設蘇聯國家權力之立法、行政和監督機關。另外，在蘇聯最高蘇維埃組成蘇聯部長會議，即蘇聯政府。然而目前蘇聯已瓦解。

(四) 以政府是否對人民負責而區分

以政府是否對人民負責而區分為民主、獨裁、極權和威權四種。

1. 民主

是一種政府組織型態，它據以建立的原則包括：(1)人民主權；(2)政治平等；(3)大眾諮商；(4)多數統治（Ranney, 1996: 94-99）。

所謂「人民主權」是指國家在作任何決定的時候，最終的決定權在全體人民，而非操之在一人或少數人手中，這是民主政治最基本的原則。

「政治平等」是指每個人民都應有同樣政治機會參與政府的決策過程，「一人一票，每票同值」。

「大眾諮商」是指在民主國家當中必須要有制度，讓官員知道人民想要政府採取和執行哪些政策，由大眾經由各種意見表達和討論的管道，凝聚成幾種不同觀點或共識。

「多數統治」是指當人民對政策有不同看法的時候，政府應根據多數人的意見行事。不過，這並不表示政府在採取每項行動之前都要先諮詢人民意見，再依據多數人的意見行事。「多數人」所能決定的是政府決策的方式。他們可能把政府日常事務交由某些官員行使，再透過定期或不定期的選舉決定這些官員是否繼續留任。民主政府係以多數統治，決定政府政策而向人民負責，例如：英、美、法、德、日等。

2. 獨裁

獨裁的基本原則是國家主權集中在一個人或少數人手中，淪為少數統治。政治平等遭到破壞，大眾諮商也形同具文。人民之投票與否或結果根本無法改變其決定或去留。

獨裁和民主都是政府類型，但在實際政治上，程度上各有差異。獨裁者有各種不同的統治型式，包括沙烏地阿拉伯及阿曼的絕對王權、前伊朗柯梅尼的基本教義體制，以及智利和衣索匹亞的軍事獨裁等。

3. 極權

　　極權主義則主張由政府指導人民各個生活層面的意識形態來塑造人民成為國家所需要的。其次，極權主義是建立在集權主義之上，認為團體重於個人，無論極右的法西斯或極左的共黨都是典型代表。現代極權國家特徵如下：

(1)具有一個官方的意識形態，指導個人生活的所有層面，而任何社會成員都必須服從，不僅是表面，內心亦復如此。

(2)有一個單一的群眾政黨（Mass Party），強調有一個非常嚴密的官僚體系，而非一個鬆散的政黨。由一個人領導黨員，而這些黨員如同官方意識形態的傳教士。政黨或領導意識形態的功過是非，不是這些黨員能夠批評。

(3)所有現代極權主義國家都會建立一個以現代科技為基礎的祕密警察控制系統，即以高科技為主的恐怖系統強化控制，整肅異己。

(4)在現代極權國家中，領袖與單一政黨幾乎完全獨占與控制一切有效的大眾傳播媒介，即使不掌有，亦有相當影響力。

(5)領袖與單一政黨獨占一切有效的武裝戰鬥工具，即以黨領軍。

(6)所有極權主義國家都經由官僚組織掌管所有原先的私人公司、團體，以便達到整體經濟集中控制的目的。也就是對所有經濟活動採取集權控制，不允許私人經濟活動存在。

4. 威權

　　它是一種統治當局強制將其價值或政策加諸於整個社會，而疏忽社會成員意願的政府形式。大抵上，威權政治的基本原則與民主政治相對立，例如：

(1)在民主政治中的公共討論及公平的選舉，在威權政治中絕大部分是由少數在位的決策者所取代；即威權政治體系下，主權集中於一人或一個小團體，所以缺少大眾諮商。

(2)在威權政治中，統治者不受憲法條款的約束，可以用強制的方式將其所選擇的任何政策加諸社會；即威權政治下，並非人人政治平等，因而統治者可以不受憲法的約束，依據個人的偏好制定政策不須考慮社會成員的意願。

(3)統治者所主張的權威並不具有合法性，也就是其權威不需要得到人民的同意或授權，而是來自於統治者本身的特質，如個人魅力。

第三節　研究方法

實驗是自然科學發現過程中的主要關鍵方法。然而，實驗在政治科學中是罕見的。何況人們不像實驗室的小白鼠，不能為了達成某種目標而犧牲，也不能容忍被人操縱。因此，政治科學研究通常必須透過觀察，藉以獲得在無人為束縛情況下的研究資料。其方式是政治科學研究努力去比較分析國與國之間的政治現象。如果發現許多國家具有相同的規則，他們會發覺在相關事件上有相關的連環性。這種過程通常是無意的。因此，國與國之間的關係基本上是政治理論的基礎。

一般而言，政治研究方法包括：一、以國家為中心的「制度」研究途徑；二、以社會為中心的研究途徑；以及三、以國家為中心的「政策」研究途徑（任德厚，1995：34-46；陳水逢，1994：19-30）。

一、以國家為中心的「制度」研究途徑

以國家為中心的制度研究途徑曾經是最傳統與熱門的研究途徑。在第二次大戰之前，學者之研究集中在政府的正式組織，如行政立法、司法與憲法。相對地，對於非正式組織與政府所處之大環境則鮮有觸及。其研究多為描述性而非分析性的，對政府部門之間非正式的關係亦未加研究，僅從事法理性與歷史性的敘述。

其研究對象有文化上的限制，即僅限於歐美國家。其研究目的在瞭解先進國家情形，學習其優點長處，規避其缺點，並引進為國內政治改革、行政革新之用。其研究相當功利，研究「比較政府」旨在有利於憲政改革、內政改革、國際外交、貿易、軍事的拓展和國家利益之維護。其具體的研究途徑有制度研究途徑、法規研究途徑、歸納法、邏輯分析和比較法。簡言之，此種研究途徑具有下列的優缺點：

(一) 它較著重歐美國家的研究，因此有其偏狹性的缺失。

(二) 它著重於敘述性的面向而缺少分析功能。

(三) 它重視正式制度及法律層面的研究結果，而疏忽了動態過程的研究。

(四) 它較傾向於個案取向而非真正的比較。

二、以社會為中心的研究途徑

　　二次大戰後，許多新興國家之建立，帶來了不同於歐美的政府結構。社會科學研究方法的發展，使「比較政府」的觀點轉移到「比較政治」焦點——政治的社會環境、政府的結構與表現是受到外在社會大環境的影響，探討的主題如政治參與、傳播媒體、投票行為、輿論與政治生活的社會、經濟基礎。

　　此研究途徑為行為研究（Behavioral Approach）之一部分，其所強調的是人，而非制度，因此主張人才是根本。行為學派學者認為制度只不過是提供一個架構，讓政治行動者進行競爭，而且最後是競爭的結果決定架構。與前述的研究途徑相對照，以社會為中心的研究途徑具有下列特質：

(一) 政治分析的單元從制度轉變為個人。

(二) 從結構轉變為過程。

(三) 從政府轉變為政治。

(四) 強調解釋而非敘述，量化而非質的證據。

(五) 強調政治與其他社會科學間的相同而非相異之處。

　　由於對於量化的強調，致使研究傾向於易於量化的主題，如投票行為，甚至於忽略了對政府過程的研究，亦即忽略了研究主題之政治相關性。

　　其強調社會對國家之影響，強調研究目的在發展科學的知識，促進政治科學的進步，在建構定理、定律和理論，用以解釋政治現象。一般都強調經驗研究、調查研究和實證研究。其研究過程為：

(一) 廣泛的閱覽資料。

(二) 閱讀理論。

(三) 由理論指導所應爬梳的資料。

(四) 找出相關變項（因素）。

(五) 建立某些變項之間的短暫關係進而建立假設。

(六) 尋找資料驗證假設為肯定或否定：

1. 驗證假設若為肯定，則尋找相關理論，予以說明或解釋。

2. 驗證假設若為否定，則修正假設，重新驗證到為肯定為止，最後真正建立理論。

三、以國家為中心的「政策」研究途徑之興起

80年代開始，政治學者重新發現國家是一項主要的變數，因而改變了行為學派過度重視社會因素的現象，也導致制度再次被列為研究的重點，因此有了新制度主義（New Institutionalism）的出現。國家機關再度成為「比較政府」和「比較政治」研究之焦點，但與傳統的以國家制度為中心的研究途徑已有顯著的不同。其不再對政府機構有詳盡的描述，而是將政府機構視為一積極的主體，有能力制定政策、執行政策，塑造並改造社會，而不是單純、被動為社會的反映產物而已。換言之，新制度主義認為制度可以影響人的行為，因此強調的是制度和行為的互動關係，並借用行為學派的概念和方法來輔助研究上的需要。

國家被視為可用其政策制定的智慧、政策執行的貫徹力和合法的壟斷社會資源，來影響社會的重要變革。強調國家機關是因，社會現象是果，因此要探討政策之所以形成的民意機關、具體政策制定的結構、政策執行的結構，以及解決衝突的司法制度，另外尚有中央與地方之關係。這些政策發展過程即是本書章節的結構。

四、著力的重點

80年代以來，以國家政策為中心的研究途徑具有下列特質：

(一) 使吾人得以從「動態」與「整體」層面，落實到由「政策」的觀點來比較各國之國家機關為何？

(二) 使吾人從「描述」的政治制度與過於強調社會因素以致研究失去政治相關性，提升到分析國家與社會兩者之間的「政策」互動關係。

(三) 使我們在國際政治之廣泛視野中，我們要問哪一種政府組織結構，較能具有政策制定的「生產力」和「競爭力」，而與他國在高度「競爭與合作」的國際舞臺上，一較長短。

五、比較項

　　沒有一個國家具有完美的政治制度，但是每一個政治制度都有值得借鏡之處。就正面意義而言，它可以提供我們較省時省力的學習途徑；就負面意義而言，它可以避免我們重蹈覆轍。經由政府之間的比較分析，我們可以獲得政治改革理念以及避免觸犯錯誤的理念。因此研究比較政府大抵上具有兩大目的：

(一) 可以幫助我們從不同的角度來觀察及瞭解自己國家制度的特質，並進而有助於我們比較分析本國與他國制度有何相同或相異之處、有何優缺點，以及改進之道。

(二) 可以幫助我們對於政治運作過程提出解釋並藉以驗證學術理論。簡言之，比較政府是一項有用的研究分析工具——它可以增加我們敘述及瞭解任何一個國家的政治能力；它也有助於政治學理論的形成，使我們更能掌握行為的一般性、規則性及政治過程的法則。

　　然而「比較政府」不是「各國政府」，亦不是「比較政治」，要有比較項。本書的比較項為：(一)政策系絡因素：憲政發展和政治心理基礎；以及(二)政策運作相關項目：國會制度、政策制定的結構、政策執行的結構、司法制度和中央與地方的關係。此外，由於區域整合已為國際趨勢，歐盟在國際上具有舉足輕重的影響力，因此特列一章探討。全書擬以這些比較項作為主要架構，逐章說明並比較。

第二章　憲政發展

第一節　涵　義

　　憲法是國家的根本大法，它的內容不僅規定國家的基本組織及功能，更是所有的法令依據。憲法內容所作的各種規定，固然構成國家的政治規範，但是一個國家在實際政治運作所依循的規範，並不僅限於憲法規定者。凡議會規則、行政措施、憲法解釋案、判例、政治傳統及慣例，均屬國家的政治規範。這些憲法法典以外的政治規範都屬於憲政範疇。因此在瞭解一國的國會體制、行政機關的特質，以及中央與地方關係之前，我們必須先瞭解各國的憲政基礎。

　　每個國家都有其特殊歷史背景、地理環境、民族性格及文化型態。因此其政黨發展有其獨特性。由於世上沒有兩個國家具有相同的憲政經驗，為作客觀的比較分析，我們必須同時列舉六國憲政發展作為研究對象，據以提出各國憲政發展的特色。此外，政治體制是隨著時空發展逐漸累積而成，為瞭解各國憲政特色，我們以憲政發展過程和憲政內容特點作為分析的焦點。

第二節　英　國

壹、憲政發展過程

　　英國憲法是屬於不成文的柔性憲法。它的憲政發展過程是持續的變革和演化，經由長期的累積方有今日的英國憲法。其整個憲政發展過程，大致可由下列六個時期加以探討（張金鑑，1996：510；張佐華，1990：1-28）。

一、薩克森時期（Saxon）

薩克森人殖民英國時間為始於第五世紀到第十一世紀，將近七百年。這段期間的政治制度具有三大特色：

(一) 建立地方組織

村（Township）→鎮（Hundred）→縣（Shire）→中央政府。

(二) 賢人會議（Witan）的成立

其組成分子是王族、主教、方丈、縣長及地方的重要人士。

(三) 國王制度的建立

上述這些政治制度對日後英國憲政發展顯示出兩大特點：
1. 組織呈現由下而上的逐級隸屬關係，較易維持國家的團結統一。
2. 在各級組織中，人民都有參與國事的機會，培養民主政治基礎。

二、諾曼時期（Norman）

西元1066年諾曼人征服薩克森人，而由威廉一世統治英國。諾曼王朝期間與英國憲政發展較有重大關聯者是：

(一) 中央集權制度的建立

對於英國的民主憲政發展而言，中央集權制度的建立並未阻礙其發展，反而因為它的建立，貴族勢力遭致削弱而人民的力量得以提升。

(二) 大會議的成立

威廉一世將薩克森時期的賢人會議改為大會議（The Great Council）。大會議是由王族、教士及貴族組成，而由國王召集和主持會議，是國王的輔佐機關。

(三) 宗教法庭的成立

　　威廉一世命令主教應退出地方法院，另成立宗教法庭專門處理宗教案件，而與普通法院分離。

三、普利坦晉時期（Plantagent）

　　亨利二世（Henry II, 1154-1189）於1154年成為英國國王，並進入普利坦晉王朝。該時期對於英國的憲政有三項事績影響後代甚遠：

(一) 亨利二世的改革司法制度、設置巡迴法院及陪審制度

　　巡迴法院的判決經過整理後成為判例法並為日後普通法（The Common Law）的中心，而陪審制度更是日後英國司法體系的一大特色。

(二) 英王約翰（John, 1199-1216）1215年發布的大憲章（The Magna Carta）

　　本質上是國王與特權階級間利害關係的一種協議，而非人民與國王間的契約。雖然如此，大憲章的內容對於英國憲政基礎仍有深遠影響。

(三) 亨利三世的巴力門改革

　　除了改革參與者的資格限制放寬之外，並擴大「大會議」的參與人數，因而奠定了英國平民院的基礎。

四、都托及斯圖亞時期（Tudor and Stuart）

　　愛德華三世（Edward III, 1327-1377）即位後，為爭取王位先後發生了英法兩國的百年戰爭（The Hundred Years War, 1337-1453），以及玫瑰戰爭（The War of Roses, 1455-1485）。戰爭的結果是由亨利都托即位，稱為亨利七世（Henry VII, 1485-1509），其朝代為都托王朝。綜觀英國在都托王朝的統治時期，國王的權力由極盛而逐漸成為專制統治，其權力不僅影響立法、司法且及於宗教

和工商界。對於平民院更是經常的威脅及解散。伊莉莎白為都托王朝的最後一位國王，其後是詹姆士一世（James I, 1603-1625）繼位，稱為斯圖亞王朝。

　　然而斯圖亞王朝的國王也大多是主張絕對王權，實行專制統治，尤其是查理一世（Charles I, 1625-1649）變本加厲，任意加稅，終於導致1628年被迫簽署權利請願書（Petition of Rights）。然而，查理一世並不遵守規定，且下令解散國會，由個人行獨裁統治。1642年克倫威爾（Olives Cromwell）推翻暴權，查理一世經法院判決處死，史稱清教徒革命（Puritan Revolution）。

五、共和國時期（Commonwealth）

　　1649年查理一世被處死刑後，英國的議會改由250多位議員所組成的殘缺議會（The Rump Parliament）執政。殘缺議會為英國創立一個新政體——共和政體。在共和政體之下殘缺議會為立法機關，國務會議（Council of State）為行政機關，而將國王制度及上議院取消。自1650年開始，英國由殘缺議會統治。雖然享有極高的權力，但是因缺乏民意基礎，最後也走上被解散的命運。

六、漢諾威時期 （Hanover）

　　共和政體被解散後，斯圖亞王朝又試圖再次執政。查理二世在口頭保證不施行專制以及遵守大憲章和權利請願書的條件下，於1660年登上王位。然而查理二世及其繼任者詹姆士二世卻也是極端的專制主義者，因而惠格黨人在1688年6月發起光榮革命（The Glorious Revolution），並迎立威廉三世（William III, 1689-1702）為其國王。

　　英國經光榮革命後，漢諾威王朝的憲政體制有兩點影響日後的英國民主體制建立：

(一) 1689年所頒布的權利法案（Bill of Rights）。

(二) 建立內閣制度：英國的內閣組織雖然早已存在，但都為國王的輔助機關，聽命於國王行事。真正成為憲法中的制度則是漢諾威王朝所建立。喬治一世更進一步的在1714年命令惠格黨人單獨組成內閣，為英國建立一黨內閣制基礎。

貳、憲政內容特點

英國以不成文憲法（Unwritten Constitution）為基礎，所以憲政內容最主要可分四方面加以敘述：

一、歷史文獻

是指從前國王所發布或承諾之宣言與契約之類的文書。在這些文書裡面，宣示出了很多影響遠深的重要憲法原則。英國較重要的文獻有下列三種：

(一) 大憲章（The Magna Carta）

是由英王約翰（John）於1215年簽署。其內容包括：1.未經大會同意國王不得課徵新稅；2.非經法院判決，國王不得逮捕或處罰人民。

大憲章的內容為英國憲政奠定了三項重要原則：1.徵稅必須獲得納稅義務人的同意，引導出後來國家預算須經議會同意的原則；2.處罰人民必須經過法院的判決，啟發了後來罪刑法定主義的原則；3.國王行使權力必須有法律的依據，確定了後來法律至尊的原則。

(二) 權利請願書（The Petition of Rights）

是由查理一世（Charles I）於1628年所簽署。其內容仍是依照大憲章精神，規定國王未得議會同意不得徵收新稅，非經法院判決不得處罰人民，並增加軍隊不得以任何藉口占住人民住宅的規定。

(三) 權利法案（The Bill of Rights）

是由威廉三世和瑪莉（William III and Mary）在1689年所簽署。其內容包括下列七項：1.英國國王必須為清教徒；2.國王不得停止法律的效力；3.國王不得任意赦釋違法的罪犯；4.國王非得議會同意不能徵兵課稅；5.國王不得限制議員的政治活動，尤其不得剝奪議員在議會中的言論及表決等權利；6.國王不得任意設置法庭，而對犯罪者必須以公正的陪審制度審判；7.國王須承認人民有請願的權利。

二、議會法律

是指議會制定的法律當中，凡關係於國家根本組織或人民權利者，便被視為憲法的一部分。英國較重要的議會法律案有下述兩者：

(一) 1911年的國會法（The Parliament Act）：

1. 關於財政法案：凡下議院通過的財政法案，上議院須於三十天內通過，否則下議院可逕呈國王公布為法律。詳言之，(1)貴族院對財政法案無否決權；(2)只有一個月的延擱權（Delay Power）；(3)期滿，法律自然生效。

2. 何種法案屬財政法案，由平民院（議長）決定。

3. 貴族院對公法案有兩年之延擱權。

(二) 1949年的國會法大大提高了下議院的地位，而貴族院對公法案的延擱權由兩年改為一年。因此貴族院的職權除了司法權及宗教方面外，幾乎成為平民院的一個附屬機關。

三、司法判例

英國有關憲政運行的判例法很多，如確定議會主權、限制國王特權及控制行政官吏等，固然多為司法判例所確立，即使是司法制度的本身，如陪審制度、獨立審判制度，也須經由司法判例來確定的。

四、憲政傳統

(一) 國會為最高權力機關。

(二) 反對黨有其地位，是英王陛下忠誠的反對黨（反對黨只是反對執政黨依賴的行為，並非反對國家）。

(三) 內閣集體連帶責任制僅對國會負責。

(四) 內閣以獲得國會（平民院）的支持為執政的先決條件。

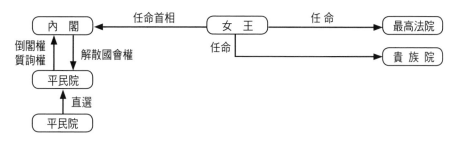

圖2-1　英國憲政組織運作圖

第三節　法　國

壹、憲政發展過程

自1789年法國大革命後至今兩百多年間，法國的政治體制經歷了多次的轉變，才發展成今日的第五共和憲法；憲政發展的複雜混亂情形，實為他國歷史所罕見。茲就法國憲政的發展情形作一概述（張金鑑，1976：141-176；張佐華，1990：213-296）：

一、第一共和時期（1792-1804）

1791年9月國民議會制定第一部憲法，採英國式的君主立憲政治。但是1792年法軍擊敗普奧聯軍之役，執政的「國民公會」（The La Convention）政府宣告將廢除王權，改君主國體為共和體制。同年9月25日成立第一共和（The First Republic）。第一共和自1792年9月到1804年4月，這十二年之中因為政治人物對憲政體制缺乏共識，導致憲法經過三次的改革。

1800年拿破崙一世取得執政權，但其不以此為滿足，於1802年經由選舉當選為終身行政首長（The First Consul of Life）。1804年11月拿破崙先經參議院提議，再由人民同意而被選為皇帝，將共和體制改為第一帝國（The First Empire, 1804-1814），並建立新憲法。

　　1814年拿破崙的戰爭失利導致帝國瓦解，並退位給路易十八世（Louis XVIII, 1814-1824）。同年由參議院制定君主立憲憲法。然而路易十八旋及制頒一部欽定憲法取代原有的君主立憲憲法。大體上，欽定憲法是仿效英國的責任內閣制，採兩院制國會。

　　1824年路易十八去世，由查理十世（Charles X, 1824-1830）繼任。由於查理十世的專橫行為，導致1830年7月革命成功，查理十世被迫讓位改由奧爾良公爵路易菲力普（Louis Philippe, 1830-1848）繼任。

二、第二共和時期（1848-1852）

　　1848年2月發生革命，路易菲力普被推翻，由中產階級與勞工階級組成臨時政府，並於4月召開制憲會議制定第二共和憲法。第二共和憲法最大特色是將過去英國式的內閣制改為美國式的總統制。因此憲法中規定行政權由直選產生的總統來行使，任期四年，不得連任。立法權則由單一國會來行使。

　　1848年12月，路易拿破崙（Louis Napoleon）當選為第二共和的總統，但他馬上宣布解散國會，並提出由公民投票來決定新的憲法。1852年12月第二帝國成立，路易拿破崙登上皇位並自稱拿破崙第二（1852-1870）。路易拿破崙稱帝後，仍沿用第二共和憲法，只是將十年一任的民選總統改為終身的皇帝。1870年普法戰爭，法軍慘敗，拿破崙三世成為階下囚，結束了第二帝國。

三、第三共和時期（1875-1940）

　　共和黨取得優勢並於1875年2月及7月通過三項黨政法，是為新的憲法。其中明定法國為一「民主共和政體」，第三共和也就是根據這部憲法成立。

　　法國第三共和憲法形式上並不是一部完整憲法，其政治制度是模仿英國式的內閣制。憲法中規定，總統任期七年，由國會兩院議員選舉產生，連選得連任。此外，總統及部長皆須對國會兩院負責。一般而論，第三共和結束之前的將近七十年間，法國的憲政體制開始趨於穩定。

四、第四共和時期（1945-1958）

　　1940年7月第三次普法戰爭發生，德國攻占法國，貝當（Marshal Petain）在德軍扶持下於非占領區成立維琪政權（Vichy Regime）。本質上，維琪政權拋棄第三共和憲法成為極權政府。1945年8月第二次大戰結束。11月法國人民經由公民投票決定新的憲法，成立第四共和。大體而言，第四共和的憲政運作與第三共和時期的「內閣制」是大同小異。憲法前言除冠以詳盡的弁書（Preamdle）之外，對於人民的一般自由：如人身、言論、出版、集會及結社等均有詳實的規定，同時對人民的工作權、集體僱用權、工人參加企業管理與勞工組織權利等，亦作概括性的規定。

五、 第五共和時期（1958-迄今）

　　第四共和因為受到國內經濟問題及海外殖民地獨立自決問題的嚴重困擾，加以多黨林立，對重大問題缺乏共識，導致政府更迭不斷而終告瓦解。1958年6月，戴高樂將軍（Charles de Gaulle）受命組閣。戴氏上臺後立即著手制憲的工作，並以強化行政權、提高總統地位、穩定內閣地位、削減立法權、降低國會地位、設置憲政機關、修改選舉制度為主要改革力向。

　　1958年9月，新的憲法經由公民投票表決通過，10月8日法國正式公布實施，進入第五共和時代。

法國的兩輪制投票之介紹

1. 由於法國小黨林立，為使其總統與國民議會議員，職位的正當性，遂透過制度的設計，希望當選者能夠獲得過半絕對多數的選票，其目地即在避免「少數代」，而發生代表性不足的問題。
2. 在法國共和國總統的選舉，第一輪投票後若有候選人取得過半的票數，則該名候選人獲得勝選，毋須進行第二輪投票。惟若所有的參選人無人取得過半的票數，則在第一輪投票之中，獲得最高票的兩位候選人，將要進行第二回合的決選。由於只有兩位候選人參選，所以獲勝者必然取得過半數的選票。
3. 在法國國民議會的選舉，也是採取「兩輪投票制」但與總統有些許的差異，

從1976年以後，國民議會的選舉若第一輪無人過半，則凡是於第一回合取得12.5%的候選人皆有資格參加一週之後的第二輪選舉。因此，有資格參加第二回合的候選人可能不只兩人，所以法國國民議會選舉，事實上屬於相對多數決，得票最多者不一定會過半數。

4. 贊成兩輪投票制的理由：(1)1962年直選後的總統具有實權，實權總統應具有較高的民意基礎；(2)如果採取「相對多數決」，在參選人眾多的情形之下，總統當選者可能偏低，因而造成「少數總統」的情形；(3)相對多數決有利於激情的候選人競選，容易造成政治、社會的極化發展；(4)「相對多數決」隱含著投機性與個人化的傾向，「絕對多數決制」則可將政黨之間的整合及主流民意的整合訴諸於選舉機制。

5. 反對二輪制投票的理由：(1)容易造成社會的對立；(2)增加選務負擔。

6. 根據「杜弗傑定律」：「相對多數決」容易造成兩黨對決，「比例代表制」容易導致許多相互獨立政黨的形成，而「兩輪決選制」容易形成多黨聯盟。在兩輪決選制的第一回合，除非有人有實力取得過半的選票，否則此時主要候選人的主要目標，是希望擠入前兩名的決選名單中；而次要的候選人則希望取得一定比例的選票，以作為政治交易的籌碼，而第二輪投票的結果，往往只是反映出多黨聯盟利益交換後的政治現實而已。

7. 在「兩輪制決選」下，如果多數選民預期會有第二回合的投票機會，則選民在第一回合的投票行為，將異於「相對多數決」的投票行為。許多選民的投票行為是「第一輪表達理念，第二輪才真正作決定」。

8. 法國自戴高樂總統以來，除了首次總統選舉，每次都進入第二回合的選戰。最近的兩次大選，一反過去的左右對立，都是由中間派的馬克宏及極右派的勒龐女士進入第二回合選舉，結果都是馬克宏獲勝，但雙方已從2017年從32%的差距縮小至2022年的58.52對41.5的約17%差距。[1]而之前極右派候選人進入第二回總統選舉是2002年，因為左派社會黨的喬斯平在第一輪就被淘汰，結果是現任總統席哈克以壓倒性多數打敗老勒龐連任成功。

---

[1] France 24, "France 2022-Presidential Election-Second-Round Results." https://www.france24.com/en/france-2022-presidential-election-secound-results.

貳、憲政內容特點

　　法國自1789年革命到第二帝國的結束，其間因為政治紛亂，以及野心政客之間缺乏共識，所以不能為民主政治奠定穩定的基礎。有較完整的憲法內容應該自第三共和憲法開始。

一、第三共和憲法

　　全部內容包括三個部分：

(一) 參議院組織法共計11條，規定參議員的選舉、名額及其職權。

(二) 公權組織法共計九條，規定立法權由參、眾兩院共同行使，總統由兩院組成之國民議會選出，可以連選連任。

(三) 公權關係法共計13條，規定參、眾兩院每年集會的期間，以及休會、閉會與特別會議的召開等。

　　整體而言，第三共和憲法並沒有規定司法權與人民的自由權利。內閣同時要對參、眾議院負責，加上內部不甚穩定，故無效率、秩序，因此要取得眾人的共識並不容易。

二、第四共和憲法

　　與第三共和憲法有三大不同點：

(一) 新增人民之自由權利：例如，人身、言論、出版、集會、結社、工作權等。

(二) 加強內閣穩定：有鑑於第三共和的不穩定，內閣只須對國民議會負責，亦即政府的施政方針是由閣揆決定，再由閣揆就閣員名單提請國民議會同意。

(三) 規定憲法制度：舉凡主權、國會、總統、內閣行政責任、地方政府以及憲法修改都有詳細規定。

　　第四共和憲法特色為因革損益，懲前戒後，憲法內容完整、豐富且有邏輯，相當完美，但最大缺點是難與實際政治的運作配合；且因政黨意見分歧，

國會中缺乏強而有力的大黨控制局面，對於內閣與國會間的關係並無改進。

三、第五共和憲法

全部憲法內容共有十五章、92條，其最大特色為總統制和內閣制的混合，但偏重於總統制，稱為雙首長制。

(一) 總統權力加強：1.任命總理不須國民議會的同意（§8）；2.解散國民議會權不須總理的副署（§12）；3.緊急命令權（§16）；4.提交公民複決（§11）。

(二) 內閣地位的穩定：憲法規定議員不能兼任閣員，兩者只可任擇其一，乃是為了避免第四共和時，議員為取得閣員之職，而策動倒閣的歷史再度重演。故有兩種補救措施：1.內閣由總統單獨任命；2.對國會不信任案投票權的限制，並加強總統解散國會的權力。

(三) 國會權力的縮小：國會監督對抗行政權的運作往往受到以下七點的限制：1.國會縮短會期；2.立法權範圍的限制；3.內閣可參與並介入國會的立法程序；4.國會預算權的限制；5.禁止兼任政府閣員兼任國會議員（§23）；6.常設委員會最多六個（§43）；7.政府得以整案表決方式阻止國會將草案修正（§44）。

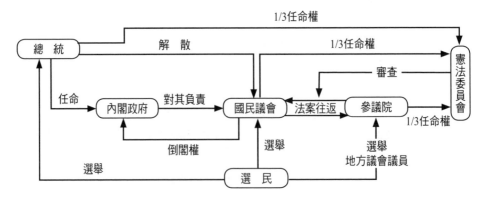

圖2-2　法國憲政組織運作圖

(四) 強化憲法委員會的功能：審理選舉訴訟（§58、§59）、審理公民複決爭議（§60）、違憲立法審查（§61）、法律事項與命令事項確定權（§37）。

第四節　美　國

壹、憲政發展過程

　　英王喬治三世（George III）於1760年即位，對於美洲殖民地採取高壓政策，以致引起反抗情緒。其間雖有多次協商，但終歸無效，因而爆發1776年的獨立戰爭。美國13州在1776年所召開的大陸會議（The Continental Congress）通過「獨立宣言」（Declaration of Independence）並宣布脫離英國獨立，成為一個政治實體。在獨立宣言明白指出：

一、人類生而平等，均由上帝賦予不可侵犯的圖生存、求自由、謀幸福之權利。

二、政府的權利實淵源於被統治者同意。

三、任何政府若是破壞上述的天賦人權，人民可以用武力將其推翻而另建新政府。

　　雖有上述的宣言，但由於缺乏憲法保障，又無統一的政府，所以呈現出無政府狀態。因此在1777年11月第四次大陸會議，通過「邦聯條款」（Articles of Confederation），1781年13州組成邦聯。由邦聯條款的內容可看出13州仍保有主權、自由權及獨立權。所以邦聯組織充其量只是「州的聯合」，並非是真正的「聯合國家」。此外，邦聯修款規定邦聯所具有的權力是由邦聯會議中的各常設委員會來分別行使。但由於常設委員會缺乏權力基礎，故其行政自然缺乏效果。不過這些委員會演變成日後美國的國務院、財政部與國防部等政治組織有其重要性。1787年5月制憲大會（The Constitutional Convention）在費城舉行，同年9月17日通過憲法七條條文，1789年3月4日生效實施。近代第一部根據民主學說的成文憲法正式誕生。

貳、憲政內容特點

　　美國的聯邦憲法是一部成文剛性憲法。全部內容濃縮在七條條文（1789年生效）。增修條文已至27條（1992年）。美國憲法之所以採取成文憲法，除了是新創國家之外，對於不成文憲法下的君主體制感到疑懼亦是主因。至於採取剛性憲法原因無非是使憲法的效力高於普通法，憲法的修改程序難於普通法律。唯有如此各州及人民的權利可得到確切保障。美國憲法內容特點是含有下列四大主義（張金鑑，1987：13-19）。

一、自由主義

　　美國不僅是將政府的組織和權力規定在憲法內，就是人民的自由權利亦由憲法加以保障。憲法所保障的自由權利，法律和命令是不能變更或停止的；亦即美國採取直接保障主義而與英國採取法律間接保障的制度不同。英國國會立法機關隨時可以制定法律來限制人民的自由權利。美國則是在增修條文第1條至第10條將人權加以保障，行政機關固不得侵犯，立法機關亦不能以法律來加以限制。

二、民主主義

　　美國以民主主義為其立國基礎，而民主一詞的具體涵義即林肯總統的「民有、民治、民享」的政治理念，亦即著名的蓋茲堡（Gettysburg）宣言。由序言中「美國人民制定並確立此一憲法」，可見美國人民乃國家的主權者，並不只是被統治的百姓。其具體的精神乃是以聯邦權付諸國會，而且規定眾議院議員由民選產生，參議院議員由州議會選舉，總統由各州的選舉人投票。

三、聯邦主義

　　美國的聯邦制度是本著國家的構成分子間有著「合而不併」與「分而不離」關係。詳言之，聯邦憲法對聯邦政府的權限採列舉式的規定，有些為聯邦

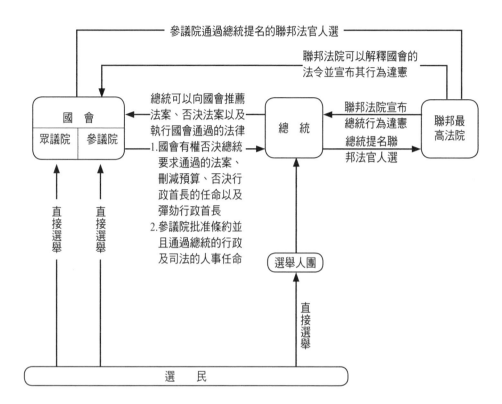

圖2-3　美國憲政組織運作圖

資料來源：Wasserman (1991: 71).

所獨有，也有些為聯邦與各州所共有。增修條文第10條又規定「凡憲法未授予聯邦政府行使，亦未禁止州政府行使的權力，均保留給州或人民行使之」。這是美國憲法中的剩餘權（Residual Power），剩餘權是屬州政府的權力。

四、分權主義

　　美國憲法另一特色是建立在三權分立的基礎。早在1748年，法國哲學家孟德斯鳩出版《法意》一書，說明他研究分權論的目的，在求於憲政條件中保障人民自由，其認為沒有分權制度就沒有自由。他首先肯定司法權應自行政權與立法權分離而獨立，主張立法、行政、司法三權應該由三個獨立的機關行使，

才可以保障人民的自由。此觀點影響美國制憲者深遠，當時的憲政思想主流強調，合理的政府必定是三權分立，以權制權，方能使各種權力正當運用，然後人民自由才有保障。憲法第1條、第2條、第3條分別將立法權歸屬於國會，行政權歸屬總統，而司法權則歸屬法院。三權分立的目的在避免政治權力過分集中於一機關，而發生專制與獨裁現象，將這三種政治權力分屬於三個不同機關，而彼此間有著牽制與制衡的作用。如此，人民的自由權利才能得到保障。

第五節　日　本

壹、憲政發展過程　

　　日本成立歷史雖甚久遠，但是直到1889年（明治22年）大日本帝國憲法制定以前，成文憲法並不存在。這部憲法執行到二次大戰期間，日本因戰敗簽訂投降文書。根據投降文書的條款，大日本帝國憲法必須修正，日本才在1946年11月實施現行憲法（新憲法）。本節擬針對大日本帝國憲法以及日本國憲法的發展過程、特色及影響作一分析（陳水逢，1984：169-186）。

一、大日本帝國憲法

　　明治維新時代，日本努力於現代化運動。由於深受世界各國立憲主義之影響，社會輿論一致認為日本有必要制定一部成文憲法。1867年明治天皇下詔由元老院起草憲法。該草案主要是參考各國成文憲法，參酌損益之後所編纂而成。然而，該草案卻被主張絕對主義之憲法思想者強力反對，而未能採行。

　　為了是否需要制定憲法及開設國會，政府內部本身也有兩派的主張。一派主張「急進論」，另一派則主張「漸進論」。急進論者由大隈重信領導，主張日本應立即採取英國制的議會內閣制。可是此種主張並未在政府內部獲得多數支持，相對的漸進論者的主張反而獲得了多數人支持。

　　因此，天皇於1881年10月12日頒布「敕諭」，決定在1890年（明治23年）

開設國會並公布憲法。其間為參考外國憲政經驗，派遣伊藤博文（該憲法的起草者）到歐洲學習。憲法草案於1888年制憲完成，同年4月經過樞密院的諮詢協議。1889年天皇以「大日本帝國憲法」制定公布。隔年經帝國議會之審議通過，此即所謂的「大帝國憲法」（亦稱明治憲法）。

「大日本帝國憲法」內容是由「上諭」及本文七章、76條所構成。從內容觀之，不難明白是以天皇為主，總攬了行政、立法、司法、軍制軍令、宣戰媾和，以及戒嚴與修憲的大權。對於人權的保護，明治憲法之權利宣言認為是出自於天皇的恩惠賜予，並非是天賦人權。基於此，明治時代的帝國議會並非是民主組織。在組織結構上帝國議會是由貴族院與眾議院兩院組成。貴族院是由皇室、敕任議員等特權階級人士所組成。眾議院雖採選舉方式，剛開始只給予納稅一定額度以上等特定人員選舉權，後來才取消限制，但也限於男性，當然能夠當選者多是權貴人士。在如此的組織結構下，帝國議會很難發揮民主功能。

相對地，軍閥、財閥及官僚常利用天皇的統治大權，黷武侵略。學者常認為此憲法為軍國主義的護身符，而軍國主義又是迷信天皇神權及國會不能發揮功能的副產品。一言以蔽之，日本人並未從明治維新中得到新的啟示，不但沒有設法阻止三閥所決定的錯誤政策，反而願意服從、效忠天皇，終於導致二次大戰並自食惡果。

二、日本國憲法

第二次大戰日軍戰敗接受波茨坦宣言，並宣布無條件投降。依照波茨坦宣言，日本不得不放棄主張集權體制下的大日本帝國憲法，重新建立一個以和平和民主主義為立國基礎的國家。1945年8月日本簽訂投降書，投降書中規定日本領土暫由同盟國軍隊占領，其統治權暫時服從於同盟國占領軍最高統帥之下。並指出將來日本的政治形態，應以民主主義、和平主義、責任政治為基礎，並得尊重言論，宗教思想的自由及其他基本人權。依據波茨坦宣言及投降書的內容，日本舊憲法的精神完全與其不符，因此勢必加以修改。

1945年10月，盟軍統帥麥克阿瑟（MacArthur）授意日本政府修改憲法。日本於是以松本烝治國務大臣為首，設置憲法調查委員會。而松本則表示修憲

的原則為：(一)天皇總攬統治權；(二)擴大議會議決權；(三)國務大臣對議會的責任擴大；(四)強化對人民權利自由的保護。[2]

　　然而尤其對於天皇總攬統治權，盟軍司令部是難以接受的，於是依照麥克阿瑟所指示：(一)天皇地位的改變；(二)戰爭的放棄；(三)封建制度的廢除的原則（Nishikawa, 2009: 53-54），民政局在極短時間內作成了憲法草案，而日本政府就以該草案為指導原則，完成「憲法改正草案要綱」，並於1946年3月6日向國民公布。經過兩院之審議、修正及議決和樞密院諮詢及議決通過。日本天皇以「日本國憲法」之名，並附「上諭」而公布，「日本國憲法」因而取代「明治憲法」成為日本的國家大法。

貳、憲政內容特點

　　日本國憲法是在第二次大戰戰敗後，於同盟國的占領下所制定。雖然與德國戰敗制定基本法的處境一樣，可是兩者間的最大不同點是日本新憲法是在麥克阿瑟將軍強力指導下完成，與德國的波昂基本法是由德國人自己所制定的不同。

　　因此，日本國憲法深深受到歐美各國憲法理論影響，其中尤以美國最大。進一步言，在憲法規範方面，日本受英國憲法的影響似乎較大，但是在憲法理論方面或憲法解釋方面，日本受美國憲政的影響遠過英國。以下就針對日本國憲法的內容如何受英國與美國的影響作一說明：

一、三大基本原則

　　從憲法前文所提示的三大基本原則，即可看出日本維護民主的精神：
(一) 國民主權原則：與明治憲法以天皇為中心，全權屬於天皇的國家政治體制　　　迥然不同，新憲法確認了主權在民的政治體制，使國家主權歸於日本國

2　〈2-4 松本國務相「憲法改正四原則」1945年12月8日〉。《日本國憲法的誕生》，https://www.ndl.go.jp/constitution/shiryo/02/047shoshi.html。

民。此種主權在民的思想，從日本的憲政歷史而言實屬創新，無疑是深受西方民主思想影響。

(二) 和平止戰原則（和平主義）：除了前文宣言中提及「和平」二字外，在條文內容中有關於軍備及戰爭的規定也很多。日本國憲法關於放棄戰爭並且不維持作戰能力的規定，對於窮兵黷武的國家顯然是由於戰敗接受波茨坦宣言的結果。

(三) 免於恐怖與匱乏之基本人權：雖然明治憲法也有保障人民權利的規定。但有鑑於軍閥並不確實尊重人權，新憲法覺得有必要強調基本人權，以符合主權在民的原則。這種觀點，固然與明治憲法對於人權保障不足有關，但主要的原因乃是受到美國聯邦憲法中有關人權保障規定甚詳影響所致。

二、天皇為象徵之表現

依新憲法規定，天皇為日本國之象徵，亦為日本國民統合之象徵。日本天皇制的存廢問題最主要考量是與國民主權原則並存而不衝突。英國虛位君主制所主張的「君臨而不統治」（reigns but does not govern）正是解決此項難題的最佳方式。

三、國民權利的保障

日本國新憲法規定：「國民享有之一切基本人權，不受妨礙。本憲法所保障之國民基本人權，應賦予現在及將來之國民，作為永久不侵犯之權利。」由此可見，日本重視基本人權不可侵犯的精神。其具體表現是在所有103條憲法中有31條條文詳細規定人民所享有的各種權利。其完備詳盡的程度，超過其他國家。儘管日本國憲法條文內容與美國憲法的本文有些許的差異，但是在人權這一章可以說是把美國的判例，以及其他憲法發展的精神包括在內。

四、國會至上原則

日本國新憲法規定「國會為國權之最高機關，並為國家之唯一立法機關」。

因為國會是主權所有者國民意思之直接代表機關，所以憲法對國會比其他國家機關給與相對的優越地位。這種精神可以說是承襲了英國的國會主權觀念。

五、內閣制之採行

　　日本新憲法採取內閣制而非總統制，並規定內閣對國會負集體連帶責任。為對抗眾議院所採取的對內閣不信任決議案，內閣可以解散眾議院，這種內閣制與英國內閣制精神相符，可以說是將英國的以慣例為中心的議院內閣制成文化而已。對於內閣總理大臣的產生依據新憲法第67條規定內閣總理必須具有國會議員的身分，其產生方式，是由參、眾議院個別選出，若兩院提名為相異之議決時，應依法召開兩院的協調會；如意見仍不一致時，則將以眾議院的議決為國會的議決。此外對閣員的產生，依新憲法第66條規定閣員必須由文人擔任。而內閣總理任命國務大臣，依新憲法第68條規定半數以上，應由國會議員選任。上述的憲法內容都與大日本帝國憲法不同。

六、司法制度的採行

　　日本憲法第六章「司法」的規定乃是受到英美司法制度的影響，特別是美國司法制度，因此並不存在獨立的行政法院。而最明顯例子乃是憲法第81條規定最高法院之法令審查權以防止立法機關之專制，以及憲法第78條規定法官除非依彈劾罷免，身分受保障的規定，都與美國司法制度精神相符。且依照最高法院判例（警察預備隊案，1952年），日本的違憲審查方式是採用美國的「附隨式」審查方式。

七、憲法九條的爭議

　　本來憲法九條和平主義規定日本需放棄戰爭（1項），而且也不許保持戰力（2項）與否認交戰權（3項），然而實際上卻擁有強大戰力的自衛隊並與美國簽訂軍定軍事協定的安保條約，因此引發了不少爭議，但政府一貫以合憲論定調。

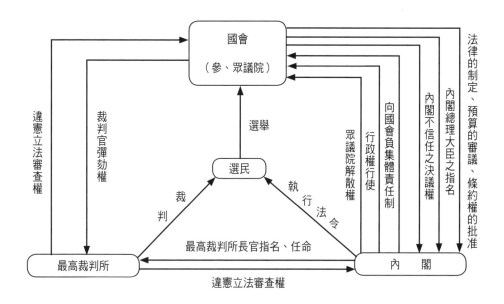

圖2-4　日本憲政組織運作圖

資料來源：The Japan Times (1994: 21).

第六節　德　國

壹、憲政發展過程

　　德國的憲政發展大致上是經過七個時期，才成為今日統一民主的德國。茲將各時期的發展略述如下（張金鑑，1976：249-296）：

一、神聖羅馬帝國時期（962-1806）

　　神聖羅馬帝國（The Holy Roman Empire），亦稱第一帝國（The Empire of the 1st Reich）。在十七世紀末並不是一個完整的國家，而由300多個小邦組成。皇帝在名義上是由一些政治上和宗教上的菁英所選舉產生。除皇帝制度的

建立外，神聖羅馬帝國亦設有類似國會的立法機關，但權力所及範圍是有限的，所以神聖羅馬帝國在本質上只是一些主權王國所組成的邦聯。

　　1806年普法戰爭，普軍失敗，拿破崙軍隊占領神聖羅馬帝國，將300多個邦合併為30多個邦，為日耳曼民族統一奠下基礎。拿破崙建立萊因邦聯（Confederation of Rhine），試圖執行藩屬德國的計畫，以作為法國的屏障。雖然此計畫日後未能實施，但此一計畫卻也刺激了德意志民族意識的覺醒與團結。

　　1815年普法戰爭，拿破崙敗於滑鐵盧（Waterloo）。維也納會議於1815年成立德意志邦聯（German Confederation）包括38個邦，以奧國為首。在邦聯體制下設有議會，由各邦推派代表組成。邦聯的目的主要是對外抵抗侵略，對內則維持秩序。議會的決議事項須得到全體代表一致通過方屬有效。但這全體一致的同意原則是難以獲致的，尤其是普魯士與奧國常持相反觀念，造成僵局無法採取行動。

二、德意志帝國時期（1871-1918）

　　在1848年的三月革命後，立憲主張高漲，曾經由法蘭克福議會通過一部保羅教堂憲法，但遭到尤其是普魯士等各邦君主的反對而未付諸實行。而後在1862年，斯麥（Otto Von Bismarck）成為普魯士國王威廉一世（William I）首相。俾斯麥以「鐵和血」的精神，成功的運用軍隊力量建設德國，相繼發動了三次與日耳曼統一有關的戰爭（丹麥戰爭、普奧戰爭及普法戰爭）。終於在1872年打敗法國，威廉一世在凡爾賽宮即位，為德意志帝國的皇帝，並統一日爾曼民族。德意志帝國，亦即第二帝國（The Empire of the 2nd Reich）的憲法是依據1867年俾斯麥為北德意志邦聯所採取的憲法加以修改而成。憲法中明定了政府重要機構的地位與職權，各邦與帝國的關係以及帝國對於關稅、財政、軍隊等事項擁有最高的統制權力。可是唯獨在憲法中並未列舉人權的保障。

三、威瑪共和時期（1919-1933）

　　第一次大戰德國戰敗，德皇於1918年11月被迫退位。雖然人民希望經由實

行改革建立一個新帝國，但是在盟國的外力之下，只得廢棄帝國建立民主共和國。民主共和時期所執行的憲法稱之為「威瑪憲法」（Weimar Constitution）。其政治制度具有三項特質：

(一) 威瑪共和國是採聯邦政府體制，然而與前述的美國聯邦制有所不同。威瑪時期所採行的聯邦制，其中各邦（Lander）的疆界是可以經由憲法修改，在特殊情形下可經由普通法律變更。

(二) 聯邦政府具有最大的立法權，而各邦政府的立法權範圍所剩不多。聯邦政府對於職權範圍內的事項不採取立法行動時，各邦可以管理，但以不牴觸國家立法為原則。

(三) 對人民自由權利詳細列舉。與德意志帝國憲法最大不同點是，威瑪憲法將人民的自由與義務視為同等重要。雖然威瑪憲法規定得鉅細靡遺，但是威瑪憲法也包括了許多缺點，因而影響了政治穩定。例如，1.內閣總理不僅受制於國會，也被民選的總統所控制或解職；2.憲法雖有保障人民權利及自由，但卻沒有提供相關的司法保障；3.採用比例代表制的選舉制度，造成了多黨組成的聯合政府；4.政黨大多缺乏人民的信任，因此在人民心目中並不具有很高的合法性。

　　綜合上述，威瑪憲法的制定者似乎設計了一套穩定的政治制度。但事實證明不然，威瑪共和國時代的歷任內閣都是短命的，而且引起多次的政治動盪。

四、納粹德國時期（1933-1945）

　　由於威瑪時期體制上的缺陷，加上1929年的經濟蕭條使得國社黨〔即納粹黨（Nazi）〕的黨魁希特勒在1933年1月被任命為總理。同年3月的選舉，國社黨獲勝更鞏固了希特勒的地位。雖然國社黨仍未過半，不過排除共產黨後，在取得其他政黨支持下，還是通過「授權法」，而反對者只剩下德國社會民主黨，遂開始推行獨裁措施，並頒布法律禁止其他政黨存在，使得國社黨成為德國唯一合法政黨。1934年興登堡（Paul von Hindenbury）總統死後，希特勒便依照剛通過的「國家元首法」自兼總統及總理二職，而且該法也被付諸公投，這也顯示希特勒善用「民意」來實現其政治野心。

　　在希特勒統治下，並沒有真正的憲法產生，而僅頒行了若干法律以建立納

粹式政權。雖有選舉但是與民主體制不同，選民只是依名單表示支持，失去原有選賢與能的意義。至於國會的立法權也是在納粹黨控制下，只徒具其形式。

五、占領時期（1945-1949）

　　如同第二帝國敗於第一次大戰而終，第三帝國也同樣的因第二次大戰的參戰失敗而亡。德國戰敗成為盟軍軍事占領區。經過1945年的雅爾達（Yalta）及波茨坦（Potsdam）的會議，同盟國對德政策有初步決定（即波茨坦宣言）：(一)全面消滅納粹及軍國主義的任何殘餘勢力；(二)全面解除德國武裝；(三)懲罰戰犯；(四)強迫德國對被侵略國家賠償；(五)阻止軍事工業的復活。

　　同盟國計畫在占領區內實行民主化政策，作為重建德國政治秩序的起步。但是由於西方三國與蘇俄的意見相反，乃於1949年決定英美法三國將占領區加以聯合稱為「德意志聯邦共和國」（BRD，簡稱西德），而蘇俄在其占領區內設立傀儡政府稱為「德意志民主共和國」（DDR，簡稱東德）。

　　同盟國對德國的占領政策是主張未來德國政府必須是聯邦制，以及施行民主憲政體制、因此盟軍對占領區實施下列計畫：(一)解除軍備；(二)反納粹運動；(三)經濟改組與重建；(四)民主化運動。德國領袖基本上接受上述原則，同時為避免重蹈威瑪憲法體制下政府的缺陷，乃於1948年由基督教及社會民主黨人士組成的憲法會議（The Parliamentang Council），在取得西方國家同意後，自行起草一部新憲法「波昂基本法」（The Bonn Basic Law）。西德之所以不稱憲法，而稱之為基本法，乃是「暫行」的憲法。基本法於1949年5月得到三分之二以上邦的邦議會批准而生效。

六、西德民主時期（1949-1990）

　　在基本法前文中明示西德政府將民主政治及聯邦體制視為永不改變的原則。基本法第79條即所謂的「永久條款」（Eternity），更清楚具體的規定任何可能侵犯民主或影響聯邦各邦的修憲案均不得通過。西德聯邦政府依此條款發展出：(一)實行中央與地方均權的原則；(二)中央與地方都採行立法與行政的匯一制，使其在議會制與內閣制之間能夠密切合作；(三)採行美國式的司法審

查。詳言之，西德政府體制包括下列五大特質：(一)建立政黨民主政治，並在憲法中禁止「以損害或廢止自由民主的基本秩序」為目的的政黨活動（§21）；(二)建立對國會負責的總理；(三)依建設性不信任投票的規定，在國會以多數選出新總理前，原任總理得繼續在位；(四)為了防止出現分裂的政黨制度及促進國家穩定，任何政黨必須在選擇中獲得至少5%的選票，才能分配到國會議席；(五)國會制度採兩院制，一方面可發揮權力制衡的功用，另一方面則可均衡聯邦與各邦的權力分配。由結構與功能而言，其國會的組成乃是分別由公民直選產生，主導立法權的眾議院，以及由邦政府選派的政府官員所組成類似行政機關的參議院所共同組成。如此不但使得德國眾議院擁有傳統國會的功能，同時也有一個行政經驗豐富的參議院。

七、德國統一（1990-迄今）

1990年5月，東西德簽署團結貨幣、經濟暨社會同盟的「國家條約」，同年7月1日條約生效。東德國會同意依據西德基本法第23條加入德意志聯邦共和國。8月31日兩德政府簽署統一條約。10月3日東德加入德意志聯邦共和國，德國因而正式統一。

統一後，基本法因應情勢作了些許修正。例如，基本法之適用範圍、各邦參議員之應選名額等。參議院（Bundesrat）為各邦政府在中央的代議機關。依基本法第51條規定選出。目前德國有16個邦（德西10邦，德東五邦，另加柏林市），目前共計有69個席次。而眾議院（Bundestag）總席數基於東德地區五個新邦的加入，法定議席598名，但有超過議席，採「參考選區候選人士的比例代表制」（小選區比例代表聯立制）選出。

貳、憲法內容特點

德國民主聯邦政府自1949年成立，除了在經濟上成為歐洲巨人之外，在政治體制上亦有令人深刻的表現。列舉六點特色加以略述：

一、總統權力的縮小

　　德國與法國第五共和憲政發展相較，最大不同點乃是法國逐漸加強總統的權限；而德國是增加總理的權限。相較之下，德國總統的權限只是限於任命及解除各種公職官員的職務。一般性的命令則必須有聯邦總理或相關職務的部長副署才能生效。

二、提高總理的權限

　　在基本法中，聯邦總理的職權大為增加，除了規定出總理控制聯邦政府，也規定只有總理才向國會負責。至於他所任命的內閣閣員只須向他負責，如表現不佳總理方可將其解職。由於聯邦總理的表現決定了整個內閣，甚至整個政府的執政，因而有學者稱德國為「總理式民主」的政體（Chancellor Democracy）。

三、聯邦制

　　德國政治權力是分別由中央聯邦政府（Bund）及地方政府（邦）（Lander）所分享。依據基本法第10條規定，中央有權作決定並由地方執行。但是在教育、文化、法律的執行和區域的規劃上是屬於邦的管轄範圍。其他政策領域方面，則由聯邦與各邦共同分享，如有衝突則聯邦居於優先地位。此外，其本法也明白規定給聯邦政府的專屬政策領域，各邦有剩餘立法權。

四、聯邦憲法法院的建立（Bundesverfassungsgrericht）

　　1951年依波昂基本法規定而設立。其處理掌管事項包括：(一)解釋聯邦法是否違憲；(二)判決聯邦或邦的行動是否逾越憲法的範圍；(三)人民基本權利受侵害時，提請憲法法院解釋；(四)檢定政黨組織及活動是否符合民主精神，將違背民主精神的政黨活動宣判為違憲。

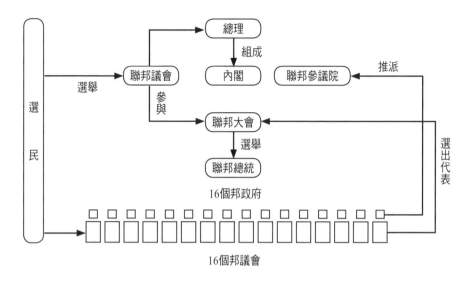

圖2-5　德國憲政組織運作圖

資料來源：Kesselaman et al. (1996: 194).

五、成立聯邦最高法院（Oberstes Bundes grericht）

　　聯邦最高法院是普通法院系統的最高機關，審理各邦上訴法院所提訴的民事上訴案件及審理各邦巡迴法院及上訴法院所提訴的刑事案件。因此凡下級普通法院的民刑訴訟案件，均可上訴於聯邦最高法院。

六、防衛性民主（Defensive Democracy）

　　鑑於納粹的以民主方法破害民主，戰後德國禁止有破害民主的行為，並且須對憲法保持忠誠，如藝術、學問、研究、教授的自由（基本法§5 III）；另外政黨也需符合民主諸原則（§21），嚴重的話可能被解散，此一原則經憲法法院判決更為明確。

第七節　俄　國

壹、憲政發展過程

　　1991年12月蘇聯解體，俄羅斯宣布獨立成為新國家。然而，俄羅斯的政治發展並非十分順利。在發展過程中，不難發現其中摻雜了舊蘇聯部分的國家體制和機能，同時又試圖恢復沙皇時代的部分國家體制和象徵。因此，從宣布獨立開始俄羅斯就經歷多次的政變。在經濟力面，為試圖挽救衰退的經濟，葉爾欽開始實施「震撼治療式」的經濟改革。可是卻造成國家的經濟不進反退，因而引起中間保守勢力的反撲。在政治方面，葉爾欽的政治民主改革更引起激烈的府會之爭，終至發生「白宮流血政變」。直到1993年俄羅斯宣布新憲法，始奠定政治民主化的基礎。本節就針對俄羅斯獨立前後的憲政發展作一簡略敘述，並對1993年的新憲法內容特點作一分析。

　　俄羅斯的憲政發展過程大致可分為四個時期加以分析（王承宗，1995；李玉珍，1992；畢英賢，1994）：

一、蘇聯時代

　　1917年11月7日，列寧領導的布爾什維克黨（Bolsheviki）召開全俄工、兵代表蘇維埃大會，同時宣布成立蘇維埃共和國。次日其發動革命，推翻由孟什維克（Mensheviki）與社會黨人士（包括社會民主黨、社會革命黨及解放者同盟）所組成的臨時政府，成為執政黨並創立蘇維埃社會主義國家。

　　1918年7月，全俄蘇維埃第五代表大會通過第一部憲法——「俄羅斯社會主義聯邦蘇維埃共和國憲法」，宣布俄國為工農兵代表蘇維埃共和國，政權屬於蘇維埃。自1922年以後，俄羅斯以外的共和國逐漸加入聯邦，成為「蘇維埃社會主義共和國聯盟」（簡稱蘇聯）。

　　蘇聯同其他國家一樣，亦制定了各種形式的法律，例如，憲法、普通法與特別法等，且其數量不少。在蘇聯時期，就通過了五部憲法，依次是1918年的「俄羅斯社會主義聯邦蘇維埃共和國憲法」，1924年的「蘇維埃社會主義共和

國聯盟根本法」，1936年的「蘇維埃社會主義共和國聯盟憲法」，1977年的「蘇維埃社會主義共和國聯盟憲法」（根本法），以及1988年的「蘇聯憲法」。

　　從表面觀之，蘇聯應是法治國家，但其實不然。在蘇聯，政府所頒布的行政命令和規程較憲法處於優越地位。其行政命令和規程不但可以變更法律，而且可以牴觸憲法。在此情形下，上述五部憲法的修改，雖然宣稱蘇聯為全民國家，極力擴大人民參與國家和社會事務的機會。然而，最終的結果卻是擴大了蘇維埃的權限，並強調蘇聯是統一的多民族聯盟國家。

　　在蘇聯時代，「俄羅斯蘇維埃聯邦社會主義共和國」雖然是蘇聯15個加盟共和國之一，但是在中央集權統治下，只是一個區域性政體，並不具有實質的國家主權。因此，自1922年蘇聯成立之後，「俄羅斯蘇維埃聯邦社會主義共和國」的憲法與政治制度幾乎是追隨蘇聯憲法的修訂而作相應的改變。其修憲的年代分別是1918年、1925年、1937年、1978年及1989年。

二、俄羅斯獨立

　　1988年11月蘇聯修憲，設立「全國人民代表大會」並選出「最高蘇維埃」作為「全國人民代表大會」的常設立法、管理和監察機關。「俄羅斯蘇維埃聯邦社會主義共和國」亦遵循蘇聯作法採取修憲，並於1990年6月選出第一屆全俄羅斯人民代表，同時舉行第一次人民代表大會。1990年初，蘇聯進行政治改革，將原來的最高蘇維埃主席（President of Supreme Soviet）改為議會議長，另設立總統制。戈巴契夫（Mikhail Gorbachev）經蘇聯人民代表大會選為第一任總統。如同往例，「俄羅斯蘇維埃聯邦社會主義共和國」亦修憲並設置總統一職，並於同年6月經由人民直接選出葉爾欽（Boris Yeltsin）擔任總統。

　　俄羅斯總統的設立，不僅大幅削減了蘇聯總統戈巴契夫的權力，而且使蘇聯及俄羅斯的權力結構發生了重大變化。尤其是戈巴契夫的改革致使蘇聯內部激起民族主義浪潮之後，葉爾欽試圖與戈巴契夫相互爭權。其首要任務便是削弱部長會議主席（總理）的權力，另設立國務會議、聯邦會議、部長會議及安全會議。這些新機構的設置無疑提升了葉爾欽的權力，相對的使蘇聯政府的權力日益萎縮。1991年8月發生政變，葉爾欽相繼解散蘇聯共黨組織，蘇共與俄

共因而瓦解；1991年12月，因各加盟共和國相繼退出聯盟成為獨立的主權國，蘇聯因而瓦解；12月26日「俄羅斯蘇維埃聯邦社會主義共和國」正式改名為「俄羅斯聯邦」（Russian Federation），簡稱俄國。

三、俄羅斯獨立初期的發展

1992年1月，葉爾欽推動「震撼治療式」的激烈經濟改革。然而，卻使已衰退的俄羅斯經濟更形惡化，因而導致保守派勢力集結，成為反葉爾欽的最大勢力。葉爾欽的政治改革更激發了權力之爭和府會衝突。

1993年4月，葉爾欽因府會衝突日益嚴重，遂宣布進行「緊急統治」。然而，因各方強烈反對，緊急統治措施並未施行。但在葉爾欽的堅持下，府會達成妥協，並於4月25日舉行全民投票，進行對葉爾欽及其政策的信任投票。投票結果，大多數的公民均支持葉爾欽。

保守派人士對公投結果自然感到不滿，府會之間的鬥爭日益激烈，1993年9月21日葉爾欽宣布解散國會。反葉民眾開始示威，群集在俄羅斯國會大廈。葉爾欽宣布莫斯科進入緊急狀態，並動用軍隊收復市政府，並以鼓動群眾暴動罪名逮捕國會議長及副總統，此即「白宮流血事件」。在血腥鎮壓下，結束長達兩年的俄羅斯府會政爭。

四、新憲法的公布

葉爾欽在解散舊國會、逮捕政敵後，全面解散地方蘇維埃。1993年12月12日舉行新國會選舉和新憲法的人民公投。新的「俄羅斯聯邦憲法」獲得58.4%投票選民的贊成，而於12月12日生效。同日選出第一屆國家杜馬（下議院），由芮布金擔任主席（議長）。按照新憲法過渡條款的規定，第一屆杜馬代表任期只有兩年，到1995年12月止。

1995年12月17日舉行第二屆國會改選，反葉爾欽派的俄羅斯聯邦共產黨（Communist Party of the Russian Federation）獲得席次大增，而親葉爾欽派的俄羅斯自由民主黨（Russian Liberal Democratic Party）卻落居第三。在此情況下，共產黨贏得第二屆國家杜馬議長，兩個副議長及16個委員會的主席。

　　1996年6月16日，俄羅斯聯邦舉行第二次普選總統。在國內經濟情勢惡劣情況下，聲望處於極低的葉爾欽在7月3日第二輪的投票中，非常艱辛的打敗共產黨候選人朱岡諾夫獲得連任。為順應時勢，協調府會關係，葉爾欽就職後，隨即改組內閣並擴大延攬共產黨人士入閣。雖然此舉有助於政治穩定，但是在共產黨及大斯拉夫民族主義結合以及大俄羅斯國家主義抬頭的大環境下，將對俄羅斯政局發展構成深遠影響（許湘濤，1996：29-58）。

五、普丁的時代

　　普丁在接任葉爾欽成為總統後，在其強勢領導下，國家趨於穩定。但他在限於憲法不得三次連任規定下，於2008年兩屆期滿後，又轉任總理。更在2012年出馬角逐總統並順利當選，且把任期延為六年。而執政的統一俄羅斯黨，則一直保持第一大黨的過半優勢。不過其強勢作風，也引來不少反民主的批判。

六、2020年的修憲

　　雖然之前已多次修憲，但在普丁2020年1月的國情咨文表示修憲的意願後，國會僅以兩個月的時間就以壓倒性的同意通過大幅內容的修憲案，而後更將之付諸公投[3]與憲法法院的審查。此部憲法除了增強總統的權力與確認普丁的可再連任外，也加強了愛國主義與保守主義，如對歷史傳承的重視（§67）與同性婚姻的禁止（§72 I）。

貳、憲政內容特點

　　1993年12月通過的新憲法與昔日中央集權、共黨專政下的憲法有顯著的不同。除了對國家體制的性質、人民權利與自由詳加規定外，在新憲法共九章

3　"Putin Strongly Backed in Controversial Russian Reform Vote." *BBC News*, Jul. 20, 2020, https://www.bbc.com/news/world-europe-53255964.

137條及包含過渡條款在內，對於總統權力、國會結構性質行政與立法關係、中央與地方關係，以及司法體系均有專章規定。茲將重要的憲法內容特點作一探討（葉自成，1997：第二章）。

一、明定國家的特質

俄國新憲法第1條明文規定，俄羅斯聯邦是民主聯邦法治國家，具有共和國政體形式。

二、擴大並保障人民與公民之權利及自由

在新憲法第二章中共有48條條文有關於人民與公民之權利及自由保障。與蘇聯舊憲法較大不同點有下列三項：
(一) 保障經濟活動、企業活動及貿易的自由。
(二) 公民及其社團有權擁有私有土地。土地所有者可依法自由處置其土地及其他天然資源。
(三) 可擁有雙重國籍、承認政治多元化、意識形態多元化及多黨制。

三、確定聯邦主體及其主權

新憲法第5條明確指出俄羅斯聯邦是由共和國、邊區、省、聯邦直轄市、自治省及自治區所組成。共和國（國家）有其憲法與法律，而邊區、省、聯邦、直轄市、自治省及自治區有其憲章與法律。聯邦主權則擴及各主體之領土。

四、詳定聯邦總統之權力

憲法第四章明確指出總統的權限，較重要者有下述十項：
(一) 是國家元首。
(二) 是公民直選、祕密投票選出。總統任期四年，只能連任一次。

(三) 是俄羅斯聯邦武裝力量的最高統帥，有權宣布戒嚴或緊急狀態，並將此舉立即通知聯邦院與國家杜馬。

(四) 經國家杜馬之同意，任命聯邦政府主席。

(五) 組成總統之行政機關（即聯邦政府）。

(六) 組成並領導聯邦安全會議。

(七) 向國家杜馬提名任免中央銀行主席。

(八) 向聯邦院提名憲法法院、最高法院、最高仲裁法院之法官及聯邦總檢察長之人選。

(九) 有權指定國家杜馬之選舉；解散國家杜馬；指定全民投票；向國家杜馬提出法律案。

(十) 聯邦總統不能履行職責時，由聯邦政府主席暫代。

　　憲法第91條更指出聯邦總統享有不可侵犯之權利。由此可知，新憲法在相當的程度範圍內，擴大了總統個人權力。探討其原因，乃由於這部憲法是葉爾欽與憲法委員會雙方妥協下的產物。

五、確定國會的新結構組織、職權及立法程序

　　新憲法第五章指出俄羅斯聯邦國會的名稱為聯邦會議（Federal Assembly）。而聯邦會議是由兩院組成，上議院亦稱聯邦院（Federal Council）及下議院亦稱國家杜馬（National Duma）。關於兩院的組成參選資格及職權在憲法中均有詳細規定，本書列有專章（第四章）討論，在此不予詳論。

　　關於聯邦法律的立法程序，憲法第105條及第107條均有規定。由此可知，聯邦法律的立法程序可分為兩個階段：第一個階段是國家杜馬與聯邦院之間的互動；第二個階段是國會與總統之間的互動。

六、總統解散國家杜馬的權力及國會罷免總統的程序亦有明文規定

　　新憲法的精神似乎是賦予總統極大的權力，而有凌駕國會之趨勢，而在修

憲後情況亦是如此。此種情形可由總統解散下議院較為容易,而國會彈劾總統的程序規定則較為困難。

(一) 如果國家杜馬三次否定總統提名的聯邦政府主席人選,總統有權逕自任命聯邦政府主席,解散國家杜馬並重新改選(§111 IV)。

(二) 國家杜馬對聯邦政府通過不信任案後,總統有權宣布政府總辭,也有權不同意國家杜馬之決定。如果國家杜馬在三個月期限內,再度對聯邦政府表示不信任,總統得宣布政府總辭或解散國家杜馬(§117 III)。

(三) 聯邦政府主席可向國家杜馬提出對政府的不信任案。如果國家杜馬表示拒絕,總統須於七日內作出政府總辭,或解散國家杜馬重新選舉(§117 IV)。

(四) 聯邦院只能就國家杜馬基於叛國罪或其他重大犯罪的指控而同意彈劾現任總統與剝奪卸任總統的免責權,而此一指控必須有聯邦最高法院對總統犯罪的確認與憲法法院的符合程序的結論。此一指控需有兩院議員的三分之一提議,三分之二同意,而且需在提出指控後三個月作出決定,否則此一指控就要廢除(§93)。

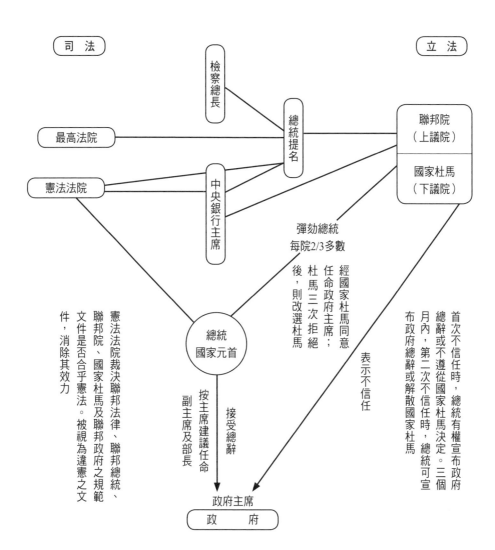

圖2-6　俄國憲政組織運作圖

資料來源：畢英賢（1994：121）。

第三章　政治心理基礎

第一節　涵　義

　　每個國家的政治體系都是環境系絡的一部分。因此為瞭解政治體系的運作，我們必須探討影響政治體系的歷史、地理、文化、經濟發展、意識形態及心理特質等環境因素。我們若能瞭解每個國家政治體系形成因素的來龍去脈，並加以整理成為有系統的知識，將有助於我們觀察分析比較各國政治體制的異同。

　　不可否認地，一國家地理位置的優越與否、天然資源的多寡、宗教信仰的影響深遠、教育程度的高低，對於政治體系的運作都有相當的影響力。但是為瞭解政治體系的運作，實有必要檢視隱藏於政治體系之後，並能影響政治體系活動的心理特質因素。唯有如此，才能有效的分析國家體系的特殊面。因此本章將專注於探討影響政治體系的心理取向及行為模式，亦即政治文化及政治社會化。本章首先探討二者的定義、功能及對政治體系的影響，其次再分析各國的政治心理取向及行為模式。

壹、政治文化

一、定義

　　政治文化是政治行為的基礎，它是政治整體政治社會成員對政治所採取的態度和行為。由於政治文化能預測一國人民政治行為的趨勢，以及分析不同意識形態的形成，因而是比較政府重要研究途徑之一，對於其涵義雖然多數學者已逐漸獲得一致的認知，但由於政治文化指涉的層面甚廣，欲對其概念加以明確釐定仍有其困難。我們列舉三項政治文化的定義加以探討：

(一) 阿蒙（G. A. Almond, 1956: 391-409）認為政治文化係指政治行為與政治評價的主觀取向。

(二) 沃巴（S. Verba, 1965: 513）認為政治文化是由經驗的信仰、表達的符號（Expressive Symbols）及價值觀（Values）三者交織而成的體系。因為政治文化界定了政治行為發生的背景乃是政治活動的主觀取向，除了包括崇高的政治理想之外，亦包括對於一般政治行為規範的看法。

(三) 阿蒙和包威爾（G. A. Almond & G. B. Powell, 1978）認為政治文化是指政治體系的成員對於政治所持有的態度與取向之模式（Pattern of Attitude and Orientation）（模式係指固定的行為反映模式）。故政治文化包括認知取向、情感取向、評價取向三個層次。

二、構成要素

一般而言，政治文化的構成要素包括下列三項：

(一) 認知取向（Cognitive Orientation）：是指政治體系的成員對於政治現象的觀察，是透過主觀認知看待政治情勢，會影響體系成員的政治態度和政治行為。

(二) 價值偏好（Evaluative Orientation）：是政治體系的成員對政治現象及政治事務的看法乃是經由理性的判斷獲得，所以亦包括對總統政府官員的施政方向或結果評估，不只是個人偏好，還包括資料處理分析後的理性判斷。

(三) 情感取向（Affective Orientation）：是政治體系的成員對於政治事務現象的反應，並非一定經過理性的判斷，往往只是情感上的反映。

三、政治文化與政治體系之關係

政治文化乃是人們對政治事件採取上述三種取向的型式分配。依據此一取向的方法，阿蒙又進一步說明三種關於政治文化的理念型式：(一)原始性（Parochial）政治文化；(二)臣屬性（Subject）政治文化；以及(三)參與性（Participant）政治文化。原始性政治文化的最大特徵是政治體系成員並沒有明確的政治角色觀念，故對於政治體系不抱任何期望，亦不感到政治體系顧及

他們的需求。臣屬性的政治文化其特徵是對政治體系本身及其輸出過程具有高度的行動取向，然而對輸入過程及個人所扮演的角色則較無明顯取向。參與性政治文化的特徵是對政治體系的任何方面均有明確的取向；雖然成員對體系的情感與評價可能徹底接受，也可能排斥，但是並非完全冷淡或疏離。

政治文化與政治體系兩者之間有著密切關係。政治文化對政治體系所提供的輸入（包括需求與支持）將影響政治體系的運作，而政治體系對社會所作的輸出亦影響該國政治文化的形成。詳言之，政治體系所表現的功能是人民政治取向資源，而人民政治取向、感情取向及價值取向正是政治體系運作的推動力。我們將上述文字用表3-1加以表達。

以上三種型式的政治文化是有所重疊存在的；亦即舊的取向不可能完全為新的取向所取代，可是卻有逐漸被削弱或改變的情形。此外，在不同的政治體制其政治文化的性質也各不相同。概略而言，原始性和臣屬性的混合型為中央集權建立初期，而封建制度尚未完全喪失影響力。臣屬性與參與性的混合為專制威權社會轉型至民主社會，部分民眾消極接受政令，部分民眾則開始參與政治活動。原始性與參與性的混合為第二次大戰後的新興國家，國家認同危機為部分地區仍效忠地區領袖，但亦積極參與中央政治活動。

表3-1　政治文化與政治體系關係表

	政治體系 (Political System)	輸入 (Input)	輸出 (Output)	政治能力 (Political Capability)
原始性	✕ 成員無國家認同感，效忠對象是地區性的	✕ 認為自身意見不會被政府採納	✕ 感受不到中央政策的影響力	✕ 無所謂的自我政治能力
臣屬性	○ 為封建專制社會，順民消極接受	✕ 不積極參與政治事務	○ 可感受到政策的影響力	✕ 認為自身力量單薄，故不積極參與
參與性	○ 為民主社會的典型	○ 內部效能感高，生活在政策的極強烈	○ 生活在政策的執行下，完全遵行	○ 政治能力感高，且積極參與政治

四、政治文化的重要性

(一) 國家認同感的強度，對於國家能否繼續存在是相當重要的。國家不論貧富強弱，國民均願意予以精神上的支持。許多開發中國家並未有相當程度的國家認同，係因人民並未將地方的認同轉為對國家的認同。

(二) 政府權威合法性，包括權威的取得方式、使用方式及使用範圍。當人民對政府權威合法性的信任度愈高，則政府政策愈易推行，政治穩定度也相對提高。

(三) 政策過程的支持亦會影響到政治行為，大體上包括兩方面：1.決策過程是否合法；以及2.決策者能力的認知。

(四) 國民的同胞感，即不同的種族、宗教之間彼此是否能夠和平相處生活在一起，具有生命共同體的感覺。此種同胞感會深深影響人民的政治態度及政治穩定。

(五) 政治參與義務感，是指政體的成員是否認為其具有義務參與公共事務的決策過程。當人民的政治參與感極低時，容易造成寡頭或少數人壟斷政治參與管道。

(六) 政治效能感，即政治體系成員本身認為具有能力去影響政府決策。當政治效能感愈高，人民對政治事務愈關心，對政治事務的資訊取得也愈積極。

五、政治文化與衝突的解決能力

　　雖然一個國家的政治文化主要內容可以被描述出來，但是若因此認為它是均等的遍布於一國之中，將是錯誤的想法。在相當的程度上，一國之內的政治次級文化仍是有所差別的。政治文化是一國之內普遍存在的價值及態度，因此沒有任何一個人能完全符合該國的政治文化特質。基於此，政治文化的研究目的，就是要探討主要的次級團體所持的價值及信念，並找出其政治文化特質。我們試以圖3-1三種政治文化類型來解釋國家處理政治衝突的能力。A圖中由於政治價值和信念上較有一致性的共識，因此政治上的敵對雙方都持有較多相同的政治理念，政治衝突也可以和平解決。此外，由於政治理念的差別只是程度上的不同，並非基本原則不同，因此不會有零和賽局的情形。換言之，失敗的

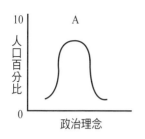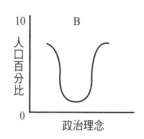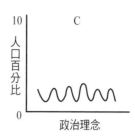

圖3-1　政治文化與衝突解決能力圖

資料來源：Rasmussen & Moses (1995: 210).

一方，下次仍有贏的機會。

　　B圖所顯示的情形則與A圖完全相反。其所表示的是一國之內，因為一股不協和力量導致該國政治文化一分為二，而且相互排斥。由於敵對雙方持有強烈潛在性的敵意，所以發生政治分裂的可能性很高。

　　C圖則表示國家整體性的政治文化並不存在。原因是一國之內因不同的政治次級文化而呈分裂狀態。此時政治領導者必須要有高超的領導技巧來建立政治聯盟以便政策的推行。如果未能順利的建立政治聯盟，整個政治系統將會出現僵局，因而導致人民對政治冷淡和疏離（Rasmussen & Moses, 1995: 19-22）。

貳、政治社會化

　　學者常把政治文化與政治社會化一併討論，蓋政治社會化的最大功能乃是延續或改變政治文化。一個人生存於不同的社會就必須學習他所處社會中的規範、價值體系及行為模式，唯有如此，個人方能成為社會一分子。因此，政治社會化本身就是一種政治文化的學習與傳達過程。

一、政治社會化的特質

(一) 政治社會化是一種持續學習過程，然而不論傳遞者與學習者是否知道政治
社會化的過程，都不影響政治文化的進行。

(二) 政治社會化的過程是隨時隨地在進行，因此政治社會化的方向及過程並非
是固定的。

(三) 政治社會化所涵蓋的層面較政治訓練或教育範圍為廣，因此不侷限於特定
的場所或方式均可進行。政治社會化的機構（Agent）甚多，包括家庭、
學校、各種社會團體、同儕團體、宗教團體、政黨及大眾傳播媒體。

(四) 政治文化在民主國家中較缺乏意識形態的訓練，因為不同的團體有不同的
意見和意識形態傳遞。在非民主體制國家中，政治社會化和政治訓練教育
相配合，皆由國家主導控制，因此只存在一種意識形態。

二、政治社會化的功能

(一) 培養國家認同感

國民對國家的認同感必須來自長期持續的培養，不論是家庭、宗教、大眾
傳播媒介都足以發揮此項功能。但是不同的政治社會化機構對於國家認同的培
養有不一致的作法，彼此會產生相當大的矛盾與動盪，造成國家認同危機；若
能一致，則國民透過長期培養對國家具有高度認同，使國家安定。

(二) 維繫政府權威合法性

在社會中，政府的決策及其執行不可能完全事前徵得全民的同意，如何能
夠讓大多數民眾認同於政府的正常運作，最根本的方法即是透過政治社會化使
人民心悅誠服的同意並支持政府決策。

(三) 建立公民責任感

在現代民主社會中，公民責任感是建立在參與式的政治文化上；即公民不僅
是消極被動的接受政令或納稅，更進一步地積極主動參與政府決策過程，即公民
責任感係建立在參與公共事務上，認為參與不僅是一種權利，亦是一種責任。

(四) 提升公民政治效能

透過政治社會的過程，包括正式的政治教育及各種團體、大眾傳播媒介的宣導，可以灌輸人民正確的政治知識，提供政治訊息，讓民眾瞭解政府運作的過程，藉此可以提升公民的政治能力，增加對政府決策的影響力。

(五) 調解政治衝突

政治衝突的來源與前四項有相當關係。在政治社會化的過程中，各機構對政治有不同見解時，會因缺少基本共識而加深政治衝突。解決政治衝突必須要靠共識的形成，因而需要透過潛移默化的方式加以解決。憲法雖然應反映政治現實，但政治權力的運作不能靠條文的修改冀以達到立即的效果，而須靠政治人物彼此協調進而達到共識，才能使政治運作完善。

第二節　英　國

一般而言，英國人民所具有的政治文化特質是：一、對政府政策表現出高度的順從（Deference）行為；二、認為領導者的統治具有合法性（Legitimacy）；三、對事務的處理採取務實（Pragmatism）主義；四、對於傳統慣例及政治符號十分的重視，所以應該擁有權威（Roskin, 1989: 42-51）。分述如下：

一、對政府政策表現出高度順從行為

大多數的英國人對於自己國家的政治制度表現充滿信心，認為政府的施政將為他們的生活帶來更美好的明天。由於此種信任政府政策的態度，大多數的英國人都承認政府權威的合法性，並且也願意接受政府的管制，即使政府的政策在某種程度是被認為不合理的。日積月累，人民對於提出偏激改革主張或者聳動言論的政黨大多予以排斥或不支持的態度。

二、認為政府權威具有合法性

　　不像一般的美國人，英國人民不太相信「新的」政策即是「好的」政策，在英國獲得支持的政策往往都是經過長期漸進改革而成。由於習慣接受傳統價值及權威，所以英國對於階級（Hierarchy）的觀念仍然十分濃厚。對於社會的上層階級，出身世家的子弟或由於社會地位而被認為是理想的政治領導者，往往十分敬重，其中以對於政治領導者權威的順從行為是較為明顯。

　　英國的政治文化是屬於參與性文化與臣屬性文化的混合體，故表現出中庸文化的特質。參與性政治文化是人民認為本身有能力且有意願去從事政治活動，並且進而影響政府的決策。但是敬畏權威的特質也反應出部分英國人民不願意參與政治活動，反而願意接受並信賴政府的權威分配，表現出臣屬型政治文化的特質。這種混合參與和臣屬的政治文化特質，使得政府既有權力獨立制定政策，且能適當的回應人民需求，並應用人民順服權威的態度來統治國家，維持政治體系的運作。

三、對於事務的處理採取理性務實的態度

　　英國人行事作風不講求理論或討論觀念性的問題，但十分講求實際。事情的處理是否符合邏輯並不重要，能解決問題才是重要的。因此即使反對黨所提的政策，如果具有可行性，執政黨亦願仿效採行。在英國，不同的政策領域及議題都是政黨之間經由妥協及磋商的態度加以處理。因此政治體系都能維持正常運作，很少發生政治僵局的情形，對於爭論的議題，政黨是依照競賽規則來達成協議。對於團體之間的權力衝突都以協商的方式來達成共識。例如，北愛爾蘭的獨立問題，最後採用公民投票方式解決，是政黨達成共識之後所執行的方式。

四、對於傳統慣例及政治符號十分的重視

　　保守思想在英國是習以為常的事，維持現狀的想法便成了英國的傳統精神。英國人素來尊重傳統，最顯著的例子是英國憲法屬於不成文憲法，它沒有

單一的憲法文獻，所有的憲政變遷也未形諸於特別的法律條文。所以傳統慣例構成其憲政內容之一。雖然如此，傳統慣例仍可以當作法律判斷的依據標準，「國會至上」原則即是一例。政治符號（Symbols）與傳統慣例一樣具有政治穩定的作用。政黨及其支持的民眾都會使用共同符號來進行溝通。政黨選舉時運用熟悉及被接受的符號來爭取選票，由於政治符號具有激發人們感情的作用，對支持的選民具有相當的影響力，因此對於選舉結果具有重大的意義。

　　雖然多數人對於英國政治文化的特質都持有相類似的看法。但如同英國的國力由昔日的「日不落帝國」轉而成為「西歐的病夫」，英國的政治文化特質內容也有逐漸改變的情形。然而這種改變並非因為外患或外來影響而中斷。主要原因是，前首相柴契爾夫人（Margaret Thatcher）長期執政（1979-1990）以及往日的舊傳統已逐漸褪色，對於英國的政治文化造成深遠影響。改變的情形大致可從下列四點加以探討（Kesselman et al., 1996: 83-85）：

(一) 對於權威的態度已有改變

　　眾所周知，柴契爾夫人的辭職下臺，一大主因是其不願意英國加入歐洲共同市場，致使其得不到保守黨足夠選票的支持，改由梅傑（John Major）擔任。這事實說明英國舊有歷史傳統中，良好的政黨紀律及政黨的效忠都有改變的情形。

(二) 集體責任內閣制精神受到考驗

　　柴契爾夫人的強勢領導作風使她獨排眾議，不願意接受內閣閣員的建議加入歐洲市場。對於經濟政策的制定也不願意聽取財經官員及企業家的建議，致使集體責任內閣制（Collective Responsible of the Cabinet）的精神（即政府的政策須得到整個內閣支持）受到考驗，也導致她所推行的經濟政策無法挽救衰退中的經濟。

(三) 妥協共識精神的減退

　　英國政治文化特質之一是重視協調、溝通達成政策共識以維持政治穩定。然而，近十年來新社會運動的興起（New Social Movement）（如女性運動、反核運動、環保運動），這些活動或多或少都影響了人民的價值及信念，因而對於國家政策的合法性構成威脅。

(四) 國家認同感的降低

　　除了上述增加的社會運動之外，少數種族、族群的暴動也急遽增加。柴契爾夫人執政時代，蘇格蘭及威爾斯的國家主義抬頭，因而動搖了政黨政治，國家認同感也顯著的降低。種族及宗教及族群之間的隔閡加深造成社會暴動事件逐年增加。這些情形加上惡化的國家經濟狀況，使得英國政治分裂的情形日益嚴重，也促使人民轉而支持右派所提出的政策議程的情形有顯著增加趨勢。

　　在上述中我們列舉了英國政治文化的變遷趨勢。但是就整體而言，大多數英國人仍保留著崇尚務實的精神、謙虛有禮的態度、尊重權威、重視合法性以及講求和平的美德。

第三節　法　國

　　法國是一個歷史悠久的文明古國。如同其他的古文明國家，法蘭西民族帶給世界文明豐富的資產。然而這些資產，對法國而言既是一種財富也是一種負擔。其政治文化的發展過程正是受限於歷史傳統以及法國人的民族性格。

　　在第二章中，我們瞭解法國在整個十九世紀，因為特殊的歷史條件使得它一直在尋求建立一個為法國所有人民接受的政體。經過一連串的實驗，代議制的共和政體才逐漸成為一個被接受的架構。同樣的，法國也因為歷史傳統和國家屢次遭受外來衝擊的影響，使得其政治文化獨樹一格。法國的政治文化特質，大致具有下列九項：一、二元極端化的性格；二、人際關係的不信任感；三、處於理想與現實的兩難困境；四、對政府及政治的信任感極低；五、自我依賴的個人主義；六、低度的政黨認同感；七、社會階級的自我認同瓦解；八、歷史的負擔；九、宗教與反宗教的傳統。茲就九點政治文化特點說明如下（Almond & Powell, 1978: Chap. 11; Roskin, 1989: 98-111）：

一、二元極端化的性格

　　法國人的性格極為特殊，幾乎可以同時接受喜好兩種極端的事務。例如，人民對於保守作風的戴高樂總統（Charles de Gaulle）和主張社會主義的密特朗總統（Francois Mitterrand），幾乎是同樣的愛戴。法國人的矛盾性格表現在投票行為是「依理想而言，應投票給左派；但就自利行為而言，則應投給右派」。（The heart is on the left, but the billford is in the right.）此外，在公眾場合人民表現出贊成政府的權力能夠予以削減，但是在私底下卻又希望擁有一個強而有力的政府。個人的行為特徵如此，整個國家的政策體制也是如此。例如，法國第五共和1962年以來，其最大的特徵便是處於敵對的兩派，從事政治聯盟競選，其中一個屬於右派，另一個屬於左派。此種情形在1969年總統選舉時曾一度中斷，此後又恢復此種情形。對於此種政治現象，學者稱之為「兩極化」（Polarization）。但是最近幾年來，左派與右派人士皆企圖向中間靠攏，逐漸走向溫和和現實主義。

二、人際關係的不信任感

　　法國人的人際關係極為保守，對於家庭成員以外的人都採取不信任的態度且保持相當的距離。如同其他西方民主國家一樣，法國人對於隱私權極端的重視，傳統上並不在家裡招待朋友。對於他人的政治信仰及態度亦認為不可侵犯而不加以過問，也從不與他人討論政治。依他們的想法，討論政治最終只會引起無謂的爭端，何況政治事務與他們的私生活毫不相干。在此種情形之下，人際間交往避免衝突產生的最佳方法，便是不涉入他人的私生活，保持適當的距離。

三、處於理想與現實的兩難困境

　　前述提及，英國政治文化特質作事務實講求效率，而法國人並非如此，反而時常陷入現實與理想環境兩難之中。雖然許多法國哲人曾提出許多影響後世深遠的偉大思想，例如，盧梭（Rousseau）的社會契約論；孟德斯鳩（Baron

de Montesquieu）的三權分立說；伏爾泰（Voltaire）的自由平等思想以及法國
大革命時代所提出的自由、平等、博愛（Liberty, Equality, Fraternity）的口號，
這些思想為日後的民主制度奠定了理論基礎。然而法國並沒有如美國、英國一
樣建立一個自由民主的政治制度，哲人所遺留下來的對法國而言只是崇高思想
及空洞的口號。

四、對政府及政治的信任感極低

　　過去的歷史帶給法國的經驗是人民希望強而有力的政府能夠領導法國結束
無政府的混亂，但另一方面，又必須提防強而有力的政府淪為專制政府。因此
人民又主張增加人權來減少政府的權力。這種既期望擁有強而有力的政府，但
又不予以信任態度的例子，在法國憲政發展過程中俯拾皆是。例如，法國政府
自1789年大革命以後，即處於動盪不安的局面。第一共和到第三共和雖然都是
由具有遠見的君主創立，但最後皆為軍人領導的專制政府所取代。從1784年到
1958年這一段期間，法國經歷了10餘次的政治體制改變，平均的壽命是一年五
個月多。此外，由於政黨制度尚未建立，因此黨派鬥爭非常尖銳，政府更迭的
情形頻繁，也是法國政治信任度很低所造成的。以第四共和為例，在成立的十
多年間，內閣的更換就有20餘次多，在位最長的內閣也只有一年多，最短的也
只有兩天，平均時間是六個多月。由此可見，法國人因為政府及政治的信任感
極低是造成政治體制脆弱主因，也導致了政治的不穩定（Almond & Powell,
1996: 216-218）。

五、自我依賴的個人主義

　　由於法國人對於政府信賴感極低，所以對於權威的看法並不像英國人那麼
的重要。法國人強調的是自我依賴（Self-Reliant）的個人主義及擁有追求自由
平等的熱情。這種特質造成日後法國政黨數目極多，及政治主張紛歧的原因。
然而，因為受限於整個國家的大環境，法國人的個人主義因而不能像美國人的
個人主義可以充分發揮。此外，美國人比較合作容易妥協而服從團體的最後決
定，法國人則較堅持己見，視政治為鬥爭。在政爭中完全依賴個人的奮鬥而非
政黨。

六、低度的政黨認同感

　　雖然法國學校有公民教育一直教導學生熱愛國家，但是由於真實世界中的國家卻是一個充滿貪污腐敗和無效率的政府。因而學生只能熱愛理想中的國家，但對於現實中的政府有相當的疏離感。一項由兩位美國學者（Converse & Pierce, 1986）針對美法兩國人民的政黨認同調查，結果顯示美國人民能夠不加思索的指出他們所偏愛的政黨，而大部分的法國人卻不能如此。造成如此結果是由於法國一般家庭裡，政治並不是一個經常討論的議題，由於缺乏長輩的經驗傳說，致使年輕一輩的法國人對於政治並未有非常清楚具體的概念。對於自己周遭的人其政治態度也一知半解。例如，76%的美國人可以說出父親所屬的政黨，然而只有25%的法國人可以說出。由於大部分的法國人對於政治是處於摸索之中，政黨轉換比例因而相當的高。

七、社會階級的自我認同瓦解

　　一般法國人在傳統上都依賴他們在社會中所處的地位而認定自己的階級。在某種程度上，法國與英國都是重視階級的社會，由於教育制度因素和社會流動性（Social Mobility）很小，造成了法國工人階級與中產階級之間有著相當顯著的差異。法國人所得分配不均的現象也比英國更為明顯。然而最近一項調查顯示，法國人的社會階級認定有下降的趨勢，尤其是工人階級的自我認同感下降得更為明顯。社會階級的認同改變使得社會原有社會網路（Social Network）以及社會凝聚力（Social Cohesion）招致破壞，社會秩序因而不穩定，屢有社會暴動發生（Kesselman et al., 1996: 150-151）。

八、歷史的負擔

　　歷史思想可以說是一種結合力，也是達成共識的障礙。法國人對自己的歷史如此著迷，以致於新仇常常添加舊恨。這樣帶有強烈情感色彩地運用歷史記憶，使得抱負、戒律和禁忌都似乎堅不可摧，這就使得決策更加複雜。用戴高樂的話說，法國是「被歷史壓垮」的。

九、宗教與反宗教的傳統

　　法國一度是天主教國家，但是到目前為止，信教和不信教者之間的相互敵視，一直是法國政治文化的主要特點之一。自大革命以來，這種相互敵視，一直在所有層面造成社會與政治生活的分裂。即使是現在，虔誠的天主教徒與不信教者的政治行為，仍存在著重要分歧（秦俊鷹、潘安順，2000）。

第四節　美　國

　　美國是一個文化大熔爐的國家，言下之意，表示美國雖然有種族、膚色、宗教的差異，但是它的文化卻是一個混合物（Amalgamate）。在此種情形下美國的政治文化顯示出三大特性：一、各種社會、種族、宗教團體之間能夠和平相存，彼此存在著高度信任感；二、對於國家的體制有著強烈的認同感，政治信任度與支持度都很高；三、對於政治體制的運作存有共識。

　　伊拉薩（D. J. Elazar）在《美國聯邦主義》（*American Federalism*, 1966）一書中，對於美國政治文化有很詳細的剖析。他認為美國政治文化是由兩種相互矛盾的概念所混合而成：一種是主張個人主義（Individualism）的市場觀點（Marketplace），另一種是主張社區觀點的國家主義（Commonwealth）。市場觀點認為公共關係的存在是個人之間或團體間基於自利的動機，經由議價（Bargaining）行為所產生的結果。因此主張除了必要的干預行為之外，政府的管理應該是愈少愈好。由此種觀點引導出個人自由主義、自由競爭市場的觀念以及國家最少干預原則。相對的，社區觀點強調個人雖然有個別的利益追求，但是為了實現共同的利益以及追求更崇高的道德原則，我們必須設立及維護一個更佳的政府。本質上這是一個社區主義（Communitarianism），強調互相合作、集體行為以及公共干預的重要性。

壹、美國的政治文化

上述這兩種混合的觀念引導出大部分學者認為美國所具有的政治文化特質（Almond & Powell, 1996: 792-796; 1978: Chap. 9）：

一、崇尚法治主義

美國實行民主政治極為成功，一大部分的原因得歸因於美國依法而治的精神（Rule of Law）。人不分富貴貧賤，也不分男女老少，個人的尊嚴、人權及財產權在法律之前一律受到尊重，並且得到相同平等的保護。這種觀念在美國憲法的具體表現便是憲法主義、分權與制衡以及聯邦制。

林肯（Abraham Lincoln）總統有名的蓋茨堡宣言（The Gettysburg-Address）中明白指出美國政府是民有、民治、民享的政府。（Government of the people, by the people, and for the people.）這種精神的發揚光大便是「人民主權」（Popular Soverey）的主張，亦即人民是政府的權力來源。基於此，政府官員在執行公權力時宣稱對於政策的執行具有合法性（Legitimacy）。這裡的「法」應該是人民主權的授予。

二、反權威的個人主義

與英國政治文化特質一大不同點是，英國人尊重權威，順從領導者的統治，而美國人對於「權威」二字素來反感。因為它意味著統治者高高在上，享有無上的權力來管制人民。因此英國民眾贊成政府的干預行為，而美國人對於權威所表現出來的政治觀念是「管理愈少的政府乃是最好的政府」。具體而言，亦是主張個人主義。什麼是個人主義？簡言之，就是「自我」和「唯我」主義，亦就是當個人利益和他人利益相互衝突牴觸時，會將個人利益擺在最前，積極爭取自我的權益。這種觀念與我國的儒家思想所主張的「犧牲小我，完成大我」的觀念極為不同。

三、著重實質的平等

　　與個人主義較有關聯的觀念是主張人生而平等。美國是一個十分講求法治的國家，所以對於平等的觀念也非常重視。具體表現有下列三種：

(一) 政治平等：主張每一個人都可參與政治而每人所享有的權利都是一樣，即所謂「一人一票，每票等值」。

(二) 法律平等：法律之前人人平等，「天子犯法與庶民同罪」，在美國著名的例子便是尼克森（Richard Nixon）因水門事件而辭職下臺。如果沒有福特（Gerald Ford）的赦免，尼克森可能定罪入獄，人民對於尼克森的判決並沒有感到同情或不滿。

(三) 機會平等：人人都享有一切機會的平等，沒有階級之分，也就是所謂的「立足點平等」。不過為了矯正弱勢者的不公平地位，因此實行了所謂「優惠行動」（Affirmative Action）的政策，然而此一政策也引發不少的爭議。

四、注重民意取向

　　美國人民在日常生活作決定時，除了養成服從多數決原則之外，對於少數人的意見也十分的敬重，使其權益有公平的訴求機會。這種精神便是植基於「真理是越辯越明」。在美國，日常政治事務的處理也是先經過公開辯論而逐漸形成一股民意。政府非常重視民意，不敢忽略，並且在公共政策的制定下予以具體反應。例如，柯林頓（Bill Clinton）總統試圖擴大政府之權，推行健保，但不為民眾支持，因而造成1994年的期中選舉失利，國會淪為共和黨統治。這說明了疏忽民意的總統往往得不到人民的擁戴支持。

五、積極的政治參與

　　依據人民主權的觀念，政治參與不僅是人民的權利，而且是人民的義務。政治參與對於美國人民是相當重要的，尤其是在大政府（Big Government）的時代，人民無法直接與其溝通。何謂政治參與？政治參與我們可將它視為一種

表3-2　美國政治參與活動的種類以及強度

政治參與類型	強度百分比（%）
經常談論總統選舉情況	72
經常談論地方選舉情況	47
積極參與與社區問題有關的某一組織	32
曾與他人合作商討解決社區問題	30
曾試圖動員他人投某方面的票	28
在選舉期間曾為某一政黨或候選人工作	26
曾經就某一社會問題而與當地政府聯繫	20
在過去三年內至少參加一次政治會議和群眾集會	19
曾經就特殊問題與州政府和聯邦政府聯繫	18
曾經組成團體以解決當地社區問題	14
在選舉期間曾為政黨和候選人募捐	13
目前正是某一政治俱樂部或組織的成員	8

資料來源：Verba & Nie (1972: 131).

意圖以各種方法來影響政府政策的行動；亦即人民有權力去參與國家公共事務的活動。學者杭廷頓與尼爾遜（Huntington & Nelson, 1976）則進一步明確指出，只要是冀圖影響政府的決策行動，不論其行動是否會產生實際結果皆是政治參與。此外，政治參與並不侷限於依照自身的意志行動而所採取的自主參與，即使是被他人動員才參加的活動亦屬政治參與。學者威巴和尼（Verba & Nie, 1972: 131）曾針對美國人民作過政治參與的活動種類及強度的調查，研究結果（見表3-2）顯示參與選舉投票是最普遍的政治參與行為，而積極介入政治活動，例如，為候選人募捐成立後援會的政治參與行為則較為罕見。

六、共識型的政治文化

美國的政治文化發展與法國迥然不同。二百多年來美國的政治文化發展表

現極為穩定，並未有重大的改變。套用統計學的術語，大多數美國人的價值分配都在常態曲線上的中間地帶，而趨於兩個極端的比例卻相當少，顯示出美國人對價值行為體系存有很大的基本共識。

從另一個角度而言，大多數的美國人民其意識形態並未有顯著的差異，即使執政黨的輪替政策取向有所不同（如60年代的激進改革路線、70年代的保守路線、80年代的新保守路線，以及90年代的自由改革路線）。大部分的美國人，尤其是中產階級的政治文化始終能夠維持政治穩定的發展，而保存既有政治文化的特質。

在這種政治文化的分布下，各政黨候選人為贏取選票所提出的政見都不至於太偏激，以免招致挫敗。正因為如此，兩大黨的黨綱非常接近，本質上差異並不大，選民幾乎無法明確予以辨別。因果循環之下，選民的選舉取向，逐漸的以候選人為中心（Candidate-Center）來替代以往的政黨取向。

貳、各州的政治文化特質

由於美國是聯邦體制，我們有必要瞭解不同州的人民因為受到不同的政治文化薰陶，因而有不同的信仰與態度行為。這些因素將影響人民對於政府的期望與需求，也影響到人民對於政府政策的評估，連帶的對於政府可供選擇的備選方案發生限制作用。簡言之，對於政治體系的運作過程有相當的影響力。

美國50個州，每一個州都有獨立的行政體系，因此所產生的次級政治文化不同。依照伊拉薩（Elazar）的分析，美國國內存在著三種類型的次級政治文化：一、個人主義型的政治文化（Individualistic P.C.）；二、道德型的政治文化（Moralistic P.C.）；三、傳統型的政治文化（Traditionalistic P.C.）。分述如下：

一、個人主義型的政治文化

這一類型的政治文化分布於美國的西南部、中西部以及東北部，其中以印第安那州、伊利諾州和賓州較為明顯。其特質是：

(一) 主張自由市場觀點，認為政府對於經濟發展應該減少干預，除了刺激經濟景氣採取必要措施之外，政府應該採取消極被動的角色。因而對於政治制度主張中央分權，給予地方相當的權限。

(二) 對於政黨政治的看法，主張應該有競爭性的政黨體系，並加強政黨的黨紀，依此論功行賞分配政府職位。所以對於政治體系主張恩惠制（Favor System）。

(三) 對於政治參與的態度並不熱中，其認為參與政治只是謀求改善個人的經濟狀況和提高社會地位，並非真正的圖謀眾人之福。因此主張由專業化的官僚體系來處理一切政治事務。

二、道德型的政治文化

這一類型的政治文化特質主要是分布在美國西部沿岸、中西部、東北部，其中以麻州、威斯康辛州及奧勒岡三州較為明顯。其特質是：

(一) 主張國家干預的觀點，認為政府應該要扮演積極的角色，關心大眾事務，並以集體的行動來改善社區環境。

(二) 對於政府的清廉非常重視，所以主張以功績制（Merit System）來晉升用人。

(三) 對於政黨政治的看法，認為其最大功能只是用來謀求公共福利，除此之外，對於政黨政治的活動並不熱衷。

(四) 對於政治參與，認為具有能力且能提供大眾福利的賢能之士都應該採取積極的態度熱心參與。

三、傳統型的政治文化

這一類型的政治文化主要分布在美國南部、西南部以及中西部。其中以阿拉巴馬州、密西西比州最為明顯。該類型的政治文化是綜合上述個人主義型與道德型政治文化的特質。其特質是：

(一) 對於社會的階級觀念非常重視，對於政治主張採取菁英制，由菁英來統籌一切的政治事務，人民並採取高度順從行為配合政府的政策。

(二) 對於政黨政治活動，其認為破壞了菁英取向的原則，所以認為政黨對於日常生活並不是很重要，對政黨體制主張一黨制。

(三) 對政治活動有疏離感並不熱衷，主張維持政治現狀，非常重視家庭及社會的關係。

(四) 對於政治參與的態度是，只鼓勵擁有相當能力的人才參與政治，為眾人服務。

上述三種次級政治文化遍布於美國50個州，因而各州的政治文化不同，而美國則形成了阿蒙及沃巴所稱的公民文化（Civic Culture），即社會中的參與政治文化與褊狹、臣屬兩種政治文化平衡發展，且兼容並存的政治文化。

第五節　日　本

日本在第二次大戰結束後，失去獨立地位。在同盟國的占領下，開始執行一連串的社會政治經濟改革措施。同盟國認為除非日本社會能夠予以徹底改造，否則民主體制將無法生根茁壯。基於此，同盟國執行一些大型的再社會化活動，例如將天皇虛位化，並將灌輸人民崇拜天皇的措施予以斷絕。在學校教育方面，不僅將教育體制予以重新改革，遵循美國模式，並將舊有的教材課本予以重新改寫。

這些措施使得日本的政治經濟制度有很大改變（如婦女的社會地位、工人的工會成立、實施土地改革等），其中以實施落實民主政治的日本新憲法最顯著。日本社會在同盟軍占領期間（1945-1952），因而才有較高的民主化。

在第六節中，我們將會提及德國政治文化內涵改變得很成功，從十九世紀60年代的臣屬型文化，70年代的參與型文化，到80年代已是公民文化。經過四十餘年的努力，德國人民的政治價值態度已日趨穩定，因而民主體制深得德國人的支持。反觀日本，雖然也建立了民主制度，但是其政治文化變遷過程並不像德國的順利。日本已是經濟大國，可是它的人民卻對政治體制仍存悲觀！日本是個重視團結和諧的社會，何以人民常覺得有不公平競爭的感覺？在本節我們將從下列六項日本政治文化特質來探討上述問題（Kesselman et al., 1996: 272-276）。

一、崇尚儒家文化及神道

日本亦是深受中國儒家文化影響國家之一，所以所具有的行為特質與我們十分相像。其整個社會有階級之分，人民重視和諧，避免衝突產生，尊重權威，服從法紀。日本在第三世紀封建時代，即憑藉儒家文化的教義來維持政治秩序和社會關係。

明治維新時代（Meiji Restoration），領導者更運用儒家文化來塑造以天皇為中心的新國家主義。其要旨是強調在天皇的統治之下，整個國家如同一個家庭。因此人民須勤奮工作，對國家效忠並服從領導。這種觀念經由學校及軍隊兩個系統灌輸給學生及士兵來加強鞏固天皇地位。

儒家文化的精神也經由神道（Shinto）而發揚光大。經由這兩種意識形態的灌輸，大部分的日本政治菁英及人民都真心崇拜天皇並服從國家主義。戰後天皇制雖然已成為虛位制，但是此種家長政治（Paternalistic）存在於整個日本社會。例如，在企業界，整個公司就好比是國家，是所有員工的認同對象，因此極重視員工忠誠及奉獻精神。這種認同公司目標及採取終身制（Lifetime-Employment），是戰後日本經濟成功的一大要素。

二、強調共識的社會

日本無論戰前或是戰後，其政治社會化機構（如家庭、學校、大眾媒體）最大目標是經由集體主義和順從行為來培養人民的共識精神。學校教育在文部省（The Ministry of Education）管轄之下，課程內容及教師的資格條件都有詳細的規定。制式的課本內容都與國家意識形態相符合，因此教材內尋找不到批判政府政策。在工作場所，企業機關更將學校施行的方式予以擴大或濃縮，主要在學習企業標準知識及體驗團體行為。此外，日本雖然資訊發達，但是報紙發行量卻只有美國的十分之一，德國的一半。而且日本報社的立場並非十分客觀，其批判的精神就遠不如西方國家。探究原因：記者俱樂部的保守作風是一大主因。平時都是將政府的官方說法照單全收，再依政府選定的時機刊載於報上。如果不遵守規定，該報立即被排除於俱樂部之外，不再允許採訪類似新聞。

上述這些社會化機構所採取的方式，雖然維持了政治穩定及社會和諧，可是也阻止了人民的政治覺醒並擴大人民的政治疏離感。

三、相互矛盾的二元文化規範

日本人到今日仍如同往昔對於國家的政治體制採取悲觀看法。主要是起源於日本兩種相互矛盾的文化規範：一是講求特殊關係（Particularistic Strain），另一是注重團體取向（Group Centered）規範。

特殊關係顧名思義即是注重人際關係的網路（Network），對於熟識的人，在處理事務時額外給予方便、特權或施以恩惠。相反地，團體取向則是強調團體的團結與合作，要求作決策時，所有參與者都能依照規範運作達成最後決定。

在小團體裡上述兩種規範具有互補作用，因而日本存有政黨、財閥及官僚體系所形成的三角政治。然而，在大團體裡，這兩種規範卻是互相衝突而引起人們有不公平競爭感覺（Almond & Powell, 1996: 340-346）。

四、不公平的競爭

日本雖然極端重視社會共識，然而既講求特殊關係又重視團體和諧的文化規範，卻造成人民心理覺得不公平競爭。我們可經由比較美日政治文化不同來加以分析：

(一) 日本因為講求特殊關係，因此競爭本身就是不公平。這種特質與美國人所講求的機會平等具有不同意義。美國是注重立足點的平等和遵守公平競爭的規則，因此每一個人都有贏的機會。相反地，日本即使是講求公平競爭精神，然而因為立足點的不平等，所以最終結果都是少數既得利益人獲勝。

(二) 美國人作決定時，大都依循「服從多數尊重少數」的民主精神。然而在日本大多只作到服從多數，而少數人的權益卻往往被忽視。由於作決定時過分講求共識精神，因此「多數決」在日本時常給人「多數暴力」的感覺。

(三) 在美國形成政策共識的過程中，都鼓勵參與者暢所欲言，並允許其動員其

他人支持己見。但在日本往往為了形成共識，參與決策的人都克制己見來迎合大眾期望。因此形成了日本社會在表面上顯示出團體和諧，然而在深層內部卻是充滿衝突與競爭。

(四) 在美國決策過程大都盡量作到公開透明化，因此決策制定後，參與者認為政策具有合法性願意接受其結果。在日本由於不公平的競爭且其過程並未透明化，所以日本人時常質疑決策的合法性，加上日本的政治醜聞不斷，所以大部分的日本人對於政治體系都抱持悲觀看法。

五、政治參與高但是情感投入度低

戰後的日本，其政治文化已由臣屬型轉變為參與型文化。分析其原因有三：

(一) 中產階級人口數目增加：日本現今之勞力人口分布，已由戰前50%的從事農業人口降低至不到10%，中產階級（包括專業人口及白領階級）數目相對增加。只是隨著產業結構的改變，近年來中產階級有減少的趨向，反而是走向M型化社會（江裕真譯，2006）。

(二) 教育十分普及：日本的教育制度已由六年的國民義務教育延長到十二年，高中畢業後有40%的學生繼續升大學接受高等教育。日本人民受教育的程度在世界各國中是屬於相當高的國家。

(三) 大眾媒體的廣布：日本人喜好閱讀，平均每個人所讀的書籍、雜誌或收看電視節目時間都位居世界前茅。

這些特質使得日本人在全國性的投票率都接近70%，遠比美、英兩國為高。此外，日本人對於政治性質的會議，尤其是與選舉有關的集會都熱中參與。然而一項不可否認的事實是，日本人投票率雖然很高，但是在心裡或情感的投入度仍是很低。主要原因是大部分人民覺得政府領導者並未真正體察民意，瞭解人民需要的是什麼，而政府對於財閥所提出的需求是有求必應。因而一般人民對於政治領導者或政治人物大都持有負面形象。「政治」往往被視為「必要之惡」（Necessary Evil），更是一「骯髒的事業」（Dirty Business），所以小孩長大立志當政治人物的比例非常之低（Almond & Powell, 1996: 345）。

六、國家在發展過程扮演重要角色

日本人對於本國的政治體系雖然表示失望甚至悲觀態度，然而其政治卻也表現得十分穩定。大抵上，有兩項原因（賴郁君譯，1994：第四章）：

(一) 人民用選票代替子彈來表達不滿。當自民黨發生貪污、政治獻金醜聞時，人民即用選票予以否決。1993年自民黨失去眾議院多數席位即是一例。

(二) 人民即使對政黨表現不佳失望，但是對民主體制仍具信心。同樣地，政府是如何達成經濟發展目標？

1. 由於人民對於政府部門的輸入功能不強，所以很少向政府部門提出需求，政府藉此機會將所有的資源應用於發展經濟，而不用費心處理人民不同的需求。

2. 政府透過向民間部門提供情報，並長期的說服使它採取配合政府的行動（經由許可證的發給或財政補助），如此便可達到誘導民間部門。

由上述可瞭解，日本經濟雖然經歷多次急遽變動，但是如果除去外在刺激的過度反應，以及隨之而來的國內變動因素，日本的政治經濟體系都是可以維持穩定。

第六節　德　國

阿蒙和沃巴（Almond & Verba）在《公民文化》（*The Civic Culture*, 1965）一書中，曾提及西德人民對於政治極端冷漠有疏離感，所以認為西德文化是屬於臣屬型文化。但是，在不到三十年間，西德不僅創造了經濟奇蹟，民主政治穩定的發展，更重要的是其政治文化已由臣屬型轉而成為公民文化。對於一個長久深受權威體制影響，而沒有經歷過民主經驗的國家而言，我們不禁要探討西德是如何將其政治文化予以改變？德國統一後政治文化是否會遭遇困難？如何克服？這些在本節都將予以探討。一般而言，德國政治文化具有下列七項特質：

一、國民的國家認同感強

西德建立之初，多數的人民均認為它只是一個短暫過渡時期的國家，因此其憲法以波昂基本法稱之。至於是否應建立新的政治認同，則引起人民激烈的辯論。然而，時日一久，西德人民及政治菁英已體認到全德國的統一將是長久之計。因此逐漸接受西德的聯邦共和國才是他們的國家，而東德的民主共和國則被視為外國。

政府首要任務便是從事革除納粹的餘毒（Denazify）。由於執行徹底，成效顯著，人民對於國家分裂前的政治符號（如國旗、國號）已逐漸淡忘。政府另一方面則努力灌輸人民對新的政治制度及領導人物支持與培養新的民族情感。其中成效最顯著的是西德人民逐漸感受目前的德國正是歷史上最好的時刻，人民以身為德國人為榮。以往對於希特勒或帝國的盲目效忠及民族情感已日漸減低。

二、自由民主觀念的灌輸

在第二章中，我們提及第一次大戰後，德國皇帝退位，並建立了德國的第一個民主政體（亦即威瑪共和）。然而，威瑪共和時期（1919-1933）所實行的憲法本身存有許多結構上的缺陷，致使德國人民對民主共和體缺乏信心和好感。為了避免西德人民對日耳曼民族有過分的迷惘，西德政府對於民主觀念的工作積極進行。西德政府利用德國傳統文化中人民對法律原則的順從行為，明文規定了權威關係及政治規範。除了在新憲法中將民主政治及聯邦體制定為永遠不可改變的原則，亦加強民主程序為人民必須遵守的制度，權利與義務也遵循法律規定。1960年代，西德人民對於民主政治的政府是最好的政府已有了共識。直到今天德國統一，幾乎所有的德國人都滿意於民主政治的表現，對於遵守民主程序的觀念已養成習慣。

三、政治社會化的徹底實行

西德的加強認同國家觀念及灌輸民主觀念的目標都是經由政治社會化過程

完成，它不僅使西德突破了過去社會型態，並在社會化的內涵上有戲劇性的改變，使它最終能從權威體制順利轉型為民主政體。與美國、法國家庭教育最大不同點是，在西德家庭，父母及子女幾乎是同時學習新的政治規範，而且父母亦將他們終身所獲得的政治態度價值傳遞給子女，因此西德子女在家庭裡深受父母的政治影響。

學校的教育制度對於西德政治文化的再塑造過程亦扮演了重要角色。在公民教育課程中，特別加強在民主過程中衝突解決方式，尊重少數權利以及如何評估民主政治的優劣。這些再教育使得學生在初入社會之前已具備民主程序的素養。

德國政治社會化實行得如此徹底，另一項因素是報紙發行量及電視頻道甚多。幾乎每份報紙都有提供版面作為民眾對政府政策看法的園地，而各電視頻道亦有節目使民眾有機會與政府官員一起面對面討論政策議題。這些新聞媒體最大特色是不受限於政黨意識形態的影響，只要合乎民主原則保持客觀中立，任何政黨均可藉由媒體宣揚它的政見。

四、積極的政治參與

德國人民的積極政治參與，使人印象深刻，令人覺得德國人參與政治不僅是一種義務，更是一種對民主的承諾。德國除了歷年的投票率都相當高之外，人民的積極參與亦值得討論。在觀念上，德國人民表現出對民主政治的信心與支持。在行動上，一般民眾與政府菁英都具有遵守民主程序的共識。一般人民除了積極參與政策意見表達之外，亦運用各種正式及非正式的管道與政府菁英隨時進行對話互動。德國綠黨（The Greens）更強調「草根性的民主」（Grassroots Democracy），即一般人民的民主參與。統一後的政黨，例如，共和黨（Republikaner）及民主社會主義黨（PDS）亦具有與綠黨相似的性質。在 1989年柏林議會選舉中，這些黨的訴求都以人民的利益為出發點，因此選舉中得到不少選票，這使得其他傳統政黨亦開始改變策略，注重與一般選民有關的生活問題解決，政治菁英的態度也與以往不同。威瑪共和時期，雖然制定了民主憲法，但由於無法得到菁英支持，終致無疾而終，也引導了希特勒帝國的產生。西德政府有鑑於此，領導階層從一開始就設法改變菁英取向，將原有

極端的政黨予以解散重組。此外，也積極培養菁英對政府政策的共識（Conradt, 1993: 54-57）。

五、價值觀的改變

學者英格利哈特（R. Inglehart）在《文化變遷》（*The Culture Shift*, 1990）一書中，提出德國戰後出生的人民其價值觀念與老一輩的德國人有明顯的不同。老一輩的人因長期接受威權統治及處於經濟匱乏，因此極為重視國家安全、法律與秩序和物質生活的滿足。年輕的一代則由於生活在國家安定、經濟富裕的時代，且在民主政治環境下長成，所以並非極端重視物質生活。相反的，他們認為自我表達、社會平等及自我追求才是重要的。年輕人持有的價值觀念，英格利哈特以「後物質主義」（Postmateriaterialism）來加以形容。研究顯示持有後物質主義的人大部分是年輕人且受過高等教育。

隨著後物質主義的興起，人們的價值觀及行為亦有所改變。最顯著的是人們開始批評政府的政策及提倡新主義。他們認為政府不應該一味追求經濟成長，而忽略了生活品質改善及環境生態保護。這股力量學者以「新政治」（New Politics）稱之，最有代表性的便是綠黨。

六、排外情緒高漲

德國對於外籍勞工的態度，在開始引進時都抱持歡迎的態度，不稱「外籍勞工」（Foreign Worker）而以「勞工客人」（Guest Worker）稱之。然而當外勞數目一多，經濟不景氣時造成德國人失業率升高，生活負擔增加，因而排斥外勞的現象日益顯著。90年代極右翼納粹勢力興起，反種族及反移民的暴力事件也層出不窮，對於合法移民而欲取得國籍者亦是百般刁難。不僅如此，對於尋求政治庇護者亦都加以排斥拒絕，這些行為使得德國人的民主國家形象遭到質疑（Roskin, 1989: 192-193）。

七、統一後政治文化的差異仍然很大

　　東西德在1990年統一，雖然德東人及德西人都有共同的語言、歷史背景以及嚮往民主的生活方式。然而，經過四十年的分隔，他們的政治文化差異仍是很明顯（Almond & Powell, 1996: 286-287）：

(一) 支持政治的基礎不同

　　兩者雖然支持民主政治，然而其支持的基礎不同；德西人在政治社會化過程中，已學會並體認到民主政治是最好的政治，而德東人較強調經濟表現，並以此作為評判民主政治的好壞。

(二) 心裡的政治認同有差異

　　兩者時常在言語行為之間互相輕視對方；德西人視德東人為來自經濟落後的地區，將其視為次等國民不齒為伍。而德東人視德西人過於本位主義，並譏笑其為物質的奴隸。這種心態上的不協調，以至於兩者間的互動情形甚少，而部分德東人仍未將地區性的認同發展成國家認同。

(三) 兩者對於國家功能看法不同

　　德東人雖然支持德西人的資本主義，但在遇著失業及工作競爭壓力過大時，仍不免懷念東德時期的共產主義，由國家來統籌一切提供服務並指導國家發展。

(四) 政治理念實現方式不同

　　兩者對於民主政治理念最大差異是如何將其具體化。德東人選出的議員雖然口中支持人民的政治權利，然而在遇著人民抗爭或示威時，其處理的方式似乎不是本著人民主權至上觀點。

(五) 價值觀的差異

　　德東人與德西人另一項衝突是物質主義與後物質主義的差異。德東人的價值觀仍是在追求物質生活的滿足，德西人是在追求生活品質的改善。兩者不同的差異對於經濟發展與環境保護孰輕孰重上即有很大的爭論。德國政府是否能

夠順利的將兩種不同價值觀的德國人融合在一個國家，將影響未來德國的命運及發展的路線。

第七節　俄　國

俄國在二十世紀共經歷了兩次革命大暴動：一次是在20年代俄國人民推翻了沙皇（Tsarist）專制建立了蘇維埃政權。然而在共產主義統治之下，整個社會經濟制度都被摧毀，傳統的宗教被禁止，特權階級制度被破壞，地主的土地以及資本家的資產都被沒收，因此革命帶給人民的只是失望。尤其是蘇共所實施的一連串以馬克思─列寧主義為主的改革，例如，無產階級專政、共黨的一黨獨裁專制以及國家嚴格控制的經濟制度。這些措施都埋下人民推翻暴政的種子。另一場革命是發生在90年代，信仰共產主義的舊蘇維埃政權被主張民主主義及尊重市場力量的新俄羅斯所瓦解，這場革命猶如將俄羅斯人從黑暗地獄中帶入光明的世界。

前述提及，政治文化有一個特質便是有持續性，即使是國家遭遇了重大的政治、社會巨變。在本節探討俄國的政治文化，發現沙皇時代的保守傳統思想對於現今的俄羅斯仍有顯著的影響。例如，國家在經濟、政治以及意識形態上處處可見到國家的影響，而自由主義、個人主義、私有化的市場觀念仍是非常的單薄。嚴格來講，因俄羅斯的國家體質仍在形成中，所以其政治文化也是處在轉型過程中，並未明確的具備民主國家的政治文化特質。雖然如此，我們仍可從下列六點來探討俄羅斯的政治文化特質：

一、重視個人權威的統治

俄國雖然仿效美國實行三權分立制度：行政權由「俄羅斯聯邦政府」負責執行，司法則由聯邦法負責，立法則由聯邦會議負責。然而俄國的政治傳承向來就有個人權威統治的情形（如沙皇與蘇共），因而新憲法給予了總統極大的權力。例如：

(一) 總統不曾因為決策的錯誤，而遭到國會的罷免或憲法法院的指控。

(二) 總統擁有廣泛的行政權、人事權、軍事權、立法權，特別是總統可以不須
　　經過國會的同意，就可以透過安全會議發布緊急狀態和動員力。
(三) 總統對於聯邦法院的人選擁有影響力的人事建議權。

　　總統權力的增加，似乎與民主政治所主張的「多數統治原則」、「政治自
由」以及「尊重反對者權利」的精神相違背（許湘濤，1996）。

二、民主觀念尚未建立

　　俄國經過七十年的共黨統治，深受馬克思—列寧主義的影響。即使俄國在
成為獨立國家之後，舊有的思想尚未褪色，而人民對於新的政治制度尚未完全
的認知以及接受，因此民主的觀念尚未完全建立。一項研究調查（Rose,
1994）顯示，大部分的俄國人都支持民主體制，然而對於俄羅斯政府所推行的
民主改革措施是極端不滿，且對於葉爾欽政府是否有能力建立民主體制並不具
有很高的信心。

　　就俄羅斯人民及政治菁英而言，由於與外界隔離太久，所以對於西方的民
主國家思想及理論都必須從頭學習瞭解。民眾與政治領導者對於國家的認知要
求存在著不同的看法和意見，這也是導致國家政爭不斷的原因之一。最明顯的
是俄羅斯政府仍受分離主義的紛擾，不僅來自各共和國，各省及邊區也都紛紛
的提出獨立要求（王承宗，1995）。

三、政治社會化的重新開始

　　政治社會化過程對於一國人民的政治取向和行為模式均具有相當的影響
力。由於擔心社會產生反政府的運動，俄羅斯乃沿襲蘇聯時代的控制意識形態
手段，由國家來主導一切政治社會化工作。威權統治國家有一傳統，就是每一
位新領導者上任後，首先作的便是抬出馬列教條以便使自己的政策合法化。事
後也證明了馬列教條對於政黨領導人提倡自己的喜好及意識形態很有助益。然
而這也是造成俄羅斯人民民主觀念無法建立的一大障礙。在蘇聯時代大眾媒體
教育制度以及其他的社會化機構主要功能是宣傳政黨的政治價值。戈巴契夫執
政的晚期，雖然實行了開放改革措施（Glasnost Campaign），這些機構都被賦

予相當的自主權，不再只是扮演官方意識形態的代言人，然而與西方的政治社會化仍有一段距離。

家庭教育在蘇共時代都是由父母來灌輸子女共產主義，培養他們對政黨及領導者效忠，堅持信仰社會主義。然而由於家庭在實際生活裡仍培養子女一些異於官方意識形態的價值體系，加以獨立之後所推行的民主改革措施，家庭的民主化教育正在重建中，學校的課程安排亦是政黨加強政治教條的場所。蘇共瓦解後，學校開始教導學生認識民主制度。隨著學校的教育課程改革，時日一久，人民的教育程度愈高，也將愈能接受自由民主的價值及原則。

大眾媒體也是受到嚴格的控制。例如，出版業可以出版不同於政黨意見的書籍，然而一些人為的限制使其功能未能完全發揮。例如，(一)財務上的困擾使其生存受到威脅。由於一般俄國人並未有額外的預算購買大量的書籍報紙，因此市場有限，是否有足夠的經費維持經營仍是問題；(二)公平競爭的環境並不存在。一些倡議反動思想的雜誌社時常被列為偵查的對象，影響其經營空間；(三)政府施加壓力。政府時常要求他們報導有利於政府政策的新聞。由於主要的媒體都接受政府的補助，所以照章行事。對於其他未受補助者，則用稅金政策加以施壓（Kesselman, 1996: 348-350）。

此外，對於新聞報導也採取干預的態度。電視臺播送的新聞必須符合國家的意識形態，凡是與國家立場相衝突的行為皆被嚴格控制。這些措施雖然使國家有效控制整個社會，然而人民的政治覺醒，也相對的較其他民主國家落後（葉自成，1997：42-50）。

四、缺少三權分立的實質精神

俄羅斯聯邦雖然採行聯邦制，然而並未具有美國、德國的聯邦分權精神。依憲法規定來看，地方一切的權力都集中在中央行政部門手中，各聯邦主體的行政首長都是由中央所指派。例如，省和邊區的行政首長都是由總統派任，並非由選民直接選舉，儘管省和邊區的議會代表是由人民選舉所產生。

另一方面，為了避免地方分離主義高漲，俄國也採取了懷柔高壓政策給予各共和國相當的自主權，包括：(一)採用雙重國語；(二)各共和國擁有自己的憲法和國格，享有充分的經濟自主權；(三)上繳聯邦的稅賦比地方行政區域少；(四)准許各共和國與外國簽訂條約。

五、新憲法同時具有資本主義與社會主義的精神

　　新憲法中的內容主要是參考美國和英國的憲政精神制定而成，主張多黨政治，人民有充分的自由與人權，尊重私有財產的隱私權。試圖將舊有的國家意識形態予以改變，採取西方的資本主義觀念。但是在憲法中卻又保存了一些社會主義的傳統，例如，免費的教育、醫療等權利。依照俄羅斯政府的觀念，國家只是提供有限且必要的醫療服務，不再是蘇聯時代的全民健保。由於俄羅斯政府改變了社會政策，但卻又無力承當社會的負擔，因此引起了人民的不滿，而用選票加以表示。1993年國會選舉左派政黨的票數遠多於親葉爾欽的右派政黨票數，同樣的葉爾欽在1996年總統大選時也是經過第二回投票之後才得以連任，這些都代表人民對於國家政策以及社會生活的不滿。

六、族群之間的不和諧

　　俄羅斯自從實施經濟重建（Perestroikal）和開放改革措施之後，社會之中產生了許多衝突。例如，雅庫特族人人口僅占共和國總人口不到5%，但是占了全國公職人員的比例高達10%。俄羅斯人口雖多，但其公職人口比例不高，深覺其權益受損。為了維護他們本身的利益，這些族群時常發生衝突，排除外族的情形日益嚴重。此外其他共和國，例如車臣（Checheno）和韃靼（Tatarstan），因為民族主義的興起也要求獨立。此種情形下俄國不僅在其共和國內以及其他共和國都隨時有發生暴動的可能（王承宗，1995）。

　　由上述可知，俄國人民都普遍支持民主體制及價值。俄羅斯政府雖然也建立了民主體制，然而在實際的政治運作中卻維持威權統治的方式，和西方的民主政治與規範不相符合，因此對於民主政治文化的建立仍有困難存在。然而，正如托克維利（Alexis de Tocqueville, 1954: 46）所言，「對於一個壞政府而言，最危險的時機便是在它開始改革的時候」。從俄羅斯1993年、1995年、1996年、1999年、2000年五次全國性大選投票結果觀察到，左右兩翼在後蘇聯時期突起、民族主義及大俄羅斯主義抬頭，突顯俄羅斯傳統政治文化的矛盾特質、傳統俄羅斯民族精神仍深植人心。雖然俄國的民主改革過程充滿困難，然而隨著人民教育程度的提高、國民所得的增加和都市化程度的加深，俄國民主改革成功之日仍是指日可待。

第四章　比較國會制度

第一節　涵　義

　　多數國家均設有國會（即立法部門），它是由民選的議員所組成，其主要任務是反映民意和監督行政機關。各國因為政治體制不同，其運作也受到政治環境影響，因而其功能表現不同。從「政策」的觀點言，國會是民意機關，要像一面鏡子，忠實地反映民意，讓政策的制定遵循民意，受到民意的監督控制，並滿足民意需求。美國耶魯大學教授林布隆（Charles E. Lindblom）認為國會就是在表達民意，讓政府有所遵循，以解決民眾所要解決的問題，並符合民意所要解決的情形。

　　各國的國會在此方面不盡相同，英國、日本、俄國的國會是「國家最高權力機關」，英國甚至標榜「國會至上」，美國、法國的國會則是「最高立法機關」，而日本又標榜「唯一立法機關」。然而在複雜的社會裡，如何方能確實反映民意？由一個機關（一院制）？兩個機關（兩院制）？或三個機關（多院制）？哪一種較能反映民意呢？英、德、美、法、日、俄與我國的國會組成，最明顯的不同點是兩院制與一院制的差別。上述前六國均屬兩院制，國會分為上、下議院分別開會。雙方決議一致時方成為整個議會的決議。而我國是一院制，人民選舉議員組織一個議院來行使議會職權。事實上，兩院制與一院制各有其優缺點。

一、主張兩院制理由

(一) 在兩院制中，法案須經兩個機關討論，故可減少立法的草率與武斷，而能夠慎重審議出決定。

(二) 上議院代表社會的保守勢力，下議院則代表社會的革新勢力，如此可調和社會緊張形勢而收漸進改革之效。

二、主張一院制理由

(一) 理論上，議會代表國民，國民對於同一問題不能同時存有兩種不同意見，所以代表國民的議會亦只能有一個。

(二) 實際上，在兩院制通過法案必定浪費時間，一旦兩院對法案發生歧見，則一切立法過程必定延擱。

　　兩院制因各有代表所以較能反映民意，盡到監督政府的職責，故其功能較一院制為佳。多數國家亦多採兩院制，例如，英國貴族院代表保守勢力，平民院代表新生勢力，猶如袋鼠之前後腳，保守和革新力量相互均衡配合。法國參議院代表各省，國民議會代表全國。德國參議院代表各邦，聯邦議會代表聯邦。日本參議院代表大的選區，眾議院代表小的選區。俄國聯邦院代表聯邦各主體，國家杜馬代表聯邦。然而，他們的成員如何產生，以表現其特色？任期多久？人數多少？是否全部改選，或分期分批改選？為什麼？議長如何產生？是否有委員會的設立，以求專業分工？各國國會有何職權？如何立法？如何審查預算，如何要求政府向國會負責，要政府的政策制定遵循國會的意見？如何兼顧民主與效能？是否有質詢權？是否有倒閣權要政府首長去職？各國有何不同？在立法過程中，各國立法過程有何差異？為什麼？是否國情不同而異。以上均是本章探討國會制度最重要的比較項。

第二節　國會組成

壹、英　國

　　國會（Parliament，譯音巴力門）由兩院組成：貴族院（上議院）與平民院（下議院）。

一、貴族院（House of Lords）

(一) 構成分子

1. **神職貴族**（Lords Spiritual）：包括兩位總主教（Archbishops）以及多位英格蘭教會主教，負責宗教、禮俗、儀式等事宜，如英王登基要由總主教主持加冕儀式等。

2. **世襲貴族**（Hereditary Peers）：依1999年貴族院法（The House of Lords Act 1999）分三類——第一類由世襲貴族選出75人；第二類由貴族院全體貴族選出擔任行政職之貴族15人；第三類皇室貴族二人。

3. **終身貴族**（Life Peers）：依1958年及1963年「終身貴族法」（Act of Life Peerage），部分原世襲貴族名位及身而止，不再世襲。根據統計資料，[1]截至2023年3月，貴族院共有共778名議員，其中男性552名，女性226名。

　　英國之貴族學院原為國家最高司法機關，掌理上訴法院所提送之上訴審判案件，因此貴族院有著法學權威之法學貴族的名額，但因為2005年的「憲制改革法」（Constitutional Reform Act），貴族院的司法功能改歸新成立之「最高法院」，貴族院的法學貴族已失去意義。

(二) 議　長

　　憲制改革法（2005）增設上議院議長（Lord Speaker），由上議院議員選出，英王任命。首任議長Helene Hayman出任，須政治中立，於2006年5月4日選出，辭去工黨黨鞭職位。

　　上議院每星期開會四次，即於星期一到四下午4時30分開會，6時30分散會，每次開會，出席人數均寥寥無幾，除非討論重要問題，近千人議員中，經常出席的人數不及30、40人。據議事細則規定，凡有議員三人出席就可開會，而有30人出席就可議決一切法案。

---

[1] UK Parliament, "Find Members of the House of Lords." https://members.parliament.uk/members/Lords?SearchText=&PartyId=&Gender=NonBinary&MembershipStatus=0&PolicyInterestId=&Experience=&ShowAdvanced=true.

(三) 委員會

　　一般國家（如中、美、法）之各委員會是依法案性質來區分的。如外交、國防、財政等委員會；英國國會委員會非依照議案性質區分，只是分成數個委員會，每個委員會都負責審查各種議案。

1. 特別委員會：因應特別議案而成立之委員會。議案完成審查，委員會即撤除。

2. 會期委員會：於每會期所成立，專門處理固定、專有之事務的委員會。

3. 全院委員會：由本院之所有議員為其委員，其議程較不嚴謹，僅探討憲法及審議有關財政預算。

二、平民院（House of Commons）

(一) 人　　數

　　平民院議員的人數並非固定，每十年人口審查重新調整選區為原則，如以2019年大選為例，共650席，其中英格蘭533席、威爾斯40席、蘇格蘭59席、北愛爾蘭18席。[2]

(二) 候選人資格

　　須為英國人民，年齡滿18歲（2006年由20歲降低為18歲），且在編制選舉人名冊（每年10月）以前，繼續三個月以上住在同一選區之內。

(三) 方　　式

　　英國平民院議員之選舉採「單一（小）選區制」，將全國對分為650個選區，每一選區選舉議員一人（單一選區最高得票者當選制）。

2　BBC, "Election 2019." https://www.bbc.co.uk/news/election/2019/results.

(四) 任　期

　　五年，但得隨時解散、改選。最近的一次是在2019年12月12日選舉，結果見表4-1。

(五) 議　長

　　下議院的議長（Speaker）由下議院議員選舉，經英王批准後就職。其人係屬於多數黨，惟當選為議長之後，必須脫離黨派關係，以示其公平無私的立場，符合中立議長制。倘遇國會解散，其人可以在無競爭情形下在其選區當選為議員。若願再為議長，院內各黨必共同推舉之。議長主持會議，決定議員發言的次序，並得拒絕議員的提案及維持院內秩序。議長為保持公平的立場，不參加討論，而除正反同數之外，亦不參加表決。下議院沒有副議長，議長因故缺席，由院內之籌款委員會委員長代理。

　　下議院每週開會五次，星期一到星期四下午2時45分開會，11時30分散會，星期五上午11時開會，下午4時30分散會。但有特別必要者，星期六及星期日亦加開院會。議員總數650人，凡有40人出席，就可開會，議決一切法案。

　　國會兩院每年於10月底11月初開會，至聖誕節停會，翌年1月底2月初又開會，至7月底8月初閉會。兩院須同時開會，同時閉會，凡遇下議院解散，上議院亦須停會。上議院常為司法機關，執行最高審判權，此時訴訟手續若未完

表4-1　英國2019年12月12日平民院選舉結果（主要政黨議席）

政黨	席次	席次增減
保守黨	365	+47
工黨	203	−59
蘇格蘭民族黨	48	+13
自由民主黨	11	−1
民主聯合黨	8	−2
其他	15	+2

資料來源：https://www.bbc.co.uk/news/election/2019/results。

結，而下議院又值解散或閉會者，上議院可由英王下令，單獨開會，惟上議院只能行使審判權。

(六) 委員會

1. 常設委員會（Standing Committee）

係一混合性之組織，包括各黨派之議員，其工作則在審查議長所交議的案件，並無特定的範圍，自有平民院以來即有常設委員會的設置。目前有四個委員會負責事務；各委員會之主席，是由議長指派；一旦成立直到國會改選為止。

政府有許多重要議案均由院會交付委員會加以審查，委員會不得予以擱置（美國則例外）。此一委員會為貴族院中所沒有的。

2. 特別委員會

因應特別議案而成立之委員會。議案完成審查，委員會即撤除，如決算委員會及支出委員會與臨時特別委員會。

3. 會期委員會

於每會期成立，專門處理會議期間固定、專有事務的委員會，如審查請願書者。

4. 選任委員會

各委員會之幹部人選（擔任常設委員會之召集人）均由選任委員會來決定、安排。

5. 聯合委員會

當平民院與貴族院有爭議時，各推派代表組成委員會，擔任排解糾紛、協調及溝通的工作。

6. 全院委員會

平民院所有議員均為全院委員會之委員；議程較不嚴謹，僅探討憲法及審議有關財政預算案。依英國國會之慣例，議院大會因審查財政法案或其他重要議案，得隨時改開全院委員會。表4-2為英國全院委員會與平民委員會特質之比較。

表4-2 英國全院委員會與平民院院會特質之比較

全院委員會	平民院院會
委員會性質（在二讀會後舉行）	大會性質（在大會舉行一讀會、二讀會、三讀會）
由籌款委員會主席（Chairman）擔任主席，且就書記長席及將權標放置桌底，以示院會停止	由議長擔任主席
發言次數不受限制；討論不得以「即付表決」（The Previous Question）的動議方式終止；任何事項經表決者易於覆議等是	議程較為嚴謹、刻板、形式化，有一定規程限制，屬大會性質，議長嚴格執行議程規則
將議案審查完結時，應結束且立即向院會提出報告	議長重開院會聽取報告，且接受委員會建議之決議

貳、法　國

一、參議院

(一) 參議員人數：348人。候選資格年齡至少24歲。法國有100個省，每一省至少產生議員一名，人口在15萬4,000人以上者，每增加25萬人則增加一名。

(二) 選舉方式：以各選區中的民意代表間接選舉產生（Elgie, 2003: 154）。應確保共和國所屬各行政區域之代表性；居住本國境外之本國人民，得選出代表參加之（憲法§24），本土326人，海外屬地10人，僑居國外國民12人。並且分為比例代表制與選票多數制兩種，以2020年9月改選的172席為例，在人口最多的29個省以前者的方式選出113席，而人口稀少的30個省與四個海外行政區則以後者選出59席。[3]

(三) 任期：六年。每三年改選二分之一人數。

(四) 議長：每三年改選之。在二分之一議員改選後改選之。議長於政治與行政職務上具有舉足輕重的分量，且在總統出缺時，其職務由參議院議長代理。

3　呢喃（2020）。〈法國參議院今天選舉換新半數席位〉。《rfi》，9月27日，https://www.rfi.fr/tw/%E6%B3%95%E5%9C%8B/20200927-%E6%B3%95%E5%9C%8B%E5%8F%83%E8%AD%B0%E9%99%A2%E4%BB%8A%E5%A4%A9%E9%81%B8%E8%88%89%E6%8F%9B%E6%96%B0%E5%8D%8A%E6%95%B8%E5%B8%AD%E4%BD%8D。

(五) 秘書處：為國會所有組織與運作之核心。其職責為安排國會議程、討論事項與方式以及一般重要之行政工作。其成員包括三類：

1. 會計主任：設三位會計主任（即是由國會議員兼任），負責院內之財務、經費收支之業務。

2. 秘書：設八名，以負責投票、驗票、計票工作。

3. 政團：根據國會兩院組織法規定，參議院各黨須有10席以上方能正式組成政團（political group），根據2018年1月資料，參議院有七個政團，分別為右派共和聯盟（146）、中間聯盟（50）、社會黨（78）、獨立共和聯盟（21）、民主聯盟（21）、共產黨（15），及無黨聯盟（11）。

(六) 常設委員會：經濟與建設委員會、文化委員會、社會委員會、軍事國防與外交委員會、財政與預算委員會以及行政與法制委員會。憲法規定常設委員會數目不得超過六個（憲法§43）。

　　國會委員會的最主要工作，就是在法案尚未提交國會公開討論之前加以審議或提出修正意見，在必要時方可舉行聽證會。不過，不論委員會是如何的審議或提出意見，最重要的是任何法案皆須經由國會討論表決後始可成立，這也是法國國會兩院所擁有的兩項基本職權（立法與監督權）之一。

二、國民議會

(一) 議員人數：577人。

(二) 選舉方式：依兩輪制先後選舉出。其方式是將全國分為577個小選區，依兩輪多數決之選舉制度選出。第一回於星期日舉行，各區候選人須以獲總投票數過半數者方為當選，如無人當選，其獲總選民數之12.5%可參加下一個星期日所舉行之第二回投票，以各選區中候選人最高票者當選。

(三) 任期：五年；但得隨時解散改選。

(四) 議長：議員相互選之，其任期與國民議會議員任期相同。

　　議長在政治及行政職務上占有舉足輕重之分量。總統在解散國民議會或宣布緊急處分時期（憲法§16）之前必須先徵詢議長之意見。再者，和總統一樣，議長亦可任命3位憲法委員會委員（憲法§56）。同時兩院議長有權將通過之法案提請憲法委員會就其合憲性加以解釋（憲法§61）。

表4-3　法國2022年6月國民議會選舉結果（主要政黨獲得席次）

政黨	第一輪	第二輪	合計	議席增減
公民一起	1	244	245	−105
新生態與社會人民聯盟	4	127	131	+79
國民聯盟	0	89	89	+81
右翼與中間聯盟	0	64	64	−66
混合左翼	0	21	21	+9
混合右翼	0	10	10	+4
地方主義者	0	10	10	+5
混合中間	0	4	4	+4
其他	0	3	3	−5

資料來源：https://en.wikipedia.org/wiki/。

(五) 國會秘書處：為國會所有組織與運作的核心。它負責安排國會的議程、討論事項與方式以及一般重要的行政工作。大體上，秘書處包括三類人員：

1. **副議長**：國民議會設副議長六名。為增加其功能性及代表性，通常副議長皆來自各重要政團之代表。其主要任務為代理議長主持會議。

2. **會計主任**：設有三位會計主任（即是國會議員兼任），負責院之財務、經費收支之業務。

3. **秘書**：國民議會設有12名秘書，主要負責投票、驗票、計票工作。

(六) 政團：就是將政治色彩相同的議員組成一單位團體，一方面反映民意與代表性，另一方面亦有利於國會事務之推行。根據國會兩院組織法之規定，國民議會各黨須有27人方能正式成為政團，原規定為30人。1988年6月後改為27人。目前國民議會共有四個政團，分別是右派執政聯盟、極右派、左派在野聯盟及獨立人士。

(七) 委員會：第五共和憲法第43條特別規定國會常設委員會不得超過六個。目前國民議會中之六個常設委員會為：社會家庭及文化委員會、外交委員會、軍事與國防委員會、財經與建設委員會、行政與法制委員會以及交流與生產委員會。其成員依委員會所有名額、政團之比例及議員意願組合而成。

三、主席會議

(一) 組成分子：

1. 議長。
2. 六位副議長。
3. 六位常設委員會主席。
4. 政團之領袖：在國民議會擁有27席議員（1988年以前為30席）之政黨或政黨
   聯盟，方能成為「被承認的政團」，其領袖方能成為主席會議之成員。

(二) 該項會議早在第三共和初期就已成立。會議是每週召開一次，其主要任務
   為協調各方意見、安排審議法案之優先順序及討論方式。

四、兩院聯席會議

　　第五共和憲法為避免國會兩院因缺乏共識，導致穿梭立法耗費時日，因而
規定：在兩院皆完成二讀而仍無共識的情況下（或是經由兩院一讀後由政府宣
告為緊急事件），總理可以召集成立兩院聯席委員會，對於爭議條文提出對
案，聯席委員會係由七位國民議會議員與七位參議員依政黨比例產生而組成。
聯席委員會在提出對案之後，必須送交對案給兩院認可，如果聯席委員會無法
達成協議，且無法提出對案時，則政府得要求國民議會作最後的決定（劉淑
惠，1994；法國憲法§45）。

參、美　國

一、參議院（The Senate）

(一) 參議員人數：100人。每州二人，50州共100人。

(二) 資格限制：

1. 年齡至少為30歲。
2. 須具有美國公民九年之資格。

表4-4　美國參議院控制權及席次表

屆數	選舉年份	民主黨	共和黨	任期	總統政黨
117	2020	50席	50席	2021.01-2023.01	民主黨
118	2022	51席	49席	2023.01-2025.01	民主黨

資料來源：https://www.politico.com/2022-election/results/senate/、https://edition.cnn.com/election/2020/results/senate。

(三) 選舉方式：以州為選區，每州每次改選一人。

(四) 任期：參議員任期固定為六年。每兩年改選三分之一。參議員出缺得依該州法律規定，由州長指派。最近一次改選是在2022年，由民主黨掌握參議院（見表4-4）。

(五) 議長：美國副總統依憲法規定兼任國會參議院院長。他是院會的主席，以公正超然的地位主持院會及院務，並不完全代表政黨立場，只有在正反票數相同時，院長才參加表決。院長的用人權力是有限的。院長出缺時，由政黨黨團會議提名，院會選舉臨時院長。如總統、副總統、眾議院議長因死亡或他故不能行使總統職權時，由臨時院長繼任為總統。

(六) 委員會：大致可分為兩大類：

1. 常設委員會

　　參議院設置有16個委員會。委員會委員由院會選舉之。院會係依政黨提名舉行選舉。委員會的主席，均由參議院中多數黨的資深議員擔任。委員會主席的選任在參議院亦同樣的注重年資或年齡。在近屆的國會中，有九個委員會係由南方參議員擔任主席。主席年齡有高至70歲和80歲以上者。委員會的人數多寡不等，少者10人，多者23人。每一參議員限定參加兩個委員會。參議院中重要委員會，是撥款委員會（Appropriations Committee）、國防委員會（Armed Services Committee）、銀行住宅都市委員會（Banking, Housing, and Urban Affairs）、預算委員會（Budget Committee）、財政委員會（Finance Committee）、外交委員會（Foreign Relations Committee）及司法委員會（Judiciary Committee）。

　　國會兩院的委員會為了審議議案得設置小組委員會（Subcommittee）。參議院中經提出的議案，由院長分別交付有關委員會審查。委員會審查議案有權

邀約有關人員列席備詢或提出報告。委員會審查的議案有的通過或修正提報院會，有的則擱置不予審議。各委員會集會皆有定期，不過撥款委員會的集會則由主席依需要召開，並不定期。

2. 特別委員會

　　參議院亦同眾議院一樣，依決議得設置選任委員會或特別委員會。特別委員會的委員，不由院會選舉，而由院長指派。參議院的調查委員會較眾議院更為重要與著名。參議院的調查委員會所主持的著名調查，有杜魯門主持的戰時利潤調查，吉發文（Kefauven）主持的犯罪調查、茶壺大廈（Tea-pot Dome）調查及軍人調查等。

二、眾議院（House of Representative）

(一) 人數：435人（1929年議席分配法定額為435人）。眾議員人數依每十年一
　　次人口普查分配之。

(二) 資格限制：

1. 年齡為25歲。

2. 須具有美國公民身分七年以上之資格。

(三) 選舉方式：將全國劃分為435個選區，每一選區以獲最高票者當選。

(四) 任期：兩年。眾議員出缺由該州舉行特別選舉遞補之。最近2022年的改選
　　則由共和黨掌握眾議院（見表4-5）。

(五) 議長：每屆國會成立之初，眾議院議員自行選舉其議長。兩黨各自提出其
　　議長候選人，提交院會選舉之。憲法雖無規定，但事實上，議長必須是議
　　員。議長所需要的條件是年資深、聲望高、背景強、勢力雄厚。如果議長

表4-5　美國眾議院控制權及席次表

屆數	選舉年份	民主黨	共和黨	任期	總統政黨
117	2020	222席	213席	2021.01-2023.01	民主黨
118	2022	213席	222席	2023.01-2025.01	民主黨

資料來源：https://www.politico.com/2022-election/results/house/、https://edition.cnn.com/election/2020/
results/house。

所屬的政黨仍能維持其多數的地位，連選連任是不成問題的。假使美國的總統、副總統因故死亡或不能視事時，眾議院議長得代行總統職務。

二十世紀以來，眾議院中多數黨及少數黨各有其議場領袖，這是議會中的正式職位。議場領袖是各黨議場事務的總經理或指揮人，與議長取得聯絡與工作，控制議事的進行。如果多數黨的議場領袖與總統係同一黨，他同時是政府行政的發言人，其權限為：維持院內秩序、主持會議進行、任命臨時委員會和協議委員會的委員、簽名法案及決議案，及表決時若正反同數票時參加投票。

(六) 委員會：

1. 常設委員會

這些委員會在法案的審議上有極重要的地位。眾議院計有23個委員會。委員會的委員人數，最少者九人，最多者54人，平均約27人。眾議院限定一人只參加一個委員會。較重要的委員會是：程序委員會（Committee on Rules）、籌款委員會（Committee on Ways and Means）、撥款委員會（Committee on Appropriations）、能源與商業委員會（Committee on Energy and Commerce）、農業委員會（Committee on Agriculture）、國防委員會（Committee on Armed Services）及外交委員會（Committee on International Relations）等，各委員會委員由選舉產生。各常設委員會的人數，以各黨在全院中實力比例分配之。常設委員會的主席由委員中年資最深者擔任。資深的參議員和眾議員控制重要的委員會，因而對立法具有重大的影響力。當民主黨議員占多數時，主要委員會的主席，多由南方議員擔任之；當共和黨控制國會時，這些位置率由「山肋州」（Reek-Ribbed States）的共和黨議員充任。

「程序委員會」，對於議事程序具有控制的大權，法案審查的安排，甚至法案的命運皆操縱在這一委員會的手中。每屆國會所提出的法案汗牛充棟（約計1萬件至1萬5,000件），事實上自難逐一加以審議。有許多案件被擱置在委員會中，並不提報於院會；有些案件是有力的領袖所反對的。因之，程序委員會就提案審查或選擇之責，往往先將重要者及較易為院會所通過者先交付審議。

程序委員會的名義主席由議長擔任之。提案由程序委員會交付審議者始能列入議事日程，獲得討論機會；否則提案就被擱置。程序委員會是議事進行的

交通指揮警察,未獲得它的許可,法案是不能向前推進的。重要的法案,程序委員會得依特別規則,提前處理之。一般而言,租稅案及撥款案較具重要性,通常予以優先審議。

　　程序委員會無權自行提案,但對其他委員會的提案有擱置之權;實際上它具有提案的否決權。各委員會所提的提案若不加修正符合程序委員會的意願,它不會依特別規則提前處理。控制程序委員會的政黨領袖如果是總統的支持者,他們可以儘量擱置對政府不利的提案,而總統的立法計畫能提早獲得討論。反之,程序委員會的委員若多數不同情總統,總統的立法計畫將受到阻礙。

　　自1949年起程序委員會的權力受到限制與裁減。眾議院於當年設定新的規定,程序委員會對一個提案擱置在二十一日以上而不採取行動,原提案委員會得逕提交院會討論。1950年眾議院院會曾有人提議恢復程序委員會的原有權力,但未獲得通過。次年在共和黨領袖的活動下及南方民主黨議員的支持下,程序委員會的原有權力被予以恢復。現時,程序委員會在眾議院中仍是一個權力最大的委員會。程序委員會的決定,完全採合議制,集體負責,委員個人並不對外或院會負責。各黨所提出的人選,院會總是無異議通過的。兩黨對委員會委員的遴選,則極注意其在國會的年資,資深者較易入選。

2. 特別委員會

　　為討論決議特別事項而成立之委員會。依院會決議,眾議院得設「選任委員會」(Selecting Committee),即特別委員會。這種委員會係臨時設置的,其任務係安排在一定期間內研討某一問題的解決。特別委員會委員人選,由議長指派之。最著名的特別委員會是「調查委員會」(Investigating Committee),它有權傳訊人員及調閱文卷。

3. 黨　團

　　政黨在國會中的集會稱黨團會議。民主黨者稱「幹部會議」(Caucus);共和黨者則稱「會議」(Conference)。凡持某黨名義競選成功者則加入該黨的黨會議為會員。在國會開會前夕,黨團會議舉行集會,推選其主席及秘書,並提名該黨在國會兩院中職位的候選人。民主黨規定凡在黨團會議中三分之二票數通過的決議,在院會中均應予以支持。但近二十年,此項規定應用於立法上,並未能嚴格遵守。關於憲法問題議員可以不受黨的拘束。黨的決定如與議

員向選區所提的保證相衝突者，議員方可以不予遵守。共和黨對黨員的約束，無正式或固定的規定，一切依多數議決的方式行之。參議院的黨團會議不若在眾議院的重要。但黨團會議亦如同眾議院，提名院中各職位的候選人。

黨幹部會議（Caucus）係指黨內少數領導人物依據黨的規章，為考慮黨的組織及政策等問題成立的集會或小團體（過去政黨強盛時代，許多候選人由政黨來決定，目前美國只有對某些不重要的職位由黨幹部會議決定）。

黨鞭（Whips）專門負責溝通、協調、提醒、安排開會等事宜；在議會舉行表決時，由黨鞭緊急通知議員出席，並告知其黨所處的地位及應採取的立場為何。黨鞭由眾議員擔任，非由職員掛名，為黨的工作人員。

共和黨黨團會議沒有一個委員會專負各委員會委員人選遴選之責。這一遴選委員會由眾議院共和黨議員各州各推選一人組織之。各州議員所推選的人選經黨團會議通過派定。遴選委員會提名各常設委員會的委員外，並提名指導委員會委員。民主黨的黨團會議同指導委員會決定各委員會的人選。各黨決定各委員會人選後，提報院會通過。通常這只是一種形式或手續，實際上總是照案通過的。

參議院各委員會委員人選的遴選類似眾議院。委員會委員由院會選舉之，但各黨的提名競爭則甚為劇烈。共和黨設有遴選委員會（Committee on Committees）專司其事。民主黨則由指導委員會擔任各委員會委員提名之責。遴選委員會委員由黨團會議主席指派。民主黨的議場領袖則負責指派候選人。

兩大黨在國會的兩院中均各設有競選委員會（Campaign Committee）規劃各黨議員在選區的競選事宜。眾議院的競選委員會由各州的國會兩院議員各選舉一人代表各該黨組織。參議院競選委員會委員由兩黨的黨團會議主席指定。近年來，競選委員會的工作亦頗為活躍。參議院的政黨組織與眾議院者相類似，不過院長或議長一席依憲法規定由副總統擔任。多數黨及少數黨的議場領袖由各該黨的黨團會議選舉產生。兩黨在參議院中均設有政策委員會。民主黨並設有指導委員會。指導委員會隨時向議場領袖提供有關政策與策略的建議。

肆、日 本

國會是由兩院組成（憲法§42），為國家之權力最高機關及唯一立法機關（憲法§41）。

一、參議院

(一) 人數：由法律定之，因而常有若干變動，依照最近的2022年選舉結果，共248席次；分為全國不分區（100人）及地方選區（148人）。

(二) 任期與選舉方式：任期六年，每三年改選二分之一，地方選區的選舉分為都（東京都）、道（北海道）、府（大阪、京都）、縣（43個），每次各區的改選人數為一至六名，而全國不分區則是「非拘束名簿比例代表制」的投票方式。其常會為期一百五十天（憲法§10），每年必須召集一次（憲法§52）。

表4-6　日本2022年參議院各政黨席次表

政黨	非改選	新當選者	總席次
自民黨	56	63	119
公明黨	14	13	27
立憲民主黨	22	17	39
共產黨	7	4	11
日本維新會	9	12	21
社民黨	0	1	1
國民民主黨	5	5	10
令和新選組	2	3	5
NHK黨[a]	1	1	2
參政黨	0	1	1
其他	7	5	12

資料來源：https://www.nhk.or.jp/senkyo/database/sangiin/。
註：a NHK黨在2003年改名政治家女子48黨。

(三) 良識之府：雖然如總理的選舉、預算的議決與條約的承認等都以眾議院為優先，但參議院的存在還是被認為是與眾議院有制衡的功用，且能反映更多元的意見，因此也被認為是良識的府會。不過這也可能造成參眾兩院多數黨不同的「扭曲」現象，影響國會的正常運作。[4]

(四) 議長：由院內議員個別選舉之，其任期與院議員任期相同。負責維持院內之秩序、處理議事、監督議院之事務及代表議院。

各院幹部（憲法§16）包括了議長、副議長、臨時議長、常任委員會長、秘書長等五人。議長不像英國中立，較有黨派取向。

二、眾議院

(一) 人數：由465人組成（2017年修法後刪減）。採「小選舉區與比例代表並立制」，其特點為：

1. 一方面由小選舉區得票數較多的候選人取得代表席次，另一方面經由比例代表選舉，以各黨得票數多寡為基礎，分配議席（採最高商數法），以決定各黨名簿上之當選者，各黨申報候選人名單之資格如同參議院。採兩票制，在小選舉區投給候選人，在政黨比例代表選區投給政黨。

2. 固定名額分配：

(1)小選舉區產生289個席次（全國分為289個選區，每一選區選一名）。

(2)比例代表產生176個席次〔全國分為11個選區（區域），依各政黨得票之多寡，按比例分配最高商數法議席〕。

(3)在政黨比例代表中並採「惜敗率制度」，在使政黨比例代表選區的同一順序候選人間相互競爭，增加政治活力及公平性。競爭的依據在比例代表選區的候選人在同一順位有數人時，必須各自投入小選舉區的競選；如在小選舉區獲得最高票，則算在小選舉區當選；否則，便計算其「惜敗率」——其得票數與當選者票數之比例。惜敗率高者，優先獲得在比例代表選區當選的機會（張世賢，1997：143-189）。

---

4 〈衆議院と参議院、どこが違う？　参議院が「良識の府」と言われるわけ〉，《讀賣新聞》，2022年5月23日，https://www.yomiuri.co.jp/election/sangiin/20220405-OYT1T50136/。

表4-7　日本2021年眾議院選舉席次表

政黨	改選前	改選後新席次		
		小選區	比例代表	合計
自民黨	276	189	72	261
立憲民主黨	109	57	39	96
日本維新會	11	16	25	41
公明黨	29	9	23	32
國民新黨	8	6	5	11
共產黨	12	1	9	10
令和新選組	1	0	3	3
社民黨	1	0	1	1
NHK黨	1	0	0	1
其他	13	0	10	10

資料來源：https://www.nhk.or.jp/senkyo/database/shugiin/2021/。

(二) 任期：四年。但眾議院解散時其任期也隨之終了（任期應於屆滿前終了）
（憲法§45），2021年日本眾議院選舉席次見表4-7。

(三) 議長：由院內議員個別選舉之，其任期與院議員任期相同。負責維持院內
之秩序、處理議事、監督議院之事務及代表議院。

　　各院委員會可分兩種（憲法§40）：

1. 常設委員會：依各黨派所屬議員人數比例配額之（國會法§41）。兩院各有
17個常設委員會（2018年1月）（請參照參眾兩院網站）。

2. 特別委員會：其人選與常任委員會一樣選任之（國會法§46）。各議院認為
有特別必要之案件，或基於審查非該院常任委員會所管轄案件之必要者，得
設立特別委員會（國會法§46），與英國情形一樣。而其委員會長係由委員
們互選之，其職權為處理委員會之議事，維持秩序（國會法§48），且為召
集人。

　　除常任委員會和特別委員會外，國會法和兩院議事規則皆規定，兩院可以

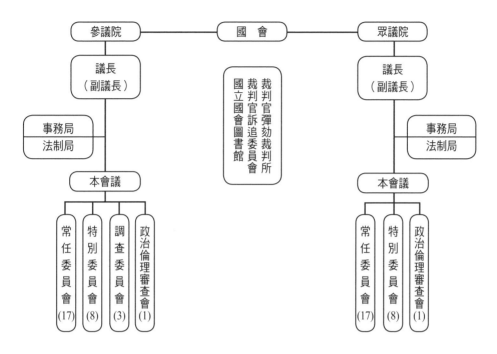

圖4-1　日本國會機構圖

資料來源：情報、知識imidas（2005：301）。

註：（ ）內係委員會數目。

推代表合組「協商委員會」。但因過去執政的自民黨多數時間控制兩院的多數，因此亦可控制整個立法過程，根本用不著「協商委員會」來協調兩院間不大可能存在的歧見。後來由於2007年參議院選舉時民主黨取得多數，所以形成參眾兩院的多數黨不同。但是很快地2009年眾議院選舉時民主黨又取得多數，所以民主黨完全取代自民黨控制兩院。

伍、德　國

1990年10月3日為東、西德統一之大日子，以西德原先之國旗、國號為統一後之德意志聯邦共和國之國旗、國號。

　　西德有何能耐統一東德（除經濟外）？其所根據為德意志聯邦共和國基本法內容：

一、我上述各邦之德意志人民於此並代表未能參加之德意志人民制定此基本法（即過渡時期）（基本法前言）。

二、德國各邦人民可以依其自由之決定完成德意志之統一與自由（基本法前言）。

三、本基本法暫用之於各邦之領土，但未列舉之邦，同加入聯邦時，適用之（基本法§23）。

四、基於對神和人的責任，以及在自由與和平的原則下，德國各邦人民可以自由決定完成其統一和建立自由的德意志聯邦，並願以聯合歐洲中一平等分子地位貢獻世界和平。茲本其制憲權力，制定此德意志聯邦共和國基本法，俾過渡時期之政治生活有一新秩序（基本法前言）。

一、聯邦參議院（Bundesrat）

(一) 人數：69席次（2018年）。

(二) 方式：由各邦政府任命，各邦人數三至六人，每邦至少三人，人口超過200萬之邦為四人，人口超過600萬之邦為五人，人口超過700萬之邦為六人（基本法§51）。目前德國有16個邦（西德10個邦，東德5個邦，另加柏林市）。各邦之聯邦參議員人數見本書第八章。

(三) 任期：依其各邦所任命官員之任期為之。

(四) 議長：議院自行選舉議長，其任期為一年（基本法§52）。

二、聯邦議會（Bundestag）

(一) 人數：法定議席為598，比例代表與選區議席各半299，不過常有超額議席。

(二) 方式：須依普通、直接、自由、平等、祕密選舉法選舉之；且其候選人資格須年滿18歲（基本法§38）。

採行「小選舉區比例代表聯立制」。德國人喜好政黨比例代表制，由選民

表4-8　德國2021年9月選舉結果

政黨	席次	增減	得票率
社民黨（SPD）	206	+53	25.7%
民盟與基社盟（CDU/CSU）	196	−50	24.1%
另類選擇黨（AfD）	83	−11	10.3%
自民黨（FDP）	92	+12	11.5%
左翼黨（Linke）	39	−30	4.9%
聯盟90與綠黨（B90/Grüne）	118	+51	14.8%
南什列斯威選民協會（SSW）	1	+1	0.1%

資料來源：https://www.reuters.com/graphics/GERMANY-ELECTION/RESULTS-LJA/egpbkywjnvq/。

決定政黨所獲當選席次，並且亦要決定誰當選。以邦為單位，選民的選票有兩個欄位，一個欄位選黨，另一個欄位選單一選區（299個單一選區）的候選人。在政黨的欄位中，計票以政黨比例代表最高餘數法計算出各政黨在各邦當選席次。然後，再決定各政黨當選席次，由誰當選。各政黨在單一選區獲得最高票數者，即為當選。如政黨分配席次超過該政黨在單一選區所選當選人數，則由政黨欄位所列候選人名單中，依次補足。

如果政黨分配席次低於該政黨在單一選區所當選人數，則單一選區當選人仍為當選，總數超過分配名額，即為超額當選。2021年的選舉，有137個名額為超額當選（見表4-8）。又為了限制小黨林立的弊病，參與政黨比例代表席次分配的門檻是全國得票5%或獲三個單一選區的最高票數。

(三) 任期：四年。

(四) 議長：議會選舉議長、副議長，且自行制定議事規則（基本法§40）。

(五) 委員會：自1949年迄今，聯邦議會有三種主要的委員會，即常設委員會、特別委員會和院務協議會。

1. 常設委員會

皆以政府某一工作為對象，或是以公共事務之某一類為對象（如撥款委員會處理所有開支請求）。其主要責任是對所有法案之審查。如國防委員會經基本法第45條特別規定，可以自己組成一個調查委員會俾對有關事件加以調查。

因此，雖有四分之一議員要求對國防事件成立調查委員會時，國會仍然可以予以擱置，使國防常設委員會自行進行調查。這是一個很特殊的規定。又如內務委員會，技術、研究、郵政、電報委員會，運動委員會。

2. 特別委員會

其設立是為處理一特殊問題，俟該問題獲得解決或消失，委員會也就解散。在形式和程序上，它與常設委員會並無多大差別，尤其是它常處理特殊立法問題。

3. 院務協議會

為能指導聯邦議會議事的順利進行，使議事效能提高，德國設有院務協議會，由議長、副議長、各黨團（Fraction）代表23人組成。其功能類似法國之「主席會議」。聯邦議會中的「黨團」，指在聯邦議會至少獲得5%席次之政黨，以2017年709人計，要有35席。各黨團出席院務協議會之名額，依比例分配原則。各政團並決定其分派各委員會之人選，並拘束其議員遵守議事規則與倫理。院務協議會作為聯邦議會與政府之間的橋樑。

陸、俄　國

依據1993年12月12日生效之俄羅斯聯邦憲法（the Constitution of the Russian Federation），俄國聯邦國會（Federal Assembly）組織如下：

聯邦國會分為兩院：一、聯邦院（the Council of the Federation）；二、國家杜馬（the State Duma）（憲法§95 I）。

一、聯邦院（上議院）

聯邦院，即上議院，由俄羅斯聯邦各主體（member of the Russian Federation）選出，每個主體各選出兩名，一名來自立法機關，另一名則來自行政機關（憲法§95 II）。

因為普丁近年向烏克蘭進攻而在占領地成立新的共和國不被國際承認，所以俄羅斯聯邦的主體數內外有別。但一般被承認的有85個，因此選出170席議

員，其中包含22個共和國（Republic）、九個邊區（Krais）、46省（Oblasts）、三個聯邦市（Federal City）、一個自治省（Autonomous Oblast）和四個自治區（Autonomous Okrugs）。[5]

2013年1月1日實施修正之「聯邦院組成程序法」，將聯邦院代表改為：(一)行政機關代表由各聯邦主體之新當選的最高行政首長就其辦公室所推薦的三個人選中圈選一人，出任聯邦院代表；(二)立法機關代表則由各聯邦主體之立法機關就其黨團或五分之一立法人員所提名之名單中，經立法機關投票選出（Russian Federation Council網站）。

聯邦院設有主席團，置院長一人，副院長四人，祕書長一人。主席團並置有各種常設委員會、臨時委員會。

二、國家杜馬（下議院）

國家杜馬，即下議院，經過幾次修正，在2016年選舉變更為「小選舉區比例代表並立制」，總共450席次。其中半數以小選舉區選出，而比例代表制以全國作為一大選區，但須有5%的得票率方可獲分配議席（見表4-9）。在2016年9月選舉，仍然由執政黨的統一俄羅斯黨取得多數（見表4-10）。

國家杜馬設有主席、副主席、理事會、常設委員會、臨時委員會與機關。機關包括：主席秘書處、九位副主席的九個秘書處、32個常設委員會的32個辦公室、各議會黨團和議員團的辦公室、國家杜馬秘書處、幹部局，以及提供法律、資訊、財政經濟保障的分支機構（劉向文，2002：207）。表4-11、表4-12分別比較各國上、下議院議員數額及產生方式。

5　U.S.-Russia Business Council, "Federation Council: Federation Council Leadership and Committee Chairs." https://usrbc.in1touch.org/site/resources/governments/federation_council.

表4-9　俄羅斯1999年國家杜馬選舉結果（統一俄羅斯黨成立前）

政治團體	領導人	得票比例（%）	比例代表席次	區域代表席次	總席次	備註
俄羅斯共產黨	久噶諾夫	24.29	67	47	114	1995年獲157席，在國會下院排名第一
國際團結運動	守伊古	23.32	64	10	74	1999年夏成立
祖國－全俄聯盟會	普力馬可夫魯日科夫	13.33	37	29	66	1999年夏成立
正義勢力聯盟	基里彥科	8.52	24	5	29	1995年獲51席在國會下院排名第三
日里諾夫斯基政團	日里諾夫斯基	5.98	17	0	17	1995年獲45席在國會下院排名第四
蘋果聯盟	雅夫林斯基	5.93	16	6	22	1995年獲55席在國會下院排名第二
我們的家園俄羅斯	車爾諾梅爾津	1.22	0	7	7	－
俄羅斯社區大會	列別基	0.62	0	1	1	－
其他小黨	－	13.81	0	14	14	－
無黨籍	－	2.98	0	106	106	－
總計	－	100.00	225	225	450	

資料來源：王定士（2000a：294）。

表4-10　俄羅斯2021年9月國家杜馬選舉結果

政黨	比例代表	小選舉區	總席次	席次增減
統一俄羅斯黨	126	198	324	−19
共產黨（CPRF）	48	9	57	+15
自民黨（LDPR）	19	2	21	−18
新人黨（New People）	13	0	13	新政黨
祖國黨（Rodina）	0	1	1	+0
公民平台（Civic Platform）	0	1	1	+1
成長黨（Party of Growth）	0	1	1	+1
無黨籍	0	5	5	+4
合計	225	225	450	

資料來源：https://en.wikipedia.org/wiki/2021_Russian_legislative_election。

表4-11　各國上議院議員數額及產生方式比較表

國別（院名）	名額	產生方式
英國貴族院	不定額（793人）	由英王任命，其組成分子包括1.神職貴族26人；2.世襲貴族91人；3. 終身貴族676人。
法國參議院	不定額（348人）	間接選舉產生，每三年改選二分之一，以省為選區，由省之選舉團投票，選舉團成員包括該省之國民議會議員、行政區之議會議員、省議員及市議會代表。各省名額分配：人口在15萬4,000人以下者一名，以上者，每增加人口25萬者增一名。
美國參議院	定額100人	每州二名，每兩年改選三分之一，採直接選舉，各州改選每次一名。
日本參議院	定額248人	直接選舉，分全國不分區政黨比例代表100人，及區域選舉148人。每三年改選二分之一。
德國聯邦參議院	不定額（69人）	由各邦政府任命，各邦人數三至六人。200萬人口以下之邦為三人，200萬至600萬人口之邦為四人，600萬至700萬人口之之邦為五人，700萬人口以上之邦為六人。
俄國聯邦院	定額170人	由聯邦各主體（85個）之立法機關、行政機關各選派一人。

表4-12　各國下議院議員數額及產生方式比較表

國別（院名）	名額	產生方式
英國平民院	650人	全國由中立劃界委員會劃分成646個單一選區，在各選區，候選人只要獲得最高票即當選，不論其是否過半數。
法國國民議會	577人	全國劃分成577個選區，每一選區只能一位當選。第一次投票必須獲得半數票（投票數）方能當選。未有人當選之選區，於下一個星期日（法國投票在星期日）舉行第二次投票，以獲得最高票之候選人當選。在第一次投票中，候選人未獲12.5%選區選民數之選票者，不得在第二次投票作為候選人。
美國眾議院	435人	全國依各州人口多寡分配各州名額，但各州至少要有一名。其後，各州再依所分配名額，劃分選區，每一選區只得有一人當選。候選人在該選區只要獲得最高票即當選。
日本眾議院	465人	其中289人選自300個小選舉區（以各該小選舉區得票最高者當選）。176人選自11個政黨比例代表選區。採兩票制。候選人得同時在小選舉區與政黨比例代表選區列名，如在小選舉區當選則算在小選舉區當選，不算在政黨比例代表選區當選。候選人在政黨比例代表選區政黨分配名額內，順位在前者優先當選；同一順位有數人時，以其在小選舉區之「惜敗率」高者為優先當選。惜敗率指在小選舉區，落選人得票數與當選人得票數之比。門檻限制（政黨得票率2%或議員五席）。
德國聯邦議會	598人	係採政黨比例兩票制，由選民決定各政黨所獲席次，並決定該席次給哪位候選人。即一票投給政黨，分配政黨比例席次，門檻限制（5%得票率或區域當選至少三席），另一票投給單一選區的候選人，政黨單一選區所當選人數如不足政黨比例分配人數，則由政黨推薦名單依次補足。
俄國國家杜馬	450人	係採單一選區及政黨比例代表制。議員由小選舉區選出。全聯邦共劃分為225個選區，各選區選出一名代表。此外由政黨全國提名，也選出255名，合計450名議員。

第三節　國會職權

壹、英　國

一、立法權

英國國會的地位在英國是「國會至上」（Parliamentary Supremacy）：

(一) 國會是最高立法機關，在英國沒有其他立法機關比它更高。

(二) 國會立法權範圍不受限制，它可以制定任何法律。

(三) 它通過的法律，國王只得公布，不能拒絕，亦不能退回覆議。

(四) 英國法院沒有司法評審權以評審國會所通過的法律是否違憲。

(五) 英國沒有「公民複決」來複決國會所通過的法律案。

(六) 國會即是最高立法機關，又是制憲、修憲機關。

法案須經兩院通過，再由英王公布。事實上，國會立法功能主要在平民院，貴族院只能消極的牽制而已。

二、預算議決權

凡有關財政法案審查，平民院有先議權，再送貴族院通過（此為兩院制國會，下議院具有預算先議權之通例）。至於何法案屬於財政法案，則由平民院決定之。

自1911年的國會法規定：凡下議院通過之財政法案，上議院為三十天內通過，否則下議院逕呈國王公布為法律。貴族院對於財政法案無否決權，頂多只有一個月的延擱權（Delay Power），時間期滿，法律自然生效。1949年的新國會法更限制貴族院的權力，將貴族院對公法案的延擱權，由兩年縮短為一年。至此，貴族院之職權除了司法權及宗教方面外，在立法權之作用只在消極的擱置一段時間而已。

三、司法權

　　貴族院原有極重要的司法功能。英國一向以貴族院為國家最高司法機關，此為「大會議」，係沿襲舊的傳統，為他國之上議院所沒有的職權。不過近年為了貫徹三權分立原則，則又將之廢除，將此權限移至新設的最高法院。

四、質詢權

　　當內閣之政令國會有疑問或施行效果不良時，國會質詢其政府官員或首長。若質詢不滿意，幾經辯論後，如仍不滿意，則可能造成不信任案之產生。

五、倒閣權

　　平民院得以多數決方式否決內閣提至平民院之「信任案」，亦得以多數決方式通過對內閣之「不信任案」，令內閣倒閣。

貳、法　國

一、立法權

(一) 憲法中明文列舉立法之項目

　　列舉立法權（憲法§34），例如，自由權利保障、大赦、賦稅及課稅標準；未列舉部分屬於行政權（憲法§37）。而列舉之部分可再分為完整立法之事項與只具有原則之立法事項。凡通過之組織法法案（屬強制審查）須交由憲法委員會審查其合憲性，方可公布（憲法§61）。此外，「基於同一目的，法律在未公布前，得選出共和國總統、總理、國民議會議長、參議院議長、60名國民議會議員或60名參議院議員，提請憲法委員會審議」（屬於任意審查）（憲法§61）。

(二) 憲法中明示立法權不得侵犯行政權

由憲法委員會決定國會（立法機關）是否侵犯；若有侵犯，則由中央行政法院將法律改成行政命令而成為行政權的一部分（憲法§37）。

(三) 憲法規定之國會亦得授「立法權」給政府為「行政權」

政府為完成其施政計畫，得向國會要求授權（原屬於國會立法之事項）給予政府。且採以條例方式（一種行政命令）為之，但須徵詢中央行政法院意見，由部長會議頒布之，並須於授權期間內送交國會追認，否則失效（憲法§38）。

(四) 第五共和國會立法權的限制

1. 政府主導國會議程的排定

雖然政府與國會議員皆有法律的提案權，但憲法第48條明定，國會應優先審議政府的提案，國會無法拒絕討論政府所希望通過的法案，所以政府享有議程的制定權。

2. 政府可以停止國會兩院間的穿梭立法，而以其他方式進行

當總理召集成立兩院聯席會，就兩院之爭議來提出對案時，倘若聯席委員會仍無法達成結論，則政府可要求國民議會逕作成最後決定。這一項機制，往往可以縮短國會立法審議的時間，同時有效地解決兩院之間的爭議。

3. 政府得要求法案的包裹表決

憲法第44條規定，如政府請求，對於正辯論中的政府議案，進行全部或部分條文的一次表決，取代國會的逐條討論和一再修正。

4. 以信任案的方式通過法案

依據憲法第47條之規定，總理得就某項法案質押其責任，使該項法案無須表決而通過，若國民議會在二十四小時之內沒有不信任案的提出，或不信任案提出後無法通過，則此一法案視同通過（劉淑惠，1994；劉嘉寧，1997）。

二、預算權

(一) 限制國會議員行使預算權的範圍

　　國會議員在提出法案時，若此法案牽涉到減少國家收入、新設或增加國家支出，則此議案不被內閣接受，不予成立（憲法§40）。

(二) 對於國會預算通過之時間限制

　　國民議會接到財政法案後，審查預算不得超過四十天；否則內閣得將該法案移送參議院，參議院須於十五天內議決該預算案。且審查預算案時間前後不得超過七十天；若超過七十天，政府（內閣）得直接以行政命令（條例）付諸實施（憲法§47）。國會與內閣如產生爭議（如究竟應增或減國家財政的收支時），可提憲法委員會裁決解釋之。

三、彈劾權

　　凡發現總統執行職務有叛國行為時，須經國會兩院採公開、一致投票之方式；且兩院絕對多數表決方成立，再由彈劾司法院審判之。除叛國之行為外，國會不得對總統提出彈劾案；對內閣閣員之彈劾，只要有危害國家安全之犯罪或違警行為，便可彈劾（憲法§68）。

四、信任案與不信任案之表決

　　內閣總理得就其施政計畫或重要決策，經部長會議（Council of Ministers）審議後，向國民議會提出對政府信任案，以決定內閣之去留（憲法§49）。

(一) 信任案

　　由政府（內閣總理）主動提出信任案。

1. 國會的反應為明示行動

(1)投票通過信任案，內閣則得以貫徹其政策。

(2)提出不信任案，以表示否決的態度。

2. 國會之默認反應

在內閣總理提出信任案後二十四小時內，國會沒有明示投票通過，亦無成立不信任案之動議，則政府所提之法案視為通過。

(二) 不信任案

由國會對政府（內閣）提出不信任案（憲法§49）。其程序如下：

1. 動議：須有議員至少總額（577人）的十分之一（即58人）以上之連署成立對內閣不信任案之動議。
2. 冷卻時期：提案須經四十八小時的冷卻時期，始得表決。
3. 表決：是以總額為準，過半數議員以上（即289人）同意即表通過，而內閣應總辭。
4. 倘不信任案未獲通過，則提案連署之議員在同一會期不得再提不信任案。但總理所提的信任案，則不在此限（憲法§49、§50）。

參、美 國

一、立法權

其法案議決之權限，於憲法中列舉出來（美國憲法§1 VIII之規定）。

(一) 列舉給聯邦：

1. 憲法賦予國會之權力。
2. 憲法賦予政府之權力。
3. 憲法賦予政府內之機關權力。
4. 憲法賦予政府官員之權力。

其所列舉內容，則包括了徵稅權（能夠表現出聯邦雄厚之基礎）、全國一致性質者（如貨幣、度量衡、軍隊等），以及其他規定。

(二) 但對其人權等之基本權利加以保障，避免國會侵犯人民的權利，故明文規定（憲法§1 IX，增修條文§1），以有所依據及公信力。其內容如下：

1. 對人權保障

(1)不得剝奪「人身保護狀」。

(2)不得「剝奪公權」。

(3)不得制定「溯及既往之法律」。

2. 課稅公平：州際間貿易不可課稅。

3. 不得有特權：包括貴族爵位。

(三) 立法以制定憲法或增修條文來充實、補充原憲法之不足（即以明確表示出其公信力，增加其遵守之力量），若憲法中尚無明確規定或無法規所言者，則以聯邦最高法院訴訟案的判例擴大解釋之。同時，其任何法律（聯邦法律、條約或州之法律）與憲法牴觸者無效，以憲法為最高法律，且各州之法官應予以遵守（憲法§7）。

二、財政權

其包括了徵稅、預算等。而徵稅案則應由眾議院提之（憲法§1 VII）。對於預算，眾議院有「先議權」。國會不得增加政府之開支，亦不能減少政府之收入。

三、條約同意權

總統須經參議院之勸告及同意，且參議院之出席議員之三分之二贊成時，方能行使締結條約之權（憲法§2 II ②）。

四、人事同意權

(一) 選舉產生（憲法§2①）

1. 當總統無法順利產生時（有一人以上獲得過半數得票或無人獲票過半數時），眾議院議員投票選舉，取代了選總統的選舉人團。

2. 當副總統無法順利產生時（選出總統後，有二人以上獲得相等票數時），由參議院議員投票選舉產生。

(二) 經參議院「同意」後才可任命（憲法§2②）

　　總統提名國務卿、大使、聯邦最高法院法官及聯邦政府其他官員，須經參議院的勸告及同意才可任命之。同意權的行使，須先經參議院所舉行的「聽證會」，及新聞媒體和大眾輿論的評論，對總統仍具有相當的牽制作用。同意案的通過只須獲得參議院過半數的同意。

五、調查權

　　國會對政府的行政有監督之權，而監督權實際應用，則為對政府各種政治及行政設施的調查。政府官吏對調查事項須提供明確資料，並至國會負責作證。

六、彈劾權

　　國會唯一之司法權為彈劾權。對於總統、副總統或政府官員、議員之行為有違憲或叛亂罪時，眾議院有提出彈劾案之權，而參議院有審判之權，且全體參議院議員須宣誓或作代誓之宣言，以示公正（憲法§1 II、III）。表4-13為美國參、眾議院特質比較表。

表4-13　美國參、眾議院特質比較表

	眾議院	參議院
人數	435	100
任期	二年	六年（每二年改選1/3）
選區	小（劃分435選區）	大（以州為選區，每州二人，每次只能改選一人）
層級	多	少
組織	嚴	鬆
幕僚	依賴少	依賴多
議事規則	嚴	鬆

表4-13　美國參、眾議院特質比較表（續）

	眾議院	參議院
特權	小	大
聲望地位	低	高
職權	小 地位低 預算財政權（先議權） 彈劾提案權	大 地位高 人事同意權 條約同意權 彈劾審判權
未來發展	競選州長、參議員或出任部長	競選總統、副總統或出任部長

肆、日　本

一、立法權

法律案，依日本新憲法第59條規定，眾議院通過的法案必須送參議院表決，參議院如果不同意，退回眾議院，眾議院必須有三分之二多數票方能通過。

國會為國家權力之最高機關，並為國家唯一之立法機關（憲法§41）。但立法事項受限制，不包括：

(一) 眾議院、參議院之內規

憲法直接授權各議院自行討論內規。「兩議院應各訂定關於會議、會議程序及內部紀律之規則，並得懲罰不守秩序之議員。但開除議員，須經出席議員三分之二以上之議決。」（憲法§58）此與美國同（美國憲法§1、§5）。

(二) 內閣政令

憲法直接授權內閣制定實施憲法之內閣政令。「（內閣）為實施本憲法及法律之規定起見，制定內閣政令。但政令中除有法律授權者外，不得附有罰責。」（憲法§73）

(三) 司法規則

憲法直接授權最高法院（最高裁判所）制定司法規則。「最高法院就關於訴訟手續、施行辦法、律師、法院內部紀律等細則及司法事務之處理，有訂立規則之權限。」（憲法§77）

(四) 特定公共團體之特別法

僅適用某地方公共團體之特別法，非依法律規定，獲該地方「公共團體選民投票過半數之同意，國會不得制定之」（憲法§95）。

日本憲法有一特色，其憲法有直接授權其他機關團體訂定法規之權，與我國之法律位階（憲法、法律、命令）有所差別。但我國增修條文第7條由總統直接頒布緊急命令，而不依緊急命令法則是特例。

二、人事同意權

首相（內閣總理）係由國會兩院的議員各別推選。若兩院所推選出之首相一樣，則理所當然由天皇任命之（憲法§6）。若兩院所選出之首相不同時，則召開兩院聯席委員會會議，未獲協調或眾議院之決案送交參議院，而參議院於十天內未作決定時，則以眾議院之決議為國會之決議（憲法§67）。如2007年首相推選上，自民黨在眾議院占多數，總裁福田康夫自然地被多數議員選出，然而因在參議院被逆轉，所以選出民主黨的小澤一郎，眾議院推選的福田康夫為優先。[6]

三、預算議決權

凡有關國家財政之處理、租稅、新課稅或使國家負擔債務及支出者，須為國會議決之（憲法§83、§84、§85）。

---

[6] 〈福田康夫総裁時代（平成19年9月23日～平成20年9月22日）〉，https://www.jimin.jp/aboutus/history/22.html。

(一) 預算應先提出於眾議院（眾議員對財政法案有先議權，此為各國之通例）。

(二) 關於預算參、眾兩院意見相左時：

1. 經召開兩院聯合委員會協調，若協調成功則法案通過；若仍無法獲得一致意見時，則以眾議院之決議為國會之決議。

2. 參議院接獲眾議院通過之預算案後（除國會休會期間外），三十天內不作最後處理，則以眾議院之決議為國會之決議（憲法§60）。

四、質詢權

「內閣總理大臣及其他國務大臣，不論為議員與否，……任何時間得出席兩議院對有關議案發言，因被邀答辯或說明時，亦應出席之。」（憲法§63）而且各議院之議員對內閣有質詢時，應經議長承認，且製作簡明意旨書提交議長（國會法§74）。內閣自接受到質詢主要意旨之日起，七日內提出答辯，若無法於期限內答辯時，應明示其理由及可答辯之期限（國會法§75）。但若質詢為緊急情事，一經議院議決，可以口頭為之（國會法§76）。

五、調查權

國政調查權，「兩議院得對有關之國政進行調查，並得要求有關證人之到場及作證，並製成紀錄」（憲法§62）。

六、彈劾權

「國會為裁判曾受罷免追訴之法官，應設立彈劾裁判所，由兩院若干議員組織之。關於彈劾事項，以法律規定之。」（憲法§64）

七、信任案之表決與不信任案之提出及表決

內閣所提出之信任案予眾議院否決或眾議院提出不信任案表決通過時，內

閣可提請天皇解散眾議院；若十日內不解散眾議院，即須總辭（憲法§69）。

伍、德　國

一、立法權

德國與英國（國會至上）不一樣，德國是聯邦制，故而其中央與地方權限劃分如下：

(一) 聯邦獨占之立法權

於其基本法中第73條明列舉出，為其專有之立法事項。

(二) 聯邦與各邦共有立法權

共有立法權部分，聯邦優先行使；聯邦未行使時，才由各邦行使。由於各邦未能有效規定，或由其邦規定，此會受其本位主義影響別邦權益；或法律、經濟、生活、地域（或包括了數個邦之權益）有一致性，為聯邦立法之（即為有統一性）（基本法§72）。共同立法之範圍於基本法中第74條有列舉事項（見圖4-2）。

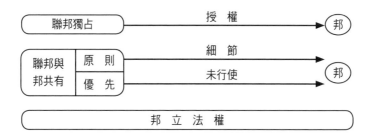

圖4-2　德國聯邦與邦立法權力分配圖
資料來源：依據基本法第70、72、73、74、75條。

(三) 聯邦具有原則性立法權

在共同立法權中有規定通則之事項，在基本法中第75條中列舉出。

(四) 各邦之立法權

凡未規定為聯邦獨占，或聯邦之原則下各邦就有的，或規定為各邦之立法權者，即屬於各邦之立法權（基本法§70）（見圖4-2）。

德國聯邦獨占與我國之中央獨占有其類似之處，分述如下：

1. 我國憲法第107條列舉出中央獨占之事項，與德國一樣，亦明白列舉出來。
2. 我國憲法第108條列舉出中央立法並執行或交由省縣執行之。與德國之聯邦獨占類似，但不像德國可授權予立法權；我國是由中央立法交由省縣去執行之，是授予行政權而非立法權（即性質不一樣）。
3. 沒有中央與地方共同立法權之規定，也不像德國聯邦較有彈性，規定較固定。
4. 我國憲法第110條中規定由縣立法且執行之。

我國所規定的是中央、縣二級；而德國是聯邦與邦兩級。

二、預算議決權

國會除有預算議決外，德國對於財政規定很詳細。德國財政與日本之財政一樣於憲法中列財政為一章（德國為第十章，日本為第七章），財政為庶政之母，國力之表現。德國之聯邦與各邦在理財方面應自給自足，互不依賴（基本法§109）；且凡有關於賦稅立法部分，應經聯邦參議院之同意（基本法§105）。

三、質詢權

德國之質詢權受限制。德國為多黨制，若發展不信任案，則總理之位會出現空缺情形，對其國事無法處理。故要發展不信任案則須選出繼任之聯邦總理才行（基本法§67、§68）。與英國可因質詢權而發生不信任（質詢→討論→

譴責→不信任案），及法國之質詢權只為瞭解其真相（即受到限制），有相當大的差別。表現出對議員負責而議員對選民有交代，若要發展為不信任案，則依提出不信任案方式提出。

四、建設性不信任案

　　國會須以過半數表決選出新閣揆，才能廢除舊閣揆。因為在多黨制國家，在野黨可聯合打倒執政黨，但產生新閣揆不易。「聯邦總理要求信任案投票動議，如未獲聯邦議會議員過半數之支持時，聯邦總統得經聯邦總理之請求，於二十一日內解散聯邦議會。聯邦議會如以其議員過半數選舉另一聯邦總理時，此項解散權應即消滅。」（基本法§68）「聯邦議會僅得以過半數選舉一聯邦總理繼任人，並要求聯邦總統免除現任聯邦總理職務，而對聯邦總理表示其不信任。聯邦總統應接受其要求而任命當選之人。而動議與選舉之間，須間隔四十八小時。」（基本法§67）

陸、俄　國

一、聯邦院的職權（憲法§102）

(一) 認可聯邦各主體之疆界變更。
(二) 認可聯邦總統所提之戒嚴令。
(三) 認可聯邦總統所提之緊急狀態。
(四) 議決國外派兵。
(五) 頒訂俄羅斯聯邦總統之選舉。
(六) 解除聯邦總統之職務。
(七) 根據總統提議，任命俄羅斯聯邦憲法法院、最高法院之法官。
(八) 與總統協議其所提名的聯邦正副檢察長、聯邦主體與軍事等檢察官。
(九) 根據總統提議，任免審計長及半數之審計員。
(十) 與總統協議國防、國家安全、內政、法務、外交、自然災害防治與國內安

全部會首長的人選任命。

二、國家杜馬的職權（憲法§103 I）

(一) 對俄羅斯聯邦總統所提名之聯邦政府正副主席、部會首長行使同意權。

(二) 議決對政府之信任案。

(三) 聽取聯邦政府的工作報告。

(四) 任免俄羅斯聯邦中央銀行總裁。

(五) 根據總統提議，任免副審計長及半數之審計員。

(六) 任免人權委員。

(七) 宣布大赦。

(八) 控訴俄羅斯聯邦總統，以令其解職。

三、法案議決案

立法過程圖參見圖4-3。

四、制憲權

憲法如經聯邦院全體議員四分之三多數之同意，以及國家杜馬全體議員三分之二多數之同意，聯邦總統於十四日內簽署公布。表4-14為各國立法權範圍比較表。

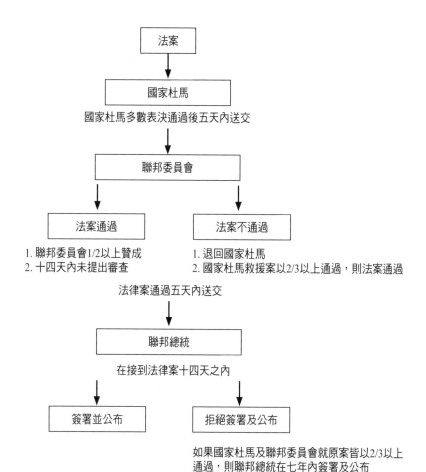

圖4-3　俄國立法過程圖

資料來源：趙竹成（2001：171-205）。

表4-14　各國國會立法權範圍比較表

英國	國會至上。國會有「原始權」，而且是「無限制」。
法國	明訂法律制定之範圍（憲法§34），以及只能制定基本原則之項目（憲法§34）；限制國會不得超越其立法權範圍（憲法§37），而政府仍得依規定要求國會將某些立法權授予政府在特定時期內行使（憲法§38）。
美國	立法權明白列舉（憲法§1Ⅷ）。憲法第1條第8項第18款：「制定執行以上各項權力，及依本憲法授予美國政府或政府中任何機關或官員之一切權力時所需之法律。」對於憲法保障各州及國民權益之規定不得立法違背之。各議院之議事規則，憲法規定由各院自行制定。
日本	「法律案，除憲法中有特別規定外，經兩院之通過時，即成法律。」（憲法§59）直接由憲法規定，不經兩院議決者，不在國會立法範圍之內者有： 1. 內閣為實施憲法，得直接制定內閣政令，無須經國會立法，但除有法律授權若外，不得附有罰則（憲法§73⑥）。 2. 參議院、眾議院之內規（憲法§58）。 3. 司法規則逕由最高法院制定，無須國會立法（憲法§77）。 4. 地方自治之地方公共團體之特別法，依憲法規定，國會不得制定之，除非有其他規定條件（憲法§95）。
德國	基本法明訂聯邦獨占立法權範圍（憲法§73），並說明未賦予聯邦立法之事項，各邦有立法之權，因此聯邦與各邦權限之劃分，應依基本法有關獨占立法與共同立法之規定之決定（憲法§72）。
俄國	憲法第五章關於聯邦會議權限中，特別明訂立法動議權歸屬（憲法§104）以及聯邦法律制定權屬於國家杜馬（憲法§105），並特別明示在何種問題範圍內，國家杜馬必須通過的聯邦法律送交聯邦院審議（憲法§106）。

第四節　立法過程

壹、英　國

一、法案分類

　　凡法案須經兩院通過（先送往平民院），方能成立。其法案分為：

(一) 公法案（Public Bill）：凡內閣閣員所提出之法案，均屬公法案，事關國家整體利益。

(二) 私法案（Private Bill）：由非兼內閣閣員之國會議員所提出之法案屬私法案，牽涉到個別選區、局部利益。

　　若以法案之來源則可分為：(一)政府案（Government Bill）：為閣員所提出之公法案，而所有之金錢法案（Money Bill）須由政府提出；(二)議員案（Private Member's Bill）：為議員所提出之法案；凡金錢法案以外之公法案，均為其所提出。

　　凡公、私法案均得於兩院中提出，而金錢法案則應於平民院提出，司法案應於貴族院提出。

二、立法過程

(一) 一讀：法案提出後並宣讀法案名稱，並交付印刷及決定二讀之日期。

(二) 二讀：法案內容逐條進行討論。

(三) 二讀後產生的各種問題交由委員會審查處理。

(四) 委員會提出審查報告並詳細討論。

(五) 三讀：專就文字上用字遣詞作修飾。

(六) 三讀通過後，送交貴族院審議（其審議程序大致上和平民院相似），目的僅為牽制，俾使立法能更慎重。

(七) 英王批准公布（Kingdom, 2003: 392）。

三、緊急程序（Urgency Rule）

所謂緊急程序乃因時間上之急迫，則限制討論，以期加速通過法案。緊急程序所運用的方式有三：(一)簡單的停止討論（Simple Closure）；(二)截斷討論（Guillotine）；(三)跳議法（Kangaroo）。茲分別敘述如下：

(一) 簡單的停止討論

自1882年以來，平民院已依一種規則議事，該規則如下：「一種議案提出後，於其席位起立的議員得要求動議『即付表決』，如非主席認為此一動議係屬濫用議院規則，或係少數權力的一種侵害，則『即付表決』的議案應立即提出，且不經修正或討論表決之。」這就是普通所簡稱的「即付表決」規則（The Previous Question Rule）。依此規則討論即得停止，並得於任何時刻履行表決，甚至當議員正在發言時亦得進行表決，但是至少須有100人（在常任委員會為20人）投票支持這種動議。

(二) 截斷討論

英國所謂截斷討論乃為立法程序上一種嚴峻的措施，以期加速立法程序，藉以適應現代政府立法之繁複。截斷討論的基本觀念是，分配有限的時間來進行討論法案的每一階段，並於每一階段時間屆滿時，便須立即結束該階段，而不致有冗長的討論。在配定的時間屆滿時「截斷即行降臨」（The Guillotine Falls），任何議案逐付表決。截斷討論雖被各黨領袖視為可悲的，但卻又是為了處理須仔細討論而又不引發激烈爭辯的各種繁重法案的不可缺少辦法。現已發覺其施行之可行性端賴於各黨間對於時間使用之協調。

(三) 跳議法

之所以稱為「跳議法」，乃起源於議長及委員會主席偶然決定那些對於動議的修正案他們認為適宜者揀出（即由此案跳到另一案，如袋鼠般）予以處理。即唯有這些修正案始得討論，其他暫時不討論。這種停止討論方式於1919年由議事規則予以明白規定。

貳、法　國

一、法案提出

　　法案有政府案（Government Bill, Projects De Loi）與議員案（Private Members' Bill, Propositions De Loi）之別。然而在法國這只是名義上的區別，並不像英國法案有實質差異。至於英國公法案與私法案的區分，並不見之於法國。

　　第五共和憲法規定：「內閣總理及國會議員均得提出法案……」（§39）。惟「國會議員提出之法案及修正案若可減少國家收入，或新設或增加國家支出者，不得接受之」（§40）。至於經濟社會委員會及法蘭西國協參議院依第五共和憲法第69條及第83條之所示，只有對於國會或行政機關送來有關經濟社會或國協之議案表示意見之權，並無自行向國會提出法案之權。故總理與國會議員有提案權。但政府之提案須諮詢中央行政法院，由部長會議討論後，送交國會任何一院之秘書處。若為財政法案，則須先送回國民議會審議。

二、送至委員會審查

　　法案提出於國會後，送交至有關之委員會審查之。若政府或有關議會之請求，可送特別委員會審查；若無請求，則交由常設委員會行之（憲法§43），委員會再將其報告提至國會（參見圖4-4）。

三、將委員會之審查報告，提到院會廣泛討論

　　院會討論有關報告中所提之事項，找出解決或協調之方法。

四、逐條討論條文

　　對委員會報告經瞭解、審核後，始對其條文逐一討論，並對其文字、語句、用語等加以修正、更改之。

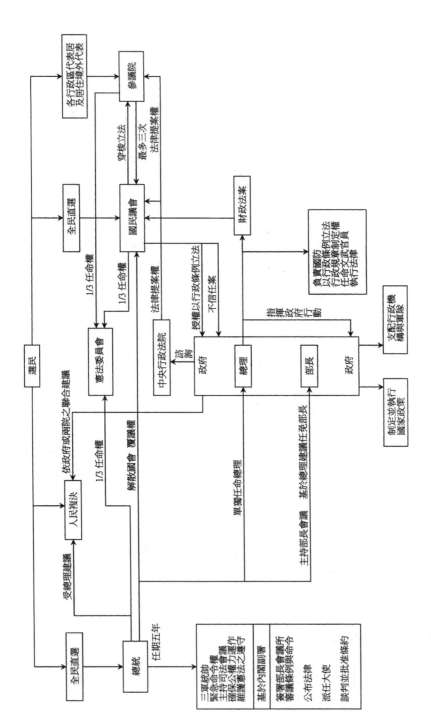

圖4-4 法國憲政運作圖

五、全案表決

國民議會與參議院之程序一樣，但法案須經兩院通過。若兩院意見不一致時，使法案在各院二讀後仍不能通過，則可召開兩院對等聯席委員會，提出對案來，但須經政府同意，且由政府把對案送請國會兩院認可（憲法§45）。若兩院不能獲得協議時，法案在國民議會之最後讀會時，經議員絕對多數贊成，始得通過（憲法§46）。若國民議會對財政法案提出後四十天內，未從事一讀審議時，政府得將法案提至參議院十五日內議決之；若國會在七十日內未議決，則政府可將其草案付諸實施（憲法§47）。

六、穿梭立法

當國會的其中一院完成表決後，並提出具體的審議結果時，即為完成所謂的「一讀」程序。接者，必須將全案送至另一院審議，由另一院重複前述的立法過程，如果後一院完全同意前一院的結論，則立法程序即告完成。倘若後一院對於前一院的審議結果有所修正時，則必須再將修正的結果送回前一院作審議，前一院針對後一院的審議結果再作審議，並完成前述院會的立法程序，稱為「二讀」。前一院的二讀結果如有所修正，則必須再將修正案，送至後一院進行二讀，除非兩院「完全同意」才算真正完成立法。法案在兩院往返的過程稱之為「穿梭立法」，此種穿梭立法的次數在第五共和以前是不加以限制的，第五共和憲法則明定穿梭立法最多不得超過三次。

七、憲法委員會審議

倘若國會審議中的法案，被認為有違憲之疑義者，得由總統、總理、國會兩院議長、60名以上國民議會議員或60名以上參議院議員，提請憲法委員會審議。法案經過國會兩院通過，經政府簽署後，凡屬組織法之性質者，以及國會兩院規程在實施前，均需送請憲法委員會。

八、總統簽署公布

　　總統應於法案送達政府十五日之內簽署公布之（劉淑惠，1994）。法國國會立法流程圖4-5。

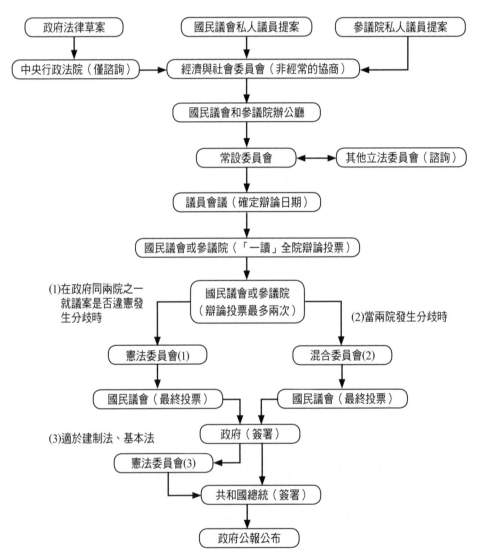

圖4-5　法國國會立法流程圖

資料來源：依法國憲法第43、44、45、46、47條。

參、美　國

一、提出法案及一讀

　　眾議院的一切法案和議案，都應由眾議院議員提出。同樣地，參議院的一切法案和議案，都應由參議院議員提出之。也就是說，唯有兩院的議員才有分別向所屬議院提案之權。總統固然可以向國會致送咨文，但咨文只是一種國是說明，不是一種提案；總統若要向兩院提案，通常是交由其所屬的本黨議員分別提出，但這是議員的提案，並不是總統的提案。但總統咨文亦可由主席交付主管委員會起草法案，提出院會討論。凡眾議員向眾議院提出的法案或議案，附以提案議員的姓名，但只附一個議員的姓名即可。凡參議員向參議院提出的法案或議案，附以提案議員一個人的姓名或附以所有提案議員各人的姓名，兩院議員都可以單獨提案，並沒有強制的連署制度。

　　依照憲法規定，所有徵稅的法案應由眾議院提出，但參議院可提出修正案或附以修正案而予以贊同，一如其他法案。稅收法案雖應自眾議院提出，參議院亦可提出修正案，這表示稅收法案的提案先議權仍在眾議院。又此一憲法條文（憲法 §1 VII）的涵意已作擴充解釋，包括「撥款法案」（Appropriation Bill）在內。除稅收法案和撥款法案應由眾議院提出外，其他法案和議案均得由參、眾議院分別提出。

　　依照提案性質，各種提案可分為兩類，一為建立權力的立法案，另一為實際支付金錢的撥款案。國會兩院均已分別規定，禁止議員於撥款法案中附具立法案，或於立法案中附具撥款法案。建立權力的立法案必先制定，然後才能依據此一權力而提出撥款法案。在特殊情形下，不得不先行撥款的情事。但此一措施，須經出席議員三分之二的贊同，透過「停止使用規則」的程序，才能提出。法案提出後，將法案或議案宣付朗讀標題，完成一讀之程序。

二、交付委員會審查，再交由小組委員會審查後，報告提交委員會

　　兩院所有提案在提付各該院會討論之前，都須經過各院有關委員會審查的

階段。依照眾議院規則規定，所有法案和議案，在交付委員會審查前，應在院會中宣讀標題。

眾議院和參議院對提案交付審查的辦法，視提案性質而定。凡提出於眾議院或參議院的公法案和議案，以及兩院間相互提出的議案，由各該院主席指揮監督下的議事專家依照規則及先例，擬議交付相關委員會審查，這種擬議的意見大體總被採納，但多數議員的意見自可予以變更。在參議院中，提案的參議員固可表明希望將他的提案交付某一委員會審查，但非經院會的同意，他的意見是不具效力的。以上為關於公法案的交付審查辦法。至於私法案，則提案的眾議員或參議員都有權指定他的提案交付某一委員會審查，如果沒有指定時，則由議事專家決定。

兩院院會對於交付委員會審查的提案可以收回而重交另一委員會審查，而且院會有權可以不顧規則及先例的規定，而將提案交付它認為適於審查該案的任何委員會。委員會接到交付審查的提案後，應予以審查，並以會議方式行之。小組委員會審查完畢後，將其報告提交委員會。

三、大會討論委員會所提之報告

大會討論委員會所提之問題及報告之內容。

四、大會逐條討論法案及二讀

第二讀會（Second Reading）的程序是審議法案最重要的階段。凡法案在眾議院無須經過全院委員會審查者，則以院會逐條討論的議案為第二讀會。法案須經全院委員會審查者，則以全院委員會逐條討論為第二讀，在第二讀中依照五分鐘發言的規則以處理對於法案逐條提出的修正意見。經全院委員會審查提出報告後，院會則不再逐條討論，但在一小時發言的規則下再加以討論和修正，這是眾議院二讀的特色。

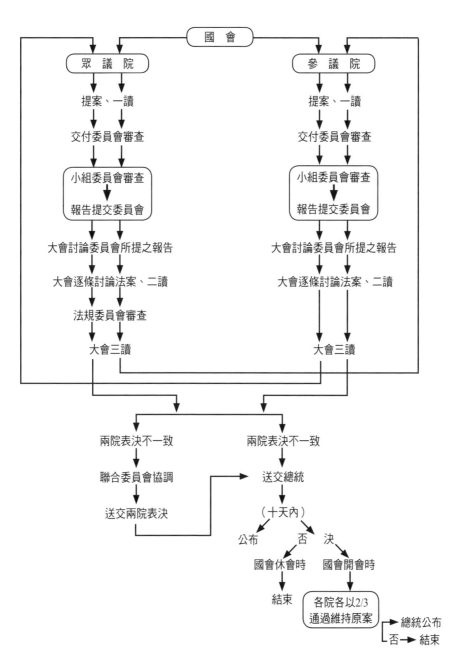

圖4-6　美國國會立法流程圖

資料來源：Schmidt et al. (2005: 380).

五、交至程序委員會審查

由程序委員會審查其是否合憲性，再將其審查結果送回院中，以進行三讀。

六、大會三讀

倘院會決定三讀，則進行三讀。三讀時通常亦僅宣讀標題，但經議員要求，則應宣讀全文。其後，表決之。再將法案送交參議院。若是先由參議院審查表決的，則送交眾議院。

七、總統簽署公布

若兩院表決一致時，則由總統公布之。若總統不接受此法案，則應於接到法案之十天內，送回國會表決之（若正值國會休會，就此否決掉，稱袋中否決），若仍以三分之二表決通過維持原案，則總統須公布之。可是經總統否決之法案，很少能在國會中仍可獲得三分之二通過。

若兩院表決不一致時，則召開聯席委員會協調或提出修正之法案，交由參、眾議院表決，再將其決定送交總統公布，其步驟與前述一樣（見圖4-6）。

肆、日　本

一、提出法案

在責任內閣制的國家，國會所討論的提案，大都是由內閣提出的，稱「政府案」。但內閣的提案權並沒排斥議員的提案權，所以議員仍得提案，稱「議員案」，不過議員提案數目極為有限。日本也是施行責任內閣制的國家，所以憲法第72條規定：「內閣總理大臣代表內閣向國會提出議案……。」這是政府

有提案權的明證。此其一。內閣固有提案權，議員也有提案權，國會法第5條第1項云：「所有議員均得提出議案。」這是兩院議員有提案權的明證。此其二。再則，委員會固以審查法案為主要任務，但也得提案，眾議院規則第42條第1項說：「委員會對屬於其所管之事項，即內閣、議員及委員會是。」

二、送至委員會審查

國會法第47條規定：「常任委員會及特別委員會僅限於會期中審查委付之案件。常任委員會及特別委員會對各議院議決特別委付之案件，雖在閉會中，亦得審查之。」是則委員會應於國會會期中開會為原則，於閉會期中開會為例外（如裁判官彈劾法第4條規定，訴追委員會雖然在國會閉會中方得行使職權，即為一個顯例）。在國會期中，委員會開會不能與院會的會議時間同時舉行，換言之，當院會不開會時，委員會方得開會。所以眾議院規則第41條明定：「委員會在議院會議進行中不得開會，但得議長之許可者，不在此限。」（並見參議院規則§37）

委員會開會時，除本會委員會外，對於受理審查案件有意見的議員，可以請求其出席，聽取意見（參見眾議院規則§46）。委員會除議員之外，得經委員之允准旁聽，但得依委員會之決議，開祕密會議（國會法§52 I）。日本國會兩院委員會之審查議案，採用美國作法，有公聽會的舉行。

三、將委員會之審查報告，提到院會廣泛討論

「凡經委員會審查之案件列入議題時，應先由委員長報告其經過及結果，次由少數意見者報告少數意見。委員長作前項報告時，不得加入自己的意見。」（眾議院規則§115，並參見參議院規則§104、§106）「對於省略委員會審查之議案列入議題之時，應由提案人或提出者說明旨趣。」（眾議院規則§117，並參見參議院規則§107）當報告與說明之後，繼之以質疑終結，進入大體上之討論。

四、逐條文討論

以逐條的方式，審查討論其用字遣詞之使用是否得當或更改之。

五、全案表決

表決後，送交參議院以同樣方式進行之。而法案先送至何院視其法案之性質而定。若參議院之表決與眾議院不一致時，則送交眾議院表決一次，但眾議院仍以出席議員過三分之二多數表決通過，即成法律。若不妨礙眾議院之規定可請求召開兩院聯合委員會之會議（憲法§59）。但若參議院收到眾議院之法案（未處國會休會期間）於六十日內不予最後處理時，則眾議院認為參議院否決此案，其整個流程見圖4-7。

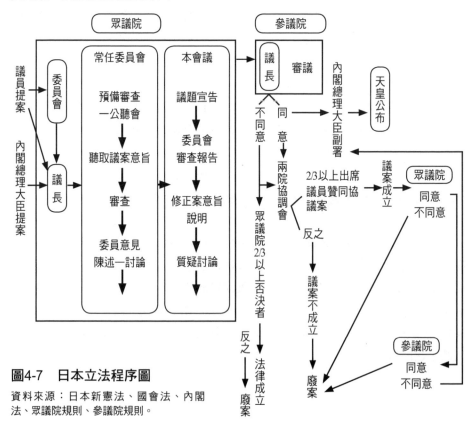

圖4-7　日本立法程序圖

資料來源：日本新憲法、國會法、內閣法、眾議院規則、參議院規則。

伍、德　國

一、提出法案

　　從理論來說，國會兩院的議員、委員會及政府均得提出法案；但就事實而言，現在絕大多數的法案，都是政府提出的。所謂的法案提出，係專指政府的提案，也就是普通所稱的政府法案（Government Bill）（憲法§761）。

二、送交聯邦參議院之委員會審查，再送至眾議院

　　由圖4-8可知，議案提出後，應先提交聯邦參議院之委員會（由11人組成）於三個週內，表示對法案之意見，再將其評論送至眾議院。

三、聯邦議會之三讀會

　　聯邦議會將法案一讀，讀其名稱，再將參議院之委員會之評論送至眾議院之委員會一併審理之。審理完後再交回院中，繼續進行二讀、三讀程序。

四、法案送交參議院

　　若兩週內未有行動，則表示默認或者同意。法案則送至於總統公布之，即成法律（憲法§78）。若遭參議院否決，則召開協調委員會（兩院各派11人），經協調或提出修正後，(一)參議院如具有「絕對否決權」（牽涉各邦權益）時，接受則公布，否決則法案石沉大海；(二)若參議院具有「緩和否決權」（不牽涉各邦權益）時，接受則公布，否決則眾議院須以參議院所否決之同等人數比率，方能挽回，提交總統並公布之，否則法案不通過（憲法§78、§774）。

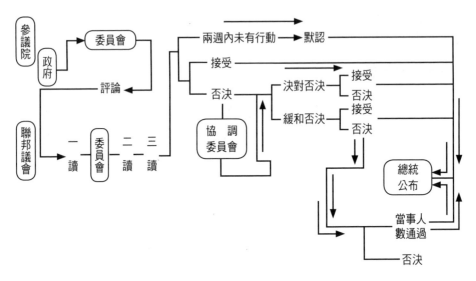

圖4-8　德國國會立法流程圖

資料來源：依基本法第76、77及78條。

註：絕對否決（Absolute Veto）：指涉及各邦權益，其有絕對否決權。緩和否決權（Qualified Veto）：指與各邦權利無關者。

陸、俄　國

一、提　案

　　俄羅斯聯邦總統、聯邦院（上議院）、聯邦院議員、國家杜馬（下議院）、俄羅斯聯邦政府、聯邦主體立法機關、俄羅斯聯邦憲法法院、俄羅斯聯邦最高法院等皆有法案提案權（憲法§104 I）。但是法案如涉及預算、開支、徵稅、稅之免除、借款等財政法案或預算案，只有俄羅斯聯邦政府有提案權（憲法§104 III）。

二、審　議

(一) 法案均先送到國家杜馬（下議院）審議，以獲議員總額過半數之同意方能通過（憲法§105 I、II）。

(二) 然後，五日內再送到聯邦院（上議院）審議，以獲議員總額過半數之同意方能通過，如未能於十四日內議決，亦視為通過。如十四日內為聯邦院所否決，應開兩院協調會議，協調後，再將修正之議案送交下議院重新審議，依立法過程進行（憲法§105 III、IV）。

(三) 為聯邦所否決之法案，如再經下議院以總額三分之二多數之議員同意，則為國會通過法案。

(四) 但聯邦預算、課稅、經費、財政、國際條約、聯邦地位及邊界，和戰爭之議案，須經聯邦院同意（憲法§106）。

三、公　布

(一) 法案經國會通過後五日內，送聯邦總統於十四日內簽署公布（憲法§107 I、II）。

(二) 如總統否決該法案時，經兩院全體代表三分之二多數通過後，總統應即於七日內簽署公布（憲法§107 III）。

由圖4-9可知，俄國聯邦法律的立法程序可分為兩個階段：第一個階段是國家杜馬與聯邦院之間的互動；第二個階段是國會與總統之間的互動。

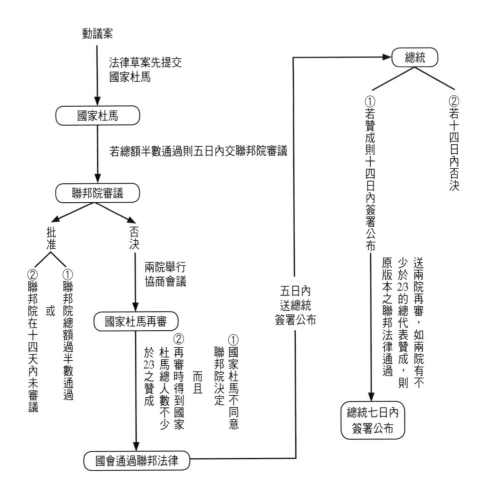

圖4-9　俄國立法流程圖

資料來源：依據憲法第104、105及107條。

第五章　比較政策制定結構

第一節　涵　義

　　由於各國的行政部門在整個政治體系的重要性與獨立性已漸顯著，故其職權有日趨增加之勢。行政部門的運作都直接間接影響到人民的福祉，因此在說明各國的國會制度之後，有必要就政策制定結構——行政部門作一探討。

　　政策制定的結構在現代國家都標榜著受到民意的民主控制。政府所制定的政策都要向代表民意的國會負責。明顯可見的是，政治隨著時代的演進，政策制定的結構，開始分化且制度化。政治體系不論是民主或獨裁，亦不論其決策機構的法制組織或角色結構如何，總不曾脫離有一主要決策領袖及一組主要輔佐人員的基本決策模式。

　　一般而言，政策制定結構可從下列三方面探討：一、國家元首；二、政府首長，如首相或內閣總理，或兼政府首長之美國總統，及其閣員；三、行政機關與立法機關的關係。

第二節　國家元首

壹、英　國

　　英國施行君主立憲，英王為世襲制（現為查爾斯三世，於2022年繼位），為虛位元首並無實權（行政權掌握在內閣）；王權是象徵英國尊榮、國格及一些法定權責構成的抽象制度；英王亦無權否決任何法案，只得簽署公布，且由公布之副署者——首相〔現任之英國首相為保守黨黨魁德蕾莎・梅伊（Theresa May）〕來負責，英王不須負任何政治責任。

英王已無具備如十七、十八世紀強盛時期之權力，至今只有名義上之剩餘權而已，分述如下：

一、政府由王組成

名義上，政府是由王組成，王任命首相及大臣，首相為王之首席參贊，提供政策諮詢意見給國王。實際上，王只能任命國會多數黨黨魁為首相，由首相組成政府。王公布法律，發布命令，可是只能依國會之決議公布法律，或內閣之決議發布命令。

二、平民院由王來召集及解散

當平民院召開會議時，必須以英王的名義召開；平民院通過對內閣之不信任案或否決內閣之信任案時，可由閣揆向英王提請解散平民院。英王不得私自主動解散平民院。

三、王對外代表英國

英王雖已無實權，但其對外仍是一國之君，為一國家之代表，代表國家接見使節、訪問他國、促進外交、主持各種儀式或慶典、派遣使節等權力。

四、其他（剩餘權）

(一) 被知會之權

王為一國之君，任何重要政事，首相及相關之閣員必須告知英王。

(二) 警告之權

英王對於政府重要首長或政治人物有不當之意圖或決策時，可對其提出警告，但接受與否得視其當事人自身決定之，並無強行之效力。

(三) 鼓勵之權

對於政府欲實施某些政策或通過某項法案時，雖對國家有益，但有所顧忌未能以行之時，予以鼓勵。

傳統之組織如樞密院（The Privy Council）、國務院與現任內閣之關係形成一種極特殊之情況，為其他國家所沒有。現今樞密院扮演著發令之機關，只具有為宗教、儀式等傳統的作用；國務院乃一執行機關，為一正式名詞，為一行政機關總體，有如我國之行政院。內閣為一決策機關，並非正式之名詞。

貳、法　國

法國第五共和國之總統，自1962年後，由選舉團之間接選舉改為公民直接選舉，任期七年（憲法§6）。但西元2000年9月24日的公民投票已將總統的任期縮短為五年，並於2002年5月的當選者開始實施，以為其政治樞紐，而能安定政治局勢。根據選舉法第474條規定，凡年滿23歲之法國籍男女公民皆可登記為候選人。但要成為正式之候選人，則須得到500位各級民意代表或鄉鎮市長的連署支持，方完成候選人手續參與競選。採兩輪多數決投票方式：第一回合，於星期日舉行投票，以獲得絕對多數票者為當選；若無人當選，以獲票較多且仍繼續競選之兩位候選人，始得參與第二個星期日的第二回選舉，以獲相對多數之有效票為當選（憲法§7）。依憲法規定，總統權限如下：

一、監護憲法尊嚴

法國總統遵守憲法之條文規定，且須依其自由裁量以確保公權力之運作，及維持國家領土完整及國家獨立（憲法§5）。且對法律未公布前，須由其總統、總理、國民議會議長、參議院議長、60名國民議會議員或參議院議員而提請憲法委員會審議（憲法§61），審其是否有違憲，以維護憲法為最高法律，其他法律不得牴觸之，牴觸者無效。若國際條約之條款有違憲則經憲法委員會

諮詢總統、總理或國會任何一院議長咨請而宣告牴觸無效（憲法§16）。當憲法中之制度、國家獨立、領土之完整或國際義務之履行，遭受到嚴重且危急之威脅時，公權力運轉受挫，則總統須正式諮詢總理、兩院議長及憲法委員會之後，而採取緊急措施（憲法§16），以維護憲法執行及尊嚴。

二、仲裁政府機關間之關係及解散國會之權

為了確保公權力的順利進行，政府機關間的合作不可少，總統仲裁政府機關間之關係，具有解散國民議會之權，無須總理副署，但須先諮詢總理及國會兩院議長之意思後，方能行使權力（憲法§12）。國民議會被解散，重新選舉，一年之內，不得予以解散。以及提交公民複決之權，亦無須總理副署（憲法§11、§19）

相較於第四共和解散國會的限制，在第五共和憲法之中，總統解散國民議會不需要總理的副署，而且在時機上似乎更具有彈性，只要不違反下列三個原則即可。第一，國民議會被解散重新改選後的第一年之內，不得再予以解散；第二，在宣布實施第16條緊急處分時期，不得解散國會；第三，代理總統行使職務者無權解散國民議會（張台麟，2002）。

三、咨文權

總統向國會兩院提出咨文，予以宣讀，發表其大方針，咨文內容不須討論之。若當時正當國會休會期間，則須為此而召開國會，以瞭解咨文之內容（憲法§18）。

四、覆議權與法令公布權

凡是國會所表決通過之法律，總統必須於國會送達政府後十五天內公布。在上述期間內，總統若認為國會所通過的法律有違憲之嫌，可提請憲法委員會解釋，並得要求國會將該法案或其中部分條款予以覆議，國會不得拒絕（憲法§10）。

五、提交公民複決

　　原本根據憲法第11條規定，總統得基於政府與國會兩院的建議而將議案送付公民複決，因此即使不須內閣的副署，總統並沒有主動提案的權力。然而尤其國會多數黨與總統同政黨時，總理也會是同屬政黨，總統是有可能透過同政黨運作，將自己想要的議案送交公民複決。後來在2008年的修憲後，增加了五分之一國會議員提案與十分之一公民連署的提議權，所以公民複決的發案已不只總統而已。不過同條又規定，實行未滿一年的法案不許送交公民複決（張台麟，2010）。法國第五共和至今，共舉行九次的公民投票，當中有兩次贊成票未達50%而失敗。

法國公民投票的特色

1. 法國公民投票的經驗源自於法國大革命時期。
2. 屬於選擇性公投，並沒有強制性公投的規定。
3. 公投的實施範圍以公權組織、社會和財經重大議題及國際條約批准。
4. 公投的政治意義為對總統的一種信任投票，但龐畢度以降，不再有對總統信任投票的意義。

表5-1　法國第五共和時期之公民投票

公投時間	公投事由	贊成率	總統
1961.01.08	阿爾及利亞獨立	74.99%	戴高樂
1962.04.08	阿爾及利亞獨立	90.81%	戴高樂
1962.10.28	總統全民直選	62.25%	戴高樂
1969.04.27	地方政治改革	47.59%	戴高樂
1972.04.23	英國加入歐體	68.32%	龐畢度
1988.11.06	新喀省的自治問題	79.99%	密特朗
1992.09.20	馬斯垂克條約	51.00%	密特朗
2002.09.24	總統任期改為五年	73.21%	席哈克
2005.05.29	歐盟憲法	45.13%	席哈克

資料來源：張台麟（2000）；王思維（2011）。

5. 公民投票的行使，必須依總統的主動決定或被動的同意。

六、總理之任命

總統任命總理（憲法§8），但實際上總理對國民議會負責，且依總理之請辭而免其職務；及依總理之提議任免其他政府部長（憲法§8）。因此，總統只得任命能夠控制國民議會過半議席之多數黨或聯盟之領袖為總理，即使總理與總統不同黨也只得任命之。例如，1986年國民議會改選，國民議會由右派控制，左派社會黨總統密特朗則須任命非同黨之右派共和聯盟領袖席哈克為總理，而形成左右共治（Cohabitation）之局勢（同樣的情形發生在1993年密特朗任命右派的巴拉度，以及1997年共和聯盟的席哈克任命社會黨的喬斯班擔任總理），表5-2為法國第五共和歷任總統及總理表。

七、主持部長會議

總統主持部長會議（Council of Minister）（憲法§9），掌理國務決策大權。總統在主持部長會議中有二項重要的權力：首先是部長會議的議程決定權；其次是總統可引導部長會議之進行，且在討論之中加入自己的意見；再其次，身為主席的總統可在總理的建議之下傳喚有關的部長或國務員（les secr'etaires d'Etat）出席會議（劉嘉甯，1997）。

部長會議高於內閣會議。總理所主持之內閣會議（Cabinet Council）議案經部長會議決議後，交由總理進行細步作業之會議。

八、其他任命權

總統除了任命總理及依總理之提議而任免政府部長之外，亦須依法任命國家文武官員（憲法§132），與總統所主持之部長會議所任命之人員，包括中央行政法院委員、典勳院院長、大使、特使、審計院委員長、省長、海外領地之政府代表、將級軍官、大學區校長及中央行政機關首長（憲法§132）。另外，任命憲法委員會委員三名。

表5-2　法國第五共和歷任總統及總理

總統	任期	總理	任期
戴高樂[a] （C. de Gaulle）	1958-1969[b]	戴布瑞（M. Debre） 龐畢度（G. Pompidou） 穆威爾（M. Conve de Murville）	1959-1962 1962-1968 1968-1969
龐畢度 （G. Pompidou）	1969-1974[c]	戴瑪斯（J. Chaban-Delmas） 梅斯梅爾（P. Messmer）	1969-1972 1972-1974
季斯卡 （Giscard d'Estaing）	1974-1981	席哈克（Jacques Chirac） 巴瑞（R. Barre）	1974-1976 1976-1981
密特朗（左） （Francois Mitterand）	1981-1988	毛雷（P. Mauroy） 費比拉朗（L. Fakius） 席哈克（Jacques Chirac）（右）	1981-1984 1984-1986 1986-1988
密特朗（左） （Francois Mitterand）	1988-1995	羅卡德（M. Rocard） 葛禮森（E. Cresson） 貝禮勾渥伊（P. Beregovoy） 巴拉度（E. Ballagur）（右）	1988-1991 1991-1992 1992-1993 1993-1995
席哈克（右） （Jacques Chirac）	1995-2002	朱貝（A. Juppe） 喬斯班（L. Jospin）（左）	1995-1997 1997-2002
席哈克[d]（右） （Jacques Chirac）	2002-2007	哈法漢（J-P Raffarin） 德維爾潘（de Villepin）	2002-2005 2005-2007
薩科奇（右） （Nicolas Sarkozy）	2007-2012	菲永（F. Fillion）	2007-2012
歐蘭德（左） （François Hollande）	2012-2017	冉—馬克·艾侯 （Jean-Marc Ayrault） 瓦爾斯（Manuel Valls） 卡澤納夫 （Bernard Cazeneuve）	2012-2014 2014-2016 2016-2017
馬克宏 （Emmanuel Macron）	2017-迄今	菲力普（Édouard Philippe） 尚·卡斯泰（Jean Castex） 博恩（Élisabeth Borne）	2017-2020 2020-2022 2022-迄今

資料來源：https://profilpelajar.com/article/List_of_prime_ministers_of_France。

註：a 戴高樂1958年是以總統的選舉人團間接的選舉當選法國第五共和首任總統。1962年透過公民投票的方式將總統改為全民直選，1965年戴高樂再度連任並且成為民選總統。

　　b 戴高樂於1969年4月27日針對地方自治、參議院選舉方式及組織架構的調整方案所舉行的公民投票失利，戴高樂負政治責任因而主動辭職。

　　c 龐畢度死於任期。

　　d 席哈克本屆僅有五年任期。

九、緊急權力

　　當共和制度、國家獨立、領土完整或國際義務之履行，遭受嚴重且危急之威脅，且憲法上公權力之行使受到阻礙時，總統經正式諮詢總理、兩院議長及憲法委員會意見後，得採取應付此一情勢之緊急措施（憲法§16 I）。總統應將此緊急措施詔告全國，並須出自保障憲法公權力最短期間達成任務之願望，且應諮詢憲法委員會之意見。此時，國會應自動集會，且總統不得行使解散國民議會之權力（§16 IV、V）。

　　此項緊急權力，戴高樂總統曾於1961年4月23日使用，宣告「鼠輩叛徒（阿爾及利亞軍事將領叛變）……陰謀篡國……共和國遭受威脅之際，爰依據憲法規定……發布實施憲法第16條條款，自即日起採取基於情勢所需之一切措施……」，於9月29日結束，但部分措施延至翌年7月15日。中華民國與法國總統權力比較表見表5-3。

十、簽署權

　　總統簽署部長會議所決議之條例與命令（憲法§13①）。但總統所簽署之法案，除了憲法第8條第1款（任免總理）、第11條（提交公民複決）、第12條（解散國民議會）、第16條（緊急權力）、第18條（提出咨文）、第54條（牴觸憲法之國際條約不批准）、第56條（任命憲法委員會三名委員）、第61條（提請憲法委員會審議國會所通過之法律案），均須經總理副署，或有關部長之副署（憲法§19）。

十一、憲法委員會委員任命權

　　憲法委員會設委員九人，任期九年，不得連任。憲法委員會委員，每三年改選三分之一。其中三人由總統任命，三人由國民議會議長任命，另外三人由參議院議長任命。除上述九名委員外，歷任共和國總統為當然的終身委員。憲法委員會主席，由總統任命之。在贊同與反對票數相同時，主席有決定權。

表5-3　中（中華民國）法總統緊急權力比較表

各國 比較項	法國憲法 第16條	中華民國憲法 第43條	中華民國憲法 增修條文第2條
條件	共和制度、國家獨立、領土完整或國際義務之履行遭受嚴重危急之威脅	國家遇有天然災害、癘疫、或國家財政經濟上重大變故	避免國家和人民遭遇緊急危難或應付財政經濟上重大變故
緊急情況	已遭受威脅（消極）	已遇有（消極）	為避免、或應付（積極）
緊急程度	致使憲法上公權力之正常運作受到阻礙時	須為急速處分時（不急速處分，後果不堪設想）	緊急危難、重大變故
行使期間	不限時間	立法院休會期間	國家未統一前、任何時間
行使程序	1.正式諮詢總理、國會兩院議長、憲法委員會 2.採取緊急措施	1.經行政院會議之決議 2.依據緊急命令法令 3.發布緊急命令	1.經行政院會議之決議 2.發布緊急命令
緊急權力內容之限制	1.只限於「應付此一情勢」之緊急措施 2.此項措施須出自保障憲法公權力最短期間達成任務之意願 3.此項措施應諮詢憲法委員會之意見	只限於為「必要」之處理	1.只限於為「必要」之處置 2.不受憲法第43條之限制
相關配合規定	1.國會應自動集會 2.國民議會在總統行使緊急權力期間不得解散 3.總統應將此措施詔告全國	但須於發布命令後一個月內提交立法院追認。如立法院不同意時，該緊急命令立即失效	但須於發布命令後十日內提交立法院追認。如立法院不同意時，該緊急命令立即失效

十二、其他權力

第14條派任大使；第15條總統為三軍統帥，並主持國防最高會議；第17條之特赦權；第52條總統負責國際談判並批准各項條約；第64條之司法獨立保證；第65條之最高司法會議由總統主持。

參、美　國

美國實施總統制，國家元首——總統，即為最高行政首長，而與內閣制之國家元首，如英王，最大區別在於美國總統擁有最高行政決定權。

一、總統之產生

根據美國憲法第2條第1項以及1804年通過的第12條修正案規定，只有選舉人（Elector）才擁有憲法所賦予的權利來選舉美國總統。

各州的選舉人數目，根據憲法第2條第1項的規定，是該州的聯邦參議員（每州兩名）加上聯邦眾議員（依人口比例產生，但每州至少一名）數目之和，所以每州的選舉人數目不一，但至少三名。首都華盛頓特區雖非一州，但根據1961年所通過的憲法第23條修正案意旨，仍可比照州的計算方式而擁有三張選舉人票。

從十八世紀末以來，美國人口一直在增加，版圖也不斷在擴大，眾議員數目也隨著人口增加與州數的增加而有所調整，各選舉人團的總數也一直在變動。此種情況一直到1912年的美國國會將眾議員總人數固定在435名後，才使得選舉人團數目成為現在的538名。但根據每十年一次的人口普查結果，各州眾議員的數目將隨人口的增減而作調整（但總數固定在435名），故各州的選舉人團數目仍互有增減（王業立，2001）。

選民在大選年之11月第一個星期一之後的星期二投票，直接投各政黨候選人。開票後，如某一政黨之候選人所獲票數在該州比其他政黨候選人為高時，即囊括所有該州選舉人之名額（但緬因州與內部拉斯加州除外），即「勝者全

拿」（Winner-Take-All）原則，也就是相對多數的選舉制度。因此不待選舉人去投票選舉總統，便可統計出何黨之候選人是否得到獲勝門檻之票數。當選者至少要取得過半數的總統選舉人票，也就是至少要有270張的選舉人票，否則依照憲法之規定，將由眾議院補選總統，參議院補選副總統。

由於是以選舉人票計算，因此有時也會發生選舉人票多但選票數少的現象，最近一次就是2016年川普勝選希拉蕊那次。然而開票結果也有可能發生糾紛，除了2016年川普及支持者不太願意承認敗選而引發民眾衝入國會事件外，2000年也因佛羅里達的計票方式產生爭議而延宕一個月，最後靠最高法院判決（Bush v. Gore, 2000）才決定小布希勝出。

二、憲法上所賦予之權力

(一) 軍事權

總統為海陸軍統帥，且為各州民團被徵至聯邦服務時各州民團之統帥（憲法§2 II ①）。當總統欲對外宣戰或招募陸軍時，須經國會通過，方能行使之。此外，國會規定總統指揮或命令軍隊演習或軍艦行駛至他國或其他海域，則不可超過四十八天，以防止總統過度使用軍事權，引發戰爭，使國家捲入不必要戰爭之中。

(二) 人事權

美國總統除注意一切法律之忠實執行之外，應任命美國政府之一切官吏（憲法§2 III）。任命人事時，須經參議院之同意或勸告，而任命之。如任命大使、公使、領事、最高法院法官及美國政府其他官吏等高級官吏。一般文官，不須經參議院同意。

(三) 司法權

為救濟司法之窮，當司法系統發生錯誤時，或環境不當時，予以補助，如減刑、赦免（憲法§2 II）。

(四) 外交權

1. 締結條約權：總統行使之權力先決條件須為參議院表決三分之二贊成，方能行使之。

2. 任免外交使節及接見外國使節：總統任免外交使節，但須經國會之參議院同意。總統為一國家元首，對外代表國家，有外國之元首、使節來訪，則代表國家接見之。

3. 行政協定：總統為貫徹其外交政策，與他國元首直接訂定行政協定，不須經由參議院之同意，減少參議院之約束。

(五) 咨文權

　　總統為國家元首及行政最高首長，其任何決策或執行須對人民負責，故必須向國會提出報告；且隨時向國會報告國務情況，並且總統所認為必要政策送至國會，以備審議之（憲法§2 III）。其權力之行使為宣布政策，爭取支持，以形成朝野之共識，消除疑慮，以便利執行。

(六) 行政權

　　總統為國家行政機關之最高決策之權，除了行政事務之決定或處理之外，應注意一切之法律之忠實執行（憲法§2 II ③）。

(七) 覆議權

　　法案經國會之討論、表決後，交由總統簽署，公布之。總統同意此法案則公布之；但總統若對法案有意見不同意時，可於國會法案送達十天內，退回國會覆議之。如國會仍以三分之二通過維持原案，總統仍須公布之，通常總統所退之法案很難再維持三分之二表決通過。若正值國會休會時期，總統不贊成該法案即不能退回覆議亦不公布，稱袋中否決（Pocket Veto），不再有翻案之機會。

　　美國總統之覆議期間為十天（國會開會時期），而法國之期限為十五天內，且法國相當重視統籌協調，故退回法案將很難維持原案通過。我國之情況為十天內，立法院須以二分之一表決通過以維持原案方可。但若維持原案，行

表5-4　中（中華民國）美法俄覆議權之比較

項目＼各國	中華民國	美	法	俄
主動權	行政院（總統只有覆議核可權）	總統	總統	總統
退回時間	十天	十天	十五天	十四天
國會維持原案之比率	1/2	2/3	未規定一般為過半數	2/3
結果	該案否決或公布。如公布行政院院長接受	該案否決或公布	該案否決或公布	該案否決或公布
規定在憲法之章節	行政院	國會	總統	國會

政院院長須執行之，若無法接受則須辭職以示其立場。而美國總統卻得對維持原案之法案公布之，此是最大之不同處，中華民國與美法俄覆議權之比較見表5-4。

三、權限拓展

(一) 拓展依據

　　美國憲法有些條文規定不十分明確，有些為原則上概括之條文，可因環境、時代之不同而有不同之解釋，彈性大，因而拓展總統職權。總統拓展職權之依據為：憲法所規定之條文內容、國會授權、行政特權等三種，分述如下（Sherrill & Vogler, 1982: 411）：

1. **憲法所規定之條文內容**：美國憲法規定多屬原則性，較具有彈性，可因環境之變化而有不同解釋，又可增修條文，以因應局勢之變遷。
2. **國會授權**：國會表決通過法律，授權予總統。如國會通過對伊拉克宣戰案及國會為改善貿易逆差而通過的法案——三〇一法案。
3. **行政特權**：採用洛克（John Locke, 1690）之定義，即使沒有法律依據或違反法律，只要是為公眾利益而為之自由裁量所行使之權力。

(二) 歷屆總統權力之拓展

1. 華盛頓（Washington, 1789-1797）

(1)建立元首權：超然於政治之上（Above Politics）。

(2)建立內閣〔由漢彌爾頓（Hamilton）協助行政事務〕。

(3)外交權（透過行政協定）：經國會制定，規定美國與外國之間的通商，如國會之權限宣戰、招募軍隊、公法上於公海上之犯罪之罰等（憲法§1 VIII），增加行政協定之權力以直接與他國協定，減少參議院之介入。

2. 傑佛遜（Jefferson, 1801-1809）

(1)以黨魁身分，再透過「恩寵制」（Patronage System）之非正式政治手腕籠絡人心，瓜分利益。

(2)大元帥（Commander-in-Chief）：擴張於1801年，故意將部隊派往危險之處地中海的里波底（Tripoli），無形中造成了自衛戰（Defensive War），藉以擴大總統的軍事權，同時以既定之事實迫使國會認可其行動。此後，歷屆總統如1846年的波克（Polk），也發動墨西哥（Mexico）戰爭來擴張權力。

3. 傑克遜（Jackson, 1829-1837）

　　為美國第一位平民總統。1804年改變總統、副總統選舉方式（增修條文§12）。1828年美國24州中有22州由選民選出「總統選舉人」（Electoral College），而不是由州議會選出。由此傑克遜便以「全國之發言人」（National Spokesman）自居，權力擴本，有民意（選票）的支持基礎，製造政治聲勢。

4. 林肯（Lincoln, 1861-1865）

(1)以大元帥之職權將部隊移至南方（憲法§2 II ③），擴大權力，強制貫徹政令。

(2)以應注意法律的忠實執行，擴大權力。

5. 威爾遜（Wilson, 1913-1921）

(1)以全國大眾多數之發言人自居（Spokesman for Majority），擴大權力。

(2)以與國會的友好關係來處理：由國會的授權來治事，但其在任期的後兩年與國會關係惡化，因而權力縮小（如他主張國際聯盟，卻慘遭國會否決，因而美國未參加國際聯盟）。

6. 小羅斯福（Franklin Roosevelt, 1933-1945）

(1)將行政機關重組改造（Reorganization），使行政效能提高，有活力、生產

力，因此政策得以貫徹。

(2)大元帥：1942年2月正值第二次世界大戰之時，將加州之日裔居民11萬多人，其中包括7萬人已具有美國公民身分者，集中看管，防止通敵。

7. 尼克森（Franklin Roosevelt, 1969-1974）

歷史學者史列辛格（Arthur Meier Schlesinger Jr.）曾在1973年的《帝王總統》（*The Imperial Presidency*）書中描述著權力逐漸擴大的白宮，只是權力再大的尼克森還是因水門案下台。

總之，總統之權力擴展情形有兩個特色：

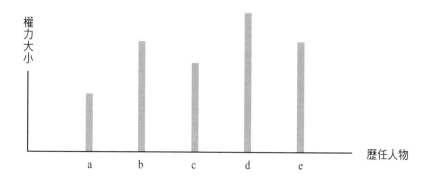

圖5-1　美國總統權力消長圖

1. 由例外變成例行：當權力擴展後，其下一屆之權力會縮小，卻不會回至前二屆之原點。以a、b、c代表總統前後屆次序，假如b權力擴大，到c時不會回至a時之範圍，卻也不會超過b。
2. 如何擴大權力，則視其總統的環境、個性等因素而有不同。

(三) 總統權力之限制

1. 以前承諾

(1)競選時的承諾：如1960年甘迺迪競選時曾誇下海口，宣稱不讓共產黨勢力在中美洲出現；後來上任時，蘇聯之赫魯雪夫，祕密將具有核子彈頭之飛彈運往古巴設立飛彈基地；1962年甘迺迪為實踐諾言，不惜冒著可能引爆第三次

世界大戰的風險，要求蘇聯將飛彈撤走。

(2)先前總統的實際承諾與表現：如1965年詹森（Johnson）總統受1939年小羅斯福總統之「醫療政策」的影響，故在醫療政策方面無法大肆更張。

2. 資訊與幕僚的限制

　　總統日理萬機，不可能事必躬親，資訊多而雜，有賴幕僚過濾，提供正確、充分、重要、完整、有用的資訊；選用幕僚人員的方式對總統權力的行使有密切關係。幕僚提供資訊的方式，對總統權力之發揮有很大影響。其類型有三（Sherrill & Vogler, 1982: 425-428）：

(1)政治競爭型：此種方式由多人直接向總統提出建議，彼此相互競爭，資訊至少不會遺漏，總統亦不致受蒙蔽。可是卻會產生爭寵之現象。其缺點為總統須花腦筋來研判資訊，增加工作負荷量，如小羅斯福。

(2)行政效率型：由各層級將資訊呈至部門主管，由其刪除不必要資訊，再呈上至幕僚長，最後選擇最好或幾種方案送到總統手中。此型須完全信賴其幕僚。故其前提則要找對或選對人，如艾森豪（Eisenhower）。

(3)混合型：融合政治競爭型與行政效率型，分軍、政、商等之分工細緻，各有負責人。但在最高層中則因資訊彼此相關，又形成相當競爭提供資訊給總統，如雷根（Reagan）。

　　以何型為優，則視總統個性而定，而美國則以第一類型（政治競爭型）為最多。

3. 輿論與大眾媒體之限制

　　媒體有時有意抹黑或扭曲事實。然而，有時可塑造有利之形象，可分兩方面：一方面，總統本身之包裝與行銷，召開記者會，直接面對傳播媒體，而所使用之方式，因總統個性因素有所不同，例如，羅斯福以橢圓形會議室召開記者會，艾森豪拍成影片，甘迺迪現場立即轉播記者會。

　　另一方面，利用新聞網，由發言人負責包裝某些議題或事件，並透過記者招待會，廣為傳播其作用如下：

(1)澄清：引導分析問題之角度。

(2)供給：掌握新聞來源，以新聞稿餵飽新聞記者。

(3)支持：提出理論依據，支持總統。

(4)辯解：解說政策制定是光明正大的。

(5)補強：將街談巷議與政府立場之差距找出來，並加以彌補和補強。

4.人　格

總統的人格對總統權力的運用影響甚大，1977年James D. Barber著有《總統的個性》（*The President Character*），將總統的個性依對職位的活動情況以及看法分為四類，如表5-5。

表5-5　美國總統人格類型

活動 ＼ 職位看法	正面(好的一面)	負面(壞的一面)
主動	(a) 小羅斯福（F. Roosevelt） 杜魯門（Truman） 甘迺迪（Kennedy）	(b) 詹森（Johnson） 威爾遜（Wilson） 尼克森（Nixon）
被動	(c) 塔虎脫（Taft） 哈定（Harding）	(d) 柯利吉（Coolidge） 艾森豪（Eisenhower）

(1)類型(a)：有高度自信，作事積極，態度理性，有效率，具有彈性，有充裕活力，企圖心旺盛。對總統的權力能主動積極加以發揮並擴大。

(2)類型(b)：缺乏自信，強迫自己工作，表現佳，堅守某種規則，較無彈性。對總統的權力能主動積極去發揮，然而因為有一股憂患意識在左右他，缺乏彈性，顧此失彼。

(3)類型(c)：過於樂觀，卻又自信低，喜歡受制於別人，即由他人作決定，而自己坐享其成，個性懶散被動。對總統權力的影響是消極被動，又過於依賴別人。

(4)類型(d)：責任感強，卻不願面對現實，逃避衝突，強調以過程處理問題。對總統權力之影響是被迫承擔大任，不願主動發揮，缺乏擔當。

同樣地，美國史學家史勒辛格於1997年12月也發表了一項對歷任美國總統績效表現的評比調查。這份調查是依據32位歷史學者以偉大、近乎偉大、中等（其中又分中上、中下）、低於平均、失敗等六個等級。研究發現，偉大的總統往往擁有建設美國的遠見，但是在當時未必深得民心，而受歡迎的總統都不見得偉大。戰後美國歷任總統、副總統見表5-6。

表5-6　戰後美國歷任總統、副總統

總統	副總統	在任期間	黨派
杜魯門（Harry S. Truman）	巴克利（Alben W. Barkley）	1945-1953	民主黨
艾森豪（Dwight Eisenhower）	尼克森（Richard Nixon）	1953-1961	共和黨
甘迺迪（John F. Kennedy）	詹森（Lyndon Johnson）	1961-1963	民主黨
詹森（Lyndon Johnson）	漢弗萊（Hubert Humphrey）	1963-1969	民主黨
尼克森（Richard Nixon）	安格紐（Spiro Agnew） 福特（Gerald Ford）	1969-1974	共和黨
福特（Gerald Ford）	洛克斐勒（Nelson Rockefeller）	1974-1977	共和黨
卡特（Jimmy Carter）	孟岱爾（Walter Mondale）	1977-1981	民主黨
雷根（Ronald Reagan）	老布希（George H. W. Bush）	1981-1989	共和黨
老布希（George H. W. Bush）	奎爾（Dan Quayle）	1989-1993	共和黨
柯林頓（Bill Clinton）	高爾（Albert Gore）	1993-2001	民主黨
小布希（George W. Bush）	錢尼（Dick Cheney）	2001-2009	共和黨
歐巴馬（Barack Obama）	拜登（Joe Biden）	2009-2017	民主黨
川普（Donald Trump）	彭斯（Mike Pence）	2017-2021	共和黨
拜登（Joe Biden）	賀錦麗（Kamala Harris）	2021-迄今	民主黨

資料來源：https://www.loc.gov/rr/print/list/057_chron.html。

肆、日 本

　　一改明治憲法的天皇總攬統治權（§4），現行憲法第1條規定：「天皇乃日本國之象徵，亦為日本國民統合之象徵，其地位基於主權所在之日本國民之總意。」又第4條規定：「天皇僅得為本憲法所定有關國事之行為，並不具有國政相關的權能。」對於國事之行為，「須經內閣奏議（助言）與同意，並由內閣對此負責」（§3）。雖然憲法未明文規定天皇的元首地位，但實際上是扮演著虛位元首的角色。

一、天皇的職權

(一) 內閣總理大臣及最高法院院長的任命

行政部門及司法部門首長，由象徵國家的天皇任命。天皇只是形式的任命，實質上，內閣總理大臣是由國會選出，最高法院院長則由內閣提名（憲法§6），天皇無權過問（國會法§65 II）。天皇依例「臨席」，舉行任命式。任命狀由天皇署名蓋璽，內閣總理大臣副署。

(二) 憲法的修改，法律、政令及條約的公布

憲法的修改，由國會決議並經國民的承認（憲法§96）。法律由國會議決，政令由內閣決定，條約由內閣締結並經國會承認，天皇依內閣之奏議及承認，公布之。而條約締結時其全權委任狀及批准書，則必須得到天皇的認證（憲法§7）。

(三) 國會的召集

國會的召集與眾議院的解散，形式上亦屬於天皇（憲法§7）。實際上召開國會及解散眾議院的決定由內閣負責，天皇僅作外部形式上的表明行為而已。國會的召集，依憲法所定，分常會（憲法§52）、臨時會（憲法§54）、特別會（憲法§53）三種，召集其中任何一種會議，天皇必依內閣的建議以詔書形式行之。

(四) 眾議院的解散

眾議院的解散，實質上基於內閣的決定，形式上依據天皇的詔書（憲法§7、§69）。

(五) 國會議員選舉的公告

此指眾議員任期屆滿及眾議院解散後之選舉，並包括每隔三年改選半數的參議院。通常「選舉期日」及公告時期均依法律規定，由內閣決定，天皇形式上對國民公告，以詔書行之（憲法§7）。

(六) 國務大臣、其他依法任免官吏的認證；全權大使、公使信任狀的認證

國務大臣由內閣總理大臣任免，天皇認證。其他官吏依法由內閣總理大臣或其他機關任免；須經天皇認證者為：最高法院之法官、高等法院之法官、檢察總長、次長、檢察官、人事官、宮內席長官、侍衛長、特命全權大使、特命全權公使及公正交易委員會委員長等（憲法§7）。而全權大使、公使的信任狀，由內閣頒發，天皇認證（憲法§7）。

(七) 大赦、特赦、減刑、免刑及復權的認證（憲法§7）

(八) 榮典的授與

基於內閣的決定及建議與承認，由天皇授與（憲法§7）。

(九) 批准書及法律所定其他外交文書的認證

依憲法規定，條約由內閣締結，經國會承認（憲法§73）。因此，條約的批准權屬於國會，批准書由內閣作成，天皇僅認證而已。經認證的條約由天皇公布。依法須天皇認證的外交文書，有大使、公使的信任狀，領事官的委任狀，外國領事的認可狀等（憲法§7、§61）。

(十) 外交大使及公使的接受（憲法§7）

(十一) 儀式的舉行

國家的祝日、祭日、紀念日、即位的慶典、大喪等式典，均由天皇主持儀式（憲法§7）。

二、天皇的退位與繼位

2019年明仁天皇因年事已高，再加上健康考量，退位成為上皇，皇位由皇太子德仁接任，年號令和，而明仁也是自明治以來首位生前退位的天皇。另外，「皇位必須世襲，依國會議決之皇室典範之規定繼承之」（憲法§2），

表5-7　日本立憲後之歷任天皇

天皇	就任期間
明治（Meiji）	1968-1912
大正（Taisho）	1912-1926
昭和（Showa）	1926-1989
平成（Heisei）	1989-2019
令和（Reiwa）	2019-迄今

資料來源：https://www.kunaicho.go.jp/about/kosei/keizu.html。

　　只是日本的皇室典範只允許出身皇室男系的男性成員繼位，在男丁單薄的皇室，德仁之後只剩皇弟秋篠宮與其子悠仁擁有繼位權，而當今德仁天皇的唯一愛子公主是無權繼位。

　　雖然小泉內閣時曾討論女性繼位問題，後來還是不了了之，畢竟對於這個從未改朝換代的王朝，還有一些反對女性天皇外嫁其他家族的聲音，因為以後繼位的子嗣就成為外姓家族。順道一提的是日本史上也曾出現多位女皇，但彼等都是皇室公主，而且不是終身未嫁，就是嫁給同是皇室王子，因而從男性血統來看，還是同樣的家族傳承。

伍、德　國

　　德國採行內閣制，其元首為虛位制，以間接選舉產生。總統由聯邦大會來選舉。具有聯邦議會選舉投票資格且年滿40歲，方有被選舉權，任期五年，連選以一次為限（基本法§54），歷任總統見表5-8。聯邦大會由聯邦議會議員及各邦議會議員依比例代表制原則選舉與聯邦議會議員同數之代表組成之。但各邦議會議員不得為代表。總統除故意違反基本法或聯邦法律時，由聯邦議會四分之一或聯邦參議員四分之一贊同，提出動議，以三分之二贊同成立提議，再由聯邦憲法法院審判之（基本法§61）。其權力如下：

表5-8　德國戰後之歷任總統

總統	任職期間
豪斯（Theodor Heuss）	1949-1959
盧布克（Heinrich Lubke）	1959-1969
海涅曼（Gustar Heinemann）	1969-1974
謝爾（Walter Scheel）	1974-1979
卡斯登（Karl Carstens）	1979-1984
魏茨塞克（Richard Von Weizsacker）	1984-1994
赫佐格（Roman Herzog）	1994-1999
拉奧（Johannes Rau）	1999-2004
柯勒（Horst Köhler）	2004-2010
沃爾夫（Christian Wulff）	2010-2012
高克（Joachim Gauck）	2012-2017
史坦麥爾（Frank-Walter Steinmeier）	2017-迄今

資料來源：https://www.mapsofworld.com/list-of/presidents-of-germany/。

一、元首權

聯邦總統代表聯邦與外國締結條約，派遣並接受使節（基本法§59），行使赦免權（基本法§60）及公布法律等。

二、任免權

聯邦總統任免聯邦法官、聯邦文武官員（除法律另有規定外）（基本法§60）；經國會過半數表決通過而任免聯邦總理（基本法§63），聯邦內閣閣員由總理提請總統任免之（基本法§64 I）。

三、解散聯邦議會

聯邦議會未通過總統所提之總理人選，超過十四天之期限，未自行選出總理，得解散聯邦議會（基本法§63）。總理因聯邦議會未以過半數支持信任案，則請總統解散聯邦議會（基本法§68）。

四、宣布「立法緊急狀態」，須經參議院同意（基本法§81）

此部分將在第四節立法權與行政權關係中說明之。

陸、俄　國

一、總統產生與地位

俄羅斯聯邦總統為國家元首（憲法§80 I），每任四年，2018年起，改為每任六年，連選得連任一次，由公民直接選舉產生（憲法§81 I）。凡俄國公民，年滿35歲，設籍滿二十五年，且不曾擁有外國國籍或永住權，得登記為總統候選人。2020年修憲後雖只許個人當兩屆總統，但之前任期不計（憲法§81）。前任（2008-2012）總統為梅德維傑夫（Dimite Medvedev），2012年普丁（V. Putin）當選總統，現在連任（2018-2024）。

俄羅斯聯邦總統為具有實權之國家元首，其地位為：聯邦憲法及人權、公民權之護衛者；依憲法程序維護聯邦主權、國家獨立與整合、確保國家公權機關之協調與運行，依聯邦憲法與法律決定國家內外政策方針，對內對外代表俄羅斯聯邦（憲法§80 II、III、IV）。俄羅斯聯邦總統制的超級總統制，在普丁強勢下讓國家杜馬淪為橡皮圖章（郭俊偉譯，2021：516）後更為明顯。比較各國元首產生方式，見表5-9。

表5-9　各國元首產生方式之比較

中	1996年改由人民直接選舉產生，較具民意基礎，利於地位之鞏固。任期為四年，得連任一次。
英	為君主世襲制，是虛位元首，並沒有掌控實權，其象徵英國歷史生命的延續。
法	1962年總統改為直選，採二輪式選舉，第一輪採絕對多數，無人當選則進入第二輪，但僅有第一輪得票數最多的前兩名，方可參與第二輪。總統的任期自2002年起為五年，無連任之限制。
美	採雙重選舉制。一為選舉「總統選舉人」，各州均於11月第一個星期一後的星期二選舉「總統選舉人」，一個政黨只要多得一票，這個政黨就可以獲得全州的「總統選舉人」。另一就是「總統之選舉」，各州的「總統選舉人」於12月第二個星期三之後的第一個星期一，在首府投票選舉總統、副總統，如果得到半數支持，就能當選。任期為四年，得連任一次。
日	皇位必須世襲，依國會議決之皇室典範之規定繼承。為虛位元首，因為天皇僅得為憲法所定有關國事之行為，對於國政無權過問。但其為日本國之象徵。
德	依照基本法，採間接選舉，由聯邦議員及各邦議員依比例代表制原則選舉與聯邦議會議員同數之代表組成聯邦大會，不經討論選舉之以得過半數者為當選。否則，再舉行第二次投票。第二次得票以得半數者為當選，如果沒有，則舉行第三次投票，以得較多票數者為當選。當選者任期五年，連任一次為限，並無實權上的掌握。
俄	俄羅斯聯邦總統為國家元首，由公民直接選舉產生。任期為六年，得連任一次。

二、總統職權

(一) 憲法第83條所規定者，主要的權職

1. 經下議院同意，任命俄羅斯聯邦政府主席（總理），以及罷免總理。

2. 領導聯邦政府，主持俄羅斯聯邦政府會議。

3. 接受聯邦政府的辭呈。

4. 向國家杜馬提議聯邦中央銀行總裁的任免。

5. 基於國家杜馬的同意，任命副總理與聯邦部會首長，以及解除彼等職務。

6. 與聯邦院協議任免國防、國家安全、內政、法務、外交、自然災害防治與國內安全部會首長的人選任命。

7. 向聯邦院送交聯邦憲法法院、聯邦最高法院及其他聯邦法院法官人選。

8. 組建聯邦國家安全委員會。

9. 批准聯邦軍事學說。

10. 成立總統辦公室以確保其職權的行使。

11. 任免總統的全權代表與聯邦武裝力量最高指揮官。

12. 在與聯邦議會合宜委員會協商後任免對外代表。

(二) 憲法第84條所規定者

1. 依聯邦憲法與法律，訂定國家杜馬（下議院）之選舉。

2. 依聯邦憲法，解散國家杜馬（下議院）。

3. 依聯邦憲法訂定公民投票日程。

4. 向國家杜馬（下議院）提議案。

5. 簽署公布聯邦法律。

6. 向聯邦國會提年度咨文，陳述國家情勢及內外政策方針。

(三) 憲法第87條之軍事權

1. 俄羅斯聯邦總統為俄羅斯聯邦武裝部隊之最高統帥。

2. 俄羅斯聯邦遭受侵略或侵略之威脅時，俄羅斯聯邦總統經立即通知聯邦院和下議院，得宣布全面或局部戒嚴。

(四) 憲法第88條之宣布緊急狀態

　　依聯邦憲法，俄羅斯聯邦總統經立即通知聯邦院和國家杜馬，得宣布全面或局部緊急狀態。各國元首職權之比較，見表5-10。

表5-10　各國元首職權之比較

中華民國（總統）	1. 憲法第35條：總統為國家元首，對外代表中華民國。 2. 憲法第36條：總統統帥全國陸海空軍。 3. 憲法第37條：總統依法公布法律、發布命令，須經行政院院長之副署，或行政院院長及有關部會首長之副署。 4. 憲法第38條：總統行使締結條約及宣戰、媾和之權。 5. 憲法第39條：總統依法宣布戒嚴，但須經立法院之通過或追認。立法院認為有必要時，得決議移請總統解嚴。 6. 憲法第40條：總統有大赦、特赦、減刑及復權之權。

表5-10　各國元首職權之比較（續）

中華民國（總統）	7. 憲法第41條：總統依法任免文武官員。 8. 憲法第42條：總統依法授予榮典。 9. 憲法第43條：總統有發布緊急命令權，但須於發布後一個月內提交立法院追認，如立法院不同意時，該緊急命令立即失效。 10. 憲法第44條：總統對於五院權限爭議有調節權。 11. 增修條文第2條第2至5項： (1)總統發布行政院院長與依憲法經立法院同意任命人員之任免命令及解散立法院之命令，無須行政院院長之副署。 (2)總統為避免國家或人民遭遇緊急危難或應付財政經濟上重大變故，得經行政院會議之決議發布緊急命令，為必要之處置，不受憲法第43條之限制。但須於發布命令後十日內提交立法院追認，如立法院不同意時，該緊急命令立即失效。 (3)總統為決定國家安全有關大政方針，得設國家安全會議及所屬國家安全局。 (4)總統於立法院通過對行政院院長之不信任案後十日內，經諮詢立法院院長後，得宣告解散立法院。但總統於戒嚴或緊急命令生效期間，不得解散立法院。立法院解散後，應於六十日內舉行立法委員選舉，並於選舉結果確認後十日內自行集會。
英（國王）	1. 王位繼承權：現今的查理三世是漢諾威王朝第十二代國王（男女擁有同樣的繼承權）。 2. 不負責權：國王只是虛位元首，實際政策成敗由內閣首相負責。國王無誤（the King can do no wrong）。 3. 皇室經費請求權：經由國會支持，與政府經費劃分開來。 4. 立法權：國會所議決的法律須呈國王批准生效。以此觀之，國王似對法案有最後決定權，事實上並非如此，這是一個慣例，立法權完全屬於國會。 5. 行政權：國王有任免官吏、頒給榮典、統帥軍隊、締結條約、宣戰媾和等職權，但這一切都須經由國務大臣所組織之內閣所決定及副署，實際上是由內閣掌握行政權。 6. 司法權：1701年的王位繼承法中保障法官地位的獨立之後，國王不得新設法院，亦不得變更法官的人數、任期或薪俸，所以司法權事實上仍屬法院所有。
法（總統）	1. 任命權：總統可以任命內閣總理而無須國民議會同意。 2. 公布法律權：法律送達後十五日內公布之。 3. 提交覆議權：得將法律案全部或部分要求覆議，國會不得拒絕。 4. 提交公民覆議權：有關權力組織或涉及共同組織之協定或國際條約之批准或法律草案，得因政府或兩院之請求而提交公民複決，若贊成，總統應於十五日內公布之。

表5-10　各國元首職權之比較（續）

法 （總統）	5. 解散國民議會權：於諮詢內閣總理及兩院院長後，得解散國民議會，此只供意見參考，最後決定權仍在總統。 6. 任命憲法委員會三位委員，並任命主任委員。 7. 總統得單獨將國際條約或協定或普通法律提交憲法委員會審核其是否違憲，其餘如任命文武官員，派遣及接受使節、軍隊總帥並為國防最高會議及委員會之主席，特赦、議會咨文權、召集國會臨時會，並令其閉會。 8. 為部長會議主席之權：對政策有實際決定參與權，提供合理的依據，這是最重要的。
美 （總統）	1. 軍事統帥權：為國民兵之統帥，並得經參議院同意後任命各級軍官。此一規定與虛位元首制國家之象徵性權力完全不同。 2. 外交權：分為三項，一是接見外國使節；二為締結條約，但須獲得參議院三分之二絕對多數之同意後批准公告之；三為獲得參議院之同意任命駐使節。 3. 任免權：第一類高級官員如大使、最高法院法官，總統有權提名經參議院同意後任命；第二類為一般下級官員，總統即可任命。 4. 行政領導權：其性質廣泛而不易確定其界限，總統在國內行使之權力，多數皆由此衍生而來。 5. 赦免權：總統有赦免權，但有兩項限制，一是總統僅能赦免違犯聯邦法律之人，二是不得赦免被彈劾而受處分之人。 6. 立法權：咨文權乃其對國會作立法之建議；決定國會開會及休會之權；覆議權（veto power），總統有權可以退回議會覆議，國會兩院須各以三分之二之絕大多數始能維持原議，但亦有三個限制：(1)國會通過之憲法修正案不得退回覆議；(2)必須覆議全條法律案；(3)必須法律案送達後十日內為之。
日 （天皇）	天皇依內閣之奏議及承認，代表國民執行下列有關國事之行為： 1. 公布修正之憲法、各項法律、政令及條約。 2. 召集國會。 3. 解散眾議院。 4. 公布國會議員之總選舉事項。 5. 認證國務大臣及法律所定其他官吏之任免，並認證全權大使與公使之之信任狀。 6. 認證大赦、特赦、減刑或免刑及復權。 7. 授予榮典。 8. 認證批准書及法律所規定之其他外交文書。 9. 接受外國大使及公使。 10. 舉行儀式。

表5-10　各國元首職權之比較（續）

德（總統）	1.外交權：一為對外代表聯邦之代表權；二為條約締結權，但若條約內容有關聯邦政治關係或涉及聯邦立法事項，須經立法機關之同意；三為使節權，接受並派遣使節。 2.行政權：因為基本法採內閣制，聯邦總統之權限較之威瑪時代被削弱許多，諸多政事都須經由內閣總統副署，或經聯邦議會及參議院之同意，但是有三項無須副署：(1)內閣總理之任免；(2)聯邦議會未能以總數過半數之同意，贊成總統所提的內閣總理，又不能在十四天之內以過半數之同意選舉內閣總理，此時總統解散議會無須副署；(3)內閣總理缺位時，總統命令閣員執行總理職務，無須副署。 3.立法權：(1)開會請求權：總統可以請求聯邦議會提前開會；(2)解散議會權：兩種原因，一者在前行政權已敘述過，另一者就是總理要求信任投票的提議，未能得到聯邦議會半數之支持時，總統得依總理之請求於三週內解散之；(3)立法緊急狀態宣布權：基本法第68條，內閣信任案被否決而總統又未能解散議會，若議會再否決內閣認為是緊急議案者，或否決附有信任性質的法案時，總統得經內閣之請求並經參議院之同意後宣布立法緊急狀態。 4.司法權：總統對個別案有特赦之權。
俄（總統）	1.憲法第83條所規定者： (1)經下議院同意，任命俄羅斯聯邦政府主席（總理），以及罷免總理。 (2)領導聯邦政府，主持俄羅斯聯邦政府會議。 (3)接受聯邦政府的辭呈。 (4)向國家杜馬提議聯邦中央銀行總裁的任免。 (5)基於國家杜馬的同意，任命副總理與聯邦部會首長，以及解除彼等職務。 (6)與聯邦院協議任免國防、國家安全、內政、法務、外交、自然災害防治與國內安全部會首長的人選任命。 (7)向聯邦院送交聯邦憲法法院、聯邦最高法院及其他聯邦法院法官人選。 (8)組建聯邦國家安全委員會。 (9)批准聯邦軍事學說。 (10)成立總統辦公室以確保其職權的行使。 (11)任免總統的全權代表與聯邦武裝力量最高指揮官。 (12)在與聯邦議會合宜委員會協商後任免對外代表。 2.憲法第84條所規定者： (1)依聯邦憲法與法律，訂定下議院之選舉。 (2)依聯邦憲法解散下議院。 (3)依聯邦憲法訂定公民投票之日程。 (4)向下議院提議案。 (5)簽署公布聯邦法律。 (6)向聯邦國會提年度咨文，陳述國家情勢及內外政策方針。

三、解　職

(一) 俄羅斯聯邦總統犯有叛國、重大罪行，國家杜馬提議，提送聯邦最高法院判決，並經聯邦憲法法院依法定程序判決提出控訴，聯邦法院得據此控訴，解除其職務（憲法§93 I）。

(二) 國家杜馬提議之決議，以及聯邦院解除總統職務之決議，應經各該院總額三分之二多數之同意。國家杜馬之提議應先有三分之一議員之動議，並經院內特定委員會之決議（憲法§93 II）。

(三) 自國家杜馬提議控訴總統罪行起至聯邦院解除總統職務，其間不得超過三個月。如超過三個月，聯邦院未能議決，視為控訴未獲通過（憲法§93 II）。各國元首解除職務職權之比較，見表5-11。

表5-11　各國元首解除職務情形之比較

中	1. 增修條文第2條第6項：總統、副總統之任期自第九任總統、副總統起為四年，連選得連任一次，總統任期屆滿即解除職務。 2. 第9項：總統、副總統之罷免案，須經全體立法委員四分之一之提議，全體立法委員三分之二之同意後提出，並經中華民國自由地區選舉人總額過半數之投票，有效票過半數同意罷免時，即為通過。總統被罷免時即解除職務。 3. 第10項：立法院提出總統、副總統彈劾案，聲請司法院大法官審理，經憲法法庭判決成立時，被彈劾人應即解職。
英	由於英國國王是屬世襲制度，國王沒有實際的權力，只是象徵性的權力，故英國國王沒有解除職務的現象。
法	1. 總統應受彈劾而辭職。 2. 總統提出公民投票，以公民投票方式來決定是否信任總統；若是不信任總統，則總統即辭職下臺。
美	1. 憲法第2條第4項：總統、副總統及聯邦政府各級文官，叛逆罪、賄賂罪或其他重罪、輕罪之彈劾而定讞時應受免職處分。 2. 憲法第2條第1項第6款：如遇總統因免職、亡故、辭職或不能行使總統之職權時，由副總統執行總統職務。國會得以法律關於總統與副總統之免職之故、辭職或無能力任職時，宣布應代行總統職務之官員。 3. 增修條文第22條：任何人被選為總統者，得超過兩任。總統任期屆滿即解除職務。

表5-11　各國元首解除職務情形之比較（續）

日	日本天皇為世襲制，因為天皇處理有關國事之一切行為，應經內閣之奏議與承認，並由內閣負其責任。所以日本天皇並沒有解除職務的情形。
德	基本法第61條：凡總統故意違背基本法或其他聯邦法律時，眾議院或參議院均得向聯邦憲法法院提出彈劾，經偵查後如認為確有故意違反時得宣告總統解職。參、眾議院對總統提出彈劾案必須由議員四分之一以上提議，三分之二以上通過。彈劾程序開始後聯邦憲法法院得以臨時命令決定停止其行使職權。
俄	1. 俄羅斯聯邦總統犯有叛國、重大罪行，下議院提議，提送聯邦最高法院判決，並經聯邦憲法法院依法定程序判決提出控訴，聯邦院得據此控訴，解除其職務（憲法§93 I）。 2. 下議院提議之決議，以及聯邦院解除總統職務之決議應經各該院總額三分之二多數之同意。下議院之提議應先有三分之一議員之動議，並經院內特定委員會之決議（憲法§93 II）。

四、離職後的保障

2020年修憲後的離職總統特權包含：(一)刑事與行政上的免責權（§91）；(二)終身的上議院議員（§95 II）。

第三節　行政首長

壹、英　國

一、首相的產生

英國採行內閣制，其首相為行政首長，且為責任內閣制，內閣閣員集體負連帶責任。由平民院多數黨黨魁受英王任命為首相，組織內閣。英國戰後歷任首相見表5-12。

表5-12　英國戰後之歷任內閣首相

首相	就任時間	黨別
艾德禮（Clement Attlee）	1945-1951	工黨
邱吉爾（Sir Winston Churchill）	1951-1955	保守黨
艾登（Sir Anthony Eden）	1955-1957	保守黨
麥米倫（Harold Macmillan）	1957-1963	保守黨
休姆（Sir Ale Douglas-Hume）	1963-1964	保守黨
威爾遜（Harold Wilson）	1964-1970	工黨
奚斯（Sir Edward Heath）	1970-1974	保守黨
威爾遜（Harold Wilson）	1974-1976	工黨
賈拉漢（James Callaghan）	1976-1979	工黨
柴契爾夫人（Margaret Thatcher）	1979-1990	保守黨
梅傑（Sir John Major）	1990-1997	保守黨
布萊爾（Tony Blair）	1997-2007	工黨
布朗（Gordon Brown）	2007-2010	工黨
卡麥隆（David Cameron）	2010-2015	保守黨
梅伊（Theresa May）	2015-2019	保守黨
強森（Boris Johnson）	2015-2022	保守黨
特拉斯（Liz Trsuss）	2022	保守黨
蘇納克（Rishi Sunak）	2022-迄今	保守黨

資料來源：https://bitaboutbritain.com/british-prime-ministers/。

二、首相與閣員的關係

　　閣揆與閣員之間的關係，依實際情況而定。如柴契爾夫人就像長官與部屬之關係，而梅伊就較像伯仲間關係。而如今之首相蘇納克（2023.03），是首位印度裔的首相，這也顯示英國社會族群多元化，只不過蘇納克可是出身富裕家庭的菁英，岳父穆爾第（N. R. Narayana Murthy）更是一位印度的億萬企業

家。出身少數族群且又如此年輕的首相（2022年就任僅42歲），對閣員的領導力是否能夠發揮確實值得注意。

三、首相的角色

首相具有多重身分：(一)為選區之候選人，平素要為選區選民服務；(二)為平民院之領袖，其出身自平民院中獲大多數席次之政黨，且為黨魁，自然而然受平民院擁戴，而為國會之領袖；(三)為執政黨之領袖、黨魁；(四)為內閣之領袖。

貳、法　國

法國為二元行政首長制，一為總統，一為內閣總理。法國之總統，其地位非如英國女王之虛位，是具有實權，會因總統個人之關係，而使其權力增加或減少；凡能獲得民眾之擁戴者，可將尚未牴觸憲法，卻可影響現行制度運作之有關法案，交由公民複決（憲法§11），亦可看出其民意之支持程度。如戴高樂（Charles de Gaulle）總統其特殊權力來源，除了當時局勢對其有利，其個人之剛烈個性外，最重要的一點是造勢，如常出國訪問，接受訪問便已常於媒體中出現；常舉行公民複決投票，保持與民眾密切關係；自己決定政策與人事任免案並不授權，以擴大影響力。而戴高樂失利於過度造勢。

一、總統與內閣之關係

(一) 任命內閣總理

總統任命總理（憲法§8）。而實際上總統任命擁有國民議會之席次最多之黨魁為總理，並依總理提出政府總辭而免除其職務。且基於總理之提議，任免政府部長（憲法§8）。現今總理為右派的哈法昂。總統為共和國的總統，是全國利益的仲裁人，而總理是政府與內閣的領導人，是故總統與總理於法國第五共和的憲法皆具有其專屬的權力，因而形成行政權「二元化的現象」。

(二) 內閣閣員之任免

若為強勢領導之總統如戴高樂、密特朗，總統不經總理之提議而自行任免，總理也無法反對或抗拒。

(三) 主持部長會議

共和國總統主持部長會議（Council of Ministers）（憲法§9），部長會議的成員為：總統、總理、各部長、各部次長、政府秘書長、總統府秘書長，以決定國家重大政策方針。而總理的內閣（Prine Minister's Cabinet）決定貫徹政策之方法。總理的內閣包括總理辦公室的所有成員約50人，以及總理的政治顧問（Elgie, 2003: 106）。

二、內閣總理職務

法國採二元行政首長制，總統為國家層級之首長（主要在國家地位、國防、外交），總理為政府層級之首長（主要在內政）。在非左右共治時期，總統決定大政方針之權，再交由總理執行。換言之，總理只是指揮政府行動，負責國防，確保法律之遵行（憲法§211）。同時總理須副署總統所簽署之法案，且負權責，而總統只須公布，無須負任何權責。總統除提交公民複決、緊急權力、憲政維護、法規解釋、國會咨文、任免總理等（憲法§19），不須經總理或其他相關之部長副署外，其餘均應經由總理或相關業務之部長副署方得公布或發布。

內閣總理職務，可分下述六點加以說明：

(一) 指揮政府行動（憲§9）：指揮或協調的方式可透過指令的下達或召開「內閣會議」及政府間的「部際會議」。

(二) 確保法律執行（憲§21）：一切須由政府訂定實施法規之法律，除實施規則需由部長會議通過或徵詢中央行政法院意見者外，均須總理訂定實施規則並簽署實施命令後，方具執行的效力。故總理在執行法律的方面享有重要權力。總理可以藉由延遲簽署實施命令，以拖延法律之執行，甚至不予訂定有關的實施規則。

(三) 規章制定權：總理的規章制定權範圍相當廣泛，依憲法第37條之規定，凡法律範疇以外的一切事項皆屬於行政規章的性質。

(四) 立法過程的優勢：不信任案的限制（憲§49）、政府法案優先審議（憲§48）、要求全案表決（憲§44）穿梭立法的主導（憲§45）等優勢。

(五) 對總統的行動權：分為三種：一為受諮詢權、二為提議權、三為副署權。三者分述如下：第一，受諮詢權方面，總統在解散國民議會及動用緊急權均須諮詢總理，惟此諮詢權對於總統並不具有強制力。第二，提議權方面：1.任免政府閣員須總理之提議（憲§8）；2.建議總統舉行公民複決（憲§11）；3.請求召開國會臨時會（憲§29）；4.提議修憲（憲§89）。上述四項的總理建議權，若是總理沒有提出建議，則總統也沒有辦法採取行動。第三，在副署權方面：憲法第19條的規定，共和國總統所簽署之文件，除任命總理、舉行公民複決、解散國民議會、行使緊急權力、國會咨文、提請憲法委員會審議法律、國際條約以及任命憲法委員會委員及主席外，均須總理副署。

(六) 其他權力：代行總統權、代理總統舉行國防會議、代理總統主持部長會議、提請憲法委員會解釋國際條約及法律（劉嘉甯，1997）。

三、左右共治

「共治」一詞來自法文的（La Cohabitation），原意是指性別不同的兩個人共同生活在一起，也就是同居的意思。引申到政治的領域中，即意謂一個總統與一個不同方針的國會多數黨同處在一起（張台麟，1990）。法國第五共和以來，由於總統與國民議會的選舉時間不一致，因而民意發生落差，而使得總統任命總理會隨著國會生態的不同而有不同的考量，若左派的總統，因右派黨派或陣營取得國民議會過半的席次，而迫使左派總統提名右派陣營的領袖擔任總理，即形成所謂的「左右共治」（張台麟，1990）。

1986年3月16日，國民議會改選，右派主要政黨「共和聯盟」與「民主同盟」組成「右派聯盟」，贏得多數選民支持，共得277席，迫使社會黨之密特朗總統於3月20日任命「共和聯盟」領袖席哈克出任總理，法國政局出現左右兩派「共治」（Cohabitation）之奇特局面。1988年5月，密特朗擊敗挑戰者席哈

克，連任法國總統，隨即任命羅卡德（Michel Rocard）出任總理，6月改選國會，左派聯盟獲勝，結束左右共治之局。

1993年3月法國國民議會議員選舉（第一輪3月21日，第二輪3月28日）。選舉結果，右派聯盟獲勝。總統密特朗不得不於3月30日任命右派聯盟之領袖巴拉杜（Edouard Balladur）為內閣總理，為法國第五共和第二次左右共治。到1995年席哈克當選總統，結束第二次左右共治。

1997年法國總統席哈克提前解散國民議會，左派聯盟獲勝，迫使席哈克總統不得不任命左派領袖喬斯班（L. Jospin）為內閣總理，法國又進入第三次左右共治。2002年5月5日，席哈克當選，連任總統，6月國民議會選舉，右派獲勝，結束第三次左右共治。

1997年法國總統席哈克提前解散國民議會，不料左派聯盟取得過半的席次，迫使席哈克總統提名社會黨總書記喬斯平為總理，使得法國進入了第三次的左右共治，此次共治長達五年，結束於2002年5月法國總統大選喬斯平無法進入第二輪，而主動辭去總理的職務。

四、內閣閣員

閣員不得同時兼任國會議員、全國性之職業代表及其他一切公職或參與職業性之活動（憲法§23）。而國會議員之缺額或公職人員之缺額之遞補，則由組織法規定之。

參、美　國

係採總統制的國家，總統握有行政權為行政首長，負責處理一切行政決策和事務。然一國之行政事務眾多，身為一個國家元首無法親理每一事務，須有眾多幕僚予以提供意見，並協助其處理行政事務。設有總統府（The Exective Office of the President），分設兩類機關：

一、親信幕僚機關

白宮辦事處（The White House Office），由總統任命機要人員，負責提供資訊或打點總統之一切生活起居、行為等。總統須瞭解一切資訊、熟悉所處之環境，方能夠作一適當之決策。

二、建制機關

與前者不同之處，在於其有一定機關組織編制和職權。茲舉三個如下：

(一) 管理及預算局（The Office of Management & Budget, OMB）

於1970年成立，其前身為1921年之預算局。而預算之涵意具有規劃、協調、控制和分配資源之功能。

(二) 經濟顧問委員會（The Council of Economic Advisers）

1946年成立，設顧問三人；其功能為充分就業、提升生產力、提升購買力、提供總統經濟方面決策之資訊。

(三) 國家安全會議（The National Security Council）

於1947年成立，其組成分子為主席（總統）、副總統、國務卿、國防部部長、緊急計畫局局長。其功能為提供有關內政、外交、軍事等之資訊，以確保國家安全。

肆、日　本

一、總理大臣

日本之政體類似英國之內閣制，內閣掌握行政權（憲法§65）；採合議制，集體責任制，舉行內閣會議（憲法§66）；對國會負責（憲法§66），若

眾議院不信任則可行使倒閣權（憲法§69）。

　　凡具有議員身分者，都有機會為兩院所提名，表決為內閣總理大臣。兩院個別推選表決之，若兩院表決一致時，順理成章當上首相職位；倘若兩院表決不一致時，召開兩院聯席委員會協調，而未獲協議或眾議院已推定人選送至參議院，而參議院於十日內未有決定者，則以眾議院之決議為之（憲法§67）。然而，其人選之提出，往往是透過政黨的運作而產生的。例如，1993年眾議院選舉後，自民黨雖然維持第一大黨的地位，但未獲得過半數席次，其他政黨又不願意與自民黨聯合，於是新生黨、社會黨、民社黨、公明黨、社民黨、日本新黨、先驅黨等七個政黨，再加上「民主改革連合」的加入，組成八個黨派之聯合政府，由日本新黨之細川護照獲眾議院過半數議員之支持，而成為日本首相，也完成了自民黨自1955年成立來的首次政黨輪替。

　　日本首相由參、眾兩院各別推選，但偶有參院多數黨與眾院不同的扭曲或逆轉國會現象，因此形成了兩院當選人不一致，而這由兩院協調，協調不成，以眾議院之決議為國會之決議（憲法§67Ⅱ）。

　　茲將日本戰後歷任內閣首相及就任期間整理如表5-13。

表5-13　日本歷任首相（1991-2023）

首相	就職年月	所屬政黨
宮澤喜一	1991.11	自民黨
細川護熙	1993.08	日本新黨
羽田孜	1994.04	新生黨
村山富市	1994.06	社會黨
橋本龍太郎	1996.01	自民黨
小淵惠三	1998.07	自民黨
森喜朗	2000.04	自民黨
小泉純一郎	2001.04	自民黨
安倍晉三	2006.09	自民黨
福田康夫	2007.09	自民黨

表5-13　日本歷任首相（1991-2023）（續）

首相	就職年月	所屬政黨
麻生太郎	2008.09	自民黨
鳩山由紀夫	2009.09	民主黨
菅直人	2010.06	民主黨
野田佳彥	2011.09	民主黨
安倍晉三	2012.12	自民黨
菅義偉	2020.09	自民黨
岸田文雄	2021.10	自民黨

資料來源：https://www.kantei.go.jp/jp/rekidainaikaku/index.html。

　　內閣總理大臣與英國首相一樣，握有實質之行政權。可全權任命內閣大臣（即國務大臣），非具有議員身分方可，但大多數人為議員（憲法§68）。而總理之職權如下：

(一) 發言權：於任何時間內得出席兩院對有關之議案發言，同時國會若要求到場質詢說明時，亦應出席之（憲法§63）。

(二) 人事權：總理大臣得任免國務大臣，但多數人員須自國會議員中選任之（憲法§68）。

(三) 提案權：總理大臣代表內閣提出議案至國會中（憲法§72）。

(四) 報告權：首相須向國會報告一般國務及外交關係（憲法§72）。

(五) 行政指揮監督權：首相為最高之行政首長，掌理各個行政部門，指揮監督，使政策確實執行之（憲法§72）。

(六) 法令公布發布連署權：凡法律及內閣政令均須由主管國務大臣連署與內閣總理大臣連署（憲法§74）。

(七) 同意權：凡國務大臣在其任期中，非得內閣總理同意，不受訴追之（憲法§75）。

(八) 主持內閣會議（內閣法§4）。

(九) 仲裁機關權限之爭議（內閣法§7）。

(十) 行政各部之行政命令與處分之決定權（內閣法§8）。

二、內　閣

內閣之政策不獲眾議院支持，眾議院通過不信任案或否決信任案，而眾議院十天內未解散，則內閣須總辭（憲法§69）。然而，若總理大臣缺位或眾議院新選出之議員初次集會，則內閣亦須總辭（憲法§70）。而內閣之職權為下列幾點：

(一) 行政權

一般行政事務外之事務，如忠實法律執行、總理國務；處理外交關係；締結條約，但須視情況於事前或事後經國會認可（憲法§65）；依法律規定標準，掌理關於官吏之事務；編成預算，提出國會；制定內閣政令；決定大赦、特赦、減刑、免除刑之執行及復權等（憲法§73）。

(二) 司法人員之任命

內閣提名最高法院院長之法官（具有最高法院院長身分之法官），由天皇任命之（憲法§6）；最高法院院長外，所有法官皆由內閣任命之（憲法§79）；依最高法院之提名而任命下級法院之法官（憲法§80）。

(三) 要求召開參議院緊急集會

眾議院遭受解散時，參議院則同時閉會。若國家遇有急難時，內閣可要求參議院舉行緊急集會，以應付緊急危機（憲法§54）。

(四) 有關財政方面之權

1. 編制每年會計年度預算，以送至國會審查議決（憲法§86）。
2. 對國會所準備之預備金之支出，須於事後得國會之認可（憲法§87）。
3. 國家之收支決算，每年由會計檢查院審核之；並由內閣於次年度將決算連同審核報告書一併提出於國會中（憲法§91）。

伍、德 國

一、總理的產生

總統為虛位，無實權。權力集中在總理身上。聯邦總理由聯邦總統提請聯邦議會不經討論選舉之，以過半數者當選之；若未過半數通過，聯邦議會須於十四天內，以過半數選舉出總理。十四天期限後，仍未推選出人選，則應立即重新投票，已過半數者，總統於七日內任命之。若仍未過半數者，則總統可勉強任命之，或解散聯邦議會（基本法§63）。不過若無單獨政黨過半數時，也可能由幾個政黨組成聯合內閣，甚至左右兩大黨之社民黨與基民黨也會組成大聯合內閣，最近一次是在2018年，經過數月的延宕，社民黨由黨員投票並得到三分之二的同意，終於決定加入基民黨的聯合內閣，讓梅克爾展開其第四任首相任期。[1]其導因是前年選舉極右的德國另類選擇（AfD）躍升為第三大黨，而兩大黨則喪失不少議席。

表5-14　德國戰後歷任內閣總理

總理	就任期間
艾德諾（K. Adenauer）	1949-1963
歐哈德（L. Erhard）	1963-1966
季辛格（K. G. Kiesinger）	1966-1969
布蘭德（W. Brandt）	1969-1974
施密特（H. Schmidt）	1974-1982
柯爾（H. Kohl）	1982-1998
施洛德（Gerhard Schröder）	1998-2005
梅克爾（Angela Merkel）	2005-2021
蕭茲（Olaf Scholz）	2021-迄今

資料來源：https://www.britannica.com/topic/list-of-chancellors-of-Germany-2066807。

---

[1] 蕭麗君（2018）。〈德政治僵局結束 梅克爾確定4連任〉。《工商時報》，3月5日，https://www.chinatimes.com/newspapers/20180305000182-260203?chdtv。

二、總理與閣員內閣

閣員由總理提請總統任命之（基本法§64），事實上，內閣閣員乃依政黨（參加聯合政府者）的名額分配之，故其閣員與總理之關係為部屬與長官之互動關係。而德國之政治以總理為樞紐，期能安定環境，以防第二個希特勒出現。同時在一般政策範圍內，閣員應各自指揮專管之部負其責，而內閣總理決定一般政策及負其責（基本法§65）。

三、總理的職權

總理之職權，如提名內閣閣員由總統任命之（基本法§64）：指定聯邦閣員一人為副總理（憲法§69）；總統公布法律之副署權（基本法§59-12）：因聯邦議會否決法案而要求解散聯邦議會（基本法§68）；經參議院同意要求總統宣布「立法緊急狀態」（基本法§81）。

陸、俄　國

俄羅斯聯邦的行政權由「俄羅斯聯邦政府」執行。「俄羅斯聯邦政府」由俄羅斯聯邦政府主席、副主席及各聯邦部長組成（憲法§110）。

一、聯邦政府之組成

聯邦政府主席由總統提名，徵得「國家杜馬」（下議院）同意後任命。此項提名在新總統就職兩週內，或政府總辭後兩週內，或原提名被下議院否決後一週內行之。下議院在接獲總統之政府主席提名人選一週內行使同意權。

總統所提名政府主席人選，經三次被下議院否決，總統逕命政府主席，並解散下議院，辦理改選（憲法§111）。聯邦政府主席經任命後一週內應組織政府，並向總統建議副主席、各部長人選（憲法§112）。聯邦政府組成後，政府主席應依憲法、法令，規劃政府行動綱領。俄羅斯總統葉爾欽（Boris

Yeltsin）任命丘諾米丁（Viktor Chernomyrdin）為聯邦政府主席（1994.01-1998.04），但於1998年3月以國家需要新觀念及新領導人為由，將他解職，另外提名基里延科（Sergei Kiriyenko）為聯邦政府主席，時年36歲。但國家杜馬行使同意權時，未獲通過（1998.04.10），葉爾欽總統再度提名基里延科為聯邦政府主席，仍未獲通過（1998.04.17），葉爾欽總統仍堅持第三次再提名基里延科為聯邦政府主席。國家杜馬的議員考慮，如果不予通過，則葉爾欽總統依憲法規定可以解散國家杜馬，便不得不予以通過基里延科的聯邦政府主席的同意案（1998.04.24）。由此可見，憲法規定聯邦政府主席對國家杜馬負責，但在總統具有對國家杜馬解散權的規定之下，便形同具文，聯邦政府主席成為總統的執行長。比美國總統制的總統更有權勢。美國總統身兼兩職，一為國家元首，一為政府首長。而俄羅斯的總統不僅本身為具有實權的國家元首，而且另有貼心的政府首長為他分憂解勞，國家杜馬亦難以牽制，成為超級總統。

可是，基里延科上任表現不佳，無法承擔振興國家經濟的重大任務，葉爾欽總統便將他解職（1998.08.24）。葉爾欽總統很順利地任命了普里馬科夫（Primakov）為聯邦政府主席（1998.09），作到了1999年5月，葉爾欽總統將他換掉，改任命斯捷帕申（Stepashin）為聯邦政府主席。不到三個月，葉爾欽總統又把斯捷帕申換掉，1998年8月任命了普丁（Vladimiv Putin）為聯邦政府主席。

普丁沒有辜負葉爾欽的厚望，在短短的四個月裡，以鐵腕加上深謀遠慮，在對車臣的恐怖主義軍事行動中獲得大勝。葉爾欽為了確保2000年總統大選的大勝，又對普丁加碼，毅然決然於1999年12月31日突然宣布辭去總統職務，利用憲法規定，把普丁推上代總統兼聯邦政府主席位子，創造鶴立雞群的優勢。普丁當然當選了2000年總統（3月26日），並提名了卡西亞諾夫（Mikhail Mikhaylovich Kasyanov）為聯邦政府主席，2000年5月17日國家杜馬通過了此項人事同意案。2004年3月14日總統大選，普丁獲連任成功，改任命弗瑞德科夫（Mikhail Fradkov）為聯邦政府主席（2005年世界年鑑：725；劉向文，2002：263-267）。

聯邦政府的組成，有主席（總理）一名，副主席若干名。另外有眾多的部會首長，實際上由總統與政府主席商量決定，且其人數及所主持的部會名稱、職責，基於憲法規定，俄羅斯聯邦政府主席得向總統提呈關於聯邦執行權力機

關建構的建議。總統以命令形式批准聯邦執行權力機關的機構表。由於每屆政府成立時的國家局勢不同，政府的主要任務不同，政府主席提出的改革建議不同，因此，每屆聯邦政府的組織機構數目及名稱亦不同（劉向文，2002：281）。

二、聯邦政府之職權（憲法§117、§118）

(一) 向下議院提出預算案，執行後向下議院提出執行報告書。
(二) 確實執行聯邦財政金融政策。
(三) 確實執行聯邦文化、科學、教育、公共衛生、社會安全和生態保育政策。
(四) 管理聯邦財產。
(五) 負責國防、國家安全，並執行外交政策。
(六) 確保公民自由權利、保護財產權、維持公共秩序和合法性，並消除犯罪。
(七) 其他聯邦憲法、法律、總統訓令所賦予之職權。

三、總統與聯邦政府之關係

　　聯邦政府主席，由總統提名，經下議院同意後，任命之。總統得免除聯邦政府主席職務。聯邦政府副主席及各部長人選由聯邦政府主席建議總統任命。聯邦政府依總統訓令行事。聯邦政府得向總統提出總辭（憲法§117）。總統對於組成聯邦政府有最後決定權，對聯邦政府的作為有最後決定權。
　　總統與聯邦政府的關係包括下列幾項特質：
(一) 總統對於組建政府擁有權和最後決定權。總統有任命總理的權力，即使杜馬反對，總統也可以堅持自己的意見，而總統的解散國會權對杜馬是一個很大的制約。
(二) 總統有權主持政府會議：總統可隨時掌握政府的活動，也有權廢除政府的決議和決定。
(三) 總統對於政府的命運有最後的決定權。1993年的憲法規定了政府辭職的四個情況，無論是哪一種，都是由總統決定，即使議會通過對政府不信任案，政府也不一定會立即辭職。

表5-15　俄國總統與政府主席表（1993-迄今）

總統	聯邦政府主席（總理）
葉爾欽（B. Yeltsin） （1991-1999）（兩任）	切爾諾梅爾金（1992.12-1998.03） 基里延科（1998.03-1998.08） 普里馬科夫（1998.09-1999.05） 斯捷帕申（1999.05-1999.08） 普丁（1999.08-2000.05）
普丁（V. Putin） （2000-2008）（兩任）	卡西亞諾夫（2000.05-2004.02） 弗拉德科夫（2004.05-2007.09） 祖布科夫（2007.09-2008.05）
梅德韋傑夫（D. Medvedev） （2008-2012）	普丁（2008.05-2012.05）
普丁（V. Putin） （2012-2024）（兩任）	梅德韋傑夫（2012.05-2020.01） 米舒斯京（2020.01-迄今）

資料來源：https://en.wikipedia.org/wiki/List_of_heads_of_government_of_Russia。

第四節　行政機關與立法機關之關係

壹、英　國

一、解散權

首相藉解散權貫徹內閣制的精神，內閣必須要有平民院的多數支持，方能行事。其特色有下述六點：

(一) 源自於國王之特權

解散平民院為古代英王之特權。現代英王行使解散權之前提，須為應閣揆之請求，方能行使，英王無權自發地行使。

(二) 維持能夠行事的政府

內閣決定任何政策，以民意為依歸，對平民院負責。而平民院議員對選區的選民負責。當內閣有不受平民院支持之虞時，或已不獲平民支持，首相提請英王解散平民院，以獲得新平民院的支持，維持「能夠行事」的政府，否則應去職。

(三) 打破政治僵局

內閣制的精髓就是要維持隨時得到平民院支持，成為「能夠行事」的政府。如內閣已不獲平民院支持，即政府作不了事，而平民院又不能以過半數支持一新的內閣總理，形成行政權與立法權的僵局。此時，首相應提請英王解散平民院，舉行大選，產生新的平民院，以及新的平民院所支持的首相，以解開政治僵局。

內閣與平民院會有各自不同意見，僵持不下，一定是有部分原來支持內閣的議員，現在已不支持，致使原來多數支持的內閣，變成只有少數支持。於是首相提請英王解散平民院，訴諸選民，以決定到底應該誰去誰留，以打破政治僵局。

(四) 負有風險

首相一旦提請英王解散平民院，首相及內閣閣員（亦是平民院議員）必須進行平民院議員的競選活動，執政黨議員能否連任，以及能否仍掌控新的平民院過半數的議席，大有問題，風險極大。

(五) 具有公民投票性質

英國國會至上，解散平民院，將重要政策議題訴諸選民。選民投票，在不同政黨不同政綱間作抉擇，猶如對其一問題，進行公民投票。

(六) 不是行政權與立法權之間的平衡器

內閣制之精髓在維持行事的政府。內閣一定要有平民院的支持，才能行事。解散權並不是用來對抗平民院的倒閣權，而是作為行政權貫徹維持公權機關正常運作的利器。

二、介入立法機關

所謂「介入」係指影響力,即政府影響立法機關。由於英國之平民院多數黨之黨魁負責組閣,故內閣在國會中可運用執政黨的力量,使法案通過。其可透過三種方式達到立法之目的:

(一) 議程之安排

由內閣安排並控制平民院、貴族院的議程。

(二) 黨部幹事溝通

透過國會黨部幹事之溝通、協商後,而達成議員之共識,使法案如願通過。

(三) 黨的向心力

透過黨的作為和紀律,使議員有使命感、承諾感,而執行黨所作之決定。將黨之前途、成就,視為自己之前途、成就。

三、是否造成內閣獨裁

內閣制行政權與立法權匯一,內閣掌握行政權,並由其政黨控制國會,其權力之大,卻也未造成內閣獨裁,其原因可分為五點說明之:

(一) 中立議長制

國會之平民院採取中立之議長制,遵守規則,議事得按一定之程序,不可偏袒任何一黨,即使首相為國會中最大黨之黨魁,也無法扭曲議事過程。

(二) 中立的選區劃界委員會

由委員會,依每十年之人口普查為一基準,而作選區界限之中立、客觀劃分調整。執政黨不能藉執政機會利用權勢調整選區,以有利於該黨候選人易於當選,打擊對手,達成繼續執政的機會。

(三) 解散權之運用

首相欲要求女王行使解散平民院前，須先徵詢在野黨之意見，不可趁人之危。而解散權成立後，須於三週內選舉出新議員，組成新平民院。

(四) 在野黨議員有質詢權

在野黨於平時即注意執政黨之舉動，代表人民監督政府。且當執政黨之決策有問題時，以譴責或爭辯，甚至提出不信任案，使執政黨戰戰兢兢，不致濫權。

(五) 長久利益以及注意一般反應

英國人的特性，在於持有長久眼光注意長期利益，以及注意一般反應。政治人物不論執政或在野均有此氣度，穩健豁達，不為己利，亦不太偏激，亦不易受人煽動，是故獨裁不易滋長。

貳、法　國

法國第四共和時期，由於法國小黨林立，國民議會缺乏穩定的多數聯盟，使得政府的行政權不彰，平均每一個內閣生存半年，往往因為缺乏國會多數的支持，受到不信任投票而面臨倒閣的命運。因此在第五共和憲法之中，強化總統與政府的權限，並且縮小立法權的干預。

一、國會會期縮短

國會每年召開二次。第一次會期自10月2日起為期八十天，第二次會期自4月2日起，不得超過九十天（憲法§28）。臨時會期不得超過十二天（憲法§29）。限制會期時間，以減少立法機關有機會濫用權力。

二、減少立法權，擴大行政權

(一) 憲法中明定且列舉立法權之項目（憲法§34），未列舉的屬行政權（憲法§37）。

(二) 憲法保障行政權不受國會侵犯（憲法§37）。法案具有行政法規性質者，經憲法委員會確認屬實，得以命令修改之。而在第五共和國憲法施行前所制定之法案，則只須徵詢中央行政法院確定屬行政法規性質者，以命令修改之（憲法§37）。

(三) 憲法所列舉立法權之項目有六項，如國防之一般組織，地方團體之自治行政、權限及財源教育，所有權制度、物權、民事及商事業務，勞工法、工會法及社會福利，國會只有訂定「基本原則」的立法權，細節則由行政法規規定。

(四) 容許政府要求國會授權（原屬於立法權之事項），擴大行政權（憲法§38）。而授權之規定如下：

1. 原屬立法權之範疇。

2. 行政機關為執行其施政計畫。

3. 授權在一定期間內。

4. 以條例方式（一種行政命令）表現出來。

5. 須徵詢中央行政法院之意見。

6. 由部長會議發布之。

　　上述權限，須自生效起於授權期間內向國會提出以追認，否則失效。

　　值得注意的是，法國的部會首長可以分成四等。第一等是所謂國務部長，通常為執政黨或執政聯盟內部重量級人士所出任。第二等是全權部長，國務部長與全權部長皆為部級的單位首長，有權出席內閣會議。部級單位數目可調整，一般介於15至34個之間。國務部長與全權部長之下為助理部長，助理部長也可以出席部長會議，但其發言須要直屬上司的同意。第四等是部務卿，他的職務別為負責部會業務，直屬總理負責專案、協助部長辦理部務的次長（胡祖慶，2001）。

三、國會有效運作以資配合

國會各院之常設委員會不得超過六個，以限制其數目，防止小黨興風作浪，導致國會無法開會（憲法§43）。

四、介入立法過程

兩院對法案爭議時，內閣可介入立法過程，「總理有權召集兩院對等聯席委員會，就爭議條款提出對案。聯席委員會所提對案，得由政府送請國會兩院認可，非經政府同意，不得提出修正」（憲法§45）。

五、信任案與不信任案之表決權限

信任案之提出為總理，以通過某一法案為由，經部長會議討論審議後，送至國民議會，由國民議會表決之。如二十四小時內未有不信任案之動議，則視同已通過。

不信任案則須由國民議會議員十分之一以上連署，且須經四十八小時之冷卻時期，以過半數通過之。如未獲通過，同一會期中不得對同一人再提起之，而信任案之提出不受此限制（憲法§49）。

參、美　國

一、行政權受立法權之牽制

國會議員、總統皆由人民直接或間接選出，其對人民負責，故而總統不須對國會負責。但國會有權否決總統要求通過的法案，刪減行政機關的撥款，否決行政首長的提名，甚至彈劾或免除行政首長職務。如美國布希總統欲對伊拉克宣戰，其須經國會之通過，方能夠打開戰局。

二、總統行使所有之權力，仍須國會同意

　　總統有忠實執行一切法律之義務，故立法機關（國會）所通過之法律，皆為其執行法律之範圍。

三、立法機關擁有彈劾權

　　總統、副總統及聯邦政府各級文官，涉及叛逆罪、賄賂罪、或其他重罪，則由眾議院提出彈劾案，參議院審判彈劾案。且總統受審時，最高法院院長應為主席，及非經出席參議院議員三分之二之同意，不得判處懲罰（憲法§1 II、§2 III）。雖然過去也曾發生過安德魯・強森、克林頓、川普等總統被國會彈劾的例子，但未曾通過。唯一可能會通過的是尼克森，但他因辭職而逃過一劫。只是很諷刺地，克林頓雖曾被彈劾，但他在2001年離任時的支持率居然高達65%，超過前半世紀的中的任何一位美國總統。[2]表5-16為邦聯與聯邦之比較。

表5-16　美國邦聯與聯邦之比較

項目\\種類	邦聯	聯邦
樣例	邦聯條款 （Articles of Confederation 1777）	美國憲法1782年以後
中央機關	僅一院制國會（有些邦聯則設兩院制議會、部長會議、仲裁法庭等機構）	立法機關（眾議院、參議院） 行政機關（總統及各部會） 司法機關（最高法院等聯邦法院）
總統	掛名的首腦	實質的元首：美國總統
拘束來源	邦聯協議：「邦聯條款」	憲法：美國憲法
關係屬性	國際法性質，國際性的結合	國內法的性質，單純的主權國家

2　〈彈劾特朗普：歷史上其他三位總統為什麼被彈劾〉。《BBC News中文》，2021年1月16日，https://www.bbc.com/zhongwen/trad/world-55661291。

表5-16 美國邦聯與聯邦之比較（續）

項目　種類	邦聯	聯邦
脫離權	分子國有脫離之自由權	分子國無脫離權，除非內戰
分子國	1. 保留其原有主權、政府組織、徵稅之權 2. 協約如須修改，必須分子國「全部同意」 3. 邦聯當局如有違法行為，分子國得將之宣告無效，予以撤銷	1. 保留有限主權，邦聯憲法不得違背聯邦憲法 2. 由國會參眾兩院至少三分之二多數議員提出憲法修正案，再經四分之三的州議會批准才能生效 3. 聯邦如違法，各邦僅能請求聯邦最高法院司法審查
上位國與人民關係	邦聯對各分子國人民，不得直接命令、指揮，須由分子國為之	聯邦政府可依憲法及法律命令指揮人民
其他共同性	共同國籍 共同軍隊 共同邊境徵進口稅 共同外交 共同進行對外戰爭	較邦聯更多共同性，不勝枚舉

資料來源：盧瑞鍾（2000：220）。

肆、日 本

一、內閣對國會負責

　　內閣在眾議院通過不信任案或否決信任案之決議案時，倘十日內不解散眾議院，即須總辭（憲法§69）。國會議員對內閣閣員之質詢，以明瞭真相，並要負責。例如，1993年6月17日，在野之社會黨、公明黨、民社黨向自民黨之宮澤內閣提出不信任案。自民黨原擁有眾議院總數512席過半數之274席。翌日（6月18日）表決時，自民黨竟有39人投贊成票，15人棄權。即共有54人倒戈，致表決結果，以贊成255票，反對220票，通過不信任案，[3]也造成自民黨自1955年來長期執政的暫時結束。

3　https://ja.wikipedia.org/wiki/%E5%98%98%E3%81%A4%E3%81%8D%E8%A7%A3%E6%95%A3。

二、財政由國會控制

　　日本於第二次大戰後，經濟復甦繁榮快速，多數均是在政府的財政支援下完成的，尤其是日本地小人稠，在資源相當有限的條件下，克勤克儉，財政官吏突顯其重要性，其憲法之一大特色為將「財政」獨立成章與德國一樣。

　　內閣應編製每會計年度之預算，提供國會審查並經其議決（憲法§86）。內閣須於一定時期，至少每年一次對國會及國民報告國家財務狀況（憲法§91）。國家財政處理，須依國會之決議行使之（憲法§83）。國家支出，或使國家負債，須經國會之議決（憲法§85）。內閣運作須有錢的支應，而錢又由國會完全控制。

伍、德　國

　　德國行政機關與立法機關之關係，除具有內閣制之特性外，下列兩者較為突出：

一、建設性不信任案

(一) 聯邦議會可主動對內閣提出不信任案，致使內閣倒閣。不信任案的通過情
　　形是有限制：
1. 聯邦議會須有議員過半數投票先行選舉出另一新的內閣總理人選。
2. 不信任案的動議及表決通過之間，須間隔四十八小時，以限制聯邦議會濫用
　　權力，總理也可藉此時奔走協調，以打消此案（基本法§67）。
(二) 總理可要求聯邦議會作信任投票的動議，若未獲聯邦議會議員過半數的同
　　意支持時，總理可請求總統在二十一天內解散眾議院；此時，如果聯邦議
　　會以過半數選舉出另一總理，則此解散權即告消滅。動議提出及表決之間
　　也須間隔四十八小時（基本法§68）。

二、立法緊急狀態

(一) 內閣（政府）所提信任案遭否決，而總統又未解散聯邦議會時，政府所宣布的緊急法案再遭聯邦議會否決；總統可依政府的提議請求，並經參議院的同意，宣布該法案進入立法緊急狀態。

(二) 總統宣布立法緊急狀態後，若聯邦議會於四週內未有明示行動或再度否決該法案，或通過政府所不能接受的法案，則政府只須經由參議院同意，即可制定法律。

(三) 同一內閣總理任期內，只能宣布（使用）一次立法緊急狀態。

(四) 立法緊急狀態用來解決聯邦議會尚未擁立新總理、政府未解散國會及信任案投票未獲支持通過之政治僵局（見圖5-2）。

陸、俄　國

　　依據1993年俄羅斯新憲法的內容和實際的政治運作來看，俄國的政府體制大致來說市府和杜瓦傑所提出「半總統統制」的三項條件。但是從實際運作來看，俄羅斯總統的權力反而更甚總統制的美國，尤其從葉爾欽的壓制國會起，再加上憲法也無法有效地限制政治人物的政策輸出（Levisky & Way, 2010: 183），俄羅斯總統也常被稱為「超級總統制」。圖5-3為總統、國家杜馬、政府主席（總理）間的關係。

　　1993年新憲法頒布後，再經過修正，有關總統、杜馬和政府主席之間關係的重要條文如下：

一、總統與國家杜馬的關係

(一) 國家杜馬三次否定俄羅斯聯邦政府主席（總理）候選人之後，俄羅斯聯邦總統得逕行任命聯邦總理，而總統則有權解散國家杜馬並重新改選（§111 IV）。

(二) 國家杜馬可對總統提出彈劾及罷免其職（§103 I）。

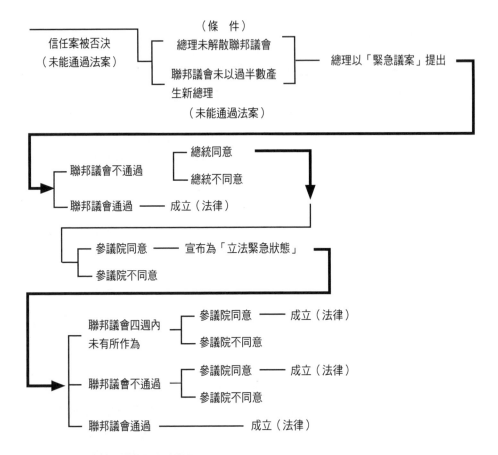

圖5-2　德國立法緊急狀態圖
資料來源：依基本法第67及68條。

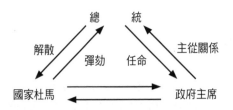

圖5-3　總統、國家杜馬、政府主席（總理）間的關係

(三) 國家杜馬表決通過對聯邦政府的不信任案，但遭總統否決，而國家杜馬在三個月之內再度對聯邦政府表示不信任時，總統得宣布聯邦政府總辭或是解散國家杜馬重選（§117 III）。

(四) 聯邦總理有權向杜馬提聯邦政府之信任問題，卻遭杜馬拒絕信任，總統必須於七天限期內作出關於聯邦政府總辭或是解散杜馬並重選的決定（§117 IV）。

(五) 在俄羅斯聯邦憲法第111條與第117條所規定的情況下，聯邦總統可以解散杜馬。

(六) 總統有權向國家杜馬提出任免央行總裁之事（§83 III）。

(七) 根據國家杜馬同意，任命副總理及部會首長（§83 V）。

　　然而自從普丁總統逐漸擴權後，國家杜馬已被認為不過是橡皮圖章的功用而已（郭俊偉譯，2021：516）。

二、總統與總理（聯邦政府主席）之關係

(一) 俄羅斯聯邦總統經國家杜馬同意任命總理，以及罷免總理（§83 I）；有權領導聯邦政府並主持會議（§83 II）；決定聯邦政府的辭職（§83 III）。

(二) 俄羅斯聯邦總統可以作出關於聯邦政府總辭的決定（§117 II）。

三、國家杜馬與總理（聯邦政府主席）的關係

(一) 國家杜馬可以表示對聯邦政府的信任態度（§117 III）；總理可以向國家杜馬提出關於聯邦政府之信任問題（§117 IV）。

(二) 國家杜馬所管轄的事項：同意聯邦總統對總理之任命（§103 I）；決定關於聯邦政府之信任問題（§103 II）。

　　俄羅斯聯邦於1991年8月宣布獨立，並於同年12月主導蘇聯的解體後，其府會關係即經常處於緊張對峙狀態。造成府會衝突的主要癥結在於：舊的權力結構瓦解後，在新的政治權力制度化過程中，總統與國會意圖擁有對此一過程

的主導權，從而主導俄羅斯的政治、經濟發展方向。亦即，總統與國會對政治權力的爭奪造成府會關係的長期不合。

　　從俄羅斯1998至1999年因提名新總理而引起府會衝突，根據吳玉山博士指出關於共產社會政治制度變遷命題所得到的實證，有下列兩點：一、揉合實權總統和總理向國會負責這兩個特徵的半總統制，在結構上必會造成行政權爭奪之衝突。這個衝突的焦點在於總理的任命與政府的組成。二、就行政權的歸屬而言，當半總統制下的總統有權解散國會，使得總統權力有可能大到成為超級總統制。俄羅斯即屬此情形，總理完全是總統的僚屬，而國會由於受到總統解散權的威脅，無法和總統爭奪對於總理和行政權的控制。當國會對於政府政策不滿而對內閣實行不信任投票時，總統也可以解散國會權迫使國會讓步。

　　俄羅斯聯邦總統與國會對政治權力的爭奪造成府會關係的長期不合，其理由：

一、揉合實權總統和聯邦政府主席向國會負責這兩個特徵的半總統制，在結構上必會造成行政權爭奪之衝突。這個衝突的焦點在於總理的任命與政府的組成。

二、就行政權的歸屬而言，當半總統制下的總統有權解散國會，使得總統權力有可能大到成為超級總統制。俄羅斯即屬此情形，總理完全是總統的僚屬，而國會由於受到總統解散權的威脅，無法和總統爭奪對於總理和行政權的控制。當國會對於政府政策不滿而對內閣實行不信任投票時，總統也可以行使解散國會權，迫使國會讓步。

表5-17中比較各國行政機關與立法機關之關係。

表5-17　各國行政機關與立法機關之關係表

提請解散國會權	英、德、日三國行政首長有權提請國家元首解散國會，但美、俄、法與中華民國沒有此權限。 1. 英國首相有提請英王解散國會重選國會議員的權力。 2. 德國總理也有提請總統解散國會的權限，但受到限制（德國基本法§67）。 3. 日本憲法規定內閣，在眾議院通過不信任決議案，或否決信任之決議案時，倘十日內不提請日皇解散眾議院，即須總辭職。

表5-17　各國行政機關與立法機關之關係表（續）

提請解散國會權	4. 美國總統雖沒有解散國會的權力，但可決定國會開會及休會之權（美國憲法§2 III）。 5. 俄國聯邦政府主席並無提請總統解散國會之權力（此權在總統職權範圍）。 6. 法國總理亦無此權限，但法國第五共和憲法第12條規定「共和國總統於諮詢總理及國會兩院議長後，宣告解散國民議會」。 7. 中華民國行政院院長無解散國會之權力（依增修條文第2條規定，解散國會權歸屬於總統）。
元首公布法令是否須經行政首長之副署	1. 日、英、德、法須經內閣副署。 2. 俄、美則不須副署。 3. 中華民國須經行政院院長及有關部會首長副署。
行政首長對立法機關議決之法案有無交還覆議權	1. 美國總統有交還覆議權，即總統可行使否決權（美國憲法§1 VII）。 2. 中華民國行政院院長得經總統核可，移請立法院覆議。 3. 法國總理無此權，但法國總統有提交覆議權。 4. 日、英、德及俄國無此權限。
行政首長及各部會首長是否必須出席議會答辯並提出法案	1. 美及俄國總統並不需要出席答辯。 2. 英、德、法、日及中華民國皆有此必要。
行政首長對誰負責的行政事務是否負連帶責任	1. 臺—行政院院長單獨向立法院負責，各部會首長向行政院院長負責。 2. 英—對平民院負集體連帶責任。 3. 法—對國民議會負責，負集體連帶責任。 4. 美—不須對國會負責，行政部門無連帶責任。 5. 日—內閣行使權政時，集體對國會負責。 6. 德—只有總理個人向聯邦議會負責，內閣閣員則向總理負連帶責任。 7. 俄—須對國家杜馬（下議院）負責，負集體連帶責任。

表5-17　各國行政機關與立法機關之關係表（續）

提請解散國會權	4. 美國總統雖沒有解散國會的權力，但可決定國會開會及休會之權（美國憲法§2 III）。 5. 俄國聯邦政府主席並無提請總統解散國會之權力（此權在總統職權範圍）。 6. 法國總理亦無此權限，但法國第五共和憲法第12條規定「共和國總統於諮詢總理及國會兩院議長後，宣告解散國民議會」。 7. 中華民國行政院院長無解散國會之權力（依增修條文第2條規定，解散國會權歸屬於總統）。
元首公布法令是否須經行政首長之副署	1. 日、英、德、法須經內閣副署。 2. 俄、美則不須副署。 3. 中華民國須經行政院院長及有關部會首長副署。
行政首長對立法機關議決之法案有無交還覆議權	1. 美國總統有交還覆議權，即總統可行使否決權（美國憲法§1 VII）。 2. 中華民國行政院院長得經總統核可，移請立法院覆議。 3. 法國總理無此權，但法國總統有提交覆議權。 4. 日、英、德及俄國無此權限。
行政首長及各部會首長是否必須出席議會答辯並提出法案	1. 美及俄國總統並不需要出席答辯。 2. 英、德、法、日及中華民國皆有此必要。
行政首長對誰負責的行政事務是否負連帶責任	1. 臺一行政院院長單獨向立法院負責，各部會首長向行政院院長負責。 2. 英一對平民院負集體連帶責任。 3. 法一對國民議會負責，負集體連帶責任。 4. 美一不須對國會負責，行政部門無連帶責任。 5. 日一內閣行使政權時，集體對國會負責。 6. 德一只有總理個人向聯邦議會負責，內閣閣員則向總理負連帶責任。 7. 俄一須對國家杜馬（下議院）負責，負集體連帶責任。

第六章　比較政策執行結構

第一節　涵　義

　　一般而言，政策制定之後，便須執行，然而，政策執行需要政策執行的機關和人員。整體而言，是政策執行的結構，其中包括整體的國家行政體制、個別的行政機關、行政機關內部的各個行政單位，以及從事實際政策執行的行政人員。

　　理論上，行政人員僅是執行政策。但實際上，行政人員在政策執行上的行動或不行動往往也就是一種制定政策的行為，亦即他們在選擇目標和選擇達成目標的方案上，扮演著重要的角色。如同陸克（Francis E. Rourke, 1965: vii）所說的「行政人員在政策過程中已成為最中心的因素──建議的提出、可擇方案的衡量、衝突的解決」。

　　不過，立法機關制定法律不一定能適時地解決緊急的公共問題。立法人員經過長時間的討論、細膩的草擬法案所得的結果，只是尋求問題解決的開端。因為法令通過後尚需要執行，不能將規定施行在相關的人和環境上。這不是一種自動出現結果的過程，有些法令可能因執行人員的忽視而成為死的條文，即使執行人員確切的執行，有時也會發現法令規定得不夠清楚，或不適用於某些特殊的案例。因此，行政人員在某種程度上成為政策制定者。因此，他們不僅執行法令所作的日常決定，有時也決定了法令的真正內容。

　　大多數人民與政府的接觸，不是立法人員或高級行政領袖，而是一般的行政人員。政府即靠著這些行政人員與人民接觸。行政最主要的問題即在於如何使效率與責任兩者能夠兼顧，人民一方面要求行政機關有效率，避免不必要的浪費，一方面又要求行政機關的權力能受到控制，以符合民主政治。但效率和責任有時是互相排斥的，例如，行政機關所作的報告，詳細記錄一切的行政行為，當代表人民的立法者要求行政機關為其特別行為負責時，可以作為說明之用。行政機關如果不需要為其行為辯護，可能會不斷的增設擴充，侵犯人民的

權利。反之，若要求行政機關高度的負責，則每當內閣更迭時，行政人員也須全部走馬換將，無法保持有效率有經驗的行政人員。

　　任何國家的政策執行結構都是複雜而龐大，機關主管很難瞭解行政人員的工作。組織遂採層級節制，各行政人員專業化且分工合作。由內部運作人員選任、升調等人事業務，工作性質具持續性、廣泛性；因此行政人員永業化，且具獨特權威性，其工作績效不是處於自由市場相互競爭的型態（Downs, 1967: 24-40）。茲以韋伯（Max Weber）的觀點說明如下（彭文賢，1983：10-11）：

　　第一，組織裡，每一成員有固定和正式的職掌，依法行使職權。換言之，在行政體制下，每個人有固定的職責；以法規嚴格限制的方式，賦予命令權，行使固定的職責；人員的盡責任和享受權利，都有一定的途徑可循，而且只有具備一定資格的人，才能被僱用。

　　第二，層級節制的權力體系，使組織內的每一個人，都能明確的知道，該從什麼人取得命令，並將命令傳遞給什麼人。如此不僅可減少混亂的現象，也較易控制下屬。

　　第三，人員的工作行為以及人員之間的工作關係，須遵循法規的規定，不得摻雜個人喜憎愛惡的情感。換言之，組織內的行為、決策和法規都是正式化的，有一定的規格與要求。

　　第四，組織內的職位，依人員的專長作合理的分配，其工作範圍和權責也以法規明文規定，在這種專業分工的原則下，職位的獲得以技能為主。

　　第五，永業化的傾向，人員的加入組織，雖根據自由契約的方式，並經過公開的考試合格後任用，但除非人員犯錯，並依法規規定加以免職，否則組織不能隨便結束這種契約關係；相反地，人員則有充分自由，隨時隨地脫離組織。當然，有些例外情形，自不在此限。任期的保障，使人員能專心處理事務，否則若存五日京兆之心，就無法安心工作。

　　第六，人員的工作報酬，也有明文規定，而且有固定的薪俸制度，使據有某種職位或從事某種工作者，接受固定待遇。薪資的給付依照人員的地位和年資，不能因主管的好惡而有所偏私，並須有賞懲制度和升遷制度，使人員能夠安心工作。

　　第七，著重效率，行政人員的工作要明確、具體，有充分的經驗和知識，有檔案文件等資訊作參考，工作性質具持續性、整體性，且對個別案件有充分

的自由裁量權，嚴格遵守上級指令，儘量減少人力、物力、財力的浪費，有效地達成政策目標。

在這種組織結構下，本章將分析由於英、法、美、日、德、俄各國政情體制的差異，具體的實際政策執行，例如：組織結構；人員選任；監督控制；政策角色；行政改革等，其細節相當紛歧，擬分由下列五節加以說明。

第二節　組織結構

壹、英　國

一、部　長

英國政策的執行有賴於內閣統率的各個行政部門，而內閣中，除了首相外，還有身為內閣閣員的部會首長或稱之為內閣大臣（Secretary of State），另外有僅是列席內閣的部會首長或稱之為國務大臣（Minister of State），各部會首長則向平民院負責。每個部在部長下設有文官，最高職位為常務次長（見圖6-1），常務次長上面是少數的政治任命人員——通常即為部長和二至四名國務助理——負責指導各部的政治方向。

部長為國會議員亦為政府中人員，同時為政策制定者和行政人員。雖然他們對平民院的責任乃是對其部的行政工作負責，但顯然地，他只能在少部分時間處理行政工作，大部分的時間需要在平民院中辯論，與選民接觸，參與政黨活動，同時需要參加內閣會議和內閣委員會會議。

二、部長的助理人員

部長可以委任某些工作給與其政治任命的協助人員。他們通常為國務大臣、國務次長及政務次長，同時也是執政黨的國會議員或貴族院議員。如果部長為貴族院議員，其助理必須為平民院議員，當平民院對該部提出質詢時，才

能代部長在平民院中辯論。國務大臣的職位在次長之上，具有某些自由裁量權。次長可以處理較不重要的事，減輕部長的工作。次長必須學習該部的行政事務，增加自己的能力，作為晉身部長級的資本。次長不能自行決定政策，也不能否決文官的意見，必須將文官的意見轉達給部長。

部長也有國會議員秘書協助，他是國會議員，不占有部的職位，不支領行政薪水，但為部長處理事務，如探求平民院的心聲，使部長所提的法案不會遭到太大的反對，並且充當部長和後排議員之間的溝通管道。

三、文　官

英國部裡文官有：常務次長、副次長、助理次長、法律顧問、司長、科長；副科長和中下層文官。以常務次長為文官之長。

四、責任區分

部的行政行為都由部長個人向平民院負責，不論是榮譽或責任都必須接受。英國有保護文官的制度，如果文官必須列席平民院委員會或接受其他單位質詢時，部長不能要求他們對他絕對忠實的效忠，因為英國人認為文官應保持中立，不要涉入政治範圍，文官的威信和影響力，也不應冒險的受制於人民的偏見。符合人民的愛好是政治家職業上要冒的險，不是專業人員，否則會危害到行政機關的效率。

所以因公務處理而有不良的行政行為被指責時，部長私下責其文官負責，對外則由個人接受指責。如果過分嚴重，部長可能會被迫辭職，或是向國會道歉，表示事先無法預知情況，並保證已採取步驟，絕不再發生類似的情況。

許多英國政府的觀察家認為，這種國務員個人責任制不再有效，內閣有時可以決定將同僚行政上的錯誤，視為集體責任制的事務，免除其個人辭職的困擾，此種發展將會減弱政府政策執行上的控制力，減輕行政權的責任。如果部長不能真正的負責，而文官又為了維持效率保持中立，則行政權的責任究竟誰屬？所以，如果放棄國務員個別責任制度，將會摧毀行政問題有效解決的方法——效率和責任。

五、文官組織結構的民主控制

圖6-1顯示：

(一) 文官受到上級長官的控制。上級長官為部長及政務人員，他們均來自國會的議員，有民意的基礎。

(二) 部的政策隨時受到國會的質詢、同意以及信任和支持，因為部長要代表部向國會負責。

(三) 部長亦可能是閣員（有些部長不一定入閣，視情況而定），參與內閣會議，擬定政策，負集體連帶責任，而未入閣之部長亦要受內閣總理的指揮命令。亦即部長的決策並不只是侷限於部的眼光，而須有整體宏觀民意動向。部長由此來控制文官，文官便受到廣博民意的控制。

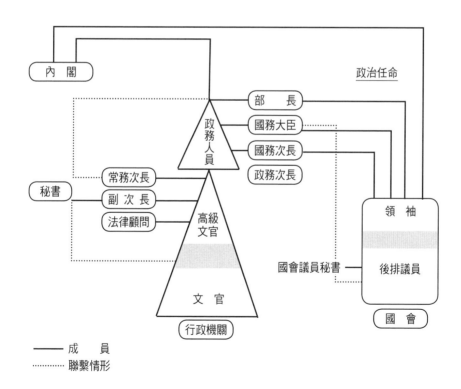

圖6-1　英國各部的標準行政結構圖

資料來源：Rasmussen & Moses (1995: 184).

(四) 基層文官在第一線接觸民眾，除經由下而上的層級體系反映常務次長，以至部長外，並可經由具有文官身分的機要秘書反映給部長。部長再綜合研判，擬定其政策，下達文官執行。於是文官的民意控制更為紮實。

貳、法　國

一、部的設立

　　法國內閣之下設置幾部，憲法並沒有明文規定，得由閣揆決定之。國民議員對於設部多寡，雖不加以限制，但有其控制之道，即以預算達到控制之目的。2006年設有六部：外交部、內政部、經財工業部、國防部、司法部、國民教育部。

　　第四共和的第一內閣（1947年）設有21個閣員，即外交部、國民經濟及財政、內政、司法、陸軍、軍備、工業生產、交通、海外、勞工、衛生、退伍軍人事務、「青年、藝術及文學」、糧食、國防（閣揆兼）、復興、農業、教育、工程及運輸等19個部，各置部長一人，另有副閣揆兩人，均為不管部閣員，故其閣員總計達21人。嗣後迭次新閣，對於閣員人數莫不有相當變數，最少曾少至12人，最多曾多至25人。

　　第五共和第一任內閣，除內閣總理及以一個閣員派在總理辦公室辦事外，設立16個部，即國務部、司法部、內政部、財政經濟部、公共工程及運輸部、農業部、公共衛生部、退伍軍人部、新聞部、外交部、國防部、教育部、工商部、勞工部、建設部、郵電部。此外另設置不管部的國務員數人。至於龐畢度（G. de Pomidou）所組的第二任內閣，除設立外交、內政、國防、財政、司法、教育公共工程、工商、家業、衛生、退伍軍人、郵電、建設等部外，有附屬總理辦公室之閣員兩人，以分掌國家計畫及與議會關係；更有不管部閣員五人，分別掌理與非洲國家合作、文化事務、海外領土、阿爾及利亞問題、科學研究等事宜。

二、部的組成

正如英國的情形一樣，法國的「部」是由一個部長所領導，一個部的組織結構是相當廣泛。基本單位是局（Bureau），由局長所領導。幾個相關的局組成處（Direction），由處長所領導。在法國缺乏像英國的常務次長，協調綜理各處業務。

三、部長的機要處

在過去，被任命的新部長，在其就任時通常不信任部裡的文官。他不信任文官是有理由的，多半不是因為他們不能撤換這些常任文官，而是因為部長任期短暫的情況在公務員間造成一種態度，即新進部長所提出的任何激烈的計畫或改革不必過分當真，因為他的職務馬上會被其他的人取代。對於某些部來說，特別真確，外交事務方面便是一個顯例。特別是當同一個人在好幾屆內閣中任同一職位時更顯著（Rasmussen & Moses, 1995: 321-322）。

由於部長對常任文官的不信任，因此由自己選任一些助手。這些助手大多能夠效忠部長，且在觀念上能相互溝通契合，作為部長的顧問與助理，其主要工作是負責部長與常任文官的聯絡。這些助手整體的被稱為部的機要處（Minister's Cabinet），亦即部長自己的部內閣。機要處的組織，有一位機要處處長（The Director de Cabinet），類似英國的常務次長，負責部務的日常實際運作以及協調各處。一位機要處主任（Chief de Cabinet）負責部的政治事務，類似英國的國會議員秘書，協助部長處理和國會的關係，協助部長的政治性講稿等。機要處主任會有數名聯絡員。另外，尚有若干技術的幕僚，來自其他各部的中級文官，以資輔佐。

在選擇這些助手的時候，部長不受公務員法所限制，愈是有經驗、處世圓滑的人，愈能夠成為重要的分子。幕僚通常為年輕、充滿幹勁的大學法律系或政治系畢業青年人來擔任。這些幕僚甚至沒有薪水，他們熱切的把政府裡工作當成是他們的職業，企望從此獲得經驗。此外，他們也從這個職位獲得名望。部長在去職之前，通常都會為他們在文官裡安插一個職位。

這種政策執行結構以及伴隨而來的慣例，導致了許多重要的結果。法國像

美國一樣未設置常務次長，此點和英國不同。因此部內事務的協調綜理工作便必須交由機要處而不是由文官們來處理。這種結構潛伏著某種危機。有些人認為儘管部長因政潮而經常的更換，但由於常任文官能維持政府正常運作而有效，故政潮的影響並不大。然而由於缺乏常務次長的情形，使得欲維持政策的連貫性與持續性，在政治危機時特別顯得困難，因此很少能夠制定具有條理與整合性的政策。

參、美　國

美國聯邦的政策執行機關相當的複雜，其中較重要者為：一、行政各部（Executive Departments），這是開國迄今最典型的組織體制；二、獨任制的獨立行政機關（Singlehead Administrative Agency）；三、獨立的管制委員會（Independent Regulatory Commission）。茲分述如下：

一、行政部門

美聯邦政府的行政部門，主要可分為國務院及其他13個部門，分別是農業部、商業部、國防部、教育部、能源部、衛生暨公眾服務部、住宅暨都市發展部、內政部、司法部、勞工部、運輸部、財政部及退伍軍人事務部，構成了聯邦行政體制的主幹（羅志淵，1994）。

各部均由部長指揮監督，再由各部長向總統負責，構成了命令指揮系統。但事實不然，某些行政機關和人員與行政體制中的壓力團體和國會委員會關係緊密，如此使他們具有相當的獨立性，不受總統和部長的指揮。

美國部的數目增加，反應出美國國家的成長。1789年，僅設立國務院、陸軍部、財政部。但隨著國勢的成長、事務的繁雜，必須設立新的部以解決新的問題。例如，1953年增設衛生、教育和福利部。1979年將此部分為教育部與衛生暨民眾服務部，1965年及1966年增設了住宅暨都市發展部及運輸部，1978年設能源部，2003年1月成立國土安全部。

二、獨任制的獨立行政機關

　　獨立的行政機關，地位不如「部」，直接隸屬總統，如同行政各部一樣，向總統報告。此種組織結構的行政機關首長由總統任免。這些獨立的行政機關較著名的有：美國國家太空總署（NASA）、中央情報局（CIA）、美國資訊交流總署（United States Information Agency）、美國武器管制暨裁軍署（United States Arms Control and Disarmancent Agency）等。

三、獨立的管制委員會

　　獨立的管制委員會在行政體制中占有獨特的地位。雖然它們獨立於聯邦政府的三個部門之外，但事實上，管制委員會有時易於屈服於來自白宮、國會和受其管制工業部門的壓力。此類行政機關創設基於規則制定的需要和對複雜的技術業務管制，需要考慮公眾利益。核發執照中，此類機關雖是行政機關，但亦扮演準立法、準司法的功能。

　　委員會的委員由總統任命，但須經參議院的同意，委員們不必向總統報告。委員會的組成，由各黨依照在國會的政治勢力比例分配。委員採集體決議制，沒有實際的首長，任期固定，由五年至七年不等，不受總統大選及期中選舉的影響。

　　由於管制委員會被賦予如此大的權力，國會冀望他們能獨立於行政部門和受管制的團體之外。但有時管制委員會變成受管制工業團體的僕役，處處為這些工業界的利益著想，因而忽略了較大的公眾設想。另一方面，管制委員會有時的確是公眾利益的保護者，例如，聯邦貿易委員會刪除不實的電視廣告、證券及交易委員會防止投資人遭受股票上的詐欺行為。茲舉例介紹如下：

(一) 州際商業委員會（The Interstate Commerce Commission）

　　設立於1887年，有11位委員，任期七年，管制及決定鐵路運輸、貨運公司、公路、航空油管輸油、捷運公司的費率。

(二) 聯邦貿易委員會（The Federal Trade Commission）

設立於1914年，有五位委員，任期七年，管制工業，防止不公平競爭，不實的廣告，仿冒的包裝等。

(三) 聯邦傳播委員會（The Federal Communication Commission）

設立於1934年，有七位委員，任期七年，對全美國的電視臺及廣播電臺加以管制及核發執照，管制警察、航空公司、計程車業、人民樂隊的使用，電視、電臺的頻率，決定在州際貿易中使用電話、電報的費用。

(四) 證券及交易委員會（The Securities and Exchange Commission）

設立於1934年，有五位委員，任期五年，其創設的目的在於防止公眾因不宜的或令人誤解的請求而投資於證券；要求公司股票上市並將公司的註冊報告書及營運計畫向本會報備檔；登記股票經紀人；管制證券交易。

(五) 國內航空委員會（The Civil Aeronautics Board）

設立於1938年，有10位委員，任期六年，認可國內航線和決定航運價格；在總統同意下，認可國外航線；決定航空公司的合併。

其他的委員會也執行著管制功能。例如，聯邦海運委員會（Federal Maritime Commission）管制船運；國家勞工關係局（Nation Loabor Relation Board）防止不公平的勞工待遇；聯邦準備金委員會（Federal Reserve Board）管制貨幣的供給、利率等。

肆、日 本

一、「省」（部）的政務人員與事務人員

日本內閣是綜攬全國政務、決定重要政策的全國最高行政機關。但它本身

並非執行政策的機關。政策的執行要依賴內閣統率下的各個行政部「省」（日文為「省」，中文譯為「部」）為之。以2022年8月開始的所謂「第二次岸田改造內閣」為例，總理以下的閣員包含有：總務大臣、法務大臣、外務大臣、財務大臣、文部科學大臣、厚生勞動大臣大臣、農林水產大臣、經濟產業大臣、國土交通大臣、環境大臣、防衛大臣、內閣官房長官、數位大臣、復興大臣以及數位內閣府特命擔當大臣等。[1]

　　圖6-2可見「省」設大臣，在各省大臣之下設有副大臣、政務官、事務次官、秘書官、局長、課長及職級（即各種名稱之職員）等職，以輔助大臣執行職務。此官職中，有政務人員與事務人員之別。副大臣與大臣政官通常由國會議員選任之，以與議院交涉及參與其他政務，該省大臣不在時，承命代行職務，其職務極其重要，政務人員與內閣共進退。

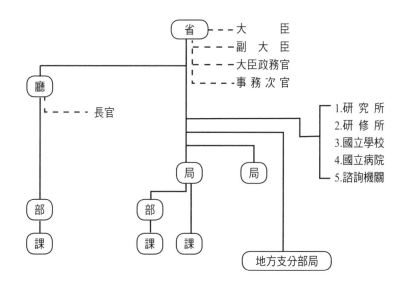

圖6-2　日本「省」典型組織圖

資料來源：International Public Management Study (1994: 25).

---

[1] 〈第2次岸田改造內閣 閣僚等名簿〉。《首相官邸》，https://www.kantei.go.jp/jp/101_kishida/meibo/index.html。

　　各「省」政務人員不適用國家公務員法，且亦不受銓敘官等之限制。就此點而言，各「省」大臣秘書官亦準用於政務官。至於事務人員，則由國家公務員任用法限制任用資格，其身分受保障，因其不拘於內閣更迭而繼續維持其地位，故不得兼任國家議員。事務人員之各「省」共通者為事務次官、局長、書記官、課長及職級等。此外依「省」之不同，亦有置事務官、技師、技手及其他特別之職員者。

二、「省」（部）的組織

　　各「省」內各分置數局，分別置「大臣官房」，均在各大臣指揮監督之下，以分掌特殊之事務。大臣官房為辦理各該「省」之機密文書、會計、人事行政等有關於全「省」之事務。大臣官房與局之下各分設數個部或課。其部、課可由各該「省」之組織法規定之。各「省」於上述之部、局外，尚置有特別之機關，通常稱之為「省外局」。

伍、德　國

　　德國是聯邦國家，政策執行結構很特別。大抵而言，法律由邦行政機關執行。基本法第83條規定「除基本法另有規定或許可外，各邦應以執行聯邦法律為其本身職務」，甚至於邦與聯邦政府機關並肩存在時，聯邦的部主要在草擬一致性的立法，並監督邦政府是否依據法律或憲法執行。聯邦行政的各部很小而簡化之，在重要的城市設有監督官署。在邦政府指揮之下，縣與自治市執行龐雜的行政活動。

　　德國聯邦政府一共有14個部，大小差距甚大。在圖6-3內設有聯邦參議院，因聯邦參議員在聯邦政府中，具有立法與執行的雙重能力，他們參與聯邦立法的通過，但他們又是各部官員，不僅執行聯邦議會而且執行聯邦議會通過的法律，因此他們本身有助於行政法的通過與否。

　　由於德國是聯邦國家，聯邦與各邦之間有不能片面變更的劃分權限，在權限的劃分方面，只有少數是屬於聯邦獨占權，剩餘的或保留的權力劃歸各邦，

這些比較少。最重要的是教育及文化事務，大部分是屬於共有權，如有衝突，聯邦政府則占優越地位。這些條文賦予聯邦如此廣泛的權力，某些觀察家懷疑德國毋寧是一個準聯邦制度的國家。到目前為止，聯邦政府似乎在國家體系中居於支配地位。但是，僅以立法權力的分配來評估聯邦主義是不充分的。因此，德國各邦在聯邦立法通過的行政法中扮演重要的角色。

　　聯邦的各部極少有自己的行政人員，除國防、鐵路與郵政，聯邦公務員僅占文官總數的10%，約三分之一的行政官員為地方政府工作，半數以上係邦僱用的。聯邦部門的行政人員僅約10萬人。這些人中有十分之一是高員級，包括主要的次長、機關主管與中級人員（Rasmussen & Moses, 1995: 468）。

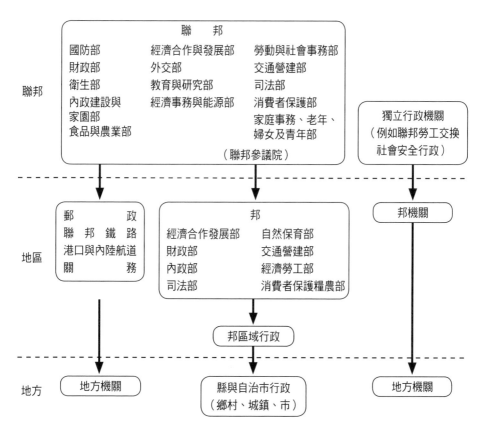

圖6-3　德國行政體系圖

資料來源：http://www.bundesregierung.de/en/The-Fedual-Government。

　　緊接而來的問題是如何避免歧異、紊亂和解決聯邦與各邦的衝突。顯然，美國聯邦政府天真的將公立學校的種族整合問題留給南方各有關州的官員去解決。德國的處理方式則不同，德國聯邦政府能夠頒布約束邦行政官的規章，但需要經參議院的同意，但須至少半數的邦政府同意。聯邦政府能派員調查邦行政品質，如果有瑕疵，則聯邦政府可以要求改善與遵從，但也需要參議院再次的同意。因為邦政府在聯邦立法過程中有充分的表達機會，聯邦參議院議員即為邦政府所派，因此行政衝突非常罕見。

　　大多數觀察家相信政府已創造了令人稱羨的政績。第二次世界大戰後的重建時期，各邦政府已能處理困難的行政問題。邦層次的黨派間協調亦很普遍，比聯邦層次更少困難，更傾向於妥協。邦議會比聯邦議會更有生氣，而不那麼正式化。無疑的這些事實可證明各邦對於自我管理已具備優良的訓練；若干參議員在進入聯邦參議院前曾服務於邦議會。

　　德國邦政府成功的三大理由是：第一，邦的政治領袖在大危機時已獲得他們的經驗，唯有能幹、勇氣與具有特性的人能夠成功，並能超越瑣碎的政治考慮；第二，邦層級的領袖們不須處理左右兩難、涇渭分明的重要問題，例如，外交政策、重整軍備等，因此不會妨礙他們的合作；第三，邦領袖的任事能力不亞於聯邦政治人物，假如根據其充分處理所面對的問題來評斷，可能其才幹還高一點。

陸、俄　國

　　1993年12月俄國憲法確立總統制後，葉爾欽總統在1994年初對政府的結構作了重大調整，尤其是有關於聯邦執行權力機關結構的命令之規定：

一、聯邦各部和國家委員會擁有平等地位，所有執行權力機關歸俄政府管轄，但保障俄總統憲法權力或根據法律保障總統管轄的情況除外。

二、該命令選擇對若干部會實行合併、改組、分開或職能轉變。該命令還成為俄國政府根據有關法律和命令改變執行權力機關的職能，重點放在政府機關與聯邦會議的相互配合問題，以及劃分邦執行權力和聯邦主體（即地方）執行權力機關的權限上。

　　聯邦政府有主席一名、第一副主席二名、副主席六名。基於憲法，聯邦政府主席得向總統提出關於聯邦執行權力機關的建議，獲得總統批准，即可設置新部會。俄國政府的組織結構複雜，俄國政府體制為雙重首長制，總統直轄內政部、外交部、緊急情況部、國防部、司法部。直屬聯邦政主席的部有：衛生部、文化部、教育科學部、自然資源與環境保護部、工業與貿易部、遠東發展部、通訊傳播部、北高加索事務部、農業部、體育部、建設部、交通部、勞動與社會保障部、財政部、經濟發展部、能源部（見圖6-4）。

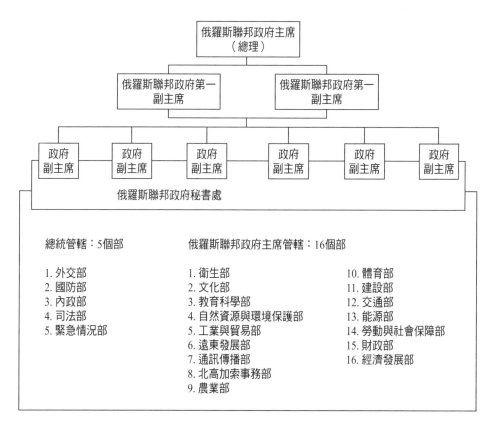

圖6-4　俄羅斯聯邦部

資料來源：https://zh.wikipedia.org/wiki/俄羅斯聯邦政府。

第三節　人員選任

政策執行的結構要有政策執行人員的充任，而執行政策的人最主要的是普通行政人員。為達成政策目標，政府選任質量適當的行政人員是首要工作。選任工作各國不同，除考慮其工作經驗，其專業知識能力的訓練亦是重點。茲逐一探討英、法、美、日、德、俄行政人員的選任情形如下：

壹、英　國

一、行政機關人員安置

英國在十九世紀仍盛行「恩寵制度」（Patronage System），政府行政人員的任命並不依照個人的專長和能力，而是用來救濟沒有職業的貴族。所以擁有政府職位的人，常將職位視為個人財產，可以依自己的意思自由買賣，如果職位被停止，還可得到補償。

恩寵制為文官制度建立的一大阻礙，英國直到1870年之後，才真正建立了文官制度。人民相信行政人員必須是有才能的人，不能因繼承而得到政府的職位，應該採取公開競爭的原則。所有政府部門的職位，都包括在文官制度之內。

英國的文官制度是由樞密院在君主的權力之下所建立。這些權力是君主合法保留的權力，但君主的權力並非由君主個人行使，而是由內閣代為運用。文官則依樞密院院令及其他規定執行職務，國會雖有能力，但對於文官內部組織很少作法令規定。

大約有70萬人受僱於中央政府，其中20萬人為工業工人，不屬於文官體系之內，這些工人並不是拒絕受僱於國營事業（Nationalized Industries）的人員，而是指政府企業如Royal Ordnance Factories和Royal Naval Dock的工人，所以真正的文官約有50萬人，其中40%為基層人員，即具有各種不同能力的一般行政人員，屬於每一部門的基本職位，包括統計人員、化學家等。

1971年以前，一般行政人員區分為三個等級，以職務的重要性程度、所需

要的能力和教育程度為區分標準，分為行政級（The Administrative Class）、執行級（The Executive Class）和書記級（The Clerical Class）。以後再分為「開放級」（Open Structure）——科長至常務次長及「封閉級」（Closed Structure）——雇員至科長，另有科技人員與外交人員。開放級屬高級政策及管理層級，至1986年時分為常務次長、副次長、司長、副司長、資深科長、科長等六類。文官職位出缺，因其職務重要，故一律內升資優之人，絕無外來初任者或資淺者跳升情形。但任用上已有若干彈性，如可任用別的機關別的種類人員，則不受原屬職類或職群之限制，俾使專業人才有更多晉升機會。至1987年為止，開放架構內之高級文官，有1萬8,568人，其中一至三等者（即常務次長、副次長、司長）有664人，四至六等者（即副司長、資深科長、科長）有1萬7,904人。

　　文官的甄選人才大致上是配合學校制度。職業依需要的不同，分別給高中畢業和大學畢業的人。因為現在所有職位由上到下全部包含在整個層級體制中，一個人即使當初因學歷較低，進入較低的職位，只要有能力方可升到較高職位。高中畢業未升大學即進入文官工作者，也可以和大學畢業生競爭升遷職位。職位的高低主要決定於一個人的考試成績。

　　大部分的考試為筆試，主要考一般常識及對英國的認識程度，並選考二、三科專業科目。英國選任文官主要以一般能力為基礎，並不是以特殊專業知識為基礎。因為英國人認為一個人只要夠聰明，在任職之後，很快就可以學會職務上需要的專門知識，他們認為傳統普遍知識是職前特別訓練最好的準備。富爾頓報告即批評這種考試制度是外行人的選人方式，主張應依照職位需要選擇專業人才。1968年英國依富爾頓報告，廢除文官委員會（Civil Service Commission），成立文官部（Civil Service Department）為主要的文官甄用機關。1970年並成立文官學院（Civil Service College）提供文官技術和管理的訓練，加強他們的行政技能，不再完全依經驗和試誤（Trial and Error）的方式用人。

　　文官制度的改革、甄用的程序目前仍處於變動的狀態，然而任何改變對於文官制度存在的問題——文官的階級差異——仍無法作許多改變。工人階級出身的人，擔任文官的比例很低，最重要的是中等階級，尤其是工黨的支持者而持有中等階級意識的人。雖然第二次大戰後，政府即擴大增補文官，增加教育

機會。但文官中的階級組成仍和第二次大戰前相似，只有11%的高級行政人員來自工人家庭，大部分典型的文官，仍為有名的私立中學和牛津、劍橋的大學畢業生。

二、人事主管機關

英國人事主管機關，改了六次，1998年改為內閣事務部，最高首長為首相（兼財政部第一大臣暨文官大臣）。首相兼文官大臣，其下為副相、「內閣事務部部長」（Minister for the Cabinet office，蘭卡斯特領地大臣兼理）、部長（Minister for State, Ministers）、政次（Parliamentary Secretary）、黨鞭等（以上為政務官）。內閣事務部之各司處則分別由內閣秘書長（兼國內文官長）與常次監督，主要單位含內閣秘書處（Cabinet or Central Secretariat）、文官管理處（C.S. Corporate Management Command，其內部含：文官考選委員辦公室）、公共服務處（Public Service Delivery）、管理與政策研究中心（納併「文官訓練學院」業務指導）、政府新聞發布與電訊服務處、資訊管理處、幕僚管理處（人事、財務、總務管理人力）與執行機構（電腦電訊、車輛管理、採購服務、財產管理、文官訓練學院計五個）等。

內閣事務部人事職掌：績效管理、考選政策與監督、高級文官任用、便民服務與現代化、人事訓練培育、管理發展、幕僚管理與其他人事管理事項。

財政部之現行組織體內，仍設「公職司」（Public Service Directorate），職掌公務員俸給與效率規劃（Public Sector Pay and Efficiency）、人力訓練策略、公共服務品質與退休給與（Public Service Pensions）等事項。

英國中央政府各級機關內部均設有人事處室（Personnel Office, Unit），在組織體系上，並不隸屬於「內閣事務部」或「財政部人事機構」，而直接受機關首長之指揮監督，在實施人事政策法令與體制層面，仍配合人事主管機關的政策聯繫與指導（如各機關辦理考試訓練與高等文官任命）。「英國主管人事機關」均受最高行政首長——首相指導，是「部內制」。英制的特色即：人事機關屬「幕僚制」，考試權由「文官考選委員」主掌。因此，「人事行政」成為行政組織與管理的幕僚功能之一，而人、財、事、物的管理亦易於相互配合（許南雄，2016：51-52）。

貳、法 國

一、公務員種類分類

　　根據統計（2014年12月），約545萬受僱於政府部門，占總業人口的20%，其中239萬屬國家公務員（FPE）、190萬為地方公務員（FPT）、116萬隸屬醫療機構（FPH）。[2]

二、文官層級分類

　　依層級高低及性質區分公務員為超類、A類、B類、C類等級。

(一) 超類係指各司處長以上之高等政治任命文官及政務官。

(二) A類亦稱行政類（比擬英制行政級），主掌決策諮詢及研擬法令、監督管理等職權。

(三) B類亦稱執行類，職掌執行法令，處理一般事務工作。

(四) C類亦稱書記類，含書記、打字、速記工作。

(五) 原有D類則為信差類。然而因為機關組織再造與電子化政府的推動，D類又被併入C類。[3]

(六) A類公務員學歷限定大專以上學位，B類為中學學歷報考，C、D類則屬小學學歷以上。

(七) 公務員的分類，係由各級機關自行訂定，故頗分歧，且標準不一。

(八) 常任文官體系外，亦包含臨時人員（相當我國臨時雇員），但臨時人員聘僱三年後，方可成為準常任（Quasi-Permanent）之非編制人員。A類以上公務員，即為高等文官架構。

2　"The French Civil Service Key Figures for 2016." https://www.fonction-publique.gouv.fr/files/files/ArchivePortailFP/www.fonction-publique.gouv.fr/files/files/statistiques/chiffres_cles/pdf/ChiffresCles2016_GB.pdf.

3　〈考試院第13屆第75次會議考選部重要業務報告〉，2022年2月24日，https://wwwc.moex.gov.tw/Main/content/wHandMenuFile.ashx?file_id=3981。

　　依法國「公務員身分與管理法」公務員須具備下列條件之一：(一)從事永業職務者；(二)從事專業職務者；(三)依法任命者；(四)在國家機關或公營造務具官職者。公務員依據性質區分為編制內「常任公務員」與編制外的「非常任公務員」，前者較有保障，後者保障較少（許南雄，2016：161）。

三、文官考選

(一) 公務員之考選，其中A類原本由國家行政學院辦理，B、C兩類則由各機關自行辦理（B類亦有集中辦理者），原本的D類則由各用人機關以甄選方式錄取人員。

(二) 凡公務員考選，採公開競爭考試，通常分為筆試、口試兩種。考試內容偏重一般學識及專業知識，尤其高級行政人員（A類）之考試，除一般文化程度及學識基礎外，對於法律、行政、經濟方面之專業知識亦極為重視。

(三) 各種考試以國家行政學院辦理之A類考試較為嚴格，區分為初任考試與升等（類）考試兩種。

(四) 初任考試對象為大學畢業，年齡在27歲以下，考試科目如各國政治制度、政治與經濟史、行政法、語文及專業行政等科。

(五) 「升等考試」，係年齡在36歲以下具備五年任職經歷者，考試科目除一般學科外，並著重工作實務與經驗。

(六) 考試及格人員歷經兩年半之訓練，始予正式任用，各機關司處長以上人員，其任用權歸屬於總統，其他職務人員則由各機關首長任免之。

四、國家行政學院

　　國家行政學院簡介：

(一) 1945年10月成立，校址在巴黎，後來遷至史特拉斯堡（Strasbourg），直接隸屬於人事暨行政改革部，設院長一人，負責該院行政事務，內設若干研究所。

(二) 學院的目標：培養法國文官行政管理部門，除工程人員與技術人員以外的管理高層人員。使國家的高級管理人才經過統一的錄用、培訓程序與系統

的專業訓練。

(三) 每年僅僅錄取約100名的大學與其他學院畢業生，受訓通過不授予學位，但是法國高級公務人員的搖籃，而總統季斯坦、席哈克、歐蘭德與馬克宏即畢業於此。

(四) 入學考試共分為三種，一是針對目前身分非公務人員者，二是針對在職的公務人員，三是針對曾經擔任各級地方議會的議員。

(五) 學院學制為二十七個月，其中實習就占了一年，實習所採的是「跟隨制」，即是跟隨重要人物的實習，而非僅僅在某一機構的實習工作，與重要人物的朝夕相處可以得到政治經濟問題最直觀的答案。

(六) 畢業生的工作由政府來安排，與每個人的綜合成績息息相關（張勇等，2001）。

(七) 就在2021年，也是校友的馬克宏總統宣布廢除該校，隨後以國立公務學院（INSP）取而代之。

五、地方行政學院

地方行政學院（Institute Region Administration, IRA），分別在五個地區（Bastia, Lille, Lyon, Metz, Nantee）考選與訓練中央與地方中上層級文官。

六、人事主管機關

法國人事主管機關，名稱更改六次，自2012年後，改為「國家改革分權暨人事部」（Ministere de la Reforme de l'Etat, de la Decentralisation et de la Function Publique），設有「行政與人事總署」（Direction General de L'Administration et de la Function Publique）及學校。「行政與人事總署」設法規司、永業化管理與薪給司、考選訓練司、 合業務司。學校包括：原本的「國家行政學院」（ENA）、「國際行政學院」（IIAP）、地方行政學院（IRA）（有六個分設在巴斯加市、里耳市、里昂市、麥次市、南特市）（許南雄，2016：151）。而如今新設的學校則為國立公務學院。

參、美　國

一、早期官職輪換制

　　1792年，聯邦政府有780位公務人員。2003年，聯邦政府僱用了大約274萬8,470位公務人員。然而，並非所有的聯邦公務人員均在首都地區工作，大部分人員的工作地點散布在50個州及海外。僅僅33萬4,566人占聯邦公務人員總人數的12%——在首都地區工作。加利福尼亞州有24萬4,863位聯邦公務人員，海外地區也有9萬3,790位聯邦公務人員（Cummings & Wise, 2005: 476）。

　　2003年，美國國防部僱用66萬3,762位文官在五角大廈及其他軍事基地中工作。除此之外，美國郵局僱用了79萬7,709位公務人員，退伍軍人局（Veterans Admministration）僱用了22萬5,897位人員。這三個機關共僱用聯邦公務人員的61.3%。比較之下，美國國務院只僱用3萬2,177位人員（Cummings & Wise, 2005: 477）。

　　美國聯邦僱用了將近274萬8,470人員，無疑地，比任何私人公司都來得多。例如，Wal-Mart公司——美國最大的私人公司，2003年也僅超過100萬人。聯邦政府雖僱用了如此龐大的人力，但也只占全美國公務人員（聯邦、州、地方）人數的13%。根據2002年的統計數字，美國地方政府共僱用了1,137萬9,390人，其中教師占39%，州政府僱用了507萬2,130人。而且州和地方政府的公務人員數目近年均有增加，聯邦政府人數則維持同一水準。

　　一項有關聯邦公務人員的統計顯示，聯邦公務員無論男女，其平均年齡為46.5歲，平均年資為16.8年，平均年薪為5萬6,400美元。美國總統年薪為40萬美元，副總統20萬1,600美元，內閣部長為17萬4,500美元。高達三分之二的聯邦公務人員為永業性的公務人員，其薪水是依一般職位分類制度而來，GS-1為1萬5,442美元，GS-15為11萬2,346美元，高級行政主管職為17萬4,500美元。

　　何種工作人員構成美國官僚體系呢？其中有將近50萬人為傳統式的行政人員——主要辦理行政事務，2萬452人為電子工程師，6萬5,930人為電腦專業人員，4萬6,692人為護士，2萬4,010人為空中交通控制員，3萬7,409人為犯罪調查員。在聯邦公務人員中的白領階級，有78萬6,118人或占49.1%為女性（Cummings & Wise, 2005: 478）。

　　聯邦政府中絕大部分的職位是常任的公務員。美國華盛頓（Washington）任職總統時宣稱他以「品格的適合性」（Fitness of Character）來任命行政人員，但他卻喜歡任命同黨的人員。當傑佛遜（Jefferson）就任總統時，免除了好幾百位聯邦黨人的行政職位，而改由與他同黨的人任職。

　　傑克森（Andrew Jackson）於1828年當選為總統後，他解任了612位由總統任命官員中三分之一和免除1萬名政府行政人員中的10%至20%。雖然他的作風承襲自傑佛遜，但一般人認為是他將分贓制度應用到聯邦政府中。傑克森喜歡稱呼此種制度為「官職輪換制」（Rotation in Office）。1832年，參議員馬西（W. L. Marcy）為傑克森總統的一項大使任命說：「分贓屬於勝利者」（to the victory belong the spoils），這句話成為描繪總統以政府職位酬庸其政治上支持者的最典型寫照（Cummings & Wise, 2005: 486）。

二、1883年文官改革

　　改革迂腐和貪瀆導致了1850年代聯邦政府的首次文官改革。美國在南北戰爭後，改革的呼聲日益高漲。到了格蘭特（Grant）政府時代，雖然這個政府因貪污而備受抨擊，但格蘭特說服了國會於1871年設立了第一個文官委員會。這項改革努力於1875年終止，部分原因是由於國會拒絕撥款給這個委員會。

　　1880年，共和黨分為兩派，一派主張改革，一派反對改革。加斐爾（James A. Garfield）是共和黨總統候選人，贊成改革。為了緩和反對派的情緒，加斐爾選擇了反對派的大將亞瑟（Chests Arthur）為副總統候選人。

　　吉度（Charles J. Guiteau）是一名行為古怪的福音傳播者及律師，他向加斐爾總統謀求駐奧地利大使或至少駐巴黎領事的職位，但未獲得同意。他遂於1881年7月2日行刺加斐爾總統，加氏於八十天後死亡。

　　因為這一事件的發生，繼任總統亞瑟變成文官改革的擁護者。在群情激憤的情況之下，國會於1883年通過了文官改革法（The Pendleton Civil Service Reform Act），並設立了兩黨性的文官委員會，並使10%的聯邦政府文官以競爭性的考試為選擇的標準。文官改革法的實施，使得聯邦文官的增補從政治性的任命改由文官委員會控制，並以功績（Merit）為擇才標準。以功績制度為基礎的文官制度實施範圍因而日漸擴展。時至今日，大部分的聯邦公務員依功

續制而行（Cummings & Wise, 2005: 487）。

　　功績制的實施，在某一程度上對總統是有利的。因為在分贓制度下，向總統謀求職位者多，而空缺職位少，總統往往得罪他的支持者。然而實施功績制後，總統可免除此種困擾。

　　2003年資料顯示，美國聯邦政府中有130萬公務員不在現行文官法的實施範圍。這些未納入一般文官制度的職位，多半在郵政部、國務院的海外單位和聯邦調查局中，他們有其獨立的文官制度（Cummings & Wise, 2005: 487）。

三、1978年文官改革

　　1978年，國會制定了文官改革法，將美國聯邦政府的文官制度再予以修正。依此法，原先的文官委員會撤銷，改設功績制保護委員會（Merit System Protection Board）、人事管理局（Office of Personnel Management）、聯邦勞工關係委員會（Federal Labor Relations Authority）三個機關。本法再度揭示功績制的原則；嚴禁濫用人事權限；將原先統一的考績制度，改由各機關自行制定適合各機關的考績制度；改進申訴程序；改革勞工關係；改進俸給、退役優待；設置高級行政主管職位（Senior Executive Service）等。

(一) 功績制保護委員會

　　新設立之功績制保護委員會為一獨立機構，負責原先由文官委員會負責之上訴案件審理，具有準司法功能。其主旨在對於功績制及個別公務員雙方皆予以保護，藉以對抗濫權及不公正之人事處分。該委員會由委員三人組成，以兩黨為基礎而任命之，任期七年，期滿不得連任，非有正當理由不得辭職。委員任命程序係由總統提名，經參議院同意。

　　功績制保護委員會之職掌為就公務人員的申訴與抱怨案件進行聽政及決定，調查違犯功績制度案件，並保護弊端揭發人免於遭受報復。委員會將獲得授權訂定規章，以界定該委員會審理的性質與範圍，提出申訴的時間限制與審理判決的程序。不過，這些規定將不能減少聯邦公務員已享有之權利。

　　在功績制保護委員會中將設置特別檢察官室（Office of Special Counsel），特別檢察官本質上乃一獨立行使職權之偵訊人兼公訴人，負有功績制度及被禁

止人事措施違犯情形之調查及公訴責任，以維護大眾利益。特別檢察官由總統任命，其調查範圍包括在人事決策中有政治干預嫌疑，或對合法揭露違法情事之公務員採取報復行動之案件。

(二) 人事管理局

原由文官委員會掌管之聯邦人事管理職能，改由人事管理局負責。人事管理局成為美國總統管理聯邦工作人員之主要代理人，負責襄助總統執行其管理聯邦公務人員的責任。人事管理局職司聯邦公務人員管理的領導工作，發展管理在行政部門中工作之全體文職人員，以及在立法及司法部門中某些機構工作之文職人員的人事政策。

人事管理局之局長由總統任命，但須經參議院同意。該局評估聯邦機構中各項人事方案的效果，並進行調查，以確保各項人事方案與措施均能與法令規章及政策指導相符合。人事管理局亦針對各行政機關首長，在處理有關改進人力資源的全面管理及運用事務上，提供技術與其他協助。換句話說，人事管理局在人事管理方面所扮演之角色，相同於管理與預算局在財務管理方面所扮演之角色。

(三) 聯邦勞工關係委員會

聯邦勞工關係委員會之創設，係用以取代聯邦勞工關係會議（Federal Labor Relations Council）。該局設有主任一人及委員兩人，均以兩黨為基礎而任命之，任期五年，除非有正當理由，不得中途解職。另設檢察長（General Counsel）及聯邦服務僵局陪審團（Federal Service Impasses Panel）。

聯邦勞工關係委員會之職掌，為監督工會之創設、督導有關之選舉以及處理各聯邦機構之勞工管理問題等。有關交涉事項之範圍，由聯邦勞工關係委員會決定。至於哪一工會有權代表交涉，以及工會之全權代表之產生，亦由聯邦勞工關係委員會決定及監督選舉之進行。檢察長之設置，係負責調查被指稱的不公平勞工措施，並向聯邦勞工關係委員會起訴。而聯邦服務僵局陪審團係負責談判僵局之解決，一如其原來所擔任者。

(四) 高級行政主管職位

　　高級行政主管職位（Senior Executive Service）係為在聯邦政府高階層處理行政計畫之公務員所建立之新人事制度。此種人事制度係自1979年7月13日開始生效，經試行五年後，於1984年10月10日國會正式通過對高級行政主管職制度作成「無限期存續」之決定，並修正若干規定，由雷根總統於同年11月8日簽署公布為法律。

　　高級行政主管職制度之職位範圍，包括一般俸表第16、17、18職等，及主管俸表第4、5等，或不需要參議院同意而逕由總統任命之相當職位在內。其任用方式有四：

1. 永業任用人員： 即必須根據功績制度由具有公務員任用資格者進用，此等人員進用不得低於高級行政主管職總額85%。

2. 非永業任用人員： 即不超過高級行政主管職總額10%，及各該機關高級行政主管職員額25%情形下，可不經功績程序自行選用。惟此等不受保障，隨時可予以黜免遷調，且無申訴權利。

3. 限期任用人員： 任用期限最多三年，期滿即行解任。

4. 限期緊急任用人員： 指機關為因應無法預估之緊急事務而任用之人員，任期以不超過一年半為限，期滿即行解任。前述3、4類限期人員之進用，不得超過高級行政主管職總額的5%，且須經人事管理局之核准。高級行政主管職位約有7,700個（Cummings & Wise, 2005: 489）。

肆、日　本

一、國家公務員法

　　日本政府於1947年10月制定「國家公務員法」，即中央公務員法和1950年12月制定「地方公務員法」。國家公務員法屢經修改，與人員選任有關者為：

(一) 公務員分為一般職與特別職兩類。一般職即常任文官，須經考試及格後任用。特別職指政務官與特任官等。由於郵政民營化及國立大學法人化等原

因，國家公務員人數已大幅減少，目前特別職公務員為29.9萬人，一般職公務員為28.5萬人至於地方公務員為273.9 餘萬人（人事院2016年次報告書）。

(二) 公務員制度以「民主」及「效率」為目標──公務員法第1條即規定「保障公務之民主及效率之運作」。此亦為民主型人事制之基本原則。

(三) 人事主管機關──人事院隸屬於內閣，而與各機關平行，內閣雖管轄人事院，但除了人事官之任命權及人事院總裁之任命權外，內閣對人事院並無特別支配之權限，可見人事院地位頗具獨立性。

(四) 規劃職位分類──依據公務員法第29條至第32條規定，人事院規劃職位分類。但職位分類法制在1950年代已規劃完成，惟因國債因素，迄今尚未正式實施，故日本人事制度仍以品位分類制為主。

(五) 確立「功績制」之原則的進用及任使，係經公開競爭的考試及「能力」與「服務成績」。公務員遵守「行政中立」的原則，身分與地位受公務員法保障。公務員制度之適用，基於平等處理原則，不因性別、信仰、社會地位、門第、政治意見不同而有差別。為健全公務之推行，須謀求增進工作效率（詳見圖6-5）。

二、任用原則

公務員之任用主要還是經過考試，以功績主義及平等處理為原則。但日本社會極重視家庭情誼及年資聲望；政府機關任用制度亦受家庭人情等因素影響。

日本政府用人方式受兩項因素影響，即所謂「終身僱用制」與「年功序列制」，前者與歐美文官「永業制」不謀而合，後者（年資因素）則與功績體制似有出入。但日本是個能融匯傳統與維新的國家，故公務員法強調的功績原則能被尊重而行之有效，嚴格的考選，依能力與服務成績任用，密集有效的訓練培育，使年資因素與功績原則並行不悖。公務員能受保障與照顧，這是任用制度與其他人事措施相互配合之成效。

公務員之考試是日本人事院及其各地方事務所為不特定之機關所舉辦之考試，稱之為一般採用考試。以國家公務員考試為例，可分為大學或研究所畢業

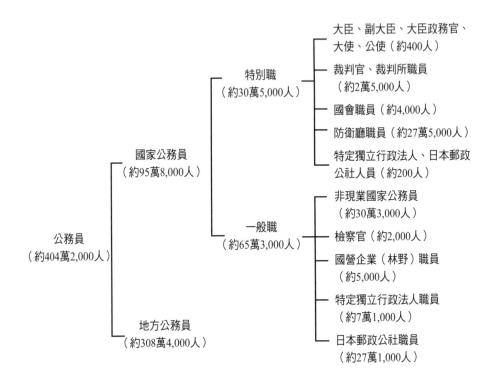

圖6-5　日本公務員種類與數目

資料來源：http://www.soumu.go.jp/jinji/jinji_02a.html。

報考者以及高中畢業報考者兩大類，前者又可細分為總合職、一般職及專門職（如皇宮護衛官、財務專門官、國稅專門官、食品衛生監督員等）三種，後者則區分為一般職及專門職（如皇宮護衛官、刑務官、稅務職員、入國警備官等）兩種。另外，中央與地方政府也有「經驗者採用」考試，讓有社會工作經驗者以不同的考試方式從中途轉職進入公務員體系。

在國家公務員任用上，尤其是總合職（舊I種）考試及格者，更是高級文官的搖籃。另外一提的就是筆試合格者，還得經各機關面試後才會被任用，尤其是高級文官因此更容易形成少數學閥主導。而國家公務員的新任者，則會接受研修、試用，再正式任用。然而近幾年來由於對公務員的印象變化以及少子化的影響，報名公務員考試者則有減少的傾向，以2022年的國家考試為例，除了總合職的錄取率還維持在9.1%的高競爭，一般職的行政職錄取率已是

25.7%，而非行政職更高達46.8%。[4]

三、人事主管機關

(一) 人事院

　　人事院的組織體系，可區分為「人事官」與「事務總局」兩層級。人事官三人，其人選由內閣提名，經國會同意後任命，其中一人由內閣任命為「人事院總裁」，綜理院務，出席國會，為內閣之人事幕僚長。人事官任期四年，最長不得超過十二年。人事官之資格條件極優越，對功績制及人事行政有專門知識及見地，年齡在35歲以上，無犯罪紀錄，最近五年不曾出任政黨幹部或選舉官員，且其中兩人不得屬於同政黨或同學院畢業者，人事官退職後一年內不得任命為人事院以外之官職（公務員法§5-7）。人事官屬「特別職」（政務官），是人事院決策者，執人事政策之牛耳，其地位崇高，實為維護人事決策者之超然與公正形象（不受黨派或政潮影響），而非顯示人事院之獨特超強地位。

　　人事官之下設有事務總局，係人事官會議的執行機構，處理人事院實際業務，員額700餘人，置事務總長一人，輔助人事院總裁並執行人事行政職務，及指揮監督人事院職員。事務總長之下設總裁秘書及事務次長各一人，考試委員若干人，局長五人。

(二) 內閣人事局

　　日本政府於2014年5月30日成立「內閣人事局」，該局設局長、次長、企劃調整課及參事官等，職員約50餘人，內閣總理大臣對各行政機關之人事管理方針、計畫等，掌理其保持統一所必要之綜合調整事務，其主要人事職權包括：1.統籌協調各機關之人事管理方針與計畫；2.管理各機關之人事紀錄；3.掌理公務員效率、衛生福利、服務等事務（許南雄，2016：222）。

4　〈【2023年】公務員試驗の難易度・合格率・倍率は？難しい理由を解説〉。《Agaroot Academic》，2023年2月27日，https://www.agaroot.jp/komuin/column/difficulty-level/。

伍、德　國

一、優秀的文官

　　德國文官在十九世紀素有「幹練、不腐化、有目標」的美譽。德國公務員的甄選以專業訓練及知識為基礎。而高等教育通常是較低階級所不能企及，因此，高級文官常侷限於高階社會的子弟，他們認為表現自由或民主觀點的公務員危及他們的地位。結果，公務員發展成一保守的階級制度。但正因為他們的優秀背景，公務員受到一般民眾的景仰。高層級文官似乎為最好的典型，再加上行政體制本身井然有序的特質，吸引了大多數的德國人。因此，一般而言，德國人允許行政人員具有執行大權。

　　在威瑪共和時期（1919-1933），曾嘗試以自由方式甄補文官，結果文官素質降低。納粹時期（1933-1945），對效忠新政權有疑問的文官加以解職，對於甄補也詳予控制，納粹時期的文官也是素質低落。第二次大戰結束，一度解除納粹文官制度，而加以重建。在第二次大戰後的不穩定時期之後，文官的一般品質與能力有穩定的改進。

二、1981年聯邦文官法

　　目前的文官職位係由1981年的聯邦文官法（The Federal Civil Service Act）（1953年制定，1961、1981年加以修訂）所規定。本法將文官分為四級：(一)簡易職（低層級）；(二)中級職；(三)上級職；(四)高級職（文官法§16-19）。其所需之學歷約略為小學、初中、高中與大學以上，這是品位分類制。而再將上述區分分別跨列職等，即簡易職第1至5等，中級職第5至9等，上級職第9至13等，高級職第13至16等。每職等又分9至15個俸級，既便晉升支俸，亦便任使管理。此等分類方式已融入職位分類制精神。

　　上述四個層級公務員考試區分為初任考試與升等考試兩種。以高級職為例，大學畢業生參加初任考試及格後參加職前訓練二至三年，再參加考試。由上級職參加升等考試而成為高級公務員，其條件為任職八年以上，參加在職訓練一至兩年半，經升等考試及格後晉升為高級職。通常應考高級職而錄用者，

大多數來自大學法律系畢業生，其次為大學財稅、社會、經濟系畢業生，其次為大學物理、化學、數學系畢業生。考試分筆試、口試兩階段。高級職公務員之考試由聯邦政府組成「考試委員會」統一辦理，而其他各級公務員之考試則由各機關自行辦理，惟考試結果須經聯邦人事委員會承認。

　　傳統上，要成為一個高級文官，法律的訓練是必要的，現已擴及包括政、經學位，文官階級的組成人員也多少寬闊些。大部分的選任人員仍為富豪或文官子弟，階級的偏見仍然存在，很少高級職位係從低階層升遷的。居於高級職位的，正常的情況是一進去就直接是高員級的。因而，唯有受過高等教育的，才能獲得高級職位。

三、文官訓練學校

　　德國有一文官專業訓練的「行政學院」以及地方行政學校。行政學院原先是法國在其占領區斯佩宜爾（Speyer）所設立，該校現在服務於整個聯邦共和國，其費用由聯邦與各邦負擔。年輕的文官候選人通常要在這裡受訓三或四個月，期間介於初試與複試之間。他們修習歷史、政治學、經濟學以及公共行政原則。此外，他們有機會訪問政府機關，並結交來自各地的同僚。1977年9月又核准成立「聯邦公共行政學院」（Fach-Hochochule Des Bundes Fur Offentiche Vewaltung, Federal College for Public Administration）。該院於1979年招生，學生均具臨時公務員資格，全部課程需三年，除校本部外，有十個分校，結合教學與文官訓練。

四、人事主管機關

　　1953年制定聯邦公務員法，始於第四章專設「聯邦人事委員會」（Der Bundespersondal Ausschuss，1953-迄今）。聯邦人事委員會設立的宗旨係「為期公務員法制之統一實施……於法律限制範圍內獨立行使人事職權」（公務員法§95），見表6-4。

　　「聯邦人事委員會」的組織，依據「聯邦公務員法」第76條之規定：
(一) 聯邦人事委員會由正委員及副（代理）委員各七名組成。

(二) 聯邦審計部部長及聯邦內政部人事處處長為常任正委員，以前者為委員會主席。非常任之正委員由聯邦各部會人事部門主管及其他聯邦公務員四人組成。副（代理）委員為聯邦審計部及內政部各指派聯邦公務員一名，其他聯邦各部會人事部門主管一人及其他聯邦公務員四人。

(三) 非常任之正委員及副（代理）委員由內政部部長之簽呈任命。其中，正委員及副委員應各三人，經所屬工會之最高機構提名，以委派方式任用之。

德國聯邦人事委員會的委員計14名。其中，正委員包括聯邦審計部部長（委員會主席）、內政部人事處處長、其他機關人事主管與四名聯邦公務員；副委員係各機關推派之公務員代表。上述委員之任命，係由內政部部長呈報總統任命，任期四年（許南雄，2016：184）。

五、文官的政治色彩

文官服務法要求官僚為人民之公僕，並非為任何政黨工作，應公正的執行職務。他們適用該法，並須支持民主秩序。他們的行為須為人民的楷模，被期望嚴謹的生活，使人敬仰，並信任其專業。從各方面觀之，他們都能嚴守這些要求，在聯邦與地方行政機關，都很少發生餽贈、賄賂及其他不當的行為。

德國係第一個負起公務員執行職務錯誤行為責任的國家，部分的原因可能是早先普魯士時代比其他國家擁有各種國營企業的緣故。無論如何，現在憲法承認此項法律責任，並授權行政法院，類似法國的處理類似案件。

英國限制加諸文官政治活動以確保他們的中立，這樣文官方可不隨政黨進退，不論哪一黨執政皆可獲信任而繼續服務。然而，德國像法國，行政與政治並無儼然的劃分，公務員可自由進入全國政治界而無須辭職，競選公職成功者僅暫離職位。當他們不再是民意代表時，可以申請復職。進而，不可阻止公務員參與邦與地方層級的政治活動。在大部分的案例，當選邦議會議員之地方公務員僅暫離崗位，他們有權復職，因為有復職權，公務員趨向於繼續的為文官會員。

由於行政與政治界限的模糊，某些部長要求文官代他們出席議會，或答覆質詢。此外，他們常要求文官參與委員會的討論，甚至簽署不重要的命令。如此情形使人難以明顯區分部長與文官的責任。因為有些部長未親身詳細考慮政

策，公眾有時就將砲火對著文官。

　　1967年，政治妥協組織大聯合政府（The Grand Coalition），在大行政部門設置政務次長（Parliamentary State Secretary），上述情形有了轉變。政務次長，類似英國的Junior Minister（必須為國會議員）。他們的主要任務係協助部長在聯邦議會接受質詢，而為行政責任的一個要素。因而永業的文官有點像英國的事務官，不必參與政黨政治（Rasmussen & Moses, 1995: 465）。

　　德國行政部門的人員全為永業性文官，當然，部長是政務官，每一部長任命一位常務次長（有些部門有兩個）。常務次長等於英國行政部門的永久性首長，雖然常務次長常從高級文官晉升，但是不必受到嚴格任用法的限制。

陸、俄　國

　　蘇聯解體後，俄國的「公務員」制度正在建立之中，「公務員」的概念逐漸取代原有的「幹部」制度。儘管「幹部」這一概念仍在普遍使用，但其內涵已和過去有所不同。它所包含的範圍已大大縮小，主要用來指在國家權力機關中工作的公職人員和一部分國營事業單位的管理人員。大部分經濟企業家、文化機關、教育、衛生、科技的人員也脫離幹部序列，尤其是出現了一個私有者階層和職員階層，他們與幹部人事制度已經沒有什麼聯繫。國家公務員制度的建立如下所述（葉自成，1997：182-185）。

一、選舉制取代傳統政治幹部制

　　選舉制是俄國產生政治領導人的基本方式。俄國總統、聯邦各主體的地方行政長官、聯邦議會及其地方各級議會的議員，都按照競爭、公民直接投票選舉、任期制的原則產生。俄國在1991年6月通過全民選舉產生了俄國歷史上第一位國家的最高領導人；1995年12月進行了俄國議會上議院和下議院議員的直接選舉；1995年12月又進行了聯邦下議院的第二次直選；1996年6月至7月進行了第二次俄國總統的全民直選，這在俄國歷史上都具有重要意義，是其政治制度的重大標誌。

二、總統辦公廳與國家培訓總局

俄國總統及其辦公廳握著人事政策的決定權。俄國總統透過頒布總統命令的形式，決定俄國人事制度的基本原則和基本方針，甚至規定國家機構中工作人員的數量和工資。例如，1993年10月27日，葉爾欽簽署總統令，對俄國國家反壟斷政策和支持新經濟結構委員會的人事制度下達命令，規定該機構人員總數為3,100人，並規定了該委員會領導人、專家和地方管理人員的職務工資，以便穩定在該機構工作人員。

在俄國總統辦公廳，設有國家公務員培訓總局，對國家公務人員的具體事務進行管理。尤其是總統直屬的幹部政策委員會，在總統決定幹部政策方面具有重要作用。該委員會成立於1993年，由三位主席領導，他們是總統辦公廳主任菲拉托夫和政府第一副總理索斯科韋茨和舒梅科。總統直屬的幹部政策委員會下設司法幹部委員會、駐外幹部委員會及最高軍銜和軍職委員會，其主要職責是從事預先評定幹部的工作，蒐集有關俄羅斯幹部及其職業培訓的資料。這一機構的作用相當於「去蘇共」中央組織部、幹部和中央行政機關部的作用。

由於總統和總統辦公廳在幹部決策上有主要作用，因此總統辦公廳所屬各機構的公職人員也成為俄國中央政府主要領導幹部的儲備庫，很多人因此從總統辦公廳機構調升為部長職務。

三、聯邦國家機關條例

葉爾欽不僅直接領導總統下屬的國家公務員培訓總局，而且頒布了一系列命令，推行國家公務員制。1993年12月22日，葉爾欽簽發了聯邦國家機關條例。這是俄國推行公務員制的重要文件，不僅規定國家機關必須服從法律、接受社會監督和不帶任何黨派政治色彩，所有俄國公民都擁有在平等基礎上競爭進入國家機關的權利。該條例已將在聯邦代表權力機關、執行權力機關和司法權力機關工作的人員視為聯邦國家機關工作人員，並按公務員制的原則對他們的個人責任、職業素質、權利、社會保障以及職業技術考試、評定、試用等具體問題作了規定，並明確提出實行公務員制通行的官階制。

四、聯邦國家公務員原則法

葉爾欽在1995年7月31日簽署了「俄羅斯聯邦國家公務員原則法」，明確規定俄國國家機關的法律基礎和公務員的法律地位。這一文件指出，俄聯邦法律規定的制度，履行國家機關公職人員職責，由聯邦預算和相應的聯邦主體預算支付工資的俄國公民為國家公務員。國家公務員劃分為「甲」、「乙」、「丙」等三類。國家公務員將透過考試或鑑定評定等級。俄國將建立統一的國家公務員人事制度，稱為國家公務員名錄。國家公務員應每年向國家稅務機關申報屬於個人的收入和財產。法律規定，國家公務員無權從事有償工作，但從事教育、科研和其他創作性工作以及擔任俄聯邦和俄聯邦主體代表機構及地方自治代表機構的代表不在此列。公務員無權親自或透過委託人從事經營性活動，無權在國家機關內充當第三者的委託人或代表人。

五、國家公務員學院

為推行國家公務員制度，俄國還建設了國家公務員學院。葉爾欽總統在1995年9月曾親臨該學院對師生發表有關公務員制度的講話，把對俄國的幹部制度和公務員制度進行重大改革作為在俄國鞏固民主制度的任務之一，認為如果不同時改革幹部制度，任何改革都要失敗，蘇聯崩潰的原因之一在於其幹部制度破壞主動，壓制自由，失去了管理國家的能力。這也使得俄羅斯在獨立之後也面臨嚴重的管理幹部的危機。因為在許多部門，實際上還是由過去的蘇聯幹部按照老一套在管理，只有三分之一是1991年後入各級權力機關的。這使得在俄國建立和實行國家公務員制度極為迫切。

第四節　監督控制

對於政策執行機關的控制，各國的情況不同。英國著重行政裁量與財務的控制；美國著重政治的控制；法國著重經由行政法院系統的控制；德國則一般人對德國的文官有較好的印象，故很少論及此一問題；而俄國則仍未完全脫離威權體制的監督。

壹、英　國

對於政策執行人員的控制，英國著重財務與行政裁量的控制。財務控制已在人事機關的設置提及，不再累述。本節僅探討行政裁量。

一、監督的必要

行政人員在履行職務時，在某種程度上必須作決定。政府在經濟、社會方面的活動增加，也擴張了政府在這些方面的權力。國會所通過的法律只是原則上的規定，有關細節則委任行政機關制定，然而委任立法產生了兩大問題：(一)如何提供適當的監督，使行政機關法規制定權的運用符合法律規定；(二)如何確保人民的權利不受行政法規的侵犯。

近年，委任立法的需要不斷增加，因為國會會期甚短，有關行政細節問題不可能逐一加以詳盡的規定；而且現代的立法事項常涉及技術問題，無法在議會討論上作有效的辯論；再者，在廣泛複雜的改革範圍中，不可能預測到所有可能的狀況，在細節上必須富有彈性，根據實際狀況隨時改變，所以國會立法只作原則上的規定，可以有較大的變動性，以避免錯誤及不合時宜的規定。

二、監督的方法

英國對於立法沒有憲法上的限制，為了避免行政機關制定的法規脫離原有的立法原則，或侵及人民的權利，而英國法院又不具有司法審核權，所以英國需要建立委任立法的監督。其方式是：第一，只有當法律授權時，行政機關才能制定法規；第二，部會所制定的法規必須由部會首長批准；第三，部會須設置顧問委員會，在制定法規之前，先諮詢顧問委員會的意見。所有部會關於經濟、社會方面的法規都設有顧問委員會，但諮詢的實際效用如何，則端賴部長對其信任的程度，以及委員會各利益代表的影響力而定。最後，國會對於已制定的法規，可以在四十天內宣布法規無效。實際上國會很少採用這種控制方法。平民院法規會（The House of Commons Select Committee on Statutory Instruments）負責處理有關法規事宜，並批評各部會的法規，法規會委員本身

並不能宣布法規無效，但可提交平民院注意，並幫助平民院作決定。行政機關若故意規避這種行為，將會引起國會的不滿。

由於委任立法的需要逐漸增加，有時可能侵及個人權利。為解決機關之間的衝突及個人認為其權利被侵犯時的申訴，各部會皆設有行政法庭（Administration Tribunal）。行政法庭由擁有特別經驗，或經過有關訓練的專家組成，其程序不像一般法庭如此正式，手續較簡便，進行快速，費用負擔也較輕。

然而行政法庭的設置卻遭受許多批評，反對者認為行政法庭並未依一般法院的程序規則進行，例如，在行政法庭中，無法反告證人，對於證人的評論無法反駁，因此無法證實自己的情況。再者，行政法庭成員由部會首長任命，其公平與否令人懷疑，評事自己蒐集證據，對行政部門較有利，而對人民不利。行政法庭在判決時，也常無法兼顧人民權利的保障與行政效率。對於行政法庭的批評，國會接受了某些意見，在1958年通過法庭及調查法（The Trobuals and Inquiries Act），規定行政法庭裁判的方法，並作了程序上的改革，對某些法律作司法上的仔細查覈，並設置評議會，負責30個行政法庭的工作報告。

三、監察長制的設置

歷經改革之後，仍有人對行政法庭制度不滿，甚至認為英國自古以來的自由，被強而有力的行政機關摧毀。1967年英國決定採用斯堪地那維亞和紐西蘭的監察長制（Ombudsman），或是國會行政委員（Parliamentary Commissioner for Administration）（Peele, 1995: 458-472）。

監察長的權力較受限制，國會的官員只限於調查國會議員所提出之案件，調查之後向國會提出報告，但有關地方機構、國營事業、國家利益、外交關係等事項不在受理範圍之內。

最初監察長的權力只限於處理不良的行政行為，對於合乎適當程序裁量不得過問。平民院且成立一特別委員會監督他的工作情況，根據委員會的報告，監察長曾在1968年擴大其權限，不但調查所有「惡劣顢頇」（Thoroughly Bad in Quality）的行政行為，而且不論案件是否合乎申請規則，只要認為有刁難、不公平的現象都加以調查，並審核行政機關是否改進，以免再次發生類似的情

形。即使這種權限的擴張，仍有人抱怨監察長已經超出其原有職權，在其調查的案件中，只有10%至13%的控訴案屬於「不良的行政行為」。

　　英國監察長的權力有限，對於行政裁量權的濫用無法有效的防範。監察長權力的加強，或再增設其他新機關以強化對行政裁量的控制。這些改革雖然有限，但確實添加了監督的效用，增加了行政機關的責任。

貳、法　國

一、行政法的監督控制

　　在法國，試圖要求行政人員負責的方法，是經由行政法或行政法院來發揮控制的效果。然而，此處要強調的是，利用這種途徑是為了防止或修正行政權力的濫用或者惡意攻訐，而不是對於行政過程中政策形成面的控制。也就是說，所謂對於行政人員的監督較傾向於個案處理，而非對政策選項的普遍事務作監督。

　　法國的行政法是有別於一般法律的另一個獨立體系。行政法決定國家公僕的權利與義務，同時也決定人民與行政機關的權利與義務關係。形成這種體系的基本哲學是完全不同於英國的「王不能為非」的觀念。從法國的觀點，國家是一個責任體，而它的行政人員僅是國家機關的工具而已。因此行政人員不能以個人身分對錯誤的行為負責。所以，一個特殊設立的法院——行政法院，便用來審理行政法的案例。法國的行政法所涉範疇極廣，行政法中除有關於國家及所屬機關損害人民權益應負的責任規定之外，還有其他種種規定，如關於行政命令的效力，行政人員越權損害人民的救濟辦法，私人蒙受公務損害請求賠償的給與，以及政府人員公私行為的區分等（羅志淵，1991）。

　　這種制度似乎是源自於法國大革命以及大革命前的事件。縱使是舊的制度，也為法院難以忍受的規定所苦。伴隨著大革命而來，所有的政黨一致認為法院將會是新制度的絆腳石。這些作為與法國人所瞭解的孟德斯鳩（Monterquieu, 1689-1755）對分權的解釋是一致的。也就是說，法院不得干涉行政行為。從理論來說，在這種哲學之下，政府可以為所欲為而無須顧慮普通

法院所施加的壓力。但是，在數十年之後，法國人卻以確定的程序及持續的法律體系來指導他們而發展出行政法院的一套組織結構。這樣的組織結構使得政府能夠為他們的行為負責，同時也保障了個別公民免於遭受過當的行政措施之害。

行政法院的作業與普通法院不同。當一個人感受到行政行為侵害時，他可以提出訴願，指出行政過失之處，並詳述所要求之救濟。於是行政法院的功能就像是一個調查委員會，目的在確定事情的真相。由於訴願的法律觀點是由法院來確認，訴願人便不需要僱請律師。等到所有相關資料蒐集完畢，法院宣布判決，爾後法院方據此決定行政人員在此案中的行為是否無效。

這種制度的好處是，縱使敗訴，所費亦不多。因此，即使是沒錢的人也會儘量爭取對於行政失當之救濟。行政法院秉公斷事的精神一直享有極高的聲譽。事實上，很多人覺得行政法院的判決比普通法院來得公允。然而，行政法院卻漸漸失去原有的一項優點，那就是審理案件的速度愈來愈慢。從訴願到判決差不多要經過兩年的時間，這樣的拖延已不是罕見的現象，特殊的案例更是如此。

這種制度的影響被侷限在行政法院只適用於行政行為，而不適用於政府行為。行政機關的行為只有在下述四種情況下失效：

(一) 行政機關或行政人員對於正在討論的問題無權作決定。

(二) 所規定的程序形式未被遵守。

(三) 權力被誤用（即法定行為的目的並非法律所預期的）。

(四) 法律有所缺失。

簡言之，行政法院不可對法律加以挑戰，只能對其所實施的方式提出異議。但是，近年來判決已有擴大評議範圍的趨勢。在判例中較強調案件的價值，而不是判決的技巧。然而，行政法院保障人民自由的功能仍然受到限制，因為在行政法庭內不能對法官及警察的行為提出挑戰。舉例來說，逮捕與搜索就不在行政法院的管轄範圍之內。由於近年來政府已涉入普通法庭適用的範圍（如國有化及保護財產權等），所以民事法與行政法的界線便愈來愈不清楚。例如，政府侵犯了財產權或者公共自由，這個案件便要交由普通法院來管轄，對於案件的管轄若有問題，則交付衝突法庭（Court of Conflict）解決。

二、行政法院

　　行政法院體系的最高機關是中央行政法院（Council of State）。成員約有200人，區分為五個廳。五個廳之中只有一個與司法業務有關，其他四個廳則針對行政問題向政府提出建議。然而它所提出來的意見對於訴訟廳並沒有拘束力。中央行政法院的信譽多半來自於司法廳，儘管此機構的人員是經由司法部長推薦而由內閣任免的，但在處理事情時，中央行政法院似乎能免於行政成見，即使有所偏見，也是著眼於保護人民的利益。

　　中央行政法院的評事並沒有固定的任期，通常是終身職，除非是違法瀆職。國家行政學校畢業的佼佼者是中央行政法院評事的主要來源。除此之外，有極小部分人可以被任命為期一年。他們都是在特殊的領域中學有專長的專家。這些人可能成為整個中央行政法院注意的焦點。每一個部為了要維護自己的利益，當部在討論有關事務時均會諮詢中央行政法院的意見。

　　假如行政自由裁量權受到挑戰時，中央行政法院將會要求有關部會說明原因，並且蒐集該案的資料及檔案。凡是保留給行政人員的自由裁量行為，中央行政法院會盡力確保行政行為是合理的。中央行政法院是決定行政人員是否濫權之最後裁判機關，儘管中央行政法院工作困難，但已能平衡行政人員與人民的關係並獲得他們的信任。這樣一個被授權來補償、救濟人民的機關，將有助於使行政人員更加負責。

　　1954年以前，中央行政法院審理大部分行政訴訟案件，而輕微的案件則由地方行政法院來審理。就在1954年司法管轄權有了激烈的變革。大部分的訴訟案件現在都已經交由地方行政法院審理，一共有31個，另外有特別行政法院，如財政方面的審計院（Court of Accounts）、教育方面的國家最高教育會議（Superior Council of National Education），但是中央行政法院仍保有控制權，對於上訴案件必須由他們來審理。同時中央行政法院對於牽涉到數個行政法院的案件時，可以使用其裁量權，指定其中之一的行政法院來審理。此外，中央行政法院亦受理有關公務人員重要權益爭議的第一審工作。

　　中央行政法院的其他四個廳，其主要的工作是：當內閣諮詢其意見時提出自己的看法。有些事務，例如，內閣送交國會的議案、行政法規、非立法性的訓令等，內閣都有義務要詢問中央行政法院的意見。自從1945年以來，中央行

政法院享有率先領導內閣注意他們認為需要改革的立法或行政方面的事務；但是誠如上面所提到的，中央行政法院的諮意對內閣或司法部門是沒有拘束力的。換句話說，中央行政法院的威信是建立在政府不斷的接受它的意見。因此，有許多人將中央行政法院視為是制衡命令權濫用的一股力量。

行政法院與普通法院系統相比較，有下列三種獨特之處：(一)從性質上說，它是一個行政機構，其成員並非司法官的職銜，而是行政官吏，中央政府可以隨時解除其職務或調動工作。(二)從審理的法律依據來看，行政法院裁決案件不是根據普通法院所使用的民法或刑法法典，而是根據行政法院自身所形成的判例，尤其是中央行政法院判例的累積，於是在適用實際案件上較具有彈性。(三)從職責範圍來看，它不能干涉和解釋法律，對行政措施所作的任何解釋，都可以被一條新制定的法律所廢棄（洪波，1993）。

大體而言，行政法院用以審理人民控訴政府機關的訴訟案為主，普通法院以審訊人民相互之間的訟爭及國家與人民之間的刑事案為務，但難免有些案件，其管轄權之歸屬，頗有疑義。法國為因應兩系法院管轄權的劃分之需要，乃設有職權劃分法院，以解決職權上的衝突問題（羅志淵，1991）。

三、監察長制的設置

1973年，法國亦設立了監察長（Ombudsman），任期六年。2011年，擴大職權，稱「權利護衛者」（Défenseur des droits）（Ombudsman網站）。或許有人會認為在法國的行政法系統之下，這種職位並不像英國如此需要。然而，法國人在某些案例中，已經有機會直接免除不良行政之害，甚至不必經由行政法院準司法性的程序來獲得救濟。一般法國人對於行政人員有所埋怨並不能直接找監察長，而必須先與國會議員取得聯繫，由這位國會議員來決定該請求案件是否有足夠的價值經由監察長來處理（Rasmussen & Moses, 1995: 337）。

參、美　國

一、行政機關形象不佳

　　美國人對於行政體制並未存有好印象，幾乎人人都要求監督行政機關，甚至進一步要求改進或改革。2003年3月1日，美國政府成立了國土安全部，以作為2001年9月11日恐怖攻擊事件的亡羊補牢之計。可是在十八年前（2000年），布希競選總統之時，布希大肆批評聯邦政府太臃腫，沒有效率，並且浪費太多，對柯林頓政府的批評，「他們不是政府改造（Reviewed），只是改組（Reshuffled）」。在2004年布希總統競選連任時，他攻擊他的對手民主黨總統候選人凱瑞（John Kenny）的行事作風，一如華府老官僚的心態，正如布希2000年攻擊他的民主黨對手一樣，似乎攻擊行政部門較易獲得選民支持（Cummings & Wise, 2005: 464）。

　　由2004年總統競選，聯邦行政機關遭受各方的抨擊，可看出若是要揭發社會病態，行政機關和行政人員將是備受攻擊的焦點之一。雖然字典上「行政人員」（Bureaucrat）是一中性字眼，它的意思雖是執政人員（Administrator）而已，但它的言外之意早已超過此一意涵。行政機關和行政人員的意義，對某些人而言，指的是一群自以為重要、但卻毫無效率、器識窄小而又深陷官樣文章的政府官員。行政機關一旦設立後，就會像「帕金森定律」（Parkinson's Law）中所述的：一件工作的完成，會拖延到能填滿完成此項工作所有可利用的時間為止（1957: 2）。

　　雖然評語是如此惡劣，但每一政府，無論中央、州或地方，均需要公務員。許多政府方案是高度複雜，需要專門技術人員加以管理的。此種狀況下，許多政治科學家寧願以「公共行政」這一字眼來描寫行政機關的過程；以公務人員來代表行政人員。畢竟，這些被指責為官樣文章的行政人員，仍然完成了許多偉大的工作，例如，美國國家太空總署（NASA）把人類送上了月球；田納西流域管理局（TVA）帶給美國無數的活力。

　　批評政府的情緒，可追溯自新政時期（New Deal, 1935-1938）的社會福利方案。社會福利方案急遽地擴展了政府在人民生活中的地位。三十年以來，共和黨和保守人士不斷地抨擊社會福利方案及聯邦政府極力的集中。1964年總統

選戰中，共和黨候選人巴瑞·高華德（Barry Goldwater）責難：在不斷地接近集權主義的路程中，……政府已變成主人而非僕人。權力正聚集於白宮，而遠離城鎮、郡、都市和州。我們必須在聯邦官僚能主宰我們之前，先行控制他們（New York Herald Tribune, 10. 1. 1964: 8）。

1960年代末期，民主黨的自由派及新左派人士也開始支持此種看法。因此保守人士和自由派人士聯合起來反對龐大的聯邦行政體制。1968年大選年，民主黨總統候選人羅伯·甘迺迪提倡將經費回流給社區，而不要給無效率的、疊床架屋的和專制的聯邦行政機關。

某些學者，例如，彼得·杜拉克（Peter F. Drucker, 1969: 220）認為現代的政府已變得難以管制。他並認為因為行政人員的僵化與無能，政府已無法有效執行其工作，今日已沒有任何一個政府能控制某行政體制和各個行政機關。政府中的各個機關具自主性，自己決定目標，受自我權力慾、自以為是和自我狹窄的觀點所指引。也許這些批評是稍微過分些，卻可引發一個相當重要與有意義的問題：在現代的社會中，行政人員應扮演何種角色？人民不斷地向政府要求服務，例如，社會安全、醫療、教育、住宅等，使得這種形式的政府是不可避免了。

傳統的行政體制概念，發展自德國社會學家韋伯（Max Weber）。他認為行政體制是一嚴格的層級結構、權威命令和法規系統。在韋伯的眼中，行政體制因為專業知識而掌握權力。政治性的統治者在專業知識上，無法與行政體制一較長短。

十九世紀的美國，行政體制的技術能力並未受到如行政體制政治性的同等重視。民選的官員常常以公務員職位作為其支持者的酬庸。十七世紀末期的文官改革運動是以功績制（Merit）來取代政治性，以作為甄補公務員的標準。

二十世紀的前三十年，公共行政的古典理論植基於此項改革運動。正如瓦爾多（Dwight Waldo）所顯示的，早期的公共行政學者認定「政治和行政是分開的」和「政治不應干涉行政」。然而，今日的政治科學家承認政治和行政是不可分的，而且行政的決策包含了政治選擇。因為行政在決策上有很大的裁量權，造成了一個正如謝爾（Wallace Sayre, 1958: 105）觀察到的問題：如何使行政受到公眾的控制而能對公眾負責，也就是如何調和行政機關與民主的問題。

　　因為公務人員不是民選產生的，因此不受選民的直接控制，屬永業性的，有時更成為一個獨立的權力中心。總統或國會能夠控制它嗎？在民主國家中，這是一個嚴重的問題，畢竟，民主國家的行政機關必須要對人民負責。另外，行政機關濫用它們的權力或誤用行政人員的情形也相當嚴重——尤其是誤用警察與情報機關去對付政治上的競爭者，最明顯的例子就是1973年的水門案。雖然，行政機關在法律執行與管制的功能上，必須要對人民負責，但在某種程度上卻必須是獨立的。如果行政機關過分反應人民的意見，那麼它將為各種的壓力所困惑。

　　行政人員必須講求效能，否則政府將無法解決各種問題。例如，一項防制污染方案的實施，雖然增加就業機會，但是卻無法防止煙霧。這項方案就是失敗的，而且無端增加納稅人的負擔。依公共行政的新理論認為，行政機關是為了服務民眾而設計的，必須對人性需求和社會不平具敏感性，行政機關的首要目標既非效率也非經濟，而是影響和實現更能改善所有人民生活之平等性的公共政策。

二、重組機關

　　不過，歷任美國總統還是加強對行政機關的控制，甚至改革，其方式是在尋求重組聯邦的行政機關，以使總統更能緊密地控制行政部門，以及使決策權握於聯邦政府較高層級的官員手裡。國內委員會（Domestic Council）和管理預算局的設置，就是這種努力的結果。

　　美國總統在行政體制的形象，就如同一位船長領導著全然陌生的水手，總統總是設法控制下屬的行政人員。甘迺迪總統會被外交政策官員的寡斷與拖延所激怒。他說：「國務院像一碗果凍，使得在國務院內工作的人不斷地微笑，我想我們應該收起微笑，變得更正統些。」（Schlesinger, 1965: 406）

　　通常，總統藉由行政機關的重組，來增加他對行政人員的控制。第二次大戰後的首次行政改革是1947年的胡佛委員會（Hoover Commission）。該委員會的正式名稱為政府行政部門組織委員會（Commission on Organization of the Exective Branch of the Government），由前總統胡佛所領導。它的第一次報告在1949年，同聯邦政府提出了近200項的建議。其中的半數獲致採行，大多數

的建議為如何集中權威和精簡組織。

　　1953年，政府成立第一次的胡佛委員會，並於1955年提出報告。由於此次委員會建議聯邦政府去除那些與私人企業相互競爭的活動，造成相當大的政治風波。因此，此次建議的影響力相當小。

　　自從新政時期，聯邦政府可隨時隨地以重組的方式，使決策權能握於各部政策層級的官員手裡，而非較低層級的行政人員手裡。這種作法是假定較高層級的行政人員愈能知曉、愈能反應更大多數人民的利益；而較低階的行政人員往往只反應某一工業或團體的利益。

　　從1918年開始，國會就間接或直接地給予總統重組行政部門的權力。國會於1939年通過一連串的重組法案，使得總統能廣泛的使用這項重組權力。1994年的重組法案，增強了總統的這項權力，在該法案之下，行政機關所擬的重組計畫，除非國會反對，否則在六十天內自動生效。1953年，國會同意了艾森豪政府設立衛生、教育暨福利部。從1949至1972年止，其間的五任總統共提出91件重組計畫，其中的72件生效。

三、以預算控制文官

　　近年來，較醒目的重組計畫為1970年設立的管理及預算局（Office of Management and Budget, OMB）。該局的設立由總統的行政重組顧問委員會建議，設置的目的在於使總統和他的預算人員更能緊密地控制聯邦官僚。OMB是總統幕僚單位之一，經由該局，總統可全盤地控制行政部門。美國聯邦政府的會計年度是從10月1日起至次年9月30日止。每年的春天，行政體制中的各個行政機關就開始著手進行十七個月後才開始實施之該會計年度的預測設計工作。總統的顧問群提出該會計年度的經濟預測及收入估計，然後由總統訂出預算方針與指示。OMB再根據這項方針與指示來審查與研究各個行政機關在該會計年度的預算，然後提請總統決定。經過這些程序，預算於隔年1月送到國會審查。由於各個行政機關均想在有限的預算中多爭取一些經費，因此在各機關戰鬥與競爭中，總統可透過管理預算局有力地控制行政人員。正如衛達夫斯基（Aaron Wildavsky, 1979: 5）所言：「預算位居政治過程的中心」。

　　雖然，美國總統使用管理及預算局或其他的方式來控制行政人員，而各個

行政機關也亟欲獲得總統、管理及預算局或行政部門中的其他機關支持。例如，總統的幕僚單位全要依賴總統，並且當他們迎合總統的意願時，才會比較有權力。美國國家安全會議（The National Security Council）在艾森豪時代是相當風光的，但在甘迺迪時期卻形同虛設，尼克森執政時地位則稍有好轉。

四、監察長制的設置

此外，由於行政體制的巨大，人們感到自己的渺小，每一個人只是一個社會安全號碼而已。行政機關如此的巨大與非人性化，使人們提出的需求得不到行政人員的回應。然而，有幾種方式可牽制官僚的權力。首先，行政機關必須和政治系統中的其他秀異分子分享權力，不僅僅是與其相互競爭的行政機關，而且也包括了國會、法院和政府外界的團體領袖。當行政機關須從私人工業界或其他服務團體爭取政治支持時，它就必須放棄一些獨立性和權力。除此之外，行政機關在某種範圍之內，受到媒體報導的牽制。行政機關惟恐某些不良的事情披露於報端，將引起軒然大波。再者，近年來，公務人員公開揭露他們任職期間所知曉的腐化與貪污情形有增加趨勢。例如，1968年菲茲格勒德（A. Ernest Fizgerald），一位國防部的官員，揭露了C-5A運輸計畫浪費20億美元公帑的弊案。[5]

最後，也有某些內在的制衡方式來牽制官僚。至少在某些範圍內，官僚為其所在的政治和社會系統限制其濫用權力。與其他公民一般，官僚們接受類似的政治社會化，因此行政人員也同樣的尊重個人權利和抱持秉公處理的原則。另一方式為監察長（Ombudsman）的設置，設在聯邦各部會、州、地方行政單位內，並不是每個行政機關都設（Ombudsman in USA網站）。他是官方的申訴表達者，協助公民表達遭致行政機關違法或不當處分的申訴。

祇要政府有責任具價值的權威性分配權力，決定誰得到什麼，則官僚就必須協助去制定和執行那些決策。控制官僚和使其為民服務是美國社會持續不斷的挑戰。隨著時代的推演，新問題不斷的產生，行政機關不斷的被要求加以解

5　Sandomir, Richard (2019). "A. Ernest Fitzgerald, Exposer of Pentagon Waste, Dies at 92." *The New York Times*, Feb. 14, https://www.nytimes.com/2019/02/14/obituaries/a-ernest-fitzgerald-dead.html.

決。美國的政府與行政機關在此種狀況下，如何滿足人民的需求，將是一大挑戰。

肆、俄　國

一、總統經由政府辦公廳監控

　　總統經由政府辦公廳監督政府工作人員。在丘諾米丁（Chernomildin）政府時期（1991-1995），一度出現了總統尖銳批評政府辦公廳主任克瓦索夫（Kvasov）的事件。克瓦索夫生於1937年，畢業於古布金石油化學和天然氣工業學院，曾在石油天然氣系統工作過十九年，後來曾在蘇聯政府辦公室工作，熟悉政府的辦公事務。1993年1月出任辦公廳主任，因此他也擁有一般部長所沒有的影響政府工作實權。例如，主管財政權的財政部費奧多羅夫（Feodorov）甚至不知道政府有過關於建造聯邦會議大樓的決定。克瓦索夫對政府工作的影響力遭到總統辦公廳的批評。1994年6月10日，葉爾欽總統在一次記者招待會上公開指責以克瓦索夫為首的政府辦公廳「貪污受賄，招納了許多應進行審查的人，必須認真清洗政府辦公廳」，並頒布了總統機構和政府機構關係的命令，要求政府機構（主要指辦公廳系統）內的人事變動和立法工作應與總統辦公廳協調。丘諾米丁一度想保留克瓦索夫的職務，但由於政府辦公廳主任屬部長級官員，按憲法其任免權在總統手中，總理只有提名權。因此克瓦索夫還是在1994年1月被葉爾欽免去了政府辦公廳主任的職務（葉自成，1997：159）。

二、總統經由情治系統監控

　　總統利用情治系統，即國家安全委員會（KGB）監督政府工作人員。因此，總統必須絕對掌控情治系統，否則必須改組。

　　1991年5月，俄國成立了自己的情治系統。在八一九事變後，原蘇聯情治系統被俄國情治系統接管。後來，情治系統被分成幾個獨立的部門，即國家安

全部、對外情報局、俄聯邦保衛總局、總統保衛局。在這過程中，尤以國家安全機構的改組變化最大，這從該機構領導人的變化中可看出（五年中就換了六位領導人）。

此外，情治系統名稱的變化也反映出葉爾欽政權對如何改組這一重要機構舉棋不定。1991年5月它取名為國家安全委員會，1991年12月為內務與安全部，1992年1月為國家安全部。其部長拒絕對安全機構進行重大改組，並從葉爾欽堅定的支持者變為政治反對者。1993年7月21日，葉爾欽解除巴蘭科夫的部長職務。同年12月，葉氏認為安全部已經不堪改造，於是決定撤銷安全部，建立聯邦反間諜局，並任命原安全部副部長出任反間諜局局長，把它直接劃歸俄國總統領導。

反間諜局雖然繼承原安全部的機構，但從名稱到內容都不同於原來的安全部。在人數上，從15萬人減為7萬5,000人，其主要職能是發現、預防並制止外國情報機關和組織的顛覆活動，以及對俄羅斯憲法制度、主權、領土完整和防禦的非法侵犯。也就是說，反間諜局的主要任務是對外不對內，在機構設置上，保留原有下屬的反間諜行動局、保衛戰略設施的反間諜活動局、軍事反間諜局、經濟反間諜局、反恐怖局。

但把國內偵察局轉歸總檢察院關押國內犯人的監獄交內務部，把特別行動隊交總統保衛局；在領導體制上，反間諜局不是政府機關，而是總統直屬，局長任免由總統決定。局長之下設第一副局長和五名副局長，並由11人組成局務委員會這一領導機構，局長、副局長和局務委員均可直接向總統通報對重大問題的看法。但到了1995年，俄國聯邦反間諜局又被稱為聯邦安全局，同時還將劃歸總統保衛局的特種部隊又重新劃歸安全局，這表明俄國安全機構的職能又有變化（葉自成，1997：159-161）。

第五節　政策角色

傳統學者的觀點，認為政策制定過程與政策執行過程是截然劃分。先有政策制定，而後有政策執行。實際上，政策制定與政策執行是連續的。政策制定有政策制定的人員，他們是在設定目標；政策執行有政策執行的人員，他們是

執行目標。不僅各有各的分階，且所需要的人選、資格、能力、條件亦不相同。政策制定的人員要有高瞻遠矚的政治能力，而政策執行的人員要有理性、經濟有效的辦事能力。政策制定的人員屬於政治層面，介入政治的互動過程中；政策執行的人員屬於行政層面，保持中立於政治的互動過程，不受亦不介入黨派進退，消長的影響。這種觀點，尤以威爾遜（Woodrow Wilson, 1856-1924）著的《行政之研究》為代表。

但由於晚近社會的進步，政治內部的關係趨於複雜。政策制定與政策執行已相互影響，不一定只是上下、先後、連續之關係，而是平面的、互動的、相關聯的。持此主張的學者甚多，例如，Lindblom、Nakamura、Samllwood等人。

壹、英　國

一、常務次長

英國政策執行人員中，最值得探討的政策角色，是各部的常務次長、機要秘書、法律顧問、副次長等。其次是探討英國文官的中立性情形。

在英國的各部中，部長是政治性首長；而常務次長則是行政性的首長，他是常任的文官，負責機關的組織和行政效率，並以常任文官的身分向部長提出忠告或建言。部門職員和部長接觸必須得到常次的許可。常次因為是常任的文官，又是一個部的行政首腦，對於事情的接觸比國務員多，對於政策的形成常有相當的影響力。再者，英人認為要選任真正有能力的文官，必須是他們在其一職位上已任職很久，並具有某些權力。常務次長的職位正能符合這種條件，所以其在政策形成上具有相當大的影響力，也常能得到人民的信任。

二、機要秘書

首長的工作除了和常務次長接觸以外，和機要秘書（Principal Private Secretary）接觸最密切。機要秘書是年輕有為的文官，由首長選任為特別助

理，其主要工作是在幫助首長處理許多不必要的約會和文件工作，常代替首長
與常次之間保持聯繫。

三、法律顧問和副次長

首長也常需要和法律顧問和副次長磋商，這些文官常被稱為高級文官，他
們在重要政策方面能有真正直接的影響力。他們常能得到繼任首長的信任，但
只有文官保持中立時，才能有這種情形。這種情況和美法不同，美國的高級文
官難為，但與首長同進退；而法國部長則自帶顧問，較不信任部裡原有的高級
行政人員。

四、文官的中立性

1945年工黨執政，許多人擔心文官會破壞政黨的國有化政策，所幸這種顧
慮並未發生，文官忠誠的協助首長執行工黨的經濟和工業政策。工黨的一位國
務員在事後描述其經驗認為，如果國務員「知道其想要推行的政策，並瞭解推
行的作法，他可以要求合作並得到文官的支持，在我的經驗中，我們的文官常
常希望國務員只要是一個橡皮圖章就好了」。工黨在1945年施行鋼鐵國有化政
策，而1951年保守黨政府則使鋼鐵非國有化，不論何政策，文官都忠實的施
行，由此可見文官的中立性。

1929年文官委員會（The Royal Commission on the Civil Service）認為：
「政策的決策者為國務員，而政策的執行者為文官，不論贊成與否，各部要依
決策執行。」同時高級文官對於政策決定也有相當的影響力，「常任官員最大
的功能不在執行國務員的決定，而是提供建議」。

五、文官的保守性

高級文官是基於本身的能力被任用，而其政治監督者則是因選舉獲勝或其
他政治上的考慮而被任命，所以文官對於政策的決定，似乎有較充分的知識。
再者，高級文官為常任職，通常由十年到十五年，今天所作的決定，必然會考

慮長期的後果。任何負責任的高級文官必然會告知國務員有關政策的所有困難，作慎重的決定。

　　高級文官有時也被批評因為長期任職，較易日趨保守，過分小心、謹慎，墨守成規。有些工黨黨員認為這種趨勢會妨礙政黨主張的社會改革比保守黨還嚴重。我們承認文官應保持中立，但他們認為高級文官應該告訴國務員政策為何無法執行，並不是建議國務員改革的方法。一個堅決有毅力的國務員不會使政策遭受破壞，而一個優柔寡斷的國務員則易受制於高級文官。不論文官是否為社會改革的理想工具，英國的文官是廉潔、忠貞、慎重而又頗具智慧的。

貳、法　國

一、政策穩定的基石

　　法國的文官在政策制定的分量很重。儘管法國政治上黨派林立，動盪不安，而中立、優良的文官不受干擾，屹立不動，穩住了法國的政局。法國人以及一般研究法國的學者皆認為：「法國文官是國家真正利益的唯一護衛者」。（The only guardian of the true interests of the state.）

　　第三及第四共和時期，常任文官的確給予不安的政治情況提供了持續穩定的因素，也的確對政府政策有相當大的影響力。文官們經常對那些令他們討厭的政策敷衍塞責，希望剛上任不過數月之久的部長們會採取以前的作法。假如法國內閣制度像英國一樣，則文官的影響力可能要更強，而政策制定者應向選民負責的問題也將日益增加。

二、文官漸具政治性

　　在第五共和時期，部的機要處人員，與以前頗為不同。部長選任資深的文官作為助手。這些資深文官所關心的不是與國會之間的政治關係，而是部內以及部間的政策連續性。如此表現新的氣象，部內機要人員與常任文官沒有隔閡，較能步調一致。正如霍夫曼（Stanley Hoffman）所稱的「結束了機要人員

與常任文官間的衝突局面」。不過，亦付出了相當的代價。法國的文官便逐漸受到政治的影響，漸漸不如以往的中立。因為中下階層的文官久任之後，表現好的升為中上階層的文官，高級文官受到部長的禮遇，延攬為部內機要處的機要人員。由於文官的層級節制體系，文官的中立性自然受到已晉升為機要的高級文官所影響。

參、美　國

理論上，美國總統制定政策，行政人員負責執行。但實際上，行政人員在政策形成上，扮演重要的角色。主要是因為，總統必須依賴行政人員的專業知識制定政策。毛瑟（F. C. Mosher, 1968: 21-109）認為具備專業知識、科學精神和理性的職業傾向表現了多數行政人員的特質。

但是，總統若太信任此種的專業知識，而忽略了個人的政治判斷，將會為他帶來麻煩。例如，1960年艾森豪總統命令中央情報局祕密訓練武裝古巴的流亡者。此計畫開始於1960年秋天，準備推翻古巴的獨裁者卡斯楚。中央情報局卻對此計畫不太熱心的參謀聯席會議主席向當時的甘迺迪總統保證這項計畫會成功。但1961年的豬邏灣行動證實此項計畫失敗了。儘管甘迺迪於公開的場合宣稱對這項失敗負責，私下裡卻抱怨「我一生中所知道的比依賴專業人員『所獲得的知識』要更多、更好，我怎麼會那麼笨，讓他們來作這件事」。

美國行政人員如想要在政策制定上扮演重要角色，他們必須獲得政治上的支持。即須從三方面來爭取：輿論、服務團體及國會 （Cummings & Wise, 2005: 470-473）。

一、輿　論

聯邦政府中的某一行政機關，若獲得公眾廣泛支持，其行事較便利。因為國會和總統都對輿論十分敏感。而且受到歡迎與讚賞的機關可能會獲得更多的經費，其自主性亦會相對提高。聯邦調查局就是一個很好的例子。聯邦調查局過去數十年在胡佛（J. Edgar Hoover）的領導下，建立了相當好的公眾聲望。

雖然聯邦調查局在某些作法上已違反了憲法的規定，但直到1972年胡佛死亡，聯邦調查局一直享有高度的自主性。

美國國家太空總署（NASA）在1960年代獲得了相當好的聲譽，因此能夠獲得鉅額的經費，將人類送上月球（1967年）。雖然當時許多人反對，認為發展社會福利方案的優先性應高過太空發展。可見國家太空總署還是對政策有較大的影響力。

行政機關為了建立或改善他們在公眾心目中的形象以及支持他們的計畫，均僱用了相當多的公共關係人員以及諮詢人員。公共關係人員負責發布消息和回答由記者或民眾所提出的問題。據近年的估計，聯邦機構每年花費15億美元在公共關係與廣告上。[6]當然，聯邦政府花費這麼大的心血並非只從近年開始，只是他們如此費心地經營良好形象，並非意味著人民都會信賴政府，這要歸因於民眾對公務人員道德與廉潔的懷疑，水門案就是最好的例子。

二、服務團體

絕大部分的機關總是盡可能地爭取民眾的支持，但卻難於達到目標。通常，行政機關藉著接受其服務的團體之間有力的結合，來獲取政治上的支持。陸克（Rourke, 1969: 14）曾說：接受機關服務的團體，通常是機關獲得政治上支持最自然的基礎。而機關和這些團體之間也建立起了強而有力的聯盟關係。從這個角度來觀察，行政機關的行為倒是有幾分的可預測性。例如，農業部很自然地成為農人的代言人；商業部最關心的則是美國的企業。

三、國　會

聯邦政府的行政機關，若能在國會中獲得支持，尤其是獲得那些具有影響力的委員會主席的支持，則此機關的權力必大。例如，美國的軍事機關，許多年以來均能夠與參眾兩院的國防委員會保持良好的關係。相反地，某一行政機

6　Eric Katz (2016). "Federal Agencies Spend About $1.5 Billion on PR Each Year." *Government Executive*, Oct. 5, https://www.govexec.com/management/2016/10/federal-agencies-spend-about-15-billion-pr-each-year/132139/.

關若不能與國會中有影響力的議員維持友善的氣氛,則此機關的權力必定處處
受到限制。例如,眾議員巴斯曼 (Otto Passman)在1976年競選連任失敗前,
他所領導的眾議院外國援助小組委員會(Subcommittee on Foreign Aid)對國際
發展署(Agency for International Development)的官員,均採取敵對的態度。

　　美國工程師團(The United States Corps of Engineers)就是一個因為贏得國
會支持,而獲得相當高獨立地位的行政機關。由於工程師團的河流和港口、航
線和洪水控制的計畫,給地方上帶來很大的利益,因此國會議員祇要爭取到此
機關在其選區內工作,必能夠討好選民,而對其有利。行政機關總是挖空心思
盡量和國會議員們維持親密的關係。根據一項研究顯示,內閣各部僱用了531
人從事與國會的聯絡工作,而其中的312人(約59%)是為國防部工作的。聯
絡官員一方面監視國會中有關其部會的立法工作,一方面防備國會議員的各種
請託。因此,聯絡官員反應了國會的要求,也表達了行政機關為爭取國會支持
的努力(Cummings & Wise, 2005: 470-472)。

肆、德 國

　　德國聯邦的政策執行人員在政策制定上亦扮演著重要角色,Renate Mayntz
與Fritz W. Scharpf(1975: 107-120)認為德國聯邦行政人員從資源的處理;資
訊的蒐集和處理;溝通協調及衝突的解決,獲得積極介入政策制定的角色。

　　不過,若干觀察家批評德國文官並不擁有豐富的想像力、習於權威主義,
並受慣例與規則的役使。然而,這並不意味其文官是新納粹主義者,雖然解除
納粹制度並未完全解除希特勒時之公務員,而是指此風格不能期待在危機時能
有多大的民主支撐力。德國文官並非反民主,僅是缺乏民主的傳統而已。然
而,年輕的德國人似乎比老一輩更獻身於民主價值,文官方面亦同;年輕的官
員是民主趨向的,因此政治系統的輸出部分也在蛻變中。

伍、俄　國

　　俄國雖然逐漸民主化，但是原有專制獨裁的習氣仍然很重。與以前不同的是，在共產黨統治時期，政治人物不敢公開反對獨裁者，而現在則可以。不過，反對者是冒著職位不保的風險，並非自由或生命的不保，這是一項很大的進步。俄國目前政務職位與事務職位仍未能很明顯加以區分，因此探討政策執行人員的政策角色就很困難。直截了當的說，俄國總統葉爾欽是政策決策者，其他都是政策執行人員。可是葉爾欽一人不可能日理萬機，其身邊的幕僚人員便自然地獲得實際的政策決定權，其中最主要的是聯邦安全會議、總統辦公廳和諮詢機構的人員。西方所稱政府內部的事務人員在俄國威權體制下，只是奉命行事的執行人員，對政策沒有影響力。

一、聯邦安全會議

　　俄國聯邦安全會議是憲法上所規定的機構，「俄國總統領導俄羅斯聯邦安全會議，採取措施保證俄國的國家安全和社會安全」（憲法§83⑦）。其組成、人員依聯邦安全法規定為（見表6-1、表6-2）：

　　總統、總理、兩院主席、安全會議秘書、安全部部長（反間諜局局長）、國防部部長、生態與自然資源部部長、內務部部長、司法部部長、外交部部長、衛生部部長、對外情報局局長、財政部部長、經濟部部長等約15至20人組成。它的組成說明，總統領導下的安全會議是一個相當重要的權力決策機構，它涉及社會政治經濟外交和軍事的所有重要領域。因此，人們將俄羅斯聯邦安全會議比作過去「蘇共中央的政治局」是有其道理的（葉自成，1997：93）。

　　安全會議下設若干委員會和機構，如對外政策、生態安全、軍事政策、經濟、聯邦事務、國家機密、國防工業戰略以及跨部門委員會。安全會議由俄總統主持並領導，但其日常事務由安全會議秘書主持。安全會議秘書不是一般的秘書，而是秘書長，其級別相當於副總理，高於一般的部長，是個很有實權的人。下面是安全會議發揮政策決定作用的幾個例子：

(一) 決定對外政策的基本方針。俄國外交工作具體由俄外交部負責，但決定俄外交戰略和大政方針的是總統及其領導下的安全會議。

表6-1 俄羅斯聯邦安全會議組織表

主席：俄羅斯聯邦總統	
第一副主席：總理	
聯邦安全會議秘書	
成員	
外交部部長 聯邦安全局局長	對外情報局局長 聯邦邊防局局長
國防部部長 內政部部長 國防工業部部長 司法部部長	財政局局長 原子能部部長 民防、緊急狀況暨自然災難部部長

資料來源：林經緯（1996：54）。

表6-2 俄羅斯聯邦安全會議與美國國家安全會議比較

項目　　名稱	俄羅斯聯邦安全會議	美國國家安全會議
法律依據	聯邦憲法與聯邦安全法	國家安全法
主持會議	總統	總統
幕僚機關	設秘書領導幕僚組織及常設委員會	設國家安全顧問領導幕僚組織
會議成員	依法總統提名國會同意後任命，事實上日前悉由總統任命之	除法定人員外悉聽由總統任命
會議議題	涵蓋國家各項重要政策	國家安全政策及危機處理為主
會議時間	定期並可臨時召開	不定期
決議執行	常務成員票決以總統命令發布執行	充分交換意見後由總統裁定交付執行
國會監督	迴避抵制	接受監督
會議功能及角色	先期策劃協調，建議決策並監督執行，鞏固領導抗衡國會	統合情報、危機處理、協調政策、建議決策、監督執行

資料來源：林經緯（1996：54）。

(二) 安全會議隨時討論國家生活中最突出和急需解決的問題。
(三) 干預政府的人事案。按憲法規定，政府部長、副總理是由總理提名由總統
　　任命的，但實際上，安全會議在此過程中也能發揮較大作用。
(四) 決定車臣事件的軍事行動（葉自成，1997：97-99）。

二、總統府

　　總統府，是憲法規定的機構（憲法§83IX），許多人認為，從表面看來，
它似乎只是總統的一個辦事機構、秘書機構，但實際上，在總統制的運作中，
總統府起著巨大作用，甚至於可以說，沒有總統府，俄羅斯總統行使其權力就
會十分困難。總統府具有許多正式及非正式權力機構的長處和優點。第一，它
完全聽命於總統，是直接為總統服務的，從它的工作方針到其組成、人員安
排，都完全由總統控制，被視為總統的「家務事」，外界和其他權力機構不便
干涉；第二，以總統府名義辦事，方式方法更靈活，更不受限制。

　　總統府有一個龐大的部門和機構，分別負責某一方面的工作，其中主要
有：國家監督局、總統保衛局、財政與預算局、領土事務局、行政管理局、社
會生產局、信息管理局、法制管理局、聯邦國家服務局、總統分析局、民族事
務局等。

　　總統府的主要職能是：為總統制定和起草文件；承辦總統的各種具體事
務；監督總統命令和指示的貫徹執行；監督政府有關部委的工作；協調總統與
議會和政府的關係；同總統匯報國內國外各方面的信息；以及保衛總統及其家
人的安全等。

　　總統府是總統制運作的核心，有著極重要的作用。因此，總統府的主要負
責人都是總統的親信。除了總統府主任擁有很大職權外，總統府的許多局長也
都擁有很大影響。由於他們有較多機會接近總統，並對總統施加影響，因此許
多局長的職權實際上比一般的政府部長還大，而且比一般部長更得總統信任。
因此總統對辦事工作機構常干預政府一些部委的工作，形成無形的「第二政
府」，重複進行著與政府機構同樣的事情。例如，總統府中設有聯邦總統國家
法制管理局，其主要職責是替總統起草各種法案，實現總統的立法動議權這一
職能；而政府司法部的一個主要職責，也是代表政府向議會提出政府的各種法

案，職能相重疊。

　　1996年12月2日，葉爾欽批准的「總統府條例」使總統府從「辦事機構」升格為「確保總統活動的國家權力機關」，成為政治機關，它要「為俄聯邦總統確定內外政策的基本方向，採取措施捍衛俄聯邦主權、獨立和國家完整創造條件」。這使得總統府的政治地位、政治作用進一步合法化（葉自成，1997：99-104）。

三、總統的諮詢機構

(一) 總統委員會

　　俄總統有專門的諮詢機構。在1993年2月之前，它稱為總統協商委員會，之後，則稱為總統委員會。1993年2月22日，葉爾欽簽署了「完善保障總統活動制度」的命令，取消原來的總統諮詢委員會和諮詢機構，建立了以總統委員會為中心的新的諮詢機構。總統委員會中設立若干小組，其成員可以接觸到各種資訊，為解決俄政治、經濟、社會問題向總統提出各種可供選擇的方案。總統委員會的成員均是兼職。

(二) 行政機構首腦委員會

　　俄國總統的第二個諮詢機構叫行政機構首腦委員會，成立於1993年2月，是俄國總統下屬的常設協調協商機構。委員會主席由總統擔任，成員由俄聯邦各邊疆區、州和自治專區行政機構的首腦、莫斯科市市長、聖彼得堡市市長、政府總理、聯邦安全會議秘書和國家民權政策委員會主席擔任。它的任務是保障俄中央與地方執行權力機關的相互合作，協調聯邦條約實施的活動，就俄羅斯政治和社會經濟發展等重要問題達成協調一致的看法，保障採取不偏不倚的態度和考慮地區利益。

(三) 公眾委員會

　　1994年2月17日俄國總統又有了第三個諮詢機構——公眾委員會——也是總統的諮詢機構。在該機構職掌範圍內就具有重要社會意義的廣泛問題進行必要的政治磋商，以保障俄國聯邦執行機關與社會團體的合作關係；根據公眾的

意見就極為重要的社會和政治問題作出總統和政府的決定；在社會團體與國家權力機關之間建立由下向上的聯繫機制。它的主要工作是就政治經濟和社會問題提出建議。

公眾委員會的成員包括在司法部註冊的政黨、群眾運動、社會組織、企業家團體、青年組織、教會、地方自治組織和全俄工會的代表。它的成員不超過250個。委員會以開會的方式進行工作，會中討論總統提出的問題，均獲該委員會四分之一以上的團體的代表支持通過。會議通常由委員會兩主席主持。委員會有權向總統提出兩主席候選人。委員會的建議由多數代表通過，並由兩主席（主席有兩人）之一簽名後轉交總統。俄國總統或他所授權的人宣布對該委員會建議作出的決定。俄國總統可以主持其會議。公眾委員會組成15人理事會，設立若干小組，並可吸收專家參與其工作。總統辦公廳為其提供工作保障。

(四) 其　他

為俄總統提供諮詢意見、建議、報告的機構，還有總統專家委員會、總統專家小組、總統政策分析中心、總統社會經濟政策分析中心、總統特別綱領計畫分析中心和總統信息中心等。

聯邦安全會議→總統辦公廳→總統顧問和助理→總統諮詢機構，它們形成一個總統制的運轉系統，各有分工，各有側重。諮詢機構為總統提供各種信息，安全會議在最高層作出各種決策，而總統辦公廳、總統顧問和助理則在此中間起中介作用，並負責使總統的各種決策得到貫徹和落實，協助總統處理各種事務（葉自成，1997：104-109）。

第六節　行政改革

近年來，世界各國都普遍存在著財政困難的問題，在此情形下由民間承擔政府原本所從事的業務已成為一種新趨勢。例如，大量運用志工人力、委託民間團體辦理特定業務等，並同時對原有過分臃腫龐大的政府機構進行改革，建立小而強的政府。其改革的原則大抵為：

一、發揮「指導性」：政府自己少划槳，多指揮，利用民間資源。在「成事」，而不是在「作事」。

二、發揮「社區自主性」：鼓勵地方政府及民間社團熱心參與地方事務，主動積極，分攤原本政府的工作。

三、發揮「競爭性」：政府運用多種誘因鼓勵良性市場競爭、地區間競爭以及產業間競爭。引進市場機制觀念到政府內部的管理。

四、發揮「任務性」：政府機構不要一成不變的作事，要有彈性，接受隨時指派的工作，以及不時調整工作的優先次序。

五、發揮「效率」：「成效」比「成本」更重要，亦即要更注重產出，而不僅是投入，政府要論作的事是否有價值與意義。

六、發揮「顧客導向」：政府的顧客就是民眾，民眾的權益遠比公務機關本身的方便來得重要。政府是服務導向、民眾導向，而不是官僚本位主義。

七、發揮「企業性」：除了節流，更要注意開源。要有企業家的精神與創造力。

八、發揮「預見性」：事先的防範重於事後的彌補。要有前瞻性，往前發展。

九、發揮「權力分散」：在適當的監督下，使地方政府或當地機關發揮因地制宜的功能。要放手讓執行單位及人員多發揮。

十、發揮「市場導向」：運用市場力量，鼓勵民間相互競爭，擇優汰劣。

　　本節由於受到資料的限制，將探討英法美日四國的行政改革，德、俄部分有待日後補充。

壹、英 國

一、改革的原因

　　1979年5月英國保守黨在大選期間的競選諾言，就是要減少政府的活動、支出與文官的人數。柴契爾夫人擔任首相期間（1979.5-1990.11）致力於行政改革，使得傳統的英國文官制度面臨新的轉變，因此，曾任英國內閣秘書長兼國內文官首長巴特爾爵士（Sir Robin Butler）稱此為「管理革命」（Management

Revolution）。其原因為（黃臺生，1994：77-3）：

(一) 經濟與社會的原因

　　柴契爾夫人上臺之初，當時的英國受到經濟不景氣的影響，失業問題極為嚴重，失業率一直維持在10.5%以上，失業人口高達300餘萬人，均仰賴政府發給失業津貼，以維持其生活。因此，柴契爾夫人於1979年5月執政以後，為了解決社會失業的問題以及減輕財政負擔之雙重考慮，遂將行政改革列為其施政重點。

(二) 政治與行政的原因

　　柴契爾政府既定的基本政策就是減低工會的權力，實行貨幣主義的經濟政策，縮減政府在內政上所扮演的角色，加強國防，削弱文官在政策分析及政策建議上的角色，精簡政府組織與文官的人數。其目的在於終止政治與行政上的無效能，使新的文官制度能以功績原則為基礎，並邁向新的「專業主義」（Professionalism），從而重視績效、產出與個人責任。

(三) 個人的原因

　　柴契爾夫人本身並不很熟悉英國行政與文官的文化，而來自中產階級企業背景，使得她對於商業與競爭性的資本主義向極重視，並對具有創見、果斷、自信的文官特別的欣賞；對於英國文官所引以為傲的處事小心謹慎、圓融、通才性質的業餘者等傳統特質非常地蔑視。在其潛意識中，常將高級文官視為新政府的敵人，因此其與高級文官之間的關係並不很融洽，在質疑高級文官的建議時所採取的凌厲態度，被許多文官視為對其人格的侮辱。另外，她對於文官利用職權與機會，為自己謀福利，諸如使其工作有所保障、待遇與退休金隨通貨膨脹而調整等，儼然使其成為一個特權團體，而深表反感（黃臺生，1994：73-76）。

二、改革進程

　　柴契爾夫人主政期間所從事一連串行政革新的具體措施，在此以編年紀事

的方式略述如次（黃臺生，1994：73-76）：

(一) 1979年：保守黨政府宣布計畫至1984年4月為止的五年之內，將文官人數減少40%。

(二) 1979年：柴契爾首相任命瑞納爵士（Sir Derek Rayner）為顧問，以增進效率、消除浪費為宗旨成立了「效率小組」（Efficiency Unit），「瑞納稽核（Rayner Scrutiny）計畫」開始執行。

(三) 1979年：赫斯汀（Michael Heseltine）將部長的管理資訊系統（System for Ministers, MINIS）應用到環境部（Department of the Environment）。此一系統係將該部中各主要的「司」中有關年度的目標、進度與資源等事宜，予以有系統的評估。

(四) 1980年10月：英國政府停止執行「文官待遇研究小組」（Civil Service Pay Research Unit）的研究發展，導致1981年3月9日至7月30日為期二十一週全天候的文官大罷工。英國政府加以壓制，部長們不喜歡過去所實施的待遇「公平比較」原則，因為他們認為文官的待遇如與政治性的考量無關，似乎不太妥當。

(五) 1981年5月：成立梅高委員會（Megaw Committee）調查文官的待遇，並於1982年6月提出報告，建議一套新的待遇制度，使部長能更進一步地控制文官的待遇。

(六) 1981年11月：裁撤文官部，將有關待遇與人力功能移給財政部掌理，加強了財政部的權力。而有關文官的效率、甄補與選拔功能，則成立一個新的單位即「管理與人事局」（Management and Personnel Office, MPO）來掌理，該部隸屬於內閣辦公處。

(七) 1982年5月：宣布「財政管理改革」（Financial Management Intiative, FMI）方案施行的範圍，包括各部會在內。

(八) 1983年：裁撤中央政策審核小組（Central Policy Review Staff），此一相當獨立性策略小組的概念，不為柴契爾首相所喜愛。

(九) 1983年：在原定精簡文官人數14%之外，又進一步地提出精簡文官人數6%，使得文官總人數從1979年的73萬4,000人、1982年的63萬5,000人，遞降至1988年的59萬人。

(十) 1984年：英國政府禁止工會成員加入「政府溝通總部」（Government

Communications Headquarters, GCHQ），宣稱他們的存在會危害社會安全。此導致文官工會採取一連串的抗議，停止上班與合法的行動，但是政府仍然不改變其決定。

(十一) 1984至1985年：改革文官年度績效評估制度，規定文官能夠自行設定其個人目標，使其在下一年度考績時能與負責考核的長官相互溝通討論。

(十二) 1985年：實施「績效獎金實驗計畫」（Performance Bonus Experiment），實施對象為開放文官第三級至第六級（即司長至科長）。1987年並擴至第二級的副次長。試辦一年之後正式提出評估報告，證實並未獲得成效。惟財政部乃開始提出「自由裁量性的待遇制度」（Discretionary Pay）之建議，以適用於各級文官。同時，常務次長們對於他們必須為功績報酬制度負起責任，深感不滿。

(十三) 1985年：文官學院（Civil Service College）採行兩種新的訓練計畫，一為高階管理方案（Top Management Programme），係屬於中階的常任文官晉升至司長所實施的訓練；另一種為高級管理發展方案（Senior Management Development Programme），係針對開放級文官第三級與第四級所辦理之訓練。

(十四) 1986年：將「財政管理改革」方案予以審核並擴充，使預算的責任能移給實作的管理者（Line Managers）來負責。

(十五) 1986年：英國政府出版「政府私人企業化」（Using Private Enterprise in Government）的評估報告，認為有關政府部門的活動得採競爭性的投標與外包方式來辦理。

(十六) 1987年：財政部與專業文官協會（Institution of Professional Civil Servants, IPCS，係由工程師、科學家及其他專業人士組成）達成協議，對文官的待遇提出重大的變革，即提出「彈性待遇」（Flexible Pay），雖引起某些文官工會的若干批評，惟其主要的內容則包括：先將各級的文官建立一個共同的待遇結構（Pay Spine），然後再賦予四分之一的文官享有額外的功績俸（Merit Pay）。

(十七) 1987年11月：裁撤「管理及人事局」，大部分的功能轉移至財政部，另外成立文官大臣事務局（Office of the Minister for the Civil Service, OMCS），仍隸屬於內閣辦公處，掌理人事管理方面之遴選、高級文

官、人事措施、行政效率工作、文官訓練等事宜。

(十八) 1987年：英國政府於1987年所發表的公共支出白皮書中包含有1,800個各部會工作的「績效指標」（Performance Indicator），而1986年時則只有1,200個績效指標，此代表著自從1982年實施「財政管理改革」（FMI）方案以來，績效指標的數目有所增加。

(十九) 1988年2月：易卜斯領導的「效率小組」（Efficiency Unit）出版了一本報告名為《改進政府的管理：下一階段計畫》（*Improving Management in Government: The Next Steps*）。該報告提出應成立執行機關來負責政策的實際執行，而僅保留少數的核心部會負責處理策略控制與政策制定。該報告預測在十年之內將有四分之三的文官會轉任到執行機關。每一個執行機關將有一名行政主管或執行長（Chief Executive），對整個機關的業務績效負全部責任，所執行的業務係依據各該所屬的部會之授權範圍來行事。

(二十) 1989年2月：某些部會開始自行出版有關專屬他們自己部會之資源與規劃資訊的年度報告，以取代並擴充原刊載於年度公共支出白皮書中該部會的資料。

三、具體內容

(一) 民營化

　　民營化係指在各類公共活動及資產所有權上，政府角色之縮減，而私部門角色之增加。在英國，民營化（privatization）與「非國有化」（denationalization）常被視為同義語。當1979年柴契爾夫人首任閣揆時，即倡議要「縮減國有的疆界」（to roll back the frontiers of the state），並力圖「埋葬社會主義」。因此，「柴契爾主義」（Thatcherism）即代表著民營化主義；而民營化政策亦是英國柴契爾政府的行政運作特色。

　　民營化政策是最具政治性的，因為1979年時保守黨的政策是力主民營化，而勞工黨則持反對的立場。儘管文官支持政府推行民營化政策，但是對於政策議題卻是採中立的態度。1979年當柴契爾首度任閣揆時，全英國11.5%的國民生產毛額（GNP）是由國營事業所提供；但當1987年二度連任時，此項比重經

其民營化政策之推動降至7.5%。在此期間公營事業金額超過128億英鎊，涉及65萬國營事業員工轉入民間部門。在未來，英國預計除國鐵、郵局、煤礦、鋼鐵、捷運五項國營事業外，其餘將全部移轉民營（黃臺生，1994：76）。

(二) 員額精簡

員額精簡的基本信念就是私人企業經常屬行節約以求生存的作法，值得公部門仿效。柴契爾首相主政期間即本著上述信念，經由業務移轉民營、外包、資訊技術的自動化、生產效率化等措施，使文官總人數從1979年的73萬4,000人、1983年的63萬5,000人，遞降至1988年的59萬人。員額精簡措施係透過對各部會之人力評鑑後提出，由財政部主其事。其人力增減數目視各部會業務發展的情形個別考量，因此絕無分贓式或齊頭式增減員額的現象發生（黃臺生，1994：76-77）。

(三) 效率稽核（Efficiency Scrutiny）

柴契爾首相上臺之後，任命Marks and Spencer這家企業集團的總經理（Chief Executive）瑞納爵士為顧問，由他成立所謂的「瑞納小組」（Rayner Unit），對各部會進行一連串有關增加效率、消除浪費的研究。他以前亦曾致力於改進文書作業與繁文縟節（Red-Tape）的工作。在進行調查研究時，該小組要求各部會回答三個過去常為人所忽略的問題，即所從事的業務為的是什麼？成本為何？有何附加價值？瑞納於1980年4月所提的研究報告中指出，為加強各部會的管理能力與措施以消除浪費，首先應消除不必要的文書作業，其次應改進政府執行活動的方式，然後改變永業文官的教育與經濟，使其成為真正的管理者。截至1982年底，瑞納重回企業任職之前，已進行130項稽核，節省了1萬6,000個職位與2億英鎊的經費。瑞納之後，效率小組則先後由工業家易卜斯爵士（Sir Robin Ibbs）與前關稅與貨物稅局主席傅瑞色爵士（Sir Angus Fraser）來領導。

在1982年時瑞納的效率小組已經正式成為隸屬於內閣辦公處之下的管理與人事部中的一個單位。而「財政管理改革方案小組」（FMI Unit）則為財政部與管理人事部所聯合組成之單位，其成員係由三個政府官員與四個來自外界的管理諮詢專家組成，以審查各部會所提改善管理與財政責任的計畫。效率小組

的功能在於促進稽核效率，而不是在於處理稽核；稽核的目的在於增進生產力，使文官對於成本的問題更加重視。換句話說，稽核的目的就是行動，不是研究，因此，它會：1.審查某一特別的政策或活動，並對為人視為理所當然的工作加以懷疑；2.對任何問題提出解決方案，提出建議以節省支出與增加效率與效果；以及3.在稽核開始的十二個月之內，執行大家所認可的解決方案，或開始執行。

　　1985年時，進行了300項稽核，預估在二至五年內會節省六億英鎊。1986年4月審計部（National Audit Office）預估花費500萬的成本，將可節省10億英鎊（黃臺生，1994：77）。

(四) 財政管理改革方案（FMI）

　　財政管理改革方案是將經濟自由主義應用到文官體系上。前國內文官首長阿姆斯壯爵士（Sir Robert Armstrong）曾於1987年12月所舉行「行政革新未來型態」（The Future Shape of Reform in Whitehall）研討會中，提及1981年實施的財政管理改革方案，是自從傅爾頓（Lord Fulton）主持文官改革之後十多年來最為重要的發展。FMI為一項具有先見之明的偉大成就，因為爾後英國各項行政革新措施，諸如下一階段計畫、財政部對人事與待遇方面的授權，甚至於繼任者梅傑（John Major）的公民憲章（The Citizen's Charter）等都是以FMI為基礎。

　　FMI的基本原則與目標就是管理者應該：1.對於他們的目標有一明確的觀點，並盡可能地評估與衡量此一目標之輸出或績效；2.有明確的責任對於資源（包括輸出的稽核與金錢的價值）作最佳的運用；以及3.擁有資訊（特別是有關成本方面）、訓練、接受專家的建議，俾使他們能夠有效地履行責任。

　　FMI在本質上就是要促進責任式的管理（Accountable Management），為了達成上述的原則與目標，必須建立三個主要的機制：高層管理資訊系統、分權化的預算控制系統、績效指標。高層管理資訊系統則採用1979年赫斯汀擔任環境部長時所引進的「部長的管理資訊系統」（MINIS）為藍本。分權化的預算系統則在於建立一種以目標管理為導向的成本中心層級節制體系。發展績效指標在於對效率與效果的評估。為了協助各部會執行FMI，則成立「財政管理小組」（Financial Management Unit），前所述係由財政部與管理人事部共同組

成，1985年則由「聯合管理小組」（Joint Management Unit）所接續，後來則由財政部的「財政管理局」（Financial Management Group）來負責（黃臺生，1994：78-79）。

(五) 下一階段計畫

財政管理改革方案與永業文官兩者之間的觀點似乎不太相稱，尤其在1987年柴契爾夫人第二任期之末更為明顯。假如保守黨政府希望推動革命性的變革，則政府各部會與公共服務的重新建構，在邏輯上則稱為是下一階段（The Next Steps）。1988年2月時，柴契爾夫人宣布將進行一項有史以來最激烈的行政革新計畫，這項計畫是以易卜斯（Robin Ibbs）所領導的「效率小組」所提出的「改進政府的管理：下一階段計畫」研究報告為基礎，其目的在於改進文官管理方式，以提高效率與增進服務品質。效率小組建議採取瑞典的模式，將文官的結構區分為政策制定與政策執行等兩種人員。政策制定人員留在部會核心辦公室（Core Office），其餘人員則轉任到個別的「執行機關」（Agency），負責政策的實際執行。這些獨立機關的運作方式係學習民間企業的經營方式，並賦予其較大的人事與財政自主權，亦即每一個執行機關的目標與任務、待遇、甄選、責任與財政程序、訓練及其他人事授權與工業關係的安排，均由該執行機關自行決定。每一執行機關設置一名行政主管或執行長，依據各該所屬部會之授權範圍來執行業務，並承擔該機關經營績效的責任。

英國財政部與文官特別委員會（The Treasury and Civil Service Select Committee）指出，下一階段計畫是二十世紀中最有企圖的文官改革，它使得文官組織體質由水平性轉變成垂直性的改變，換言之，從過去工作條件、待遇、職等結構與工作實務完整一致的部會，轉變成目前核心的部會之下轄有若干個執行機關。

每一執行機關官員的角色已產生變化。例如，司長的角色目前之獨立性與控制權力及業務執行有效係建立在其與部長的個人契約上。此一契約明定存續期間、對某一特定目標要求績效，並給予一些績效獎金。目前執行機關的執行長有60%至70%係以公開競爭方式進用，大約35%係來自外界（非文官體系）（黃臺生，1994：79-80）。

(六) 文官改革

　　柴契爾夫人對公共官僚政治（特別是中央政府行政部門）無好感。她認為文官對公共政策的影響力過大，而公部門的工會亦太有影響力了。因此，欲使上述兩者回歸於原點，首先，在工會方面她採取減少工會的權力，藉著讓步（如果生產力增加則對工會讓步）、擊退、懲罰罷工者、透過地域性之差異來破壞全國性待遇協商等策略，來確保政府在公部門工業關係的權威。其次，在文官改革方面，她引進外來者擔任決策職務及改組高級文官制度。她並加強內閣辦公處的功能，以取代過去完全由財政部控制的局面。1981年裁撤文官部，將有關待遇與人力功能移給財政部掌理，另外成立「管理與人事部」，隸屬於內閣辦公處，掌理管理與組織、整體效率與人事政策（包括甄補與訓練）。管理與人事部尋求開放高層職位給自命不凡者與有能力的人；強調績效與結果；並提倡「新的專業主義」（New Professionalism），使納稅人與公民所支付的金錢將更有價值；而最終的目的則在於重視績效、產出與獲得可欲的結果之個人責任。1987年8月管理與人事部被裁撤，大部分功能則轉移至財政部，另外成立「文官大臣事務局」或稱「文官大臣辦公室」，仍舊隸屬於內閣辦公處，掌理人員甄選、培訓、高級文官、政府組織等方面的業務。內閣秘書長為國內文官首長，承首相之指示掌理「文官大臣事務局」之事務，仍隸屬於內閣辦公處，負責提供甄選、訓練與職業衛生等方面業務，並制定人員的發展、管理及公平機會的政策（黃臺生，1994：11）。公共服務及科學局亦負責推動有關「公民特許小組」、「效率小組」與「下一階段計畫」等方面的工作，以促進行政效能與效率的提高，以及服務品質的提升（黃臺生，1994：80）。

(七) 公民憲章

　　1991年梅傑（John Major）。續任保守黨政府的首相，他一方面承襲過去十多年來的改革作風，另一方面為顯示自己新人新作風的特色，乃向英國議會提出「公民憲章」（Citizen's Charter）的改革計畫。保守黨在1992年的政綱中宣稱：「公民憲章是有史以來為改善公共服務品質廣度最深的計畫。」

　　公民憲章是「下一階段計畫」的延續，其宗旨在改善公共服務的品質，期望將任何公共服務接受者視為是消費者，賦予其自由選擇服務提供者的權力。

因此公民憲章標榜四項主題：1.提升服務品質；2.享用服務時有更多的選擇機會；3.人民可以要求知曉服務的標準；及4.確保經費運用的妥適性。為達成上述四項目標，公民憲章提出應由下列的改革途徑達成，即：更多的民營化；更廣泛的競爭；更多的契約外包；更多的績效俸給作法；公布預期的績效目標；出版有關服務標準達成度的詳盡資訊；提供民眾更有效的申訴程序；進行更多與更嚴厲的獨立調查工作；以及矯正錯誤的服務措施。

公民憲章提出公共服務必須遵行的六項指導性原則。這些原則是：1.確立服務標準；2.行政透明公開化；3.相關資訊易懂且普及化；4.服務具可選擇性與諮商性；5.平等對待民眾無歧視性；6.服務易使用與接觸性。為推動公民憲章工作，內閣辦公處的公共服務與科學局上成立一個「公民憲章小組」負責，同時稍後也設立一個公民憲章投訴處理工作小組，專司瞭解投訴制度的運作狀況。

公民憲章推行後，各種公共服務的公民憲章不斷成立，截至1995年底已有40個公民憲章成立，尤其是前述續階改革所成立的附屬機關不斷地應用公民憲章的作法，由此也可見到改革階段的連續性；例如，「旅客憲章」、「納稅人憲章」、「國宅租戶憲章」、「學童家長憲章」、「福利給付總署消費者憲章」等。每一公民憲章都會標示服務標準、服務指標等，每年就是否達成績效相比較，也周知給民眾，並且逐年調整其憲章內容，以提供更高的服務品質（施能傑，1998a）。

貳、法　國

一、改革之進行

1995年5月7日席哈克（Jacques Chirac）當選總統。在其競選總統的口號中，即承諾要進行政府再造，要求政府工作解除黑箱作業，透明化，簡化行政程序，精簡組織，以回應選民強烈的批評：政府太複雜、顢頇、低效率。因此，他上任後，即任命朱貝（Alain Jupp'e）為內閣總理，主持政府改造的工作（Frentz, 1996: 117-120）。

　　1995年7月內閣總理朱貝發出指令，要求各部提出改革計畫。各部所提計畫中，有十項措施被總理接受，並予推行。此十項措施為：(一)政府業務的部分民營化；(二)檢討行政部門所簽訂的行政契約；(三)法令規章的編纂事宜；(四)在法案通過之前，徹底完成法案的影響評估；(五)設立地方公務員制度；(六)推行高階公務員的親民措施；(七)中央政府的組織精簡；(八)精簡公務員員額；(九)公務人力資源管理的授權問題；(十)成立「政府改革基金」（Government Reform Fund）以備改革所需。

　　同時成立「政府改革署」（Government Reform Department），直接對內閣總理負責，進行改革事宜，並與公務員、中央地方機關聯繫協調。政府改革委員會（Government Reform Commission）負責：(一)彙編國會議員、審計院、中央行政法院、經濟社會委員會、各部會等有關公務員績效之問題、改革方案之報告；(二)鼓勵各部長提出該部之改革方案；(三)確認改革方案之優先次序，及該方案之任務、執行方法、進程；(四)成本效益分析；(五)提出改革方案給政府改革部長（Minister for Government Reform）、內閣總理及相關部長；(六)草擬長期改革方案給內閣總理，由總統批准，並交由政府執行。以上過程在1995年10月至1996年2月進行。政府改革署與各部會緊密配合實施，尤其是內政部、財政部和文官部。

　　1996年3月、4月，各部就該部與其公務員、公務員聯盟、中央與地方政治人物、企業界、學術界人員討論。到5月底時，諮詢階段已近完成，內閣總理及其政府便採行此改革方案。但困難在執行，政府改革署必須協助各部執行，給予諮詢意見，找出障礙所在，並提出克服障礙之方案。

二、法國行政革新的目標

(一) 釐清國家的角色與公共服務的角色：1.由中央政府與地方政府一起來釐清責任；2.對於公共服務的基本概念，應成立一個公共團體，由部長級人士來擔任主席；3.如何建立歐洲聯盟的補助金發生效果。

(二) 更符合民眾的期望與需求：政府制定公民憲章，使民眾與政府交涉時，人民權力有所保障。

(三) 重新考慮中央政府的角色：給予地方公共服務更多的自主權，透過分權化

使地方擁有更多人事與財政的權力。針對此一要求，必須重新界定中央政府的結構與功能，中央政府的角色應著重於建立規章、監督與評估的工作。

(四) 責任下授：針對中央派駐地方的服務機關予以重組，並且加強地方首長的權力。增加其人事管理與財政的自主權。

(五) 公共管理的更新：首先針對文官的進用、薪俸、生涯發展等，予以現代化。其次是現代化的過程不造成損害公務員的利益。再次是編列預算的程序透明化。最後則是國有財產應予以改革（黃臺生，1997）。

三、政府改革委員會（1995.09-1998.09）

(一) 成　員

改革署署長由總統任命，配合內閣總理、政府改革部長工作。其成員包括13名高階公務員和10名行政人員。

(二) 職　責

1. 一般性：(1)總結報告、長期觀點、國際關係；(2)界定國家任務，中央組織原則；(3)公共管理（人力資源、財務、人民關係）；(4)地方政府組織與中央之關係。

2. 部會性：(1)國務部會：國防部、外交部、海外屬地事務部、法務部；(2)財經福利部：財政部、預算部、工業部、貿易部、就業輔導部、衛生部、福利部；(3)文化科技部：教育部、科研部、文化部、基礎建設部、住宅部、運輸部、農業部、環境部。

(三) 溝　通

內閣總理採行政府改革委員會所提之改革措施，必要時內閣總理得召開部際之部長會議。政府改革委員會得召開一個常務工作小組（包括預算、文官、內政、區域發展），討論部際之措施，以提供內閣總理和部際會議決策之用。政府改革委員會應隨時與各部之機要處處長聯繫，以瞭解各部之現況。政府改革委員會之代表應就改革事項所需，與各部之機要處處長及其他官員聯繫。

四、改革內容

(一) 改進公務員與民間之關係

　　1.服務公職之條件；2.改善延誤；3.簡化行政手續。

(二) 處理公務人力資源

　　1.減少行政部門之員額；2.重新設計公務員等級制度；3.高階公務員管理的改進。

(三) 賦予更多責任

　　1.改進地方政府處理地方事務之能力；2.改進中央與地方有關服務契約之關係，賦予地方較多的財政自主權，但要求地方服務較精確具體；3.更新國家與公營企業間之關係；4.地方政府組織結構的重組。

(四) 增進公共事務的經濟效益

　　1.改進預算準備和採行過程；2.簡化並強化稽核審計方法；3.改進財產管理方式；4.改進公共決策過程的品質（Frentz, 1996: 117-120）。

參、美　國

　　美國聯邦政府自1993年以來所推動的行政改革係由副總統高爾（Al Gore）主持，在「國家績效評估」（National Performance Review, NPR）所規劃的大架構下進行上十項的具體行政改革工作，其基本主張為：讓政府變得更像企業一樣的運作。

　　「國家績效評估」的推動在策略上是以國會立法的途徑進行。許多「國家績效評估」的構想實際上均已形成法律，迄今國會至少已通過75項相關法案。此舉一方面讓國會也參與行政改革，更增加國會與行政部門的溝通機會，是一大特色。許多企業界採行的管理制度——包括人事、組織與財務預算——變成法律後，各機關必須執行法律，這使得負責行政改革統籌協調的機關（尤其是

聯邦管理暨預算局和人事管理局等），更能有效推動工作。

　　就配合「國家績效評估」的相關法令中，包括幾項重要的法案，如「政府績效與效果法」（Government Performance and Results Act of 1993, GPRA, Public Law 1994, 103-162）、「聯邦政府人力重整法」（Federal Workforce Restructuring Act of 1994, 103-226）與「政府管理改革法」（Government Management Reform Act of 1994, 103-356）。

一、國家績效評估

　　柯林頓總統於1993年就職時，其所面臨的是一個「政府財政赤字龐大」、「國家競爭力降低」、「各級政府面臨預算刪減」的窘迫環境。美國人對聯邦政府的信心低落，每六人中有五人希望聯邦能有徹底改變。因此高爾於1993年9月7日第一次檢討與建議報告──「從繁文縟節至具體成果：創造撙節成本、提升效能的政府」提出384項改革建議，包括：(一)提供快速且適當的服務給人民；(二)使公務人員對達成的結果負責；(三)簡化複雜的系統；(四)使機關解除繁重的管制以追求其任務；(五)賦予公務人員活力；(六)運用先進科技減少成本支出；(七)使高架式組織結構扁平化；(八)削減重複工作。同時全部168頁報告中包含了：(一)刪減法規、簡化程序；(二)顧客至上，民眾優先；(三)授權員工、追求成果；(四)撙節成本、提高效能等四部分。

　　基於上述聯邦人力精簡政策目標之要求，國家績效評估（NPR）1993年報告提出下列五項關於人事政策之建議，包括：

(一) 逐步淘汰（Phasing Out）美國聯邦人事手冊

　　NPR認為，聯邦人事法律已累積厚達850頁，而聯邦人事管理局的人事規章也厚達1,300頁；聯邦人事手冊更厚達1萬頁。國家績效評估主張透過分權（Decentralized）及加強業務單位主管的人事聯能控制，讓聯邦人事手冊廢止後，人事管理局將與各機關合作一起努力，針對公務人員需要量身製作（Tailored to User Needs）人事規章，提供自動化人事作業，與電子化決策支援系統。

(二) 加強對各部會、各機關考選任用之授權

廢止集中註冊制及應徵聯邦工作的標準申請表格（SF-171），上述表格為聯邦人事管理局人事管理之特徵，故予廢除。依國家績效評估計畫，各機關得請求人事管理局提供公務員候用名冊，且有權自行開列候選名單。另為取代公務人員任用證明集中註冊單，國家績效評估建議人事管理局成立一跨部會之公務人員任用資訊系統，美國公民在任何一地區皆可查詢所有聯邦工作機會。

(三) 簡化聯邦聯位分類制度，加強對各機關職位分類的授權

國家績效評估要求各機關持續進行有關職位分類之實驗，同時放寬職位分類之限制，提供各機關在求才、留才及獎酬方面更大的彈性，以使機關組織更趨扁平化，達到國家績效評估報告所言：「排除人事管理局擔任職位分類警察角色」（NPR, 1993: 24）。

(四) 賦予各機關自行設計績效管理與獎酬制度

現行績效考評制度下，多數聯邦公務人員都能獲得平均值以上分數，因而使考評作業變得毫無意義。國家績效評估主張考評制度應達成改進個人與組織績效的單一目標。將考評權限移至各機關而使考評制度更能符合機關需求，反映機關特定文化。

(五) 縮短因績效不佳被免職公務人員或主管之離職時間

國家績效評估主張立法將免職處分之預告期間縮短為十五至三十天。

二、政府績效與效果法

政府績效與效果法的最重要概念，就是要求聯邦政府各機關必須採行策略管理（Strategic Management），將企業界實施多年的管理理念首度全面性引進政府的管理運作過程。

(一) 立法緣由

1. 聯邦政府許多計畫的浪費與缺乏效率已損及美國人民對政府的信任感，並且影響政府充分解決大眾需求的能力。
2. 聯邦政府管理人員由於面對著計畫目標不夠清楚和計畫績效資訊不足，在改善計畫的效率與效能常陷於嚴重的無力感。
3. 計畫績效與效果未受國會之重視，結果嚴重影響國會本身關於決策、經費支用與計畫監督的能力。

(二) 立法目的

1. 有系統地透過要求聯邦政府各機關必須對其執行的計畫績效與效果負責，改善美國人民對政府的信心。
2. 經由一系列的試行專案（Pilot Project）開始計畫績效之改革，這些專案內容應包括設定計畫目標、衡量計畫績效，並公開報告計畫的進展狀況。
3. 經由倡導重視計畫效果、服務品質與顧客滿意等新的重點，改善聯邦政府各項計畫的效能及其責任性。
4. 透過要求聯邦政府管理者設定達成計畫目標的行動計畫，並提供管理者關於計畫效果與服務品質的資訊，協助其改善計畫的執行傳遞。
5. 經由提供關於法定目標達成度，以及聯邦政府各項計畫與經費使用效能與效率的客觀資訊，改善國會的相關決策。
6. 改善聯邦政府的內部管理。

(三) 策略計畫

　　為達成上述立法目的，政府績效與效果法（GPRA）要求各機關擬定中長期策略計畫，並以此為工作推動的指引。此一策略計畫也是各機關與中央控制機關（聯邦管理暨預算局）、總統和國會的契約書和溝通文件。
1. 各機關首長在1997年9月底前須向聯邦管理暨預算局局長與國會遞送一份該機關執行各項計畫措施的策略計畫書。該計畫書必須包括下列六項內容：
(1)說明機關主要職掌與業務運作的完整性任務。

(2)指陳機關主要職掌與業務的一般性總體目標與細部目標，包括預期成果的目標。

(3)詳述前述各層次目標如何達成，包括為達成該目標所需的運作過程、技能與技術，以及人力、資本、資訊和其他資源。

(4)詳述各項總體與細部目標的績效計畫與績效目標。

(5)詳列出機關所無法控制但卻影響其目標達成甚鉅的外部重要因素。

(6)詳述用以設立或修改目標的計畫評估內容，並列出計畫評估的時程。

2. 策略計畫書的期程應是五個會計年度，每三年應重新更新與修正。

3. 績效計畫書應與策略計畫書的內容配合。

4. 機關在擬定其策略計畫書時，應先與國會諮商，並且向受該計畫書潛在影響或該計畫書感到興趣的相關人士與單位，徵詢及考量其意見和建議。

　　總之，政府績效與效果法強調政府管理必須改變為成果導向的管理（Result-Oriented）。政策與計畫成果代表的是國會和民選行政首長向選民所作的政治承諾，選民以此檢驗政府的回應能力。透過策略管理理念與技術，專業行政人員、民選政治領導人士與民眾間可就各機關要作什麼、應如何作等「成果」議題先取得共識。這種改革乃能切合各方的需求，而不是只有反映官僚體系的專業判斷（施能傑，1998b：30-34）。

三、聯邦政府人力重整法

　　1993年的NPR報告即提出於1999年會計年度前，節省1,080億美元之政治承諾。而此項政治承諾是否能實現，端視六年內精簡12%公務人力，25萬2,000人計畫是否能有效執行。NPR報告提出之精簡措施包括：(一)縮減聯邦機構不必要之管理層級；(二)賦予管理人員決策彈性，建立流線型（streamline）政府；(三)以策略規劃方式決定裁減對象；(四)購買年資金額，提供聯邦公務人員提早退休之財務誘因。此項購買年資金額從數百美元到最高2.5萬美元不等，視員工薪俸高低及服務年資而定。

　　1994年國會通過「聯邦政府人力重整法」，國會與行政部門協商決定將裁減人數提高為聯邦政府全職人力27萬2,900人，並規定聯邦管理暨預算局與人

事管理局諮商後必須向總統與國會提送執行報告。任何一年度若未達成目標時，任何機關均不得進用任何公務人員。但兩種情況並不在此限：總統認為國家遇有緊急情況發生，或機關基於某一特定職位或某類職位嚴重影響機關職掌之達成或效率。

美國聯邦政府員額精簡，從1993年至1998年3月之間，除司法部等少數機關之員額呈現正成長外，其他各部會均有人員削減情形，其中人事管理局減少47.6%，績效最佳。同時各機關採行成果導向的分權化管理結構，三年間裁減超過4.5萬個，占全部精簡職缺23%的督導職位。又依聯邦政府人事統計，從1993柯林頓政府上臺以來，截至1999年1月3日止，共已減少33萬個職位，亦即在不到五年時間，已精簡15%公務人力，超越原定六年內精簡12%之目標。

美國州及地方政府減稅運動，與柯林頓總統進行的聯邦政府再造，形塑出美國公務人力精簡運動，具有下列三項意涵：

一、迫使政府管理者提升政府效率之最佳方式就是納稅人不再同意加稅，並對政府支出訂出上限。1995年柯林頓總統為爭取連任所提出的中產階級減稅支票，就是依靠裁減聯邦機構一部來達到減稅目標。

二、由於政府長程計畫難以在短期內見效，民選官員多喜好提出短程計畫，以博取選票。精簡策略獲得民選官員採用，理由就在於其對政府績效有立竿見影效果。

三、公務人力精簡在促進各級政府更加重視與提升政府服務品質與能力（范祥偉，1998：10-14）。

肆、日 本

日本於1996年11月21日由首相橋本內閣設置「行政改革會議」並擔任會長。他於12月25日提出「行政改革計畫」，揭示下述行政改革的目標：

一、實現對應新時代簡潔而有效率的行政。

二、實現尊重國民主體性的行政。

三、實現開放並為國民所信賴的行政。

四、實現對國民便利的高品質行政。

　　為實現上述目標，將「顧客導向」的行政改革列為六大改革之一。六大改革是行政改革、財政結構改革、社會安全制度改革、經濟結構改革、金融體系改革、教育改革。歷經一年的期間，各委員會不斷地檢討審議，終於在1997年5月12日眾議院通過為「行政改革基本法」。對於「行政改革」部分在提出「中央省廳等改革基本法」。所謂「一府12省廳」的新體制定於2001年1月1日開始實施。

一、改革契機

　　目前各國均在以強化國際競爭力為首要目標，「小而強」的政府成為主要動力。然而日本在二十一世紀來臨之際，卻面臨經濟零成長、國民價值觀多樣化、產業空洞化、高齡化、財政惡化、高度資訊化和社會不安擴大等經濟社會情勢問題。因此如何透過政府改革，迎向二十一世紀，在全球變遷的環境中繼續領先，有其改革的必要性。1996年10月20日日本眾議院改選，自民黨在500席中獲239席，再加上爭取無黨籍等的支持，自民黨自可控制過半數席次。11月7日的首相選舉，自民黨總裁橋本龍太郎果然在眾議院500席中獲得262席之支持，在參議院252席中獲145席之支持，在參、眾兩院均獲過半數之支持，擁有雄厚之民意基礎，橋本龍太郎終於可以大力改革。

二、橋本內閣改革的共識目標

(一) 自由主義、個人主義應予以公平發展機會，以展現社會的活力。

(二) 實現多元價值、自由公正的機會。

(三) 實現自由效率、確保公正安定、貢獻國際和平發展。

(四) 繼續擴大經濟活動，確保社會安定。

(五) 就業確保並重視安心安全的環境。

(六) 促進無性別歧視和開放的社會。

(七) 促進憲法原則的實現。

三、行政改革的理念

(一) 行政國民化

橋本的行政改革期望將官僚主導的政治轉換為民主主導的政治，而在行政決策過程卻能促進國民參與。日本憲法雖然架構上是三權分立，但實質的立法權是由官僚機構所主導。法律案、預算案和各種行政政策，事實上也是由各省廳所決定，這就是所謂議會機能空洞化和內閣權限形骸化。

(二) 行政公共化

「小而能政府」是橋本行政改革的目標，為此必須導入市場競爭原理，擴大民間參與行政事務的範圍以減輕公共部門的負擔。準此，解除管制、擴大民營化、受益者負擔原則和財政赤字優先減少等乃成為行政改革的基本觀念。

(三) 行政公正化

由於過去太強調行政「封密性」和「獨善性」，以致政治醜聞事件不斷，例如，1995年的大和銀行事件、住宅處理失敗問題、大藏省、通產省和厚生省的官商招待事件，引起民眾對行政的不信任。行政透明化成為橋本行政改革的主要目標之一。1997年3月，「情報公開法」（資訊公開法）的通過，即希加強監視和行政監察，使行政走向公正化。

(四) 行政分權化

橋本的行政改革企圖將集權型行政轉變為分權型行政。根據分權原則，對於權限和財源進行必要的轉移，並促進地方行政效率化，強化「廣域行政」和「產業基盤」原則，進行市町村合併，以提升地域連帶感。日本憲法的「法律主義原則」強調，地方自治團體住民的平等權應受保障。然而，當前日本中央和地方的政治關係，質量都不相等，有違憲法理念。

(五) 行政國際化

日本新憲法的前言主張自由民主主義、和平主義、國際協調主義及對人類的貢獻。日本為爭取二十一世紀國際社會的「名譽地位」，對新國際秩序的促

進、對外開發援助、協力保全地球良好環境、人道援助、戰略援助和國際資訊秩序的維持等議題，都成為橋本行政改革的理念之一。

四、行政改革的內容

(一) 實現對應新時代簡潔有效率的行政

1. **中央省廳再造**：為實現簡潔有效率的行政，橋本首相於「中央省廳等改革基本法」中，將原有一府（總理府）22省廳，精簡重組為一府12省廳之體制，並於2001年1月6日實施。圖6-6為日本省廳精簡重組圖，而圖6-7則為日本省廳體制的結構圖。2007年，防衛廳改名為防衛省，總理府改為內閣府。

2. **創設「獨立行政法人制度」**：行政改革委員會主張中央省廳改革的首要原則是將「政策企劃」和「實施執行」機能分開，以強化行政民營化，因而乃新設「獨立行政法人」制度，使其法人化，由政府全額出資設立，並受所管省廳監督，協助行政業務減量。

3. **強化內閣機能確立內閣一元化機能**：為強化內閣總理大臣的輔佐和支援體制（如圖6-8），並設置「特命事項擔當大臣」，以發揮靈活運用效果，以及設置內閣危機管理局，以處理危機。

4. **行政組織與員額合理化**：各省廳內部部局和中央派駐地方分支機構的改革應依「拆卸和重組」（Scrap and Build）原則，進行整合和重組。將原有1,200個左右的課室縮減15%，俟省廳重組後再減23%，內局數由128個減少至90個。在員額精簡方面，嚴格限制員額增加，並以總員額4.11%為精簡目標（約3萬5,122人），並於中央省廳改制後的十年內，總員額數再減10%。

5. **國家公務員制度改革**：為積極引進國外學成碩士和博士人才，以提升處理國際問題的能力，公務員試驗應減少法學部出身的比重，增加經濟類科人才。

(二) 實現尊重國民主體性的行政

1. 修正1995至1997年度的「規制緩和推進計畫」，對於資訊、通信、物流、金融、土地、住宅、僱用、醫療和福祉等各項事業，進行解除管制利用市場機制。

2. 1998年國會通過「地方分權推動計畫」，使地方自治團體主動進行機關體制

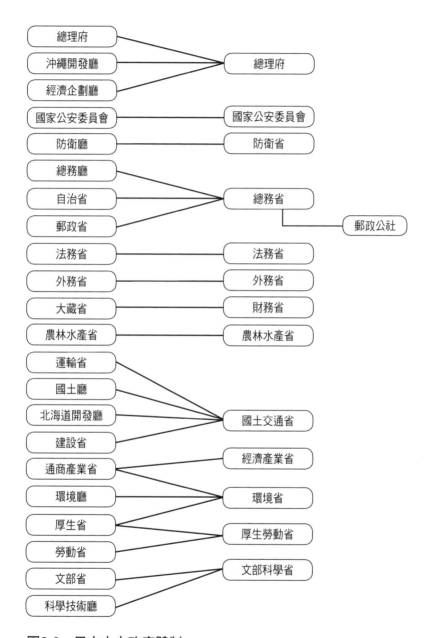

圖6-6 日本中央政府體制

註：在2007年時，防衛廳正式改為防衛省，而2001年的部會改組可參照「省廳再編圖」
（https://www.mlit.go.jp/hakusyo/transport/heisei12/1-2/zu1-2-1.htm）。

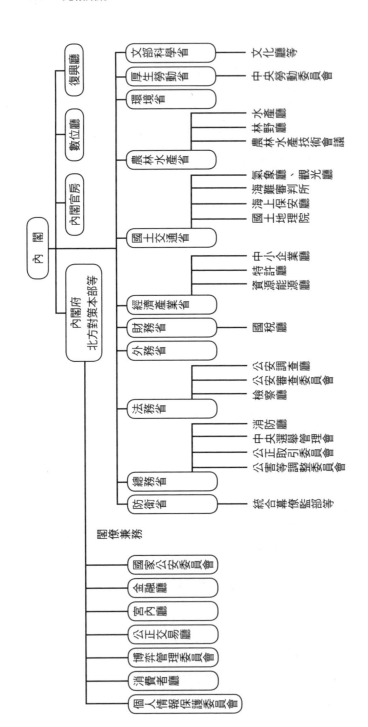

圖6-7　日本2022年中央政府結構

資料來源：https://www.cas.go.jp/jp/gaiyou/jimu/jinjikyoku/files/kikouzu_3.pdf。

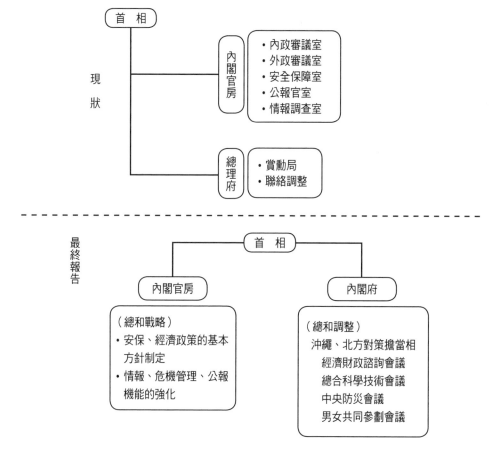

圖6-8　中央政府體制內閣機能強化組織架構

資料來源：《朝日新聞》，1997年12月4日。

與權限、組織員額及待遇的合理化、財政補助金效率化、地方稅擴充和地方債認可、警察跨區域搜查等。

3. 1996年內閣提出「行政參與的適當基準」，對於公私部門活動的基準，釐定三項原則：

(1)民間能夠參與的事項就讓民間去作。

(2)有效的行政應以國民為主，亦即公部門應以最小成本來推動政府事務。

(3)行政活動由國民所付託，因而民間參與的責任仍應由官僚來承擔。

(三) 實現開放並為國民所信賴的行政

　　1997年通過「情報公開法」（行政資訊法），1993年充實「行政手續法」，各省廳的審議會的審議紀錄每半年公布一次，特殊法人財務內容公開。推動加強國民對行政體制和公務員行為恢復信賴方案，以有效匡正綱紀和預防意外事件發生。

(四) 實現對國民便利的高品質行政

　　1997年提出「申請案件的國民負擔減輕對策」，改善申請方式、申請書電腦化和窗口服務，邁向簡單化、統一化、共通化、電子化和表格化。1999年度，「行政情報化推進基本計畫」確實完成下列事項：1.申請、申報手續電腦化、網路化應早日實施，並以單一窗口完成數個服務程序為目標；2.利用行政資訊網路和光碟（CD-ROM）等電子媒介，提供國民行政資訊，並應擴大提供機關範圍和充實提供內容；3.為加速行政機關內部的決策過程，公文書透過電子文書交換系統以提升效率；4.強化「各省廳間的網路系統」（WAN）和「機關內部的網路系統」（LAN），並應及早與地方分支機構、地方自治團體和特殊法人連線作業（柯三吉，1998：2-16）。

五、安倍內閣的行政改革

　　由於行政改革的重要性，民主黨在2009年取代自民黨執政後還是持續進行，於是在鳩山內閣時，設立行政刷新會議；而後在野田內閣時又成立「行政改革實行本部」，不過當安倍晉三領導的自民黨在2012年眾議院選舉重新取得執政後，安倍內閣又將此廢除，並於隔年設置以首相為本部長的「行政改革推進本部」，並因此召開了「行政改革推進會議」，如今是由岸田首相擔任議長，其成員除了官員，也有來自民間的學者專家，到2022年底已召開50次會議。[7]

7　〈行政改革推進会議〉。《首相官邸》，https://www.kantei.go.jp/jp/singi/gskaigi/index.html。

表6-3　各國中央政府設部名稱表

國家	部數	部名稱
英	25	1.檢察總長；2.內閣辦事廳；3.商業、能源及工業策略部；4.數位、文化、媒體及體育部；5.教育部；6.環境、食品及農村事業部；7.脫歐部；8.國家發展部；9.交通部；10.國際貿易部；11.工作與年金部；12.健康與社會照顧部；13.外交與國協部；14.財政部；15.內政部；16.國防部；17.住宅、社區及地方政府部；18.法務部；19.北愛爾蘭辦事廳；20.平民院辦事廳；21.貴族院辦事廳；22.蘇格蘭辦事廳；23.威爾斯辦事廳；24.聯合王國輸出財政；25.內閣總理辦事廳。
法	16	1.內政部；2.生態部；3.法務部；4.歐洲與涉外事務部；5.武裝部隊部；6.領土部；7.衛生部；8.財經部；9.文化部；10.勞動部；11.國民教育部；12.農業與糧食部；13.公共行動與會計部；14.高等教育、研究及創新部；15.法國海外部；16.體育部。
美	15	1.國務院；2.財政部；3.國防部；4.司法部；5.內政部；6.農業部；7.商業部；8.勞工部；9.衛生與公共服務部；10.住宅與城市發展部；11.運輸部；12.能源部；13.教育部；14.退伍軍人部；15.國土安全部。
日	12	1.農林水產省；2.防衛省；3.經濟產業省；4.文部科學省；5.環境省；6.財務省；7.外務省；8.厚生勞動省；9.總務省；10.法務省；11.國土交通省；12.國家公安委員會。
德	14	1.國防部；2.財政部；3.衛生部；4.內政、建設及家園部；5.食品與農業部；6.經濟合作與發展部；7.外交部；8.教育與研究部；9.經濟事務與能源部；10.勞動與社會事務部；11.交通營建部；12.司法部；13.消費者保護部；14.家庭事務、老年、婦女及青年部。
俄	21	總統管轄5個部：1.外交部；2.國防部；3.內政部；4.司法部；5.緊急情況部。 聯邦政府主席管轄16個部：1.衛生部；2.建設部；3.財政部；4.文化部；5.交通部；6.經濟發展部；7.教育科學部；8.能源部；9.自然資源與環境保護部；10.勞動與社會保障部；11.遠東發展部；12.通訊傳播部；13.北高加索事務部；14.農業部；15.體育部；16.工業與貿易部。

註：各國政府設部常因修法改編而有所變動。

表6-4　各國人事制度組織比較表

國別	憲政體制	人事法制	組織結構	組織型態	任務功能	備註
英國	內閣制	各種文官服務與管理相關法規	內閣事務部	首長制	1. 考試權（由所屬「文官考選委員辦公室」負責）（委員制），負責考試任用升遷申訴等政策及其督導；其負責考試執行機關「文官考選服務處」則改為民營 2. 績效管理、考選政策與監督、高等文官任用、人事訓練與發展	三權分立
			各部會首長（人事處室）	首長制	各部會公務員之分類等級、差假、福利、工時、工作條件	
			財政部（公職司）	首長制	公務員俸給、退休、服務品質等	
法國	雙重首長制	文官法	人事部	首長制	考選、任用、俸給、考績與撫卹	1. 三權分立 2. 趨向總統制
			國家改革部	首長制	政治行政組織改革、地方分權、施政革新等	
			最高人事協議委員會等多個委員會	首長制	員工關係與集體協商	

表6-4　各國人事制度組織比較表（續）

國別	憲政體制	人事法制	組織結構	組織型態	任務功能	備註
美國	總統制	文官改革法（Civil Service Reform Act, 1978）	人事管理局（局長由總統提名，經參議院同意任命）	首長制（部外制）	1. 第1至15職等文職人員考選，及16至18職等高級官員之遴選 2. 人事資格與忠誠調查 3. 特別資格任用事項 4. 人力訓練發展、福利、激勵與績效管理	三權分立
			功績制保護委員會（委員三人與特別檢察官一人，由總統提名，經參議院同意任命）	委員制（部外制）	1. 獨立行使權，對所執掌事項進行聽證及裁決，具有準司法監督功能 2. 研究文官體系與功績制及向總統與國會提出年度預算與立法建議 3. 審查人事管理局訂定之規章	三權分立
			聯邦勞動關係委員會（委員三人，由總統提名經參議院同意任命）	委員制（部外制）	勞動關係與工會之督導	三權分立

表6-4　各國人事制度組織比較表（續）

國別	憲政體制	人事法制	組織結構	組織型態	任務功能	備註
日本	內閣制	1.國家公務員法 2.地方公務員法	人事院：人事官三人（內閣提名國會同意後任命），內閣任命其中一人為「人事院總裁」綜理院務	委員制（部外制）	1.人事院規章制定、修正與廢止 2.向國會、內閣及有關機關首提出建議、決定考選標準與考選機關、俸給、訓練進修、保障、懲戒與臨時任用等事項 3.設「事務總局」實際執行人事業務	三權分立
			內閣人事局	首長制（部內制）	1.公務員效率、福利、衛生服務 2.各行政機關人事管理方針計畫與人事紀錄 3.政令指定其他機關設置人事管理官	
德國	內閣制	聯邦公務員法	內政部	首長制	1.聯邦公務員制度與政策 2.聯邦公務員分類分等 3.提名、監督聯邦人事委員會 4.與財政部協調公務員薪給法 5.與公務員工會協商	1.三權分立 2.各機關人事行政業務部分採分權制
			聯邦人事委員會（內政部提名，總統任命）	委員制（部內制）	1.主要為公務員與人事法規之統一與實施 2.辦公室設置於內政部	

第七章　比較司法制度

第一節　涵　義

　　人類若是善良，社會就不需要政府，也不需要法律與司法制度來加以保護。但是人並非皆為善良不犯錯，故需要政府成立司法制度來制定法律。在民主國家，較強調法治，不像威權或獨裁國家所強調的是人治。在法治國家，政府權力的行使都講求依法行事或於法有據，並特別著重在法律規定的限度內以法定程序行事。唯有如此，關係雙方人其權利義務才能得到保障。在本章中，我們將探討：一、各國司法制度特質；二、各國司法組織結構；以及 三、各國司法評審制。在現代社會，主持公道與正義或解決衝突的職責都是由司法機關承擔。司法制度在以「訴訟程序」解決衝突。其主要內容在：

一、特　性

(一) 是英美法系，還是大陸法系

　　英美法系從普通法引申而來，由判例匯集而成。大陸法系從制定法而來，要有完整的法典，以備遵循。

(二) 是保障個人自由權利為著眼點，還是保障整體社會安全福祉

　　其所採用的審判訴訟制度便不同，前者是當事人進行式的訴訟制（Adversarial System），後者是職權進行式的訴訟制（Inquisitorial System）（Ranney, 1996: 327-329）。

(三) 是司法一元制，還是二元制

　　一元制指只有普通法院體系，二元制是除普通法院體系外，尚有行政法院體系。

(四) 司法制度是一元制，還是二元制或折衷制

如果是聯邦國家，其司法制度又有不同特性，有一元制如奧國，有二元制如美國，有折衷制如德國。一元制指雖是聯邦國，但司法制度如同單一國。二元制指聯邦與各邦，各有各的司法體系，折衷制指下級法院體系各邦不同，但到最高法院則共同為聯邦最高法院。

(五) 是否有司法評審制

英國沒有司法評審制，法、美、日、德則有。

二、司法體系

各國之法院組織均成為層級系統，各有各的司法體系，法官的來源亦不相同。

三、司法評審制，釋憲機關

在有司法評審制或稱違憲審查權（Judicial Review）的國家，其具有司法評審權的機關，其組成和職權亦不相同。如法、德則是以獨立機構釋憲，而美、日則是附隨於案件審判中由一般法院釋憲。

第二節　司法制度特質

壹、英　國

一、判例法

英國採判例主義，法律不是由立法機關根據抽象的原理而制定，乃是法院

就具體的事實下以判決而漸次形成。法院宣告判決後，若發生同一法律事實，以前判例可拘束此後判決，所以英國主要淵源為法院的判例法（Case Law）。制定法（Statute）為自十九世紀末葉以來，為次要的法源。英國法律共有兩種：一為判例法，即不成文的習慣法；另一為國會通過的制定法。

判例法有二：一為普通法（Common Law），一為衡平法（Equity）。在1066年諾曼人征服英國以前，英國有地方法院及封建諸侯的法院，各自適用不同的習慣法。這個時候，雖然也有全國共通的習慣法，但其為數甚少，而內容又欠明確。諾曼人征服以後，亨利第二（1154-1189）極力擴張王權，設置國王法院（King's Court），令法官巡迴國內各地，審理案件。這些法官在審判時，對於各地習慣加以引用，遂成為習慣法，為大家共同遵守的法普通法。這些普通法雖不是國王或立法機關所制定的法律，只是習慣的結晶，但具有法律的效力，常由國王法院適用之。

一般人民在普通法法院若不能得到妥善的救濟，或認為普通法的規定有欠公平，可以直接向國王提出訴願。國王乃「正義的源泉」（Fountain of Justice），當然可憑自己的良心，親自審問案件，而不受普通法法院的拘束。後來（大約在1280年以後）國王因為政務多端，無暇處理每個案件，遂將審問之責委於大法官（Chancellor），而大法官遂被世人稱為「國王良心的守門人」（the keeper of the king's conscience）。後來案件逐漸增多，大法官無法單獨處理案件，乃任命幾個法官助理其事，於是成立了一個常設的衡平法庭（Court of Chancery）。衡平法庭本來不受普通法的拘束，只根據道德、正義或公平的觀念來審判案件。其後也漸次產生一種判例法——衡平法。衡平法的作用在於補救普通法之不足，以及糾正普通法之刻板，故可視為普通法的補助法。現今衡平法所管轄的範圍限於普通法或制定法所沒有規定的一部分民事案件（但對於某幾種民事案件，例如，關於信託或監護之案件，衡平法有專管權。而關於某些案件，訴訟當事人尚得任意選擇普通法法院或衡平法院，向其提起訴訟），而對於刑事案件則完全沒有管轄權。

二、司法一元制：沒有行政法院

英國普通法中兩個重要原則：一國王無誤（the king can do no wrong），國

王不能為非，不能在法庭中被訴，即政府官吏合法權力的運用，亦為國家行政之一種，所以亦不能在法庭中被訴。二為法律之前人人平等，只受一個法律的支配，一切官吏及人民只受普通法的支配，人民權利受侵害，不論加害為人民或官吏，均應起訴於普通法院，謀求救濟。所以英國沒有行政法院，著名的法學家戴雪（Dicey）特別推崇英國的平等主義。

實際上，英國雖無行政法院，但人民的權利因政府官吏之作為而受到損害時，得向普通法院提起訴訟，逐漸產生一部行政行為爭議的判例法。加之1947年工黨提出「國家責任法」（Crown Proceeding Act），規定除英王個人不能要求出庭外，對公務員的依法行為產生侵權後果者，法院可判令國家負賠償之責。所以英國有行政法之實，而無行政法院之名。

三、沒有司法評審制

傳統的「國會至上」（Parliamentary Supremacy）原則，法官沒有權力審查國會制定的法律是否違憲。法官雖可以解釋法律，但法官的解釋並不具有最高效力，國會可通過新法律加以推翻。可見英國司法界之情況，認為司法者職司執法，而造法則是立法者的工作。法官對國會的制定法，不至於有意以普通法的觀點去曲解。

貳、法　國

一、法國法律的淵源

法國法律有著整套的體系，並且經過多年的演進，其淵源得分為數項說明之：(一)羅馬法的影響：法國地區於西元前曾被羅馬凱撒所征服，嗣後的數個世紀皆隸屬於羅馬帝國。羅馬法屬於「法典法」的形式，法國法律採用法典主義，即是受到羅馬法作風的影響，其風格條理分明、體系完整，與英國的判例法迥然不同。(二)習慣法的成分：羅馬帝國瓦解後，法國地區成為封建典型的國家，使得各地的領主，各自行使地方性的習慣法，非王室所能充分管轄，領

主往往為其領域的法官。此一現象直大法國大革命，才予以整飭。(三)敕令的法律效力：直到法國大革命，法國固然沒有如英國通行於全國的普通法，但法國皇室常頒布「訓令」、「教諭」、「命令」加諸於各地的習慣之上，而這些敕立具有法律的效力。(四)革命初期的整理法律：法國大革命乃志在推翻過去時代的社會經濟體制，雖然規範私人之間的各種法律仍然存在，但其基本精神與人權宣言所宣告的個人權力相違背，所以大革命之後到拿破崙時期，陸續起草部分的法案。(五)拿破崙法典：拿破崙出任第一執政官時，廣延法學名家，建構一個委員會負責修纂法典，有時拿破崙親自主持會議。世之論者，多認拿破崙法典的貢獻遠勝於其武功的表現（羅志淵，1991）。

二、成文法典 （Code Law）

由於其植基於羅馬法，形式上為法典法，故其法律均有明文規定。法官判案時，只須選擇適用之法律，而不須參考先前之判例。

三、司法二元制

分為普通法院體系與行政法院體系，普通法院體系管理一般人民之爭訟，行政法院體系則站在國家立場，以行政訴訟承辦人民與公務員之糾紛。其與英美之僅有普通法院不同。

四、著重「社會公權力」，維護社會之整體利益

強調社會公權力，以抑制犯罪。公權力代表社會對嫌犯起訴，而警察之搜索、逮捕均視為正當，無人身保護法（Habeas Corpus）來保護被告。重視證據的取得。而不論取得程序是否合法，其司法審判程序採行職權進行式訴訟制（Inquisitorial System）。凡涉及社會整體之利益，國家之公權力強行介入訴訟過程，個人自由權利因而較易遭受犧牲（Ranney, 1996: 328-329）。

1789年的人權宣言，以及1973年法國批准人權相關條約，對於被告的人權較有保障。司法程序之進行一直是以發現犯罪事實為目的。但仍不若英、美在犯罪事實未確定前，均視被告為無罪而加以保護。法國採職權進行式訴訟制，

是由法庭以較積極主動態度，蒐集證據、詢問證人當作其判決的基礎（Rasmussen & Moses, 1995: 329-332）。

　　法國的訴訟程序是，警方先通知檢察官，某個人可能犯了某項罪行。若是檢察官同意警方說法，就會通知調查法官，開始進行初步偵察工作。通常調查工作的範圍是遠超過「大陪審團」（Grand Jury）聽審所需的內容，而且法院是在不公開的狀態下審訊被告及證人。此外，調查法官可以藉由拆閱私人郵件、監聽電話、委任專家組成委員會作報告等措施，來瞭解事情的真相。不同的證人如果提出相互矛盾證詞時，調查法官方可以一直詢問，直到他認為出現偽證或是證據不符的情況降至最低。當偵察結束，調查法官才會決定這件案子是否交付審判；若是交付審判，則表示被告被認定可能有罪，接下來的審判，就不一定會比在調查時期所得的資料來得重要。

　　法國與其他民主國家的當事人進行式訴訟制（Adversarial System of Justice）不同：

(一) 在決定一個人是否犯罪，法國是由一位專職的法官代表司法部，而非由一群民眾組成的大陪審團加以裁定。

(二) 能夠決定被告命運的證據和憑證本身，是由法官保存（無論是在調查期間或後來的審判階段），而非由對抗雙方分別存放。因此，當法官需要最原始的證據時可以方便取得，作公正的裁定。

(三) 被告或原告有沒有能力請到具有豐富技巧經驗的律師來代表他們，對審判結果所產生的影響，比辯論式訴訟制小得多（Ranney, 1996: 327）。

　　我們無法明確定地說明，在懲罰惡人和保護無辜時，採用辯論式或是審問式較為有效，然而對於不同民主國家使用的兩種訴訟制而言，如何有個公平審判程序和公正結果，都是兩者所企求的。

參、美　國

一、判例法（Case Law）

　　亦為英美法系，係以判例法體系呈現司法特質，與英國所不同的是美國為聯邦體制。

二、著重個人自由權利義務之保障

　　其與法國（大陸法系）著重社會權利義務之保障有很大差異。訴訟程序採當事人進行式訴訟制。

(一) 在美國、英國及一些早期英國的殖民國家，都是以當事人進行式訴訟制的司法審判為主。當事人進行式訴訟制是允許被告與原告，雙方當事人為獲得有利於自己之判決而進行辯論，法官只能就雙方所提出之論點及證據，以第三者身分下決定的一種制度。

(二) 當事人進行式訴訟制的基本含義，法院的任務是在解決法律紛爭。而法律紛爭的起因是原告認為被告以不合法方式傷害到原告，進而提出控訴，兩者在法庭上相互辯論。

(三) 在刑事案件（Criminal Case）中，政府是透過檢察官來控訴被告破壞法律；而在民事案件中，則由一方對另一方提出對自身或財產傷害的控訴。就辯論雙方而言，審判就是一種兩造當事人之間的競賽（the trial itself is a contest between the two adversaries）。兩造均想盡辦法呈現並加強自己的論點，由證人或證據中找出有利證據來支持自己的論點，並且試著經由交叉審訊證人、向其證據挑戰以及反駁其論點來詆毀對方，使對方喪失信用。

(四) 法院的功能就是仲裁這種競爭，並且宣布誰是優勝者。這場競賽可以確定辯論雙方在呈現自己、攻擊對手的同時，均是依據已建立的遊戲—真實的證據、論點、態度等規則，來進行辯論。法庭則是根據它所瞭解的真相和出現在辯論中與雙方相關之法律作判決。

(五) 這種法系的形式是依據英美法系訴訟系統，來判定嫌疑犯是否有罪。警方先調查事實，然後向檢察官報告。檢察官又必須獲得足夠的證據，取信於大陪審團，以期能對其指定之人提出控訴。被提出控訴的人就是被告，接下來的審判，政府就扮演原告的角色。

(六) 法庭（由法官單獨主持或是再加上陪審團）傾聽辯論雙方提出論點和證據，再判定被控訴的被告是否有罪。若正式判決是「無罪」，則被告就可自由。若是「有罪」，法庭就依法所設定的範圍，給與固定刑罪。但是法庭本身並沒有任何權利製造證據、交叉審訊證人或扮演除辯論雙方競賽中第三者中立角色之外的任何身分。

三、聯邦制：即二元制

德國亦採聯邦制，但其司法體系因各邦隸屬聯邦體制之下，也算是其附屬。美國卻是各州、聯邦各自獨立為一體系。兩體系之連結，均透過憲法規定。憲法第6條規定：「本憲法與依據本憲法所制定之合眾國法律，及以合眾國之權力所締結或將締結之條約均為全國之最高法律，縱與任何州之憲法或法律有所牴觸，各州法院之法官，均應遵守而受其約束。」此一最高條款不僅連結聯邦法院及州法院，亦為州法院上訴聯邦法院的依據，而州法院法官的判決亦受聯邦法院的約束。

肆、日 本

一、法典法體系

原屬大陸法系，與德、法一樣具有完備的法律，彙編成法典法體系（Code Law System），不是英美法系之普通法與判例法體系（Case Law System）。然而戰後，如憲法、獨占禁止法等卻深受美國法影響。

二、強調保障基本人權

日本憲法明定基本權之保障規定為最高法規，不得侵犯。其憲法第97條明白顯示憲法「對於日本國民所保障之基本人權，乃人類為爭取自由，經多年努力獲得之成果。此等權利曾經過多次嚴正之試驗，茲賦予現在及將來各代之國民，作為不可侵犯之永久權利」。

三、司法獨立

(一)「一切司法權屬於最高法院及依法設置之下級法院」、「特別法院不得設置」、「行政機構概不得被授予終審之裁判權力」、「一切法官，憑其良

心，獨立行使其職權，僅受本憲法及各項法律之拘束」（憲法§76）。

(二)「最高法院，就關於訴訟手續、施行辦法、律師、法院內部紀律等細則及司法事務處理，訂立規則之權限。」（憲法§77）

(三)「法官之懲戒處分，不得由行政機關為之。」（憲法§78）

四、司法一元制

關於行政案件之裁判，不僅不設置行政法院，且禁止行政機關之終審裁判及特別法院之設置（憲法§76 II）。

五、最高法院有司法評審權

擷取美國司法評審制之精神，予以最高法院違憲法規之評審權。最高法院為具有決定任何法律、命令、規則或處分是否適合憲法權限之終審法院（憲法§81）。不過在實際上，下級法院亦擁有司法評審權。

伍、德　國

一、法典法

德國法律體系屬於大陸法系，採「法典法」（Code Law），而不是「判例法」（Case Law）。其本質係自古以來，即傳入羅馬法以為民法的根基。但訴訟法及刑事法暨行政法方面則頗受法國法律的影響；而政治上的各種法制，如人民自由權利、分權原則、地方自治等規則，則頗受英國法的影響。因其為「法典法」，整體而言，法典極為完備。

二、強調個人基本權利的保障

為確保個人之基本權利與自由，處於行政機關與人民之第三者地位的法

院，成為被害者請求救濟之聖堂。故憲法第19條第4項規定：「凡權利受公權力之侵害者，均得向法院請求救濟；如無其他法院管轄時，由普通法院審理之。」藉此一憲法條文，概括地給予人民最廣泛的訴訟權利。法院既然向人民打開一切救濟之大門，則法院之數量與種類必須相應增加。所以戰後西德努力於建立完善的裁判系統，創設新的行政、財務、社會、勞工等訴訟制度。法院之種類與數量之繁多，亦成為今日德國司法制度之一大特色。

三、司法權之優越

由於歷史教訓，德人對立法與行政兩權，均深懷戒心，因而寄望於司法權，欲藉司法權之提高，以收牽制其他兩權之功效。基於這種理由，維護憲法之責任，基本法已不再如同威瑪憲法，將之託付聯邦總統，改而專設憲法法院，使其審理國家機關之違憲行為、解釋憲法、解決國家機關間權限之爭議等。所以憲法法院權限之廣泛，成為今日德國司法權之一大特徵。

德國於二次大戰後，國權崩潰，政令失效，公權力幾乎成真空狀態。唯政治色彩比較淡薄之司法機關，在國社黨高壓統治下，對審判獨立之維護，仍留有喘息之機會。戰後全國一切公機關均紛紛瓦解之際，法院獨能繼續存在，填補國權之真空，維持秩序，造成司法權優越之局勢。在這種情況下，德人體驗到審判與行政之不同、法官與一般公務人員之差異。因此之故，基本法第92條特別揭示：僅由法官組成之法院，始得行使審判權。

四、折衷的聯邦法制

聯邦國的司法制度可以分為三種：一是聯邦主義，例如，美國聯邦有聯邦的法院，各州有各州的法院。二是統一主義，例如，奧國，其司法制度與單一國相同，一切司法權均屬於聯邦。三是折衷主義，德國乃介在聯邦主義與統一主義兩者之間，各州設置的法院有區法院、地方法院、高等法院三級，聯邦只設聯邦法院（基本法§92）。但是一切法院均依聯邦所頒布的法院組織之，而民法、刑法、訴訟法亦由聯邦與邦共同制定（基本法§74）。不過各邦法院的法官由邦政府任命，其判決的宣告亦用邦政府的名義，所以可視為一種折衷制度。

陸、俄　國

一、司法獨立

司法由法院掌理（憲法§118）。分四種不同訴訟程序：憲政、民事、行政、刑事。法院由聯邦憲法及法律設立，不得設特別法院（庭）（憲法§118）。法官獨立審判，只遵循聯邦憲法與法律（憲法§119）。法官依法獲得保障，不得免職（憲法§121）。

二、大陸法系性質

法律法典化。除普通法院（包括民事、刑事、行政）外，又分憲法法院以及最高仲裁法院。最高仲裁法院是審理經濟糾紛之最高法院（憲法§127）。

三、司法評審制

聯邦憲法法院，由19位法官組成，審理有關是否符合憲法規定之案件，由此可以審查聯邦法令、共和國憲法、法令等之合憲性（憲法§125）

第三節　司法組織結構

壹、英　國

民刑事案件之審理及其上訴，民、刑事案件分別審理。

一、刑事案件

(一) 最下級為簡易法庭（Magistrates Court）

1. 受理輕罪案，罪刑約在六個月內或1,000鎊以下。全國約700個簡易法庭，處理人員為治安法官（Magistrate），為沒有薪俸之名譽職（但在倫敦有些治安法官為有給職），由司法大臣（Lord Chancellor）任命不須具備專門法律知識、多為地方之年高望重的紳士擔任。簡易法庭亦受理民事審判，且多屬家事方面。
2. 不服簡易法庭之判決可上訴。若刑事案件關於判決是否正確，量刑是否過重，可上訴至皇室法院（Crown Court）。民事案件則上訴至高等法院的家事庭（Family Division of the High Court of Justice）。

(二) 皇室法院（Crown Court）

1. 嚴重之刑事案件由皇室法院初審；最重之刑案則交由上訴法院，一名法官獨任審理；較輕者如偽證罪，則交由巡迴法官審理，兩者均須有陪審團。
2. 皇室法院分為三階層（Tiers）：第一廳設於大城市中，審理刑事案；第二廳位於小城市，審理刑事案；第三廳則位於一般城鎮中，只審理較輕之刑案。
3. 上訴：不服判決，同上訴法院的刑事庭。

(三) 上訴法院（Court of Appeal）

　　上訴法院分兩庭：刑事庭與民事庭。刑事庭審理罪刑較重之初審案件，以及由皇室法院送來之上訴案件；民事庭審理民事上訴案，法官有22位。

二、民事案件

(一) 最下級者為郡法院（County Court）

1. 由司法大臣任命巡迴法官（Circuit Judges）一人獨任，處理2,500鎊以下的案子。全國約300個郡法院。
2. 上訴：可直接上訴至上訴法院。

（二）高等法院（The High Court of Justice）

1. 較重要民事案件由高等法院審理初審。初審由法官一人單獨處理，上訴案件則由二至三個法官一同審理。
2. 分為三庭：女王座庭（Queen's Division）管轄商事法；衡平庭（Chancery Division）審理財產、遺囑等糾紛事項；家事庭（Family Division）則審理離婚與監護。
3. 上訴：可上訴至上訴法院之民事庭。

三、最後上訴機關：最高法院（Supreme Court of the United Kingdom）

1. 為了貫徹三權分立，於2005年制定「憲制改革法」（The Constitutional Reform Act），並在2009年10月1日正在設立最高法院。
2. 除了蘇格蘭的刑事案件外，為英國的最終審法院。
3. 目前的11位法官，除了克拉克勳爵（Lord Clarke）原來是擔任卷宗主事官（Master of Rolls），其餘10位法官皆是由原來的貴族院的法學貴族（Lords of Appeal in Ordinary）。

四、法官來源

　　英國的律師分為小律師（Solicitor）及大律師（Barrister）（見表7-1）。小律師不出庭，只替當事人寫訴訟狀，大律師才有資格出庭。小律師須加入法律協會（Law Society），以維持其職業道德。大律師多出身於法學院（Inns of Count）。法學院為專門訓練法律人才的獨立書院，所有法官及律師都是法學院出身並持有證書，且接受該校的制裁，以維持司法道德。

　　根據1971年的法庭法（The Courts Act of 1971），唯有大律師且具有十年的經驗方能出任法官。小律師可任書記官，兼任較低級的法官，有三年經驗後，可任命為巡迴判席的專任法官。由於法律協會及法學院的監督制裁作用，使英國能擁有優異的司法人員。

表7-1　英國大小律師之比較

	大律師	小律師
A	出身於法學院（Inns of Court）	不是出身於著名法學院
B	專於出庭	僅可從事撰寫訴訟狀
C	須加入法律學會，著重自治	須加入法律協會
D	任滿十年，且表現佳者，可被選為法官	任滿三年，且表現亦佳者，可被選為簡易法庭之法官

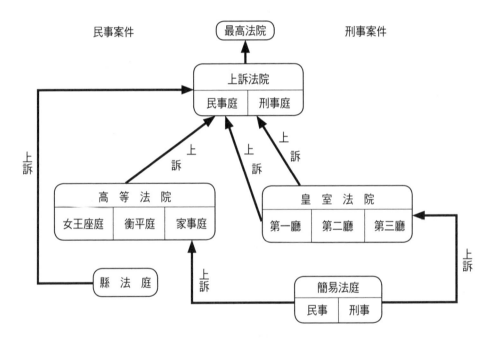

圖7-1　英國司法組織圖

資料來源：http://en.wikipedia.org/wiki/File:Courts.jpg。

　　英國法官不同美國法官之由民選，但似乎涉及政治，因為司法體系的首長——司法大臣是內閣閣員。大多數法官是由司法大臣提名任命，一些高級法官甚至首相諮詢司法大臣後任命，且任命不須經立法機關之同意。事實上，英國法官是獨立的，1701年的王位繼承法（The Act of Settlement）使得司法不再受君主控制。法官為終身職，除非經兩院投票通過，否則不能將其解職。

　　各國之司法制度所著重之司法人員互異。例如，英國是以法官、律師為同一系統，而法務部職員與檢察官為另一系統，性質不同。但我國卻以檢察官、法官為同一系統，近年審檢分立才有改善（見圖7-1）。

貳、法　國

一、最高司法會議 （The High Council of the Judiciary）

　　總統為司法機關獨立之保證人。由最高司法會議襄助處理司法事務（憲法§64）。

(一) 組　成

1. 主席：由總統主持最高司法會議。
2. 副主席：司法部部長。
3. 其他委員九名（由總統依組織法之規定任命之）（憲法§65）。

(二) 職　權

1. 提出最高法院（Judge of the Court of Cassation）及上訴法院首席長（The First President of Court of Appeal）人選之權。
2. 表示意見：對司法部所提有關其他各級法院法官之任命簽註意見。
3. 有關特赦事宜應受諮詢之權。
4. 設置「司法官懲戒委員會」，由最高法院院長擔任主席（憲法§65）。

二、彈劾司法院（The High Court of Justice）

(一) 組　成

1. 在國會兩院每次全部改選或局部改選後，由國民議會及參議院之議員中選出同額委員而組成。
2. 彈劾司法院院長則由委員互選之（憲法§67）。

(二) 職　權

1. 彈劾總統

(1)要件：須為叛國方可。共和國總統執行職務，僅對其所為之叛國行為負有刑責。

(2)程序：須經國會兩院採公開、同時投票方式並獲兩院議員絕對多數表決通過，始能成立，且由彈劾司法院審判之（憲法§68）。

2. 彈劾總理與閣員

(1)要件：犯罪、違警、危害國家安全。「政府閣員執行職務，若其行為當時被認定具有犯罪或違警之情事，須負刑責。如有危害國家安全之行為，政府閣員及其共犯依上述之訴訟程序處理。」

(2)程序：如同上述，彈劾司法院應依據犯罪或違警定義及罪刑之確定，以及犯罪時之現行刑法有關條文處理之（憲法§68）。

三、普通法院

(一) 基層法院（The Court of First Instance）

取代第四共和時期治安法官的地位，現共有471個。每一個法院有數位法官，他們必須常駐在該法院。每一個案件由一位法官來審理。基層法院只處理輕微民事案件，爭訟標的約500、600元。

(二) 第一審法院（The Court of Major Instance）

共181個。這些法院掌理整個省的司法案件，較大的省可以有一個以上的第一審法院。它們初審一些比較重要的民事案件以及上訴案件，例如，從基層法院或商事法院、勞工法院等轉來的案件。每一個案子由三個法官來審理，採取多數裁決的方式。

(三) 警察法院（The Police Court）

刑事案件依輕重之分而由不同的法院審理。較輕案件在此處理，其最高刑為二個月有期徒刑。

調查法官（Examining Magistrate）在刑事訟訴程序上，當警察機關逮捕嫌犯時，則依檢察官的通知，將該案件交予調查法官調查。這種法官，在小地方是由第一審法院的法官兼任，在較大地方則由他完全擔任調查工作，具有頗大的權力，得發令逮捕、搜索、查封、傳喚及審問證人。當犯案證據充足時，即決定應交由矯正法院或巡迴法院辦理，否則犯人即被釋放。

(四) 矯正法院（The Correction Court）

於此審判之案件最高刑為五年。此法院之層級和第一審法院相同。每一個案件亦由三位法官採多數決之方式審理之。

(五) 巡迴法院（The Assize Court）

非常設的司法機構，每年定期開庭，是重大刑事案件的終審法庭。巡迴法庭由一名審判長、兩名上訴法院法官和九位陪審員所組成，用投票的方式來進行判決，需12票中的八票方能定罪，只有在不符合法律的情況下才可以上訴到最高法院（洪波，1993）。

(六) 上訴法院（Court of Appeal）

民、刑事案件合併於此，共有34個，每一個司法管轄區便有一個。受理來自刑事法院（巡迴法院除外）、民事法院以及其他特別法院，如農地租賃法院、商業法院等之上訴案。每一個上訴法院常分設民事廳（Civil Section）、刑事廳（Criminal Section）及起訴廳（Indictment Section）。其事實審為終審，而其審理若有問題則可上訴於最高法院。上訴法院有時會接獲最高法院送來之另一個上訴法院之判決而加以審議。

(七) 最高法院（The Court of Cassation）

是全國普通法院系統中最高一級的審判機構，設於巴黎。它有變更全國普通法院判決的權力，與上述法院不同的是，它只審查原案判決所引用的法律是否得當，而不審查原案的事實，它是法律的裁判者而並非事實的裁判者。在任何情況之下，它不得以自己的判決來代替原判決，如果認為下級法院沒有錯誤，就作維持原判來處理，案件也就終結。如果認為原判不當，不作另行判

決，只能撤銷原判並將原案及法律上的「正當解釋」一併發給一個與原判法院同級的法院再審。

四、行政法院

(一) 省區行政法院（Interdepartmental Prefectoral Council）

共有31個，每一個法院有一個院長及若干個推事。每一個案件由三個人處理，其判決非為最終審，可以上訴。

(二) 特種行政法院

與省區行政法院地位相當者，如審計法院（The Court of Account），審理有關會計方面的案件。

(三) 中央行政法院（The Council of State）

約有200人，五個廳；但只有第五廳即司法廳真正辦理行政訴訟。人員係由總統於部長會議中任命之，而其是由司法部提出的。中央行政法院不受政府管轄，獨立於其外。一般來說，其中成員多為終身職，除非他有不法行為而被免職。大部分的人是經由考試，由國立行政學校中遴選。其職權有初審權、上訴審權及對特等法院的判決評論及撤銷權，而此主要由第五廳擔任，其他四廳則與各部之行政、立法有關，對各部的起草法律與發布行政命令負有監督建議的任務。

五、職權劃分法院（Court of Conflict）

大體言之，固然行政法院以審理人民控訴政府機關的訟案為主，普通法院以審訊人民相互間的爭訟及國家與人民之間的刑事案為稱，但難免有些案件，其管轄之誰屬，頗有疑義。為因應兩系法院管轄上之劃分需要乃設立此院，又稱為「衝突法院」。由八個法官及兩個候補法官組織之；其中有六個是由中央行政法院、普通法院和最高法院各三人充之，再由此六人選舉其餘人員。以司法部部長為當然院長，除法官意見分為同數兩派時，平常是不到院主持會議的。

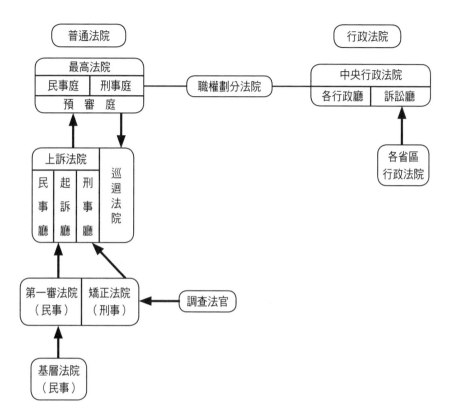

圖7-2 法國司法組織圖

六、法官的來源

在法國，法律和司法專業顧問就有明顯的區分。法國的年輕人如果對法律感興趣，會及早在其學習生涯中決定要成為一名律師或是法官。若是選擇律師生涯，他們就會修習適當的課程，通過考試，以便成為訴狀律師、出庭律師、代書（專精於法律文件的起草和註冊）；若是選擇了司法生涯，在完成法律專業訓練後，他們尚須進入國立司法研究中心（Center National d'Etude Judiciaires）四年。順利畢業後還須先成為司法部的文職人員，再被分派到第一審法院，朝向高等法院的資深職務努力，就如同其他部會的資淺文職工作者一樣。

七、司法專業人員的職務

　　法國的司法專業人員（Magistrature）包含了三種不同的職務：(一)坐著的法官（Sitting Judge），即法庭法官主持法庭，如同英美的法官一般；(二)站著的法官（Parquet），形成每個法院的檢察官職位；(三)司法部的職員。都被視為同一部門之下的文職人員，而任何一個司法專業人員的成員均可擔任於這三個職位。事實上，對一個司法專業人員而言，由他的法庭法官席位，調至另一個法院的檢察官職位，再調至司法部的職員，這也是常見的情形。當然，也可能調回原來高等法院的職位。法國普通法院的法官和檢察官都是司法部官員，兩者的功能就不是像英語系國家劃分得如此清楚（見圖7-2）。

參、美　國

　　美國司法制度為聯邦法院及州法院並行之二元體系，且其司法權獨立。行政機關主動作事，而司法被動不告不理。美之司法權，屬於最高法院與國會隨時所制定、設立之下級法院，且其法官之任職為終身職（聯邦憲法§3 I）。

　　根據聯邦憲法的規定，美國國會在1789年通過「法院法」，設立美國聯邦最高法院，及其整個聯邦司法系統。聯邦與州法院各分為三級：區法院、上訴法院、最高法院。其中最高法院為憲法所明定之設置機關，而其他法院為依國會所制定法律而設置的下級法院。以下分述之，如圖7-3。

一、聯邦普通法院體系

(一) 聯邦區法院（District Curt）

　　美國各州共設93個區法院，此外在哥倫比亞特區（District of Columbia）、波多黎各（Puerto Rico）、巴拿馬運河區（Canal Zone）、維京群島（Virgin Islands）及關島（Guam）亦各設一區法院。半數以上的州，只有一個區法

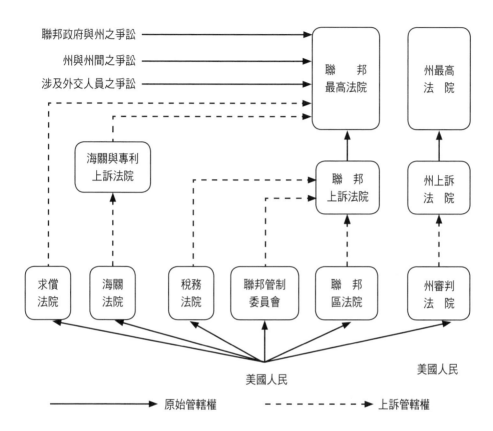

圖7-3　美國司法組織圖

院，而人口多的州，如紐約州，便有四個區法院。法官人數由1至27人不等，總數計520人。審理的案件：不同州人民的爭議及觸犯聯邦法律者，如民權、專利權、著作權、仿冒、移民等。

(二) 聯邦上訴法院（U.S. Court of Appeal）

　　全國依地域區分為11個司法區（Judicial Circuit），另加哥倫比亞特區；各置一個上訴法院，推事人數3至15人不等，通常由三人開庭審判。上訴法院受理地方法院的上訴案件及覆審聯邦節制性機關的裁決。

(三) 聯邦最高法院（Supreme Court of the United States）

　　為最高之司法機關，最高法院置院長（Chief Justice）一人，同僚大法官（Associate Justice）八人。根據聯邦憲法的規定，最高法院只對兩類案件具有「初審權」，即涉及國際糾紛的案件，以及在美國國內某一州或外交官為一方當事人的案件，除此之外，最高法院只能審理從下級法院上訴或性質特別重要的案件。對於所有案件，最高法院的判決都是終審判決（唐士其，1998）。

　　所謂性質特別重要者包括下列各種情形：

1. 州法院判決國會所通過的法律違憲者。
2. 州法院否定聯邦所提起的刑事控訴者。
3. 地方法院對聯邦所提出要求執行反托拉斯法、州際貿易法、州際交通法，而已作判決者。
4. 州法院頒發禁令（Injunction）或拒絕頒發禁令的案件。

　　國會曾通過法律，允許最高法院對上訴案件有充分的自由裁量權，大法官如認為缺少實質聯邦性問題（Want of Substantial Question）得撤銷上訴。除受理最後上訴案件外，最高法院又可採其他方式審判。其一為調卷覆核（Writ of Certiorari），即由當事人聲請，得大法官最少四人同意認為有「特殊而重要之理由」（Special and Important Reason）者，得以上訴。其二為低級法院請求作確定解釋（Certification）。這須在處理案件遇有憲法解釋的疑難時始可為之，當事人不得為確定解釋的聲請。

二、州法院體系

　　州法院在各州法院組織和司法程序均有不同，但由於聯邦法院對於地方法院的影響，已逐漸使州法院在組織和程序上漸趨一致。各州法院大致分為三級：

(一) 州審判法院

　　為其最基層的司法組織處理輕微的民刑訴訟案件，沒有陪審團。

(二) 州上訴法院（第二級）

此級名稱極不一致，有的稱為郡法院（County Court），有的稱為區域法院（District Court），有的並稱高等法院（Superior Court）或巡迴法院（Circuit Court）。審判：各種民事和刑事案件，並可覆審下級法院的判決。關於事實問題，其判決為終結；關於法律問題，則可上訴於州最高法院。

(三) 州最高法院（The Supreme Court of the State）

法官五人至九人不等，一切判決由多數通過。其主要職掌乃是案件已經過下級法院辯論過，並經判決，但敗訴的一方認為判得不公允時，就提到最高法院來審理，所以最高法院大部分是聽審上訴的案件。亦有權覆審下級法院的判決，目的是在保障兩造都不致受到不公平的判決。這種請求覆審權，普通稱為上訴權。因為最高法院的主要任務，在聽審關於法律問題的上訴，很少直接承審案件。同時又不管事實問題，故不採陪審制。關於完全與憲法和州法律有關係的問題，不涉及聯邦問題，則其判決為終結。若與聯邦憲法和法律有關係的問題，則可呈發錯誤文狀（Writ of Error），再上訴到聯邦最高法院。

三、聯邦特設法院

依國會立法設立，屬於法律的法院包括求償法院（Court of Claim），公民可對聯邦政府之損害提起民事控告。其次為海關法院（U.S. Custom Court），覆審涉及進口貨物稅之行政裁決。海關與專利上訴法院（Court of Custom and Patent Appeal），覆審海關法院專利局（Pantent Office）關稅委員會（Tariff Commission）的決定，屬上訴法院。另外為軍事上訴法院（Court of Military Appeal），覆審軍事審判庭（Court Martial）所判決的案件，及處理租稅之稅務法院（Tax Court）。

四、法官選任

聯邦法院法官都由總統提名，經參議院過半數同意後任命，尤其聯邦最高

法院的違憲判決影響重大，總統選任法官之際，常是各種勢力關注的焦點。而當羅斯福的新政被最高法院阻擋之際，他還構思要以增加法官選任來扭轉乾坤，也就是所謂的「法院包裹」（Court Packing）。又當保守派大法官成為多數而會影響Roe v. Wade的墮胎判決之際，許多民主黨人甚至也希望有擴大聯邦最高法院之「法院包裹」，但拜登總統並不表支持。[1]

　　而州法院法官的選任方式則紛歧而複雜，以州最高法院法官而言，有16州由州長任命。康乃狄克州（Connecticut）是由州長提名，經州議會同意任命，而羅德島（Rhode Island）、南卡羅萊納（South Carolina）、佛蒙特（Vermont）、維吉尼亞（Virginia）等州則由議會選出，其餘29州則由公民投票選舉。大多數低級法院法官經公民選舉產生，但也有由上級法院、市議會或地方政府選出者。憲法第3條第1項雖曾提及法官職位及薪給的保障，可是對法官所需資格條件並無規定，事實上大多數法官來自律師業。

　　美國之司法審判程序採當事人進行主義訴訟制，屬英美法系，對於個人權利保障頗為完善。法官位居中立、客觀超然的立場審理案件。國家之公權力除非必要時，否則絕不介入其訴訟過程。

肆、日　本

一、最高法院

(一) 最高法院（最高裁判所），以院長（最高裁判所所長）和法官（裁判官）14人組成。最高法院法官以見識廣，有法律素養，年滿40歲，由內閣任命，但其中至少必須有10人是資深法律專家。

(二) 院長由天皇依據內閣之提名而任命（憲法§6），法官由內閣任命，天皇認證（憲法§79）。

(三) 最高法院之審理及審判由大法庭或小法庭主其事。大法庭由全體法官組成

[1]　Hagstrom, Anders (2022). "Biden Still Does Not Support Court Packing, White House Confirms." *Fox News*, Jun. 26, https://www.foxnews.com/politics/biden-still-does-not-support-court-packing-white-house-confirms.

　（含院長15人），小法庭由法官五人組成。是否違憲之爭議案件由大法庭
　審判。

(四) 職權：

1. 一般審判權：上訴及依訴訟法所特別規定之抗告案件有審判權。

2. 司法規則制定權：最高法院就關於訴訟手續、施行辦法、律師、法院內部紀
　律等細則及司法事務之處理，有訂立規則之權限。法官應遵守最高法院制定
　規則之權限。最高法院，得將訂立關於下級法院規則之權限委任於下級法院
　（憲法§77）。

3. 司法評審權：見本章第四節。

4. 下級法院法官之提名權：下級法院法官由內閣依據最高法院提出之名單任命
　（憲法§80）。

5. 司法行政監督權：最高法院依法有監督其職員、下級法院及其職員之權。

二、下級法院

(一) 高等法院（高等裁判所）

　　由院長及相當人數之法官（判事）組成。原則上，審判時由法官三人組成
之合議庭行之，掌控訴、抗告及上訴案件之審判。

(二) 地方法院（地方裁判所）

　　原則上為第一審法院，以單獨審判為原則。

(三) 家事法庭（家庭裁判所）

　　為了審判及調解依家事審判法所規定之有關家事案件，或審判依少年法所
定之少年保護案件等而設置之法庭。由法官及候補法官組成，並以單獨審判為
原則。

(四) 簡易法庭（簡易裁判所）

　　對於輕微之案件，簡單且迅速的審判。為第一審法庭，由相當人數的簡易
法庭法官組成，也是單獨審判。

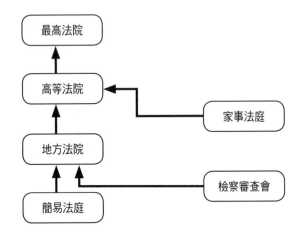

圖7-4　日本司法組織圖

三、法官來源

(一) 最高法院之法官

1. 最高法院，除院長外，所有法官（須年滿40歲），均由內閣任命。
2. 最高法院法官任命後，在眾議院議員總選時，同時交付國民審查，決定其是否適任職務。適任者繼續任職，不適任者去職。此後再過十年，於眾議院議員總選時，同時進行國民審查，其後亦同。
3. 最高法院之法官已達法定年齡（70歲）時，即行退休（憲法§79）。

(二) 下級法院之法官

1. 下級法院法官，由內閣依據最高法院提出之名單任命之。其任期十年，有權連任，但已達法定年齡者，即行退休。
2. 下級法院法官之退休年齡，除簡易法庭之法官為70歲，其他法官為65歲（憲法§80，法院法的裁判所法§50）。
3. 下級法院法官通常是司法考試合格後，經過一年司法研修後而任用。

四、裁判員制度的實施

2004年時，於小泉內閣修法引進裁判員制度，並於2009年開始實行。也就是針對一定的刑事案件，扣除議員、地方首長等政治人物，法官、檢察官、律師、大學法律教授、司法書士等法律專業，警察、自衛官、大使與公使等特定公職人員，受刑者以及事件利害關係者等少數例外，抽選一般民眾與法官共同審案。

伍、德　國

依照基本法第92條規定：「司法權授予法官；司法權由聯邦憲法法院、本基本法所定之各聯邦法院及各邦法院分別行使之。」

一、聯邦憲法法院

於下節探討釋憲機關，敘述之。

二、聯邦法院

(一) 聯邦最高法院

聯邦最高法院（Highest Court of Justice the Federation—Joint Panel）設有聯邦普通法院（Federal Court of Justice）、聯邦行政法院（Federal Administrative Court）、聯邦財務法院（Federal Fiscal Court）、聯邦勞工法院（Federal Court）和聯邦社會法院（Federal Social Court）。

(二) 聯邦法院

聯邦設置聯邦工業財產法院，並得設置管轄武裝部隊之軍事法院作為聯邦法院。聯邦普通法院（Federal Court of Justice）為這些法院之上級聯邦法院。聯邦並得設聯邦法院受理聯邦公務人員懲戒訴訟及訴願案件。

(三) 普通法院之制度

民、刑訴原則上採取四級審制。所謂四級，係指區法院（Amtsgeri-chte）、地方法院（Landerichte）、高等法院（Oberlandesgerichte）與聯邦最高普通法院。而前三者為邦法院，後者為聯邦法院。區法院採取獨任制，其他普通法院均採合議制。原則上地方法院與高等法院均由三位法官組成審判處，聯邦法院則由五位法官組成，刑事訴訟因參審法院與陪審法院之制度，例外較多。大體而言，區法院為第一審之簡易民事案件，僅得上訴地方法院而為二審終結外，其他區法院之刑事判決、民事或刑事之裁定以及非訟事件，皆得上訴地方法院後，再上訴高等法院。唯地方法院之裁定或處分，均以高等法院為終審法院。各邦普通法院的司法行政，以各邦的司法部為主管機關；聯邦最高普通法院的司法行政，即由聯邦司法部為主管機關（見圖7-5）。

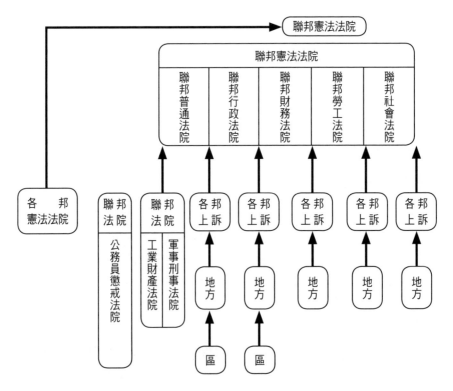

圖7-5 德國司法組織圖

三、法官來源

基本法第98條第1項與第3項規定：聯邦與各邦法官之法律地位，由聯邦與各邦，各以特別法律規定之。經法學者專家多年之研討，聯邦議會終於在1961年通過德國法官法，為德國司法制度之現代化樹立新的里程碑。

德國之法院種類頗多，但其法官之任用資格，至為劃一，即：(一)在大學修讀法學七學期以上；(二)國家司法考試及格；(三)實習兩年半以上；(四)國家司法考試複試及格。

法官之選任方式，有三種：

(一) 由司法行政機關任命

大部分邦之法官，採取傳統選任方式，由司法機關直接任命之。因德國各邦之法院，均為初審或第二審之法院，故司法行政首長任命之法官，原則上皆係從事初審或第二審工作之法官。

(二) 由選拔委員會選任

依其基本法第95條第2項規定，聯邦普通法院（Federal Court of Justice）、聯邦行政法院（Federal Administrative Court）、聯邦社會法院（Federal Social Court）、聯邦勞工法院（Federal Labour Court）、聯邦財務法院（Federal Fiscal Court）等五所聯邦最高法院法官的任命，由聯邦主管部部長與法官選拔委員會共同選任之。法官選拔委員會係由各邦主管部部長與聯邦議會選舉之同數委員組織之。聯邦法官之任命須經下列四個程序：1.選拔委員會之選任；2.聯邦主管部長之同意；3.呈請聯邦總統任命；4.聯邦總統正式任命。

(三) 國會選任

德國之法官中，由國會選舉者，僅限於聯邦憲法法院之法官。根據基本法第94條第1項規定：聯邦憲法法院法官半數由聯邦眾議院，半數由聯邦參議院選舉之。聯邦憲法法院，分成兩庭，每庭設法官八名，共有法官16名。

法官任用方式雖有任命、委員會之選拔與選舉等三種，但其任用關係之內容卻有四種型態：

1. **終身職法官**：為法官任用關係之常態，取得法官任用資格後，須從事審判實務三年以上者，始得任命為終身職。

2. **定期職法官**：僅限於聯邦法律有特別規定時，始得任命之。目前只有聯邦憲法法院的法官，為定期職，任期為十二年，不得連任。

3. **試用職法官**：乃係未被任用為終身職前之試用階段，試用時間不得逾六年，屆滿六年如尚未被任命為終身職法官，則應予免職。

4. **備用職法官**：即為具有法官任用資格終身職行政官，轉任終身職法官之過渡試用階段。

　　德國對於法官之任用無最低年齡之限制。但依法官法之規定，終身職法官年齡已近30歲。聯邦最高法院（行政法院、勞工法院、社會法院）之組織法中皆規定，其法官應年滿35歲。聯邦憲法法院則在其法官之任用資格中規定，應年滿40歲。

　　民主法治國家之憲法無不揭示法官之獨立性。基本法第97條規定：1.法官應獨立行使職權，並只服從法律；2.正式任用之法官，非經法院判決，並根據法定理由依法定程序，在任期屆滿前，不得違反其意志予以免職，永久或暫時予以停職或轉任、或令其退休。法律得規定終身職法官退休年齡。遇有法院之組織，或其管轄區域變更時，得轉調法官或命其停職，但須保留全薪。準此原則，德國法官法對於法官之免職、停職、轉任、退休等事項，均作詳盡的規定。

陸、俄　國

一、聯邦憲法法院

　　於下節探討釋憲機關，敘述之。

二、聯邦最高法院

　　聯邦最高法院（The Supreme Court of the Russian Federation）是審理有關

民事、刑事、行政訴訟案件之最高法院（憲法§126）。另外原本審理有關經濟糾紛案件等之聯邦最高仲裁法院（The Highest Court of Arbitration of the Russian Federation）在2014年修憲後，其職權已併入聯邦最高法院。

三、法官之任命

聯邦憲法法院與聯邦最高法院法官由總統提出人選並經聯邦院任命，而其他聯邦法官由總統依法任命（憲法§128 I、II）。

第四節　司法評審制

壹、英　國

英國並無司法評審制（違憲審查法）。蓋英國國會至上，英國國會所通過的法律，除國會再予以修正或廢止，任何機關不得終止其效力。

貳、法國：憲法委員會

一、組　成

(一) 憲法委員會共有委員九名、任期九年，不得連任。憲法委員會委員每三年改任三分之一。憲法委員中，三人由共和國總統任命，三人由國民議會議長任命，三人由參議院議長任命（憲法§561）。

(二) 除上述九名委員外，歷任共和國總統為憲法委員會之當然終身委員。憲法委員會主席由共和國總統任命之（憲法§562③）。

(三) 憲法委員會委員不得兼任政府閣員或國會議員。憲法委員會委員不得兼任之其他職務，以組織法定之（憲法§57）。

二、職　權

(一) 憲法委員會監視共和國總統選舉，務使依法進行（憲法§58 I）。

(二) 憲法委員會審理總統選舉糾紛，並宣布選舉結果（憲法§58 II）。

(三) 國民議會及參議院議員選舉發生爭議時，由憲法委員會予以裁決（憲法§59）。

(四) 憲法委員會監督公民複決運作過程，務使依法進行，並宣布其結果（憲法§60）。

(五) 各組織法在公布前，以及國會兩院規程在實施前，均須送請憲法委員會審議，並將各條款之合憲性予以宣告（憲法§61 I）。

(六) 基於同一目的，法律在未公布前，得由共和國總統、總理、國民議會議長、參議院議長、60名國民議會議員及60名參議院議員，提請憲法委員會審議（憲法§61 II）。

上述可由表7-2憲法委員會各項職權性格之分析加以表示。

表7-2　法國憲法委員會職權性格之分析

司法性格之職權 ⟵ ──	介於兩者之間之職權 ── ⟶	偏政治性格之職權
審理選舉訴訟 審理公民複決之爭議 確認總統不能視事 去法律化審查	條約、國際協定、法律、國會規則之審查 議員提案或修正案不予受理爭議之審查	對緊急措施之意見

三、憲法委員會對法規的三階段控制

第五共和憲法對於行政權與立法權的分野，是採限制立法權範疇的作法，即除了立法權的範疇之外就是行政權範疇的設計，而其仲裁行政立法分野的機關就是憲法委員會。對於法規的內容是否合憲，可區分為憲法委員會的三階段規範控制（見表7-3）：

(一) 第一階段：在國會的立法過程之中，如果議員的提案或修正案不屬於憲法第34條的規定範疇之內，或者是違反了先前國會已依憲法第38條所對政府

表7-3　法國憲法委員會對法規的三階段控制

階段	職權內容	法條依據	功能
第一階段	法案是否符合「法律」與「行政規章」的區分	憲法第41條第2項	事前審查：控制行政立法的權力界限。
第二階段	條約、國際協定法律、國會規則的合憲性審查	憲法第54條與第61條	事前審查：控制條約、國際協定、法律、國會規則之合憲
第三階段	宣告具法律型式之法規	憲法第37條第2項	事後審查：控制已生效之「法律」不得含有「命令」範疇之條文；亦即控制行政與法律權力界限

資料來源：鍾國允（2001）。

的授權，此時政府可以提出「不予接受之宣告」（憲法§41 I）。此際政府與國會之間有所衝突，政府與相關議會之議長可以協調，若不能達成協議，憲法委員會可依一方之聲請，在八天之內作出判決。

(二) 第二階段：當法律、條約與國會規則已經由國會所通過，但尚未由總統公布之前，此時依據憲法第54條、第61條，總統、總理、兩院國會議長，或60位參議員或國民議會員可將這些法規送交憲法委員會審查其合憲與否，憲法委員會必須於一個月內作出判決；於緊急狀況時，期限縮短為八天。

(三) 第三階段：此階段是針對已經生效的法律型式法規，但卻不是第34條所規範的法律範疇之內，憲法第37條第2項規定，具法律形式惟屬行政規章事項之條文，在徵詢中央行政法院意見後，得以命令修訂之。另一方面是第五共和憲法生效以後，則須經憲法委員會宣告其具命令之性質以後，則可以命令修改。此一去「法律化程序」，學者認為是法國第五共和憲法的「事後審查」。

四、裁決效力

(一) 經宣告為違憲之法規，不得公布，或付諸實施（憲法§62 I）。

(二) 憲法委員之裁決，不得上訴，並對公權機關及一切行政、司法機關具有拘
　　束力（憲法§62 II）。

五、第五共和違憲審查制度的特色

(一) 原本屬於預防性的審查；也就是原則上屬於「事先審查」，其中只有行政
　　規章去法律化方屬於「事後審查」，不過2008年的修憲後，已增修了法律
　　的「事後審查」機制（憲法§61 I）。
(二) 原本僅有共和國總統、內閣總理、國民議會議長、參議院議長與參議院或
　　國民會議的60名以上議員提起釋憲（憲法§61）。然而根據2009年的憲法
　　委員會組織法，憲法委員會亦可受理中央行政法院或最高法院之所屬法院
　　於案件審判中所提出的違憲法律的審查請求。

參、美國：聯邦最高法院

一、來　源

　　美國憲法不明定法院有司法評審權。美國自1803年起已開始行使這項權
力。此權力歸功於聯邦最高法院馬歇爾（John Marshall）院長，他在馬柏瑞控
麥迪遜（Marbury v. Madison, 1803）案例中，初次主張法院有這種權力，並且
行使了這種權力。以後的法官蕭規曹隨，逐漸確立了司法評審制。

　　原來美國聯邦黨於1800年和民主共和黨角逐競選的結果，不但失去了總統
的寶座，而且喪失了國會的控制權，便退守司法堡壘中，以圖自保。於1801年
1月23日修改1789年的司法條例（The Judiciary Act of 1789），增設巡迴法院六
所，共增加法官16人。又於2月27日通過法律，授權總統任命他認為必要的華
盛頓首府治安法官若干人。聯邦黨的亞當斯（John Adams）總統跟著任命其國
務卿馬歇爾為最高法院院長、聯邦黨員16人為巡迴法院法官、42人為治安法
官。到3月3日夜晚方趕完任命官吏的簽字蓋印等手續。因為時間過於倉卒，任
命狀未及發出，仍留在國務院裡。傑佛遜（Thomas Jefferson）於3月4日就任總

統，接獲報告知道這一事實後，命令新的國務卿麥迪遜（James Madison）發出其中的25件，扣留其中共和黨頑固政敵的17件，包括任命馬柏瑞、藍賽、胡倚、哈潑（William Marbury, Lnnis Ramsay, Robert T. Hooser, and William Harper）為治安法官的四件。這四人以1789年司法條例為依據，具狀請求最高法院頒發令狀（Writ of Mandamus），以命令麥迪遜國務卿發給他們任命狀。

這是令人困擾的案件，馬歇爾覺得左右為難。他如果判決馬柏瑞勝訴，麥迪遜會拒絕遵守，直接給予他和法院一大打擊。因為他曾命令麥迪遜說明為何不發出那些任命狀（實則大家曉得，這等於對傑佛遜總統下命令），麥迪遜已不予理會，馬歇爾徒呼無可奈何。

馬歇爾院長最後還是判決了，並很巧妙地判決了本案。他於判決書中提出三個基本問題：

(一) 馬柏瑞有沒有請求並且領到任命狀的權利？

(二) 如果有，其權利受侵害時，有沒有法律的救濟？

(三) 如果沒有，是不是應由聯邦最高法院頒發令狀加以救濟？

馬歇爾並且分別解答這些問題如下：

(一) 派馬柏瑞為治安法官，已經由參議院同意，總統已於其任命狀簽字，國務卿已在任命狀蓋上國璽，任命官員的法定手續全部完成了，已賦予馬柏瑞任法官的權利。

(二) 馬柏瑞既有任法官的權利，就當然有權利請求並且領到其任命狀，以便就任執行任務，扣留其任命狀就是侵害了他的權利，法律對於侵權行為的受害者，自應給予救濟。

(三) 應不應由最高法院頒發令狀以救濟馬柏瑞呢？

為了解答這一問題，就要確定最高法院頒發令狀的對象和法院的職權，所以必須辨明1789年司法條例的規定。該條例第13條明定，最高法院得對任何法院和美國官員頒發令狀，國務卿為聯邦官員，最高法院依據這一規定，當可對他頒發令狀，但是美國憲法第3條第2款已規定，最高法院的初審管轄權只包括大使、公使、領事和州等當事者的案件，不包括對聯邦官員頒發令狀的案件。這種頒發令狀的案件是屬於下級法院初審管轄範圍，所以司法條例的規定牴觸了憲法。牴觸憲法的法律是無效的。最高法院不得適用無效的法律，於是不能依照馬柏瑞的請求對國務卿麥迪遜頒發令狀。

　　馬歇爾這種判決，表面上是共和黨的勝利，實際上是聯邦黨與共和黨政治
鬥爭的一種結果，是他在政治鬥爭中的明智因應，而形成「司法審查制」。可
見司法審查制不是制憲者預期的制度，只是政治鬥爭的副產品。從此，確立法
院擁有憲法之最後決定權，以判決法律或命令是否有違憲的問題。

二、最高法院法官之任命與政黨之關係

　　雖然法院極力避免捲入政治漩渦，但是，法院始終未能擺脫政治的影響。
換言之，總統和國會常利用政治上所能運用的勢力影響法院。因為聯邦最高法
院法官是由總統提名，並經參議院的同意任命之。而總統之提名與參議院之同
意，莫不帶有政治意味。因此，美國總統以聯邦法官任命作為政治報酬，也可
能是接受助選功臣之推薦作為報酬。其次，國會也能有效影響法院的運作，它
可設置或撤除聯邦下級法院；也可依照憲法規定，決定最高法院的管轄權。最
後，國會更有權決定最高法院法官的員額，這些皆可直接影響法院的運作，作
為政治的籌碼。

三、司法評審權與政策決定

　　司法評審權對國會之政策決定有很大的牽制作用。政策可能為總統所提
出，為國會中多數黨所通過。但法律若違背憲法之規定，法院可判定違憲，使
政策無法實現。如羅斯福總統推行新政時，聯邦最高法院曾判決一些相關法律
是違憲的，致使新政的推動受到重大衝擊。然而當二戰時美國政府強行遷居太
平洋沿岸的日裔人士時，最高法院在是松案（Korematsu v. U.S., 1944）上因採
取尊重的立場而飽受批判。不過戰後華倫（Earl Warren）擔任首席大法官時
（1953-1969），最高法院則積極地介入矯正不公平的政策，如有關種族平等
隔離（Separate but Equal）政策的布朗案（Brown v. Board of Education, 1954;
1955）、票票不等值（Reappointment）的巴克案（Baker v. Carr, 1962）等。

　　另外，法官由總統任命，由國會制定薪給之後，法官即可自由運作司法
權，不受任何機構干涉。然而，最高法院是由九人組成，若法案之判決有五人
贊成，即可不管其他四人之意見，而決定該法案之命運。因此，政策制定雖在

國會中獲得多數通過，卻可被少數人予以否決。此是否合乎民主，頗有爭論，所以畢克（Alexander Bickel）教授就曾提出「抗多數決困境」（Counter-Majoritarian Difficulty）的議論。但顯然美國人認為法院仍應有其獨立地位，雖然其行動較為遲緩、頑固且保守。

然而聯邦最高法院的判決是影響全美國，在爭論議題上的判斷往往更引起爭辯，例如有關墮胎權的羅訴韋德案（Roe v. Wade, 1973）與多布斯案（Dobbs v. Jackson Women's Health Organization, 2022）在事隔多年後作出不同的判斷，卻同樣引發不少爭議，並造成政治上的極大衝擊。不過為了避免法院捲入不必要的政治糾紛或是越俎代庖，法院也會以「政治問題」（Political Question）拒絕審理，如卡特總統在中國政府的承認轉變上之高華德訴卡特案（Goldwater v. Carter, 1979）。

四、與我國大法官會議解釋憲法制度之主要差異

我國在司法院中，設大法官會議，解釋憲法。大法官會議在體制上屬於司法機構的一個單位。但大法官會議，專司解釋憲法、法律、命令。我國司法院設大法官15人，任期八年，不得連任，由總統提名，經立法院同意後，任命之。美國之大法官雖由總統提名，參議院同意後任命，但因其是終身職，不受總統控制，且其地位不僅是一司法機關，也是政治機構。法官不只是審判，他們亦可以藉釋憲決定政策，相對於我國，其權力較為獨立。

肆、日本：最高法院（裁判所）

一、依　據

憲法第81條規定：「最高法院為具有決定任何法律、命令、規則或處分，是否適合憲法權限之終審法院。」

二、目　的

維護憲法尊嚴及正常運作。日本憲法第98條規定：「本憲法為國家最高法規，凡違反其條文之法律、命令、敕詔及關於國務之其他行為，全部或一部，均無效力。凡日本國所締結之條約，及已經確定之國際法規，應誠實遵守之。」第99條規定：「天皇、攝政、國務大臣、國會議員、法官及其他公務員，均負有尊重並維護本憲法之義務。」

三、審理程序

由15位法官組成三個「小法庭」，但是違憲判斷須送交「大法庭」審理，亦即由包含最高法院長官在內的全體法官所組成，判決時應有八位以上法官具有相同意見始得成立。

四、行使方式與機關

既然是以附隨案件審判時作釋憲，地院與高院亦具有司法評議權，不過終審權則在最高法院手上。

五、效　力

最高法院判決為違憲之任何法律、命令、規則或處分為無效（憲法§81、§98）。

六、司法消極主義與司法積極主義

司法機關是否尊重行政與立法機關的判斷，或是對之積極審查，而有所謂司法消極主義與司法積極主義。然而尤其較之美國聯邦最高法院，日本最高法院可說是非常消極，因此少有違憲判決。特別是最受爭議的憲法九條的和平主義規定與自衛隊、美日安保的衝突，雖然都有地院作違憲判斷，但最高法院則

以不作憲法判斷以或是「統治行為」避免斷之，如有關自衛隊問題的長沼案（1982年）與在日美軍機場擴充爭議的砂川案（1959年）。不過這並非意味著最高法院只是政府的橡皮圖章，司法獨立向來已有傳統，尤其近年來對於憲法審查更趨積極。

伍、德國：聯邦憲法法院

一、組　成

(一) 法庭之組織

1. 聯邦憲法法院分設兩庭。
2. 每庭各選任八名法官。
3. 每庭中之三位法官應選自聯邦最高法院之法官，且應在聯邦最高法院服務三年以上。

(二) 法官資格

1. 法官應年滿40歲，具有聯邦議會議員之候選資格，並以書面表示願意擔任聯邦憲法法院法官。
2. 法官應具備法官法所訂擔任司法官之資格。
3. 聯邦憲法法院法官不得在聯邦議會、聯邦參議院、聯邦政府或各邦之相當機關兼職。其經任命為聯邦憲法法院法官時應解除在上述機關之職務。
4. 除在德國大專院校擔任法律教師外，法官不得從事其他專職性工作。聯邦憲法法院法官之職務應較大專院校之職務優先處理。

(三) 法官任期

1. 法官任期十二年，並不得逾服務年限。
2. 法官不得連任，亦不得再度選任。
3. 法官年滿68歲之最後一個月月底為服務年限。
4. 法官在服務期滿後繼續執行職務至繼任人任命時為止。

(四) 法官之選任

1. 各庭法官由聯邦議會及聯邦參議院各選出半數。就聯邦最高法院之職業法官中由聯邦議會選出一名法官，由聯邦參議院選任兩名法官，其餘法官由聯邦議會選任三名，由聯邦參議院選任兩名組成兩庭。
2. 法官應在其前任法官任期屆滿三個月前選出，如聯邦議會在此期間解散時，應在新聯邦議會第一次會期後一個月內選出。
3. 法官在任期未滿前離職時，應由該離職法官之原聯邦機關在一個月內選出繼任人。

(五) 聯邦議會之選舉程序

1. 由聯邦議會選舉之職業法官，依間接選舉方式選出。
2. 聯邦議會依比例選舉規則選出12名聯邦議會議員為選舉人。聯邦議會內之每一黨團均得提出推薦名單。各名單上之當選人數，應就對各該名單所為之投票數，依最高商數法（d'Hondt）比例計算分配之。當選者以在推薦名單上依順序排列有姓名者為限。選舉人中有退出或因故不能行使選舉權時，由同一推薦名單上之次一位遞補。
3. 選舉人中之最年長者應速定一週之召集期間，召集選舉人舉行選舉，並主持選舉事宜，至全部法官選出時為止。
4. 選舉人委員會人員，關於因參加選舉人委員會活動所獲知關於候選人之個人資料，以及在選舉人委員會所為對候選人個人關係之討論，以及投票內容，均應保守祕密。
5. 當選聯邦憲法法院法官至少應獲得八張選舉人票。

(六) 聯邦參議院之選舉程序

由聯邦參議院選舉之法官，應獲得聯邦參議院三分之二之票數始為當選。

(七) 聯邦憲法法院之提名權

1. 聯邦憲法法院法官任期屆滿後或任期未滿前離職後二個月內，如未依聯邦憲法法院第6條規定選繼任人時，選舉人中之最年長者應迅速請求聯邦憲法法

院提出選舉之推薦名單。

2. 聯邦憲法法院聯合庭應以簡單多數決決定參選法官之推薦人選。僅有一名法官時，聯邦憲法法院應推薦三名；同時選出數名法官時，聯邦憲法法院應依應選人數加倍推薦候選法官。

3. 法官應由聯邦參議院選舉時，準用上述之規定，並以聯邦參議院院長或其他代理人，行使選舉人最年長者之權限。

4. 選舉機關有權選舉聯邦憲法法院推薦人選以外之人。

(八) 推薦名單

1. 聯邦司法部部長應將具備上述所定要件之所有聯邦法官編列一份名單。

2. 聯邦司法部部長應將聯邦議會黨團、聯邦政府或各邦政府所推薦擔任聯邦憲法法院法官職務且具備上述之要件者，編列另一份名單。

3. 上述兩份名單應隨時補充，並應至遲在選舉前一週送交聯邦議會及聯邦參議院院長。

(九) 聯邦憲法法院院長及其代理人之選舉

1. 聯邦議會與聯邦參議院輪流選舉聯邦憲法法院院長及其代理人，應自院長所不隸屬之法庭中選出。

2. 第一次選舉時，聯邦議會選舉院長，聯邦參議院選舉院長之代理人。

3. 選舉程序與聯邦議會和參議院選舉聯邦憲法法院法官同。

(十) 任　命

當選人由聯邦總統任命之。

二、職　權

聯邦憲法法院裁判基本法所規定之下列案件：

(一) 關於宣告褫奪基本權利之案件（基本法§18）。

(二) 關於宣告政黨違憲之案件（基本法§21 II）。如新納粹的社會主義帝國黨（SRP）（1952年）與德國共產黨（KPD）（1956年），然而在面對極右

　　政黨的國家民主黨（NPD），憲法法院雖也認為其主張是違反民主自由原則，但考慮到其微弱實力而不需解散（2017年）（黃仁俊，2021：1-49）。

(三) 對於聯邦議會就選舉效力或就取得或喪失聯邦議會議員資格之決議所提起之訴願案件（基本法§41 II）。

(四) 關於聯邦議會或聯邦參議院對聯邦總統提起之彈劾案（基本法§61）。

(五) 就最高聯邦機關或其他依基本法或依最高聯邦機關之處務規程規定，具有一定權限之當事人，因權利及義務範圍發生爭議時，關於基本法之解釋（基本法§93 I ①）。

(六) 對於聯邦法或邦法在形式上或實質上是否符合基本法，或邦法是否符合其他聯邦法，發生爭議或疑義，經聯邦政府、邦政府或聯邦議會議員聲請者（基本法§93 I ②）。

(七) 關於聯邦及邦之權利及義務所生之歧見，尤其是邦在執行聯邦法及聯邦在行使聯邦監督時所發生之歧見（基本法§93 I ③、§84 IV ②）。

(八) 關於聯邦與各邦間、各部相互間、或一邦之內所生公法上爭議，而無其他法律救濟途徑者（基本法§93 I ④）。

(九) 關於憲法訴願案件（基本法§93 I ④、④之2）。

(十) 對聯邦法官或邦法官提起之法官彈劾案（基本法§98 II、V）。

(十一) 經由邦法將裁判權移轉給聯邦憲法法院時，就一邦內之憲法爭議案件（基本法§99）。

(十二) 關於聯邦法或邦法是否符合基本法，或邦法律或其他邦法規是否符合聯邦法，由法院提起聲請者（基本法§100 I）。

(十三) 國際法上某項規則是否為聯邦法之構成部分，或此項規則是否直接創設個人之權利及義務發生疑義，由法院提起聲請者（基本法§100 II）。

(十四) 邦憲法法院於解釋基本法時，欲與聯邦憲法法院或其他邦憲法法院所為不同之裁判時，由該邦憲法法院提起聲請者（基本法§100 III）。

(十五) 對於法律是否繼續具有聯邦之效力，發生歧見者（基本法§126）。

(十六) 其他依聯邦法律規定由聯邦憲法法院裁判之案件（基本法§93 II）。

陸、俄羅斯：聯邦憲法法院

一、人數11名（憲法§125）。

二、選拔方式：總統提名經聯邦委員會通過後任命（憲法§128 I）。

三、裁決對象：來自聯邦總統、聯邦委員會、國家杜馬、五分之一的聯邦參議員或國家杜馬議員、聯邦政府、聯邦最高法院、聯邦各主體的行政與立法機構之詢問，並裁決聯邦法規、各共和國憲法、聯邦各主體法規、聯邦與各共和國主體或各共和國主體條約、待處理之國際條約之合憲性（憲法§125 II）；聯邦國家各機關間、聯邦與各主體間、各主體間的權限爭端（憲法§125 III）；公民憲法權利與自由受侵犯之申訴（憲法§125 IV）。

四、雖然聯邦憲法法院在人權保障上亦有一些貢獻，但對總統的擴權反而成為背書的工具，從葉爾欽的對車臣宣戰命令（郭俊偉譯，2021：523）到2020年的普丁擴權修憲，都是給予肯定的答案。

五、自從被普丁政府從莫斯科遷至聖彼得堡，聯邦憲法法院難免有被邊緣化的意味（郭俊偉譯，2021：523）。

第八章　比較中央與地方關係

第一節　涵　義

　　政府權力的分配，一方面涉及中央政府各部門的權力劃分及彼此間的關係，另一方面又涉及中央與地方政府權力的劃分及兩者間的關係。大多數的國家都是以領土為基礎來劃分中央與地方的機制。然而這種劃分法因各國的歷史、文化、地理、經濟與政治因素等而有所差異。這些差異情形都與憲法關於國家結構的設計有密切關係。詳言之，包括在憲法的架構下中央與地方關係；每個層級政府的職能與責任；各級政府任命與甄選人事的方式；中央政府運用政治、經濟、行政和其他權力來控制地方政府；以及地方自治團體享有獨立性的程度。中央與地方關係的比較，至少包含有下列三方面：

一、國家性質：中央與地方權限分配

　　如果國家為單一國，如英國、法國及日本，地方政府只是中央政府之分支機關。中央隨時可依立法，收放權力。在單一國家中，英國因較有地方自治的基礎，地方政府的自主性高，日本次之，而法國最低。而聯邦國家，如美國、俄國及德國，憲法上同時保障了聯邦與各邦的權限。保障之方式，各國規定不同。聯邦與邦在憲法均取得原始的「固有權」，不受侵犯。

二、地方自治

　　地方政府取得地方自治的情況不同。在單一國家，地方政府的地方自治係由中央政府所賦予，而在聯邦國家則各地方（邦）政府有其與聯邦、其他各邦之法定關係，故能保障其自主的統治權。

三、中央對地方監督

　　不管是單一國或聯邦國，既為一個國家，其內部總要維持一個相互和諧的政治體制。因此，中央或聯邦便須對地方加以監督，以求立法、行政、司法等方面的一致性與因地制宜，而不是相互衝突、矛盾、抗爭、疏離，甚至分崩離析。

第二節　權限分配

壹、英國：分權的地方自治

　　英國中央與地方權限分配可從它的地方自治來說明。

一、關於權限的分配

　　英國雖然個別的指定地方管轄事項，地方政府也只能對於國法所指定的事項行使自治權。但是地方政府可向國會提出私法案（private bill），以取得新權限，因之地方政府隨時有擴張權限的可能。

二、關於地方政府的組織

　　依2000年地方政府法（Local Government Law），英國地方政府的層級與組織方式均由住民決定，有只有一級的，稱單一政府（Unitary Authority），在英格蘭有46個，威爾斯有22個，蘇格蘭有32個，北愛爾蘭有26個。大倫敦地區稱大倫敦政府（GLA），大都會地區稱大都會區政府，有36個，大倫敦政府下設32個倫敦區和一個倫敦市。而議決機關同時又成為執行機關。換言之，地方議會不但有立法權，同時亦有行政權，可由各種委員會執行自己的決議。

三、關於中央的監督

英國偏重於立法監督，即監督機關以國會為主，而中央政府為副。地方自治行政大都由國會以法律定之，地方政府在法律範圍內較有彈性。中央政府固然可以監督，但是其監督範圍不大。

各級政府（或機關）間的權責劃分為：中央政府只作立法（法制）並執行具有全國整體性質之事（如外交、國防、國際貿易等），類似我國憲法第107條中央立法並執行事項，以及監督下級政府。而地方政府職責的劃分，是以事業之「專業」性質劃分。有些專業涵蓋範圍較大的，自歸於上級政府；有些事業涵蓋範圍較小的，較可因「小地」制宜者，自劃歸於下級政府。上下級政府應是「分工」，而不是各級政府均有「相同且重疊」的業務。

在英國如表8-1、表8-2所示，在英格蘭之「非大都會區」之二級政府，清運垃圾是由下級地方政府：「區」（Borough），而垃圾處理由上級地方政府：「縣」（Shire），不必每個「區」都有垃圾處理廠或焚化廠。再以治安、公共安全、交通言，在「大都會區」政府層級1986年廢除後，大倫敦區（GLC）設有32區及一個倫敦市（City），而其他六個大都會區（MCC）分設36個大都會區議會（Metropolitan District Council），各區議會不可能都各設局處來管自己的治安、公安、交通，於是跨區設了若干個專業機關（Joint Authority，或稱當局）（Wilson & Game, 2002: 67）。

權限的劃分脫離傳統的統治（Governing）方式，而採用分工治理的方式，有些公共事務由議會（Council）來管，有些事務由政府（Authority）來管，例如大倫敦政府（Great London Authority）管大倫敦各區、市某些公共事務，倫敦以外的大都會地區，亦設有跨區的專業機關來管共同的事務（Wilson & Game, 2002: 117）。

表8-1　英國2018年地方政府層級表

倫敦	大倫敦政府（Greater London Authority）（虛級）包括： 32倫敦區（Borough） 1倫敦市（City）（地方只有一級）
英格蘭 其他地區	六大都會地區： 36大都會區議會（地方只有一級） 非大都會地區： 55單一議會（Unitary Council）（地方只有一級） Scilly島（地方只有一級） 27非都會地區縣議會（County Council），下轄201區議會（District Council）
威爾斯	22單一議會（Unitary Council）（地方只有一級）
蘇格蘭	32單一議會（Unitary Council）（地方只有一級）
北愛爾蘭	11區議會（District Council）（地方只有一級）

資料來源：GOV.UK、NIBUSINESS INFO.CO.UK、Law Wales、mygov.scot等網站。

表8-2　英國地方政府職責劃分表

	大都會區		倫敦		縣		單一議會
	區議會	專業機關	區議會	大倫敦	縣議會	區議會	
教育	＊	無	＊	無	＊	無	＊
住宅	＊	無	＊	無	無	＊	＊
社服	＊	無	＊	無	＊	無	＊
高速公路	＊	無	＊	＊	＊	＊	＊
行人交通	無	＊	無	＊	＊	無	＊
策略／結構規劃	＊	無	＊	＊	＊	無	＊
地方規劃／ 發展控制	＊	無	＊	無	無	＊	＊
消防救災	無	＊	無	＊	＊	無	＊
圖書館	＊	無	＊	無	＊	無	＊
博物藝文	＊	無	＊	無	＊	＊	＊
休閒	＊	無	＊	無	無	＊	＊

表8-2 英國地方政府職責劃分表（續）

	大都會區		倫敦		縣		單一議會
	區議會	專業機關	區議會	大倫敦	縣議會	區議會	
廢棄物收集	＊	無	＊	無	無	＊	＊
廢棄物處理	＊	＊	＊	＊	＊	無	＊
消費者保護	＊	無	＊	＊	＊	無	＊
環境衛生	＊	無	＊	＊	無	＊	＊
稅捐稽徵	＊	無	＊	無	無	＊	＊

資料來源：Wilson & Game (2002: 117)及GOV. UK local government網站。

貳、法國：中央集權制

　　法國與其他國家比較為中央集權的國家，直到密特朗的地方分權改革，地方一直是受到中央的強力監督。而地方在憲法保障甚少，憲法第十一章雖規定「地方組織」，但甚為簡單，例如憲法第72條規定：

一、共和國之地方組織為縣市（Commune）、省（Départment）及海外領地，之上則有區（Région）。所有其他地方組織（Territorial Unit）依法律設立之。

二、地方組織，由民選議會依據法律規定實施自治。

三、在各省及各海外領地內，政府所派代表負責維護國家利益、行政監督及法律之遵守。由此，地方所受的保障是來自於「由民選議會依據法律規定實施自治」。1982年因有「地方分權法」，地方自治範圍較先前為寬。

參、美國：聯邦制

　　美國是聯邦國家。聯邦及各州之間權限的分配，憲法在積極方面，列舉聯邦有某種權限；在消極方面，禁止各州行使某種權限。聯邦權限採列舉方式，而各州的權限則採概括方式。某一權限是否屬於聯邦，若有疑問，必須積極地證明憲法規定聯邦有此種權限，而後這種權限才屬於聯邦。某一權限是否屬於

各州，只要消極地證明憲法未曾禁止各州行使這種權限，這種權限就屬於各州。詳細規定分述如下：

一、聯邦獨占的權限

凡事項的性質關係全國利益而須全國一致辦理者，管轄的權限完全屬於聯邦，縱令聯邦未曾行使，各州也不得行使，如外交、宣戰、貨幣的鑄造、國際貿易及州際通商的管理等。

二、各州獨占的權限

憲法未曾規定聯邦行使而又未曾禁止各州行使者，當然屬於各州（增修條文§10），如各州教育、警察、地方行政、州內通商的管理、民法、刑法的制定等。

三、聯邦與各州共同行使的權限

有些權限雖然憲法規定聯邦行使，但是未同時禁止各州行使，聯邦與各州得於一定範圍內，各自行使本身的權限，如租稅的徵收、公債的籌募、法院的設置等是。但是聯邦與各州行使同一事項的權限時，如兩個法律相互牴觸，則聯邦法律可推翻各州法律。

四、禁止聯邦行使的權限

聯邦的權限既然列舉於憲法之上，則聯邦所得行使的權限，自當以憲法列舉者為限。其不得行使的權限，憲法沒有列舉的必要。但是又唯恐憲法條文解釋之後，可能發生種種問題，所以對於聯邦不得行使的權限範圍，又加以明文規定，如聯邦對於各州的出口貨不得徵收稅金（§1 IX ⑤），聯邦於通商方面不得給予任何一州特權（§1 IX ⑥），人民的信教自由、言論自由、出版自由、集會自由以及請願權利不得限制（增修條文§1）等。

五、禁止各州行使的權限

　　各州政府不得行使的權限可以分作下述兩種：

(一) 凡權限由各州行使但可能破壞國家統一者，絕對禁止各州行使之，如締結同盟、訂立條約、發行貨幣等（§1 X ①）。

(二) 凡權限不應屬於各州，但是各州行使時，不致破壞國家之統一，各州政府經國會同意後，可以行使之，如各州未得國會同意，不得徵收出口稅與入口稅等（§1 X ②）。

六、禁止聯邦與各州行使的權限

　　在美國，不論聯邦政府或各州政府，權力都是有限制的。許多權力乃保留於國民（增修條文§9、§10），除了國民用合法手段或革命手段修改憲法之外，聯邦政府及各州政府均不得行使。例如，聯邦與各州不得制定公權剝奪令（Bill of Attainder）與溯及法（Ex Post Facto Law）（§1 IX ③、§1 X ①）；不得頒布貴族稱號（§1 IX ⑧、§1 X ①）；不得因種族或性別之不同，而限制人民的投票權（增修§15 I、§19 I）；非經過正當法律手續（due Process of Law）不得剝奪人民之生命、自由、財產（增修§14 I、§5）等。

七、權限分配及於該事項之立法權、行政權和司法權

　　聯邦議會對於某一種事項若有立法權，則聯邦政府對此有行政權，聯邦法院對此有司法權。各州議會對於某一種事項若有立法權，則各州政府對此有行政權，各州法院對此有司法權，即聯邦與各州對一定事項有獨立完整的統治權。

八、權限的保障

　　憲法雖然分配權限於聯邦與各州之間，而使聯邦與各州的權限受到憲法的保障。但是聯邦可用修改憲法擴充自己的權限，因此各州的權限保障仍視聯邦

憲法修改的難易程度而定。例如，憲法修正案通過後，尚須經各州批准，達四分之三州批准時方能生效。且憲法修正案在聯邦參議院表決時，各州有平等投票權。各州平等權非得該州同意，不得剝奪。因此，各州權限受到保障。

肆、日本：憲法規範

　　日本中央與地方的權限分配在憲法列有專章（憲法第八章）討論，其內容為：

一、關於地方公共團體組織及其經營事項，應依地方自治之本旨，以法律規定之（§92）。

二、地方公共團體，依法律之規定，設置議會，為其議事機關。地方公共團體之行政首長、議會議員及法律所規定之其他地方官吏，由該公共團體所轄地區之居民直接選舉之（§93）。

三、地方公共團體有管理其財產、處理事務及執行行政之權限，並得在法律範圍內制定各項地方自治條例（§94）。

四、僅適用某一地方公共團體之特別法，依法律規定，若無獲得該地方公共團體選民投票過半數之同意，國會不得制定之（§95）。

伍、德國：聯邦制

一、立法權的分配原則

　　德國聯邦與各邦權限的劃分在基本法中有很清楚規定：

(一) 基本法未賦予聯邦立法權之事項，各邦有立法權（§70）。

(二) 聯邦與各邦權限之劃分，依基本法有關獨占立法與共有立法之規定決定（§70）。

(三) 聯邦獨占立法事項，各邦惟經聯邦立法明白授權，並在其授權範圍內，始有立法權（§71）。

(四) 共同立法事項，各邦惟在聯邦未行使其立法權時，並就其未行使範圍內，始有立法權（§72 I）。

(五) 共同立法事項，聯邦基於下列理由之一，需要聯邦法律規定時，有立法之權：

1. 各邦個別立法未能有效規定之事項。

2. 一邦法律規定，可能損及他邦或各邦利益之事項。

3. 保持法律或經濟統一有此需要，尤其維持生活情況一律，而此生活情況超越一邦領域者（§72 II）。

二、行政權的分配

聯邦國分配其行政權可為兩種：(一)聯邦對某事項若有立法權，則其執行權亦在於聯邦，稱作「直接行政」；(二)聯邦只有立法權，而將執行權委託於各邦，稱作「間接行政」。德國聯邦雖有廣泛的立法權，而其行政權則除聯邦法律有特別規定之外，均委託各邦行使（§83）。只有外交、聯邦財務管理、聯邦鐵路、聯邦郵政、聯邦水路運輸管理，必由聯邦直接執行（§87）。由此可知，德國聯邦行政乃以間接行政為原則，而以直接行政為例外。

三、財政權的分配

財政權的分配在德國基本法中列有專章（第十章），為德國基本法特色之一（另外日本憲法，財政亦列為專章，此為該兩國第二次世界大戰復原很快原因之一）。分述如下：

(一) 聯邦關於關稅及財政專賣有獨占立法權（§105 I）。

(二) 聯邦關於下列事項有共同立法權，並有分配比率：

1. 消費稅與交易稅，但地方性之稅，尤其地價增值稅與消費稅，不在此限。

2. 所得稅、財產稅、遺產稅與贈與稅。

3. 不動產稅，但鹽定稅率除外。

以上各稅以聯邦主張將其全部或一部充作聯邦歲出，或有基本法第72條第2項之情形者為限（§105 II）。

(三) 聯邦關於賦稅立法，如其收入之全部或一部歸於各邦或各社區使用者，應經聯邦參議院之同意（§105 III）。

(四) 聯邦與各邦在理財方面自給自足，互不依賴（§109）。

(五) 邦稅之保障。邦稅之收入，在稅收機關於各該領域內（地方收入）所收之稅範圍內，屬於各邦。經聯邦參議院同意之聯邦立法，得詳細規定特定稅收劃歸地方收入及其分配額（§107 I）。

(六) 各邦財政合理平衡。經聯邦參議院同意之聯邦法律，應確保財政富裕各邦與財政貧弱各邦之間取得財政合理平衡，並對各鄉、鎮（鄉、鎮聯合區）之財政能力及需要予以適當注意。該項法律應規定財政富裕之邦繳納平衡款項，補助財政貧弱之邦保其平衡；該法並應明定要求平衡補助與繳納平衡款項之條件，及決定平衡給付數額之標準。該項法律並得規定，由聯邦以聯邦經費補助財政貧弱之邦，以彌補其一般財政需要之不足（協款補助）（§107 II）。

陸、俄國：聯邦主體

聯邦制俄國政府以1993年12月通過的新憲法中，明確指出聯邦主體及權限：

一、俄羅斯聯邦之組成，有共和國、邊區、省、聯邦直轄市、自治省、自治區——各為權利平等之俄羅斯聯邦主體。

二、共和國（國家）有自己之憲法與法律。邊區、省、聯邦直轄市、自治省、自治區有自己之憲章與法律。

三、俄羅斯聯邦之聯邦政體奠基於其國家之完整，國家權力制度之一致，俄羅斯聯邦之國家權力機關與俄羅斯聯邦主體之國家權力機關間管轄事項與權限之劃分，俄羅斯聯邦各民族之平等與自決（§5）。

儘管俄國憲法規定採行聯邦制，但是在實際的運作過程中，權力仍有集中化的現象。雖然省、邊區議會代表是由選舉產生，但是省、邊區行政首長仍由總統派任，因而與西方聯邦制的分權精神仍有差異。俄國地方的行政權仍操縱在中央與總統的手中，但是俄羅斯聯邦有其專屬管轄權範圍（§71），以及俄

羅斯聯邦與俄羅斯聯邦各主體共同管轄權範圍（§77），均在憲法中明白規定。

一、專屬於俄羅斯聯邦管轄範圍

(一) 通過與修改俄羅斯聯邦憲法及聯邦法律，並監督其遵行。

(二) 俄羅斯聯邦之結構與領土。

(三) 人與公民權利與自由之規範與保護；俄羅斯聯邦內之國籍；少數民族權利之規範與保護。

(四) 設立聯邦立法、行政及司法權力機關體系及其組織與活動程序；組成國家權力之聯邦機關。

(五) 聯邦之國家財產與其管理。

(六) 確立聯邦政策基本原則及俄羅斯聯邦國家、經濟、生態、社會、文化及民族發展領域內之聯邦綱領。

(七) 建立統一市場之法律基礎；財政、貨幣、信貸、關稅調控、貨幣發行、物價政策原則；聯邦經濟服務，包括聯邦銀行。

(八) 聯邦預算；聯邦稅捐；聯邦地區發展基金。

(九) 聯邦能源系統，核子能源，核子分裂物質；聯邦運輸，交通道路，資訊與通信；太空活動。

(十) 俄羅斯聯邦對外政策與國際關係，俄羅斯聯邦國際條約，戰爭與和平問題。

(十一) 俄羅斯聯邦對外經濟關係。

(十二) 防衛與安全；國防生產；武器、彈藥、軍事裝備及其他軍事財產出售與採購程序之確定；毒品及麻醉品之生產及其使用程序。

(十三) 界定俄羅斯聯邦國界、領海、領空、排他性經濟區與大陸棚之狀態並予以保護。

(十四) 司法制度；檢察機構；刑事、刑事訴訟程序及刑事執行立法；大赦與赦免；民事、民事訴訟程序及仲裁訴訟程序立法；智慧財產之法律規範。

(十五) 聯邦法律衝突處理法。

(十六) 氣象勤務，標準規格，度量器，度量制，時間計算法；大地測量與製

　　圖；地理標的之命名；官方統計與簿記核算。

(十七) 俄羅斯聯邦之國家獎賞與榮銜。

(十八) 聯邦國家服務。

二、俄羅斯聯邦與俄羅斯聯邦各主體共同管轄範圍

　　在憲法第72、73、76、77、75條中，條列了屬於聯邦與聯邦主體共同管轄之權力，最重要的是第73條以排除方式說明了聯邦主體所具有的權力，包括下列幾項重點：

(一) 確保共和國與之憲法法律，邊區、省、聯邦直轄市、自治省、自治區之憲章、法律及其他規範性之法律文件符合俄羅斯聯邦憲法與聯邦法律。

(二) 保護人民及公民之權利與自由；保護少數民族之權利；確保法紀、法制、社會安全、邊境規則。

(三) 土地、地下資源、水及其他天然資源之擁有、利用與處置問題。

(四) 國家財產之劃分。

(五) 天然資源之利用；環境保護與經濟安全之確保，特殊保護天然區；歷史與文化古蹟之維護。

(六) 養育、教育、科學、文化、體育及運動之一般問題。

(七) 保健之協作問題；家庭、母親、父親及兒童之保護；社會保障，包括社會安全。

(八) 執行反災害、天然災難、流行病及其善後之措施。

(九) 規定俄羅斯聯邦稅捐之一般原則。

(十) 行政、行政訴訟程序、勞動、住宅、土地、水域、森林立法，關於地下資源與環保之立法。

(十一) 司法與執法機關之幹部；律師與公證制度。

(十二) 保護人數極少之民族群體之歷來居住環境與傳統生活方式。

(十三) 設定國家權力與地方自治機關體制之一般組織原則。

(十四) 協調俄羅斯聯邦各主體之國際與對外經濟聯繫，履行俄羅斯聯邦之國際條約。

在俄羅斯聯邦管轄及俄羅斯聯邦全權範圍以外，但為俄羅斯聯邦與俄羅斯聯邦主體共同管轄之事項，俄羅斯聯邦主體擁有國家權力之一切全權（§73）。

三、各聯邦主體權力

憲法規定，在俄羅斯聯邦管轄範圍以外及俄羅斯聯邦與聯邦主體共同管轄範圍所擁有的權力之外，由俄聯邦各主體行使全部國家權力職權。不過在普丁上台後，曾進行一連串改革來限制聯邦主體的自主權限。

四、單一公權力體系

2020年憲法修正後，新規定「地方自治體與國家權力體同屬國家權威的單一體系，為了該區域居民的利益，應在最有效解決方針下進行合作」（§132 III）。

五、受爭議的聯邦主體

近年來由於對外用兵取得一些土地，甚至也以公投方式加入俄羅斯聯邦，如2014年進攻克里米亞時取得的塞凡堡與克里米亞共和國，以及2022年大規模入侵烏克蘭而取得的烏東之盧甘斯克、頓涅茨克、紮波羅熱和赫爾松等地，只是這些聯邦主體並未被國際上承認。

第三節　地方自治

壹、英國地方政府

英國分為英格蘭（England）、威爾斯（Wales）、蘇格蘭（Scotland）和

北愛爾蘭（Northern Ireland）。威爾斯、蘇格蘭和北愛爾蘭均設有辦事處，為虛級，稱威爾斯辦事處（Welsh Office）、蘇格蘭辦事處（Scotland Office）和北愛爾蘭辦事處（Northern Ireland Office）。

　　英格蘭分大都會地區與非大都會地區。大都會地區除大倫敦（Great London）外，有大曼徹斯特（Greater Moncherster）、梅塞賽（Merseyside）、中英格蘭西部（West Midland）、泰和衛（Tyne & Wear）、南約克夏（South Yorkshire）和西約克夏（West Yorkshire）六個大都會區。英格蘭的地方政府有：

一、首都，大倫敦政府（Great London Authority, GLA），其下有32個倫敦區（London Boughts）和一個倫敦市（City of London Corporation）。

二、六大都會地區有36個區議會（District Council）；地方政府只有一級。

三、非大都會地區有：

(一) 55個單一議會（Unitary Council），以及Scilly島。

(二) 27個縣議會（Country Council），其下有201個區議會（GOV. UK local government網站）。

　　威爾斯設22個單一議會；蘇格蘭設32個單一議會；北愛爾蘭經整併後設有11個區議會。

　　英國地方政府是採用權力一元制的國家，各級地方議會為各該地方自治團體之唯一統治機關。以縣為例，縣的統治機關為縣議會。縣議會由縣議員所組成。地方政府的組織方式，分三種：

一、議長（Council Leader）加地方內閣（Cabinet）：議員由選民直接選舉產生，任期四年。議長係由縣議員選舉產生，每年改選一次，得連選連任。議長任命議員為地方內閣成員。縣議會設有各種委員會，處理地方政府的行政業務，採合議制。

二、市長（Mayor）加地方內閣：市長由選民直接選舉產生，內閣成員由市長任命，成員不限議員。

三、市長加議會經理（Manager）：市長由選民直接選舉產生，議會經理由議會任命，負責實際政務（Kingdom, 2003: 613）。

貳、法國地方政府

　　法國地方政府，在1982年以前為兩級，省和縣市，1982年以後為三級，省之上有行區（Région），地方自治範圍較大。其重要內容如下（www.map-France.com/departments/）：

一、1982年地方分權法

　　分行區（Région）、省（Départment）與縣市（Commune）三級。

二、行區（共有18個；本土13個，海外5個）

(一) 行區議會（Regional Council）：議員31至209名，任期六年。
(二) 行區議長（President）：亦是行區行政區長，由議會選舉產生。
(三) 行區議會秘書處：處理行區一般事務。
(四) 行區經濟與社會委員會：係諮詢機構，置委員40至110人，任期六年。

三、省（共有101個省；本土96省，海外5省）

(一) 省議會（General Council）：省議員人數17至109名，任期六年，每三年改選半數。
(二) 省議長（President of the General Council）：1982年將原省長（Prefect）行政職移省議長，廢省長。

四、共和國專員（Commissioner of the Republic）

　　1982年廢各省之省長，改設共和國專員，每行區亦設共和國專員。惟行區之共和國專員駐地之省，不另設省之共和國專員，由該行區之共和國專員兼理之。

　　共和國專員為：

(一) 中央派駐行區或省之代表。

(二) 監督中央政府下達之政令是否確實貫徹之權。

(三) 有處理防衛、治安、民防之權。

(四) 為行區、省、縣市三級地方之仲裁者。

(五) 有行區、省專員公署處理各項事務。

五、縣　市

(一) 縣市議會（Municipal Council）：泛指大大小小之社區議會，議員任期六年。

(二) 縣市長、副縣市長：由議會選出，任期六年。

參、美國：州與地方政府

美國是聯邦國家，除了各州（邦）對聯邦得以「自主」的權限，州以下的地方政府對州則具有一定的「地方自治」權限。

一、州對聯邦的自主權限

(一) 自主組織權

凡地方團體的根本組織法由地方團體自由選擇而制定者，稱地方團體的自主組織權（right of self organization）。在美國，各州憲法均由各州制定，聯邦憲法只要求各州採用共和政體（§4 IV）。

各州有州政府、州議會。州議會均採兩院制，但內布拉斯加（Ne-braska）採一院制除外。上院稱參議院，下院稱眾議院。

(二) 參政權

聯邦最高機關有國會、總統及最高法院。國會之參議院完全代表各州，不問州之大小，每州均有參議員兩人。此種平等代表權，非經各州全體同意不得

變更。眾議院議員雖依各州人口多寡，彼此不能一律，但是每州至少有議員一人（§1 II ③）。而選舉方法亦由各州議會定之（§1 IV ①）。總統雖由人民間接選舉，而各州選舉「總統選舉人團」時，並不是完全依照人口多寡，其人數乃與各該州所應選派的國會兩院議員人數相等（§2 I ②），因此最小的州亦得選舉「總統選舉人」三名，由此預防大州操縱選舉。最高法院法官雖由總統任命，但總統任命最高法院法官，應徵求代表各州的參議員同意，所以各州又得利用參議院監督聯邦司法權的行使。

(三) 領土權

聯邦須保全各州領土的完整，要在一州之內設立一個新州，或要合併數州或數州的一部分，成立一個新州，均應徵求各該議會同意（§4 III ①）。

(四) 保護請求權

聯邦須保護各州，防禦外患，平定內亂（§4 IV）。外患來臨，總統得以全國陸海空軍元帥之資格（§2 II ①），調遣軍隊，保衛該州。各州發生內亂，該州議會得請求總統派兵平定之；倘該時議會適值閉會，該州政府有請求權（§4 IV）。

二、地方政府

州以下的地方政府由於缺乏憲法的規範，因此由各州自行決定。而這些地方政府有郡（County）、鎮（Township）、自治區（Municipatity）、特別區（Special District）、學區（School Distric）等。這些地方政府常被視為是「州的產物」（Creatures of States），但此一理論在德州與佛州於新冠期間以州長命令禁止包含學區在內的地方政府要求人們戴口罩時，引發不小爭議（DeHart & Oakerson, 2022）。而其政府類型則有市長議會型（Mayor-Council）、議會經理人型（Council-Manger）、委員會型（Commion）。[1]

---

[1]　MRSC. "City and Town Forms of Government." https://mrsc.org/explore-topics/legal/organization/city-and-town-forms-of-government.

肆、日本：兩級地方政府

一、地方自治法

　　日本政府於昭和22年（西元1947年）4月17日頒布「地方自治法」，翌年元月1日施行。其特點為：

(一) 行政機關除置都、道、府、縣知事及市、町、村長外，復設有各種委員會及監察委員，處於相當獨立的地位，分別行使特定的執行權，成為特別的行政機關，因此行政機關有分割之現象。

(二) 地方議會對地方行政機關首長為不信任之議決，而首長不於法定期間內解散議會則應辭職，具有責任內閣制的意義。但地方行政機關對於議會制定的法案有異議時，得於法定期間內要求議會覆議，是則於責任內閣制的安排下，又採用總統制的制衡辦法。

(三) 各級地方均有民選的議會，以為代議制的立法機關。但於代議制之外，選民又有創制複決之權，而且選民對於議會議員、行政首長以及其他行政人員得行使解職請求權。此外，選民得行使議會解散請求權，並有監察請求權。其直接民權行使之廣泛，亦為各國所罕見。

二、地方政府層級

　　日本地方政府分為兩級，第一級為都、道、府、縣，第二級為市、町、村，而東京都內又有特別區（見圖8-1）。日本地方自治法第一條之二謂：「地方公共團體為普通地方公共團體及特別地方公共團體。普通地方公共團體為都道府縣及市町村，特別地方公共團體為特別區、地方公共團體聯合組織及財產區。」其中東京都內的23區雖然具有一定的自治權限，但是比起市、町、村，其權限卻受到東京都更大幅度的限制，因此難被視為是憲法第93條第2項所保障的地方公共團體（最高法院1963年判決）。

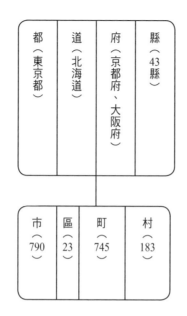

圖8-1　日本地方政府層級圖

資料來源：http://www.soumu.go.jp/gapei/（2014年4月）。

三、地方政府組織

(一) 地方自治權限

有下列四項：

1. 立法權：制定行政權行使上所必要條例的權力。
2. 行政權：地方處理公共事務、委任事務與行政事務的權力。
3. 組織權：在法律範圍內，設機關、置人員的權力。
4. 財政權：行政權行使所需要的經費之措施及有關支出之權力。

(二) 地方議事機關

地方自治法第90條明文規定各都、道、府、縣議員人數以及各市、町、村議員人數，均依人口多寡定其數額。議員為直接民選，任期四年。由議員選出

議長、副議長各一人。都道府縣議會為處理議會事務，設事務局。地方議會均設各種常任委員會及特別委員會。地方議會之職權有：1.議定權（議決各議案）；2.同意權（同意各委員會人選）；3.監督權；4.意見提出權；5.調查權；6.請願權；7.不信任議決權。

(三) 地方執行機關

1. 首長：在都道府縣稱「知事」，在市町村稱「長」，由選民直接選舉，任期四年，並得罷免。
2. 副首長：在都道府縣稱「副知事」，在市町村稱「副市町長」，由地方行政首長提名議會同意後任用之，任期四年。
3. 財政主管：都道府縣置「出納長」，市町村置「收入員」各一人。町村得依條例不置收入員，由町村長或助役兼掌。

(四) 委員會

　　設有教育委員會、選舉管理委員會、人事委員會、公平委員會、地方勞動委員會、收用委員會、海區漁業調整委員會、內水面漁場管理委員會、 農業委員會、固定資產評價審查委員會、監察委員會等。見圖8-2。

(五) 直接民權

　　日本地方自治法及其他法律，根據憲法所確立的民主政治最高原則，於選舉之外，又施行多種直接民權的辦法，可分為創制複決權──條例制定或改廢請求權、罷免權──解職請求權、議會解散請求權、監察請求權等四種。

四、市町村的合併

　　在地方政府層級上，都道府縣長期維持47個，然而市、町、村卻常常整編合併。到2004年，已經從戰後初的約1萬個，合併成為1,718個。[2]尤其伴隨著少

---

2 〈市町村数の変遷と明治・昭和の大合併の特徴〉。《總務省》，https://www.soumu.go.jp/gapei/gapei2.html。

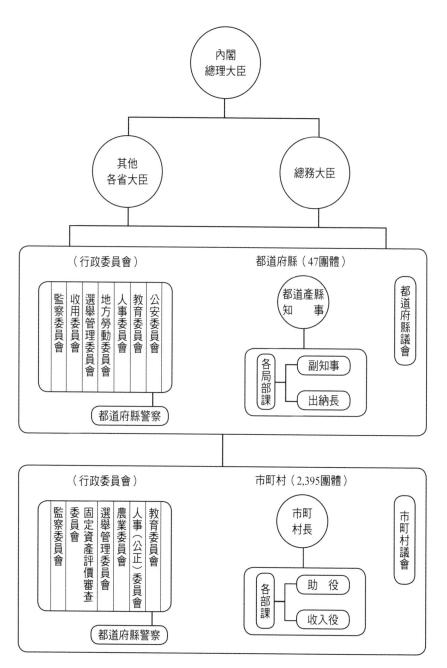

圖8-2　日本地方組織圖

子高齡化的加劇，一些偏遠村莊恐因人口減少而面臨廢村的窘境，因此再整併
的可能性依然存在。

伍、德國：各邦權限

一、行使國家權力之權

　　國家權力行使與國家職責之履行，為各邦之事，但以基本法另有規定或許
可者為限（基本法§30）。

二、受聯邦尊重之權

　　對外關係之維持雖為聯邦之事，但涉及某邦特殊情況之條約，應於締結
前，儘早諮商該邦。且各邦在其立法權限內，得經聯邦政府之核可，與外國締
結條約（基本法§32）。

三、平等權

(一) 所有德國人民在各邦均有同等之公民權利與義務，且所有德國人民應依其
　　 適當能力與專業成就，有擔任公職之同等權力（基本法§33）。
(二) 聯邦最高機關之公務員應以適當比例選自各邦。聯邦其他機關之公務員，
　　 在通常情形下應選自其任職之邦。軍事法律應對聯邦之區分為邦及邦之特
　　 殊種族環境，加以注意（基本法§36）。

四、參政權

　　聯邦參議院代表各邦。參議員由各邦政府任命。各邦政府所任命參議員人
數三至六名。每邦至少三名，人口超過200萬之邦為四名，人口超過600萬之邦

為五名，人口超過700萬之邦為六名，目前16個邦總計聯邦參議員69名（參見表8-3）。

表8-3　德國2022年聯邦參議院各邦席次

各邦名稱	席次	各邦名稱	席次
1. 北萊茵—威斯伐倫邦（Nordrhein-Westfalen）	6	9. 什列斯威—霍爾斯坦（Schleswig-Holstein）	4
2. 巴伐利亞（Bayern）	6	10. 布蘭登堡（Brandenburg）	4
3. 巴登—符騰堡（Baden-Württemberg）	6	11. 圖林根（Thüringen）	4
4. 下薩克（Niedersachsen）	6	12. 薩克森—安哈特（Sachsen-Anhalt）	4
5. 黑森（Hessen）	5	13. 梅克倫堡—西波美拉尼亞（Mecklenburg-Vorpommern）	3
6. 薩克森（Sachsen）	4	14. 不萊梅（Bremen）	3
7. 萊茵蘭—普法茲（Rheinland-Pfalz）	4	15. 薩爾蘭（Saarland）	3
8. 柏林（Berlin）	4	16. 漢堡市（Freie und Hansestadt Hamburg）	3

資料來源：https://www.bundesrat.de/EN/organisation-en/stimmenverteilung-en/stimmenverteilung-en-node.html。

陸、俄國：地方自治

　　俄羅斯聯邦內承認並保證地方自治（憲法§12），此外，在新憲法第八章中有地方自治的專章，指出地方自治的權限，約略有下列數點：

一、立法權

(一) 在俄羅斯聯邦內，地方自治確保居民獨立決定地方意義之問題，擁有、利用及處置市有財產。

(二) 地方自治由公民經由全民投票選舉，其他直接表達民意之方式，透過地方自治之選舉及其他機關行使之（憲法§130）。

二、財政權

(一) 地方自治政府單獨管理市有財產，制定、批准及執行地方預算，規定地方稅捐，維持社會秩序以及決定其他地方意義之問題。

(二) 地方自治政府可依法享有聯邦與聯邦主體的物質與財政資金（憲法§132）。

三、受聯邦尊重之權

　　俄羅斯聯邦內之地方自治因享有司法保護權利，地方自治政府與國家權力機關共同履行公共職責所產生的額外開支之補償權利，禁止限制俄羅斯聯邦憲法與聯邦法律所規定之地方自治權利（憲法§133）。

四、聯邦與地方自治問題

　　就在2004年得貝斯蘭慘劇後，普丁更集中莫斯科的權限，一些行政首長被改成任命制。然而在2012年的修法後，連邦主體的行政首長又改成公民直接選舉產生。

　　俄羅斯聯邦與各聯邦主體實際運作情形出現「弱中央—強地方」的封建化現象，再加上聯邦主體間「民族」、「區域」之間出現的不均衡現象，普丁欲以聯邦制度改造的方式，一方面強化總統的執行權力，將數目不等的聯邦主體整合在一個直接由總統監管的機制下。另外，透過降低「民族」聯邦主體的政治地位，來緩和與區域聯邦主體不平衡的現象（趙竹成，2001: 192）。其具體

方法，一為組建「聯邦區」，發布「俄羅斯總統在聯邦區的全權代表」的第16724號總統令，二是規範駐在聯邦區的總統全權代表職權。這個計畫的意義在於，將多個聯邦主體整合在一個直屬聯邦總統的全權代表下，必擴大全權代表的權力，然後提出三項重要法案，「關於俄羅斯聯邦會議聯邦委員會組成原則」、「關於俄羅斯聯邦各主體政府立法及行政機構組成原則」以及「關於俄羅斯聯邦地方自治通則增修」，改造國會之上院，使其喪失代表聯邦主體利益的憲法意義，壓縮聯邦主體在中央機構的影響力。

第四節　中央對地方監督

壹、英　國

英國中央政府對地方政府的監督採用三種制度：

一、採納法案（Adoptive Acts）制度：即國會關於地方自治行政，制定法律之後，地方政府得按照本地情況，因地制宜，斟酌採用之。

二、私法案（Private Bills, Private Acts）制度：即地方政府關於地方行政，得提出法案於國會，以謀取某種特權（Privilegium）。

三、條件法（Provisional Orders）制度：地方政府提出法案，須經過相當期間才作表決，所以在必要時得要求中央政府暫時承認其效力，爾後再由國會議決之。由此，英國中央監督地方行政之權乃在於國會。

英國中央對地方的行政監督方法有兩種：

一、認可：英國固然是用個別的法律，指定管轄的事項，但是一方中央議會絕對不可因地制宜，制定許多不同的法律；同時地方團體因財力及人力之不同，也不能執行全國一致之事務。因此，國會就不能不承認中央政府關於地方行政，有一種認可權。例如，國會制定公共衛生法規之後，地方機關得制定其施行細則，但須經衛生部大臣認可。

二、訓令：地方政府執行職務之時，中央政府得依照自治法規，給與訓令。例如，癘疫流行之時，衛生部大臣對於地方政府機關得發布訓令，促其防

疫。地方政府若不肯履行國會或中央政府依法給與的義務，在英國，只能以執行的方法，迫使第三者履行義務，而向該地方政府徵收費用；或停止補助金的給與，迫使地方政府願意服從。若地方政府有違犯法律之事，中央政府可以起訴於普通法院，以司法之力加以制裁。

貳、法　國

一、立法監督

一般法律，如涉及中央與地方權益者，「在未公布前，得由共和國總統、總理、國民議會議長、參議院議長、六十名國民議會議員或六十名參議院議員，提請憲法委員會審議」（憲法§61）。由此，中央可以監督地方事務。

二、行政監督

大致上有下列三種方式：

(一) 共和國專員監督

共和國專員（Commissioner of the Republic）係中央派駐到各行政區及省之代表，其職權依憲法第72條為：1.維護國家利益；2.行政監督；3.監視國家法律，地方應遵守。

(二) 內政部監督

內政部管轄各地方行政，地方行政要受內政部的監督。

(三) 中央行政法院監督

地方的政令是否符合國家政令，事先要請示中央行政法院意見，或事後要備查；如發現未能符合國家政令，中央行政法院簽註意見，循行政系統，令其改進。

三、司法監督

　　地方行政事務如有違法情形，有地方行政法院、中央行政法院，由相關當事人依訴訟程序提起行政訴訟，加以審理、裁判，令其改進。

參、美　國

一、司法監督

　　美國憲法在「法」的位階最高，而聯邦法又高於州法。凡州法牴觸聯邦法，倘其所牴觸者為聯邦憲法，州法當然無效。若其所牴觸者為聯邦法律，必須審查聯邦法律有否牴觸聯邦憲法，最後審查聯邦法律之權屬於聯邦最高法院。

二、行政監督

　　某一州法經聯邦最高法院宣告無效之後，如果該州拒不受命，總統可用兵強制之。因為，總統須注意聯邦法律是否忠實施行（§2 III）；又須竭力維護聯邦憲法（§2 I ⑧），州既然違反聯邦憲法，而致聯邦法律不得施行，總統當然可用兵力強制之。

肆、日　本

一、立法監督

　　日本地方自治法明文規定：

(一) 給予地方當局技術性的建議或勸告，使其有適當的考慮，俾有所助於地方公共團體之組織與管理合理化。

(二) 給予地方當局之情報，使對於地方公共團體組織與管理之合理化加以注意。

(三) 倘若需要，可使地方當局提出關於財政或生產、公文書及記帳事務之報告，並審查其有關財政之事務，或承認其實際經營之收入與支出。

(四) 注意地方公共團體事務之處理，或地方公共團體首長事務之管理與行政，有無違反法令之情形，或注意其執行事務之是否適當，有無顯著地損害公共的利益。例如，不合法之支出或公共財之不適當處理，可以使利害關係之公共團體或其首長，採用必要之手段，以改正或改進其不合法之事項。

(五) 分擔全部或局部之費用要求實行國家委託的事務，並對地方公共團體予以補助，以為支持此項計畫者之鼓勵。

(六) 有權監督委託地方公共團體首長之事務，並有權暫行停止或取消不合法或不適當之處理。

(七) 允諾地方公共團體之地方分擔稅，具有保證收入來源及地方財政之功效。

二、行政監督

　　日本總務省（其結構見圖8-3）為地方政府之主管監督機關，下設自治行政局、自治財政局、自治稅務局，以及地方財政審議會、國地方系爭處理委員會。其對地方政府監督之權限為：

(一) 設計並起草管理地方自治制度之計畫、公共事務之各種選舉等，並負責管理與指導之責任。

(二) 維持中央政府與地方公共團體之間的聯絡與合作。

(三) 協助地方公共團體，實現地方自治之宗旨，並建立民主的政治。

(四) 對於地方公共團體貸款之方法、利率，以及償還之方法有所變更，須依政令所定之規則，得到自治財政局之許可。

三、司法監督

　　由於法院具有司法評議（違憲審查）的權限，當中央政府認為地方政府的政策有違中央或是雙方權限衝突時，也是可以訴諸司法途徑，由法院的判決來作決定。

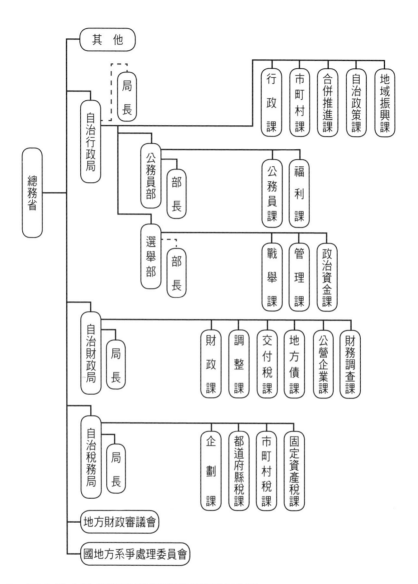

圖8-3 日本地方政府行政監督機關組織結構圖

資料來源：http://search.e-gov.go.jp/servlet/Organization?class=1025&objcd=100145。

伍、德　國

一、立法監督

　　聯邦可用立法的方式，監督各邦的行政與立法。在德國，聯邦法律的效力是在各邦法律之上（基本法§31），所以各邦法律若和聯邦法律規定同一事項相牴觸部分，聯邦法律可以推翻各邦法律。倘若各邦法律與聯邦法律發生牴觸，不問立法的先後，也不問法規的形式，聯邦法律可推翻各邦的法律。各邦與聯邦意見若不一致，由聯邦憲法法院裁決之（基本法§93）。

二、行政監督

(一) 各邦若受聯邦委託，執行聯邦法令，聯邦政府經聯邦參議院同意可以發布一般性行政規程，派遣代表到各部最高機關監督，而得到該邦最高機關同意之後，或各邦最高機關不予同意而經聯邦參議院同意，又得派往下級機關監督（基本法§84）。

(二) 各邦執行聯邦法規，若有不妥之處，聯邦內閣可以要求糾正。因此，各邦與聯邦的意見若不一致，由聯邦憲法法院裁決之（基本法§84 IV）。

(三) 聯邦監督的範圍包括執行方法是否合法與適宜。聯邦政府為此得要求邦政府機關提出報告與文件，並得派員駐紮各機關（基本法§85 IV）。

三、司法監督

　　聯邦可用聯邦憲法法院的判決，監督各邦。

陸、俄　國

一、立法監督

　　俄羅斯聯邦憲法具有最高法律效力，直接適用於全俄羅斯聯邦領土上。俄羅斯聯邦內可適用之法律及其他法律文件不得牴觸俄羅斯憲法（憲法§15 I）。

二、行政監督

(一) 聯邦行政權力機關為執行其全權得設置地方性機關，並指派相應之公職人員。

(二) 如不違反俄羅斯聯邦憲法與聯邦法律，聯邦行政權力機關可按照其與俄羅斯聯邦主體行政權力機關之協議，把部分全權委讓給後者行使。

(三) 俄羅斯聯邦主體行政權力機關可按照其與聯邦行政權力機關之協議，把部分全權委讓給後者行使。

(四) 俄羅斯聯邦總統與俄羅斯聯邦政府依照俄羅斯聯邦憲法確保聯邦國家權力在俄羅斯聯邦全境內行使（憲法§78）。

　　當機關之間發生爭議時，俄羅斯聯邦總統得利用相互協定之程序，以解決俄羅斯聯邦國家權力機關與俄羅斯聯邦各主體國家權力機關之間以及各主體國家權力機關相互間之爭議。如未能取得協議性解決，他可將爭執之解決送交相應法院審議。此外，俄羅斯聯邦總統有權終止俄羅斯聯邦各主體行政權力機關文件之效力，如該等文件牴觸俄羅斯聯邦憲法與聯邦法律、俄羅斯聯邦之國際義務，或在相應法院解決此一問題前損害人與公民之權利與自由（憲法§85）。

　　2000年普丁總統上台後將俄羅斯聯邦分成七大聯邦管區，置總統全權代表，其目的主要還是在於對所轄區內進行監督、調解、糾舉與核定等工作。其實就是克里姆林宮對地方的控制而已，因此也被視為是莫斯科對國內的殖民統治（Internal Colonization）的工具。[3]後來在梅德維傑夫總統時代又增設北高加

3　Jamestown Foundation (2018). "Russian Federal Districts as Instrument of Moscow's Internal Colonization." Jul. 16, https://www.refworld.org/docid/5b728d69a.html.

索管區，而當普丁回任總統後因攻占克里米亞而再設置克里米亞管區，但不受
國際承認，又被併入南部管區。目前（2023.02）共有八大管區，分別為在亞
洲的烏拉爾（Ural）、西伯利亞、遠東三區，以及在歐洲的北高加索、中央、
伏爾加（Volga）、西北與南部五區。[4]

三、司法監督

　　由俄羅斯聯邦憲法法院解決關於管轄範圍之爭端，包括下列三方面（憲法
§125 III）：
(一) 聯邦國家權力機關之間。
(二) 俄羅斯聯邦國家權力機關與俄羅斯聯邦各主體國家權力機關之間。
(三) 俄羅斯聯邦各主體最高國家權力的紛爭。

---

[4] 詳參https://www.citypopulation.de/en/russia/。

第九章　歐洲聯盟的成立與發展

第一節　涵　義

　　自1957年西德、法國、荷蘭、比利時、盧森堡、義大利等六國簽訂羅馬條約，成立了歐洲經濟共同體，到1993年1月馬斯垂克條約的正式生效，建立了歐洲聯盟，迄今已經歷了五十多年，而參與的會員國現今已擴增至15個國家。90年代歐洲聯盟的發展可說是多元且複雜的：一是馬斯垂克條約的簽署與生效擴大了歐盟各項政策約合作範圍，例如，在衛生、交通、工業、消費者保護等方面，顯示出歐洲統合政策擴大的必要性與實然性；而歐盟及歐洲議會職權的擴大，以及區域委員會的設置，均強化了歐盟組織的職權與運作程序，這也表示日後歐盟追求效率的提高、決策程序的透明化、民主合法性的增強、以及力求整體區域均衡發展的決心與努力。其次，歐洲議會於1998年正式確認由英國、法國、德國、荷蘭、芬蘭、瑞典、丹麥、希臘、葡萄牙、西班牙、愛爾蘭、盧森堡、奧地利、義大利、比利時等15個國家申請加入歐盟。除了英國、瑞典、丹麥三國之外，其他國家1999年1月1日發行歐洲單一貨幣歐元的創始會員國，並於2000年7月完成貨幣整合準備，而從2002年1月1日起開始貨幣的流通。另外在2009年，里斯本條約的生效，成為歐洲憲法的先驅。

　　由此可知，歐盟經濟整合中的經濟暨貨幣聯盟的發展，是區域經濟整合理論中最高層次的發展。從學術上來看，歐盟的成立是歐洲領導人物政治智慧的結晶，它提供了一個國際經濟合作良好的模式，不論它的發展最後是成功或是失敗，對未來世界區域經濟整合的發展，都極具啟發性。從經濟層面來看，對內而言，它會促使內部單一市場的形成、成本的降低以及利益的提高；對外而言，歐盟市場在世界上占有舉足輕重的地位，足以影響各國的經濟。由此，不難瞭解歐洲經濟暨貨幣聯盟之所以備受矚目的原因。整體而言，歐元的誕生，可以說是人類經濟史上重大的嘗試，雖然它的前景仍充滿困難，但在歐洲國家鍥而不捨的努力下，成功的機率與日俱增。它的成敗對我們而言都有決定性的

影響，因此有必要瞭解歐盟重要機構，例如，歐洲議會、執行委員會、部長理事會、歐洲法院之組成、職權及功能，另一方面我們也必須掌握歐盟區域整合的走向、經濟暨貨幣聯盟的演變以及目前歐洲單一貨幣歐元的發展情形。

第二節　歐洲聯盟之起源與發展

一、起　源

1950年法國外交部部長舒曼（Robert Schuman, 1886-1964）提出統合法、德煤鋼工業的建議，因而奠定了歐洲共同體的基礎；1951年法國、德國、荷蘭、比利時、盧森堡、義大利等六國在巴黎簽署設立歐洲煤鋼共同體（the European Coal and Steel Community, ECSC）公約，並在1952年7月正式生效。煤鋼共同體具有干預會員國經濟的權力，但卻是有限的，特別是關於投資和產量方面。

1995年，煤鋼共同體的會員國外長認為要建立一個強人統合的歐洲，首先就要建立經濟領域的合作，能以發展原子能的和平用途以及建立歐洲共同市場為基本目標。1958年歐洲經濟共同體與歐洲原子能共同體條約生效和實施，並共同設置一個歐洲議會（European Parliament）、歐洲執行委員會（European Commission）及歐洲法院（Court of Justice）。雖然各自具備不同的法源基礎，而且涵蓋的任務範疇也不完全相同，但是上述的三個共同體的會員國在1967年簽署設立歐洲共同體單一理事會與單一執行委員會公約，亦稱合併條約（Merger Treaty），將歐洲經濟共同體、歐洲原子能共同體及煤鋼共同體的部長理事會與執行委員會合一。

1986年單一歐洲法（SEA）簽訂，並於1987年7月1日正式生效，以補充歐洲經濟共同體中規定的不足，並確保共同體能採取任何必要的措施。早日完成內部單一市場（Single Market）；1991年12月歐洲共同體各會員國的領袖在荷蘭南部馬斯垂克城舉行高峰會議，決定在政治、經濟上全面規劃共同體的整合，各國領袖在高峰會議中簽訂「歐洲聯盟」草約，並在1992年2月正式簽署批准，在1992年馬斯垂克條約（Maastricht Treaty）中修改歐洲經濟共同體、煉

鋼共同體及原子能共同體等條約，並將歐洲經濟共同體（European Economic Community, EEC）改成歐洲共同體（European Community, EC）。這些演變說明了共同體已由經濟結合的團體轉變成一個具政治性的歐洲聯盟（European Union, EU）（見表9-1）。在此條約中，增列了對新領域政府間合作條款，增修羅馬條約等三項條約，並提議成立歐洲政治聯盟，來執行共同外交與安全政策；建立經濟暨貨幣聯盟（Economic and Monetary Union, EMU），來實施歐盟單一貨幣制度；並倡導歐體共同公民權、加強司法與內政合作的步驟和目標，來締造一個完全由全歐人民共同組成的聯盟（王田河譯，1991；陳麗娟，1997：20-31）。

表9-1　歐洲統合進程表

1951年	法、西德、比、盧、義和荷蘭共同簽署巴黎條約，並於隔年生效，歐洲煤鋼共同體（ECSC）成立。
1957年	上述六國簽署羅馬兩條約，成立歐洲經濟共同體（EEC），歐洲原子能共同體（EAEC）。
1967年	根據布魯塞爾條約，成立歐洲共同市場（EC），整合ECSC、EEC、EAEC。
1970年	針對貨幣整合提出三階段的具體方案。
1973年	英國、丹麥、愛爾蘭加入。
1979年	歐洲貨幣體系（EMS）成立，歐洲議會首次選舉。
1981年	希臘加入。
1986年	葡萄牙、西班牙加入，簽訂單一歐洲議定書。
1990年	經濟暨貨幣聯盟（EMU）第一階段開始。
1992年	簽署設立歐盟的馬斯垂克條約。
1993年	歐洲單一市場啟動，馬斯垂克條約生效而歐盟正式成立。
1994年	EMU第二階段開始。
1995年	瑞典、芬蘭、奧地利加入，申根協定生效。
1997年	簽署阿姆斯特丹條約，擴大歐盟。
1998年	歐洲中央銀行成立。
1999年	創設歐元貨幣，EMU第三階段開始。

表9-1　歐洲統合進程表（續）

2000年	簽署修正歐盟的尼斯條約。
2001年	希臘加入。
2002年	歐元紙幣、硬幣開始流通。
2003年	尼斯條約生效。
2004年	賽普勒斯、馬爾他、拉脫維亞、立陶宛、捷克、愛沙尼亞、匈牙利、波蘭、斯洛伐克等國加入，簽署歐洲憲法制定條約。
2007年	斯洛伐尼亞、保加利亞、羅馬尼亞加入，簽署里斯本條約。
2009年	里斯本條約生效。
2013年	克羅埃西亞加入。
2023年	克羅埃西亞開始使用歐元，使得歐元區高達20個國家。

資料來源：https://www.kwansei.ac.jp/cms/kwansei/pdf/educational/industry/0000144056.pdf、https://www.gvm.com.tw/article/98283。

二、歐洲各國加入及退出的情形

在1951年4月德國、法國、荷蘭、比利時、盧森堡、義大利等六國共同簽訂「巴黎條約」，隔年歐洲煤鋼共同體成立。1957年3月六國又簽訂「羅馬條約」，此條約決定成立歐洲經濟共同體及歐洲原子能共同體。而後在1965年4月六國又簽訂「布魯塞爾條約」，歐洲共同市場成立。英國在初期並未參加任何的共同組織，但是在60年代，眼見歐洲共同體的六個創始國經濟快速成長，關稅同盟的益處日漸呈現，英國不斷要求加入共同體。然而在法國總統戴高樂的阻撓下，未能如願。1973年共同體才通過讓英國、丹麥、愛爾蘭加入歐洲經濟共同體的組織中；1976年希臘、葡萄牙、西班牙也申請要求加入。1981年1月希臘成為正式會員國，1986年西班牙、葡萄牙正式成為會員國。後來陸陸續續申請加入者有瑞典、芬蘭、瑞士、挪威、土耳其、奧地利、塞普路斯、馬爾他等國，1995年瑞典、芬蘭、奧地利正式加入。進入二十一世紀，更多原東歐共產國家加入，使得歐盟的勢力向東延伸。

不過2016年，因為移民、財政等問題在英國引發爭議，於是卡麥隆首相進行脫歐公投，結果脫歐派以51.9%的得票率，小幅領先留歐派的48.1%得票率通

過脫歐案，投票率則高達71.8%，投票人數約3,000萬。[1]隨後卡麥隆首相辭職，接任的梅伊首相著手於脫歐各項程序卻不順遂，直到脫歐大將強生的上台組閣。

　　相對地，土耳其卻試圖加入歐盟，而這也是一個爭議的問題，畢竟土耳其的地理位置、宗教文化、政治經濟還是在歐洲國家間存在著差異。從1963年土耳其與歐洲經濟體簽約降低關稅起，土耳其一直不得其門而入。尤其當厄多安總統的擴權並鎮壓反對分子後，一些歐洲國家甚至禁止土國官員入境為其公投向海外公民拉票，厄多安總統因此還批判德國梅克爾總理是「納粹作法」，使兩國關係降至低點。後來在2018年1月厄多安總統親訪法國試圖恢復土歐關係，但馬克洪總統直接指責土耳其的人權問題並明白否定土國的加入歐盟。

　　俄羅斯在2022年2月入侵烏克蘭，烏克蘭總統澤倫斯基又表示要申請加入歐盟。然而加入歐盟的審核程序冗長，例如保加利亞、羅馬尼亞和克羅埃西亞，整個過程居然耗時十至十二年，而阿爾巴尼亞、北馬其頓、黑山共和國和塞爾維亞等國已經成為歐盟候選國多年，但是申請進程仍然停滯不前，另外喬治亞與摩爾多瓦也在申請中。[2]只是烏克蘭在烏俄戰爭之際申請加入歐盟，雖然歐盟不似北約（NATO）般敏感，但歐盟國家也不得不顧及俄羅斯的觀感。而申請國的民主、人權、財政等狀況都是歐盟所必須考量的，尤其烏克蘭還是歐洲最窮的國家之一，人均GDP（12,944）只勝過科索沃（11,884）、只有歐洲最富裕國家盧森堡（115,683）的約九分之一。[3]

三、歐洲聯盟的現況

　　歐洲聯盟（EU）是現今第二大的經濟體，僅次於美國，參加的會員國有27個，七大工業國中就有英國、法國、義大利三國家是其成員國，總人口數約為4億多，面積是423萬平方公里，平均國民所得3萬美元以上。[4]

1　〈英國脫歐前夜：從公投到分手八大關鍵問題〉。《BBC News中文》，2020年1月30日，https://www.bbc.com/zhongwen/trad/uk-51284860。

2　〈烏克蘭怎樣加入歐盟？俄羅斯可能有何反應？〉。《BBC News中文》，2022年6月23日，https://www.bbc.com/zhongwen/trad/world-61894358。

3　"GDP per capita PPP | Europe." *Trading Economics*, https://tradingeconomics.com/country-list/gdp-per-capita-ppp?continent=europe.

4　"Country Profiles." *European Union*, https://european-union.europa.eu/principles-countries-history/country-profiles_en.

歐洲聯盟的任務和目標，大體而言具有下列五項：

(一) 促進經濟與社會平衡、穩固進步，特別是建立共同體內無國境，加強經社
　　 聯合，建立經濟貨幣聯盟及發行單一貨幣。

(二) 建立共同外交和安全政策，形成共同國防政策，以強化國際地位。

(三) 引進歐洲聯盟公民權，以加強保障各會員國公民之權利與利益。

(四) 加強各會員國間司法與內政合作。

(五) 充分設立共同體一體適用之原則，並於此原則上繼續完成歐洲統合過程
　　 （周幼明，1995：34-45）。

第三節　歐洲聯盟之組織及職權

　　1992年2月歐洲共同體的會員國在荷蘭馬斯垂克（Maastricht）簽署了歐洲
聯盟條約（Treaty on European Union）。依此條約第R條第2項之規定，歐洲聯
盟條約原本定於1993年3月1日生效，然而在會員國批准過程中一波三折，最後
才在1993年11月1日生效。

　　歐洲聯盟的組織及職權經過多次的調整，才有今日的架構。其中較為關鍵
性的變革有1951年的「巴黎條約」（Treaty of Paris），1957年的「羅馬條約」
（Treaty of Rome），1965年的「合併條約」（Merger Treaty），1986年的「歐
洲單一法」（Single European Act）及1992年的「歐洲聯盟條約」。

　　本節將探討歐洲聯盟體系中的三大權力中心：歐洲議會、執行委員會以及
部長理事會的人員組成方式、職權以及決策方式。由於上述組織在歷次的條約
簽訂中，其組成及功能亦隨之變更。因此本節將重點放置在1993年歐洲聯盟條
約生效後的現況分析。

一、歐洲議會（The European Parliament）

(一) 歐洲議會的組成

　　在1979年以前，歐洲議會的議員是由各會員國國會選出議員組成。1979年
之後，改由人民直接選舉，而席位的分配主要還是考慮各會員國的人口比例。

表9-2　歐洲議會2019年7月各會員國議員席位分配表

國別	席位	國別	席位	國別	席位
比利時	21	法國	79	荷蘭	29
保加利亞	17	克羅埃西亞	12	奧地利	19
捷克	21	義大利	76	波蘭	52
丹麥	14	賽普勒斯	6	葡萄牙	21
德國	96	拉脫維亞	8	羅馬尼亞	33
愛沙尼亞	7	立陶宛	11	斯洛維尼亞	8
愛爾蘭	13	盧森堡	6	斯洛伐克	14
希臘	21	匈牙利	21	芬蘭	14
西班牙	59	馬爾他	6	瑞典	21

資料來源：https://www.europarl.europa.eu/meps/en/search/table。

議會議員的任期五年，連選得連任。但是選舉制度、方法會因國家而有不同。最近一次選舉在2019年5月舉行，其議會席次分配依照各國人口而定，不過最少也有六席。然而在英國脫歐後，議會議席則從751席減為705席。

(二) 歐洲議會的功能

歐洲議會的功能原本僅是諮詢或充作論壇的地方，然而在1987年「歐洲單一法案」與1993年「馬斯垂克條約」生效後，歐洲議會的權責始有明顯的擴大，大致包含下列五項（吳東野，1994：40-1）：

1. 與理事會共同決定歐盟的年度預算。

2. 執委會主席及各委員之任命，必須獲得歐洲議會相對多數議員之同意。此外，經由三分之二以上歐洲議員所通過之不信任案，即可要求執委會解散並重新經過任命程序。

3. 部長理事會在決定政策之前，歐洲議會得參與協商執委會草擬之工作方針與各項相關規定。歐盟若成立新的機構，其任務之確立或與第三國或國際組織締結之條約等，皆須獲議會之同意。

4. 議會對歐盟的政策具有監督權，它可向歐洲法院提請訴訟；或於歐盟其他機

構侵犯到議會的職權時，得組成調查委員會進行調查。

5. 歐洲議會有權對部長理事會與執委會提出口頭或書面質詢。

(三) 決策方式

　　1986年的「歐洲單一法」賦予歐洲議會擁有立法的「合作程序」（Cooperation Procedure），1992年的「歐洲聯盟條約」又再賦予「共同決策程序」（Codecision Procedure）。其運作程序是部長理事會接到執行委員會送交的立法草案，如果有下列立法項目便須採用「共同決策程序」，這些項目包括，單一市場、勞工自由遷居、建制權、環境事務、研究與技術發展計畫以及若干新增加的權力、消費者保護、泛歐網路導引，以及公共健康、文化、教育、在職訓練與青年合作的獎勵（Duff et al., 1994: 208-212）。

　　部長理事會依照「共同決策程序」將上述立法草案送請議會表示意見，若歐洲議會提出修正案並且成立，便交給部長理事會作成「共同立場」（Common Position）；倘不為歐洲議會所接受，則部長理事會就須召集成員與同額的歐洲議會議員組成「協調委員會」（Conciliation Committee），並邀請執委會委員代表參加協調，最後的立法草案須獲得歐洲議會議員絕對多數同意才算通過。換言之，在未取得妥協共識之前，部長理事會決策不能成為法律。由此可見，歐洲議會的權力正逐漸擴大之中（郭秋慶，1997：29-41；朱景鵬，1997：4-28）。

(四) 政黨運作

　　歐盟內部亦設有黨團組織。歐盟各會員國政黨為贏得選舉進入歐洲議會，彼此之間就會建立跨國政黨聯盟（Party Alliance）。依照歐洲議會議事規則的規定，每位議員依自己的政治信仰與傾向組成黨團。一個黨團的成立，其成員若屬同一國籍，至少需要23名；若由兩國議員組成，則只需有18名；至於是由三國或三國以上議員所組成的聯盟則僅需12名。一位議員不得同時參加兩個聯盟。歐盟現有的政黨聯盟情形及獲得席次見表9-3。

　　雖然如此，政黨聯盟因受限於下列因素而未能順利朝向歐洲政黨體系發展：1.時常發生政黨聯盟內的政黨分別參加不同的黨團；2.政黨聯盟因尚未建立制度化的運作，以致在歐洲議會內黨團團結度不高；3.政黨聯盟常因政黨彼

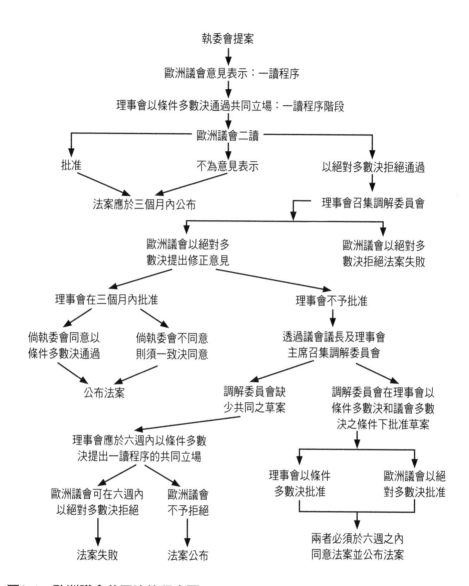

圖9-1　歐洲議會共同決策程序圖

資料來源：轉引自朱景鵬（1997：19）。

表9-3　歐洲議會2019年10月各黨派及其席次表

政黨聯盟	席次
歐洲人民黨（EPP）	182
社會民主進步同盟（S＆D）	154
歐洲保守改革團體（ECR）	62
復興歐洲（Renew Europe）	108
歐洲統一左派暨北方綠色左派（GUE-NGL）	41
綠黨暨歐洲自由聯盟（Greens-EFA）	74
認同與民主（ID）	73
不結盟者（NI）	57
合計	751

資料來源：https://www.europarl.europa.eu/election-results-2019/en。

此的意識形態不同，因而時有爭議情形發生（郭秋慶，1997：33-34）。因此，為使歐洲議會選舉能夠反應歐洲利益，如何使歐洲政黨體系的建立及制度化是件刻不容緩的工作。

二、執行委員會（The Commission）

執行委員會是一個常設機關，下設秘書處，負責執行歐盟政策。其秘書長人選是由理事會以全體一致決的方式任命之。

(一) 組　成

執行委員必須是各會員國的國民，並具有一般能力（General Competence）。各會員國有一委員代表，任期為五年。

(二) 委員會主席的提名及任命方式

委員會主席由理事會任命，但須經歐洲議會通過。此外設有副主席一至二名。現任委員會主席為前盧森堡首相榮克（Jean-Claude Juncker），於2014年

11月就任。

(三) 委員會的組織

執行委員會的總部設在布魯塞爾，其他的部門辦公室設在盧森堡。執行委員會設有23個總署（Directorates, DGS），分別為1.對外關係；2.經濟行政事務；3.內部市場與產業事務；4.競爭；5.就業企業關係與社會事務；6.農業；7.運輸；8.發展；9.人事行政；10.資訊交流及文化；11.環境核子安全與市民服務；12.科學研究與發展；13.電訊工業與改良；14.漁業；15.財政機構與公司法；16.區域政策；17.能源；18.信用與投資；19.預算；20.財政控制；21.關稅聯盟與間接稅；22.組織政策協調；23.企業政策、經濟行銷、觀光與合作。此外，執行委員會另設有10個特別行政單位，分別為1.總秘書處；2.法律服務室；3.統計室；4.發言人處；5.消費者政策事務處；6.人口資源及教育、訓練、青年處；7.翻譯處；8.傳譯暨會議處；9.原子能供應代理；10.安全局。

(四) 職　權

執行委員會的職權大致可分下列四項：

1. **提案權**：執行委員會提案的事項範圍甚廣，它是歐盟中唯一具有立法提案權的行政機關。其有權向部長理事會提出相關政策、立法及完成內部單一市場之提案；執行委員會若不提案，部長理事會將無法進行決議，充其量僅能就其認為有益於共同目標達成之事項，要求執行委員會提出建議案。
2. **監督權**：執行委員會除了監督意見提供，追訴以外，尚有對於未依條約履行的會員國課以罰金。
3. **行政權**：執行委員會與部長理事會有權訂定「規章」（Regulation）、「指令」（Direwctive），作成「決定」（Decision）及提出「建議」（Recommendation）和「意見」（Opinion），並執行部長理事會所通過之決議。
4. **對外談判交涉權**：執行委員會第一總署（對外關係）是負責歐盟對外締約談判的機構。

三、部長理事會（The Council of Ministers）

部長理事會是歐盟的決策機構，擁有實際立法權，每年舉行三次會議。部長理事會與歐洲理事會（European Council）經常並提，然而兩者有顯著不同。前者是由各國的內閣部長所組成，擁有最終通過法律權；後者是由各會員國家元首或政府首長所組成，統籌帷幄歐盟的重大政策，一般所謂歐洲高峰會議（European Summit）就是指歐洲理事會。

(一) 理事會組成

理事會產生方式是由各會員國各派一名部長級的官員所組成，成員並不固定。部長理事會的會議主席是由輪值主席國之相關部長召開。輪值出席國的產生是依照會員國字母順序輪流擔任，自1996年起其順序為義大利、愛爾蘭、荷蘭、盧森堡、英國、奧地利、德國、芬蘭、葡萄牙、法國、瑞典、比利時、西班牙、丹麥、希，任期為六個月。但是在2007年之後，改為三個議長國的合作之三重組合，其順序為德國、葡萄牙、斯洛維尼亞、法國、捷克、瑞典、西班牙、比利時、匈牙利、波蘭、丹麥、賽普勒斯、愛爾蘭、立陶宛、希臘、義大利、拉脫維亞、盧森堡、荷蘭、斯洛伐克、馬爾他、愛沙尼亞、保加利亞、奧地利（2018.07-2018.12）。

(二) 職　權

部長理事會的職權大致可分為二大項：1.保證達成條約所列目標及各會員國一般經濟政策協調；2.部長理事會擁有決策權，對於經濟共同體的兩次立法擁有最後的決定權。

部長理事會議的職權近幾年有逐漸減弱現象，其原因有二：

1. 依據歐洲聯盟條約第1896條增加可「共同決策程序」的規定，在此程序下歐洲議會與理事會是擁有相當決議權的機構。換言之，部長理事會的決議權角色必須和歐洲議會分享。

2. 歐洲聯盟條約也提供了相關機構協助理事會的職權運作。例如，貨幣委員會（Monetary Committee）協助部長理事會處理經濟和貨幣之立法準備工作。

(三) 會議決策方式

　　部長理事會的決策方式有三種：1.簡單多數決；2.條件多數決；3.全體一致決。目前部長理事會議多採全體一致決，尤其是涉及下列議題：1.各國之法律協調；2.關於歐洲社會基本的事項；3.條約未規定而有行動必要；4.法官及執委會委員人數之修改；5.任命執委會與申請加入國及要求建立準會員國之各方進行談判等較敏感性事務。

第四節　歐洲法院之組織及職權

一、沿　革

　　歐洲法院（The Court of Justice）的成立係在1957年羅馬條約簽訂時，會員國附帶簽訂「歐洲共同體特定共同機構協定」，而將歐洲煤鋼共同體（ECSC）、歐洲經濟共同體（EEC）以及歐洲原子能共同體（EAEC）三個共同體之三個法院合併為一。

二、任　務

　　歐洲法院主要任務是在保障歐洲共同體條約之有效解釋及適用。其所監督之事項，包括共同體的經濟、原子能、煤鋼等事項，並處理訴訟案件。

三、組織成員及職責

　　歐洲法院組織包括五種：法官、輔佐法官、書記長、法律秘書和語言部門。分述如下（王泰銓，1997：229-248）：

(一) 法官（Justice）

　　共有28位，每個會員國各提名一人。由各會員國政府從法律專家中挑選，

並以一致同意方式任命,任期六年。其職權的行使,必須「毫無疑問」地保持
獨立。

(二) 輔佐法官（Advocate-General）

其主要職責是支援法官完成審判,但是僅能提供意見給法官參考,並不參
與審判。輔佐法官共有11人,任期六年,無任何國籍之限制。大抵上,其任
命、資格要求和解職情形均與法官相同。

(三) 書記長（Registrar）

法院另設有書記官處（Registry）,由書記長全權處理一切。書記長經由
全體法官及輔佐法官同意後任命。任期六年,連選得連任。其主要工作有二大
項:1.處理法院訴訟程序事項;2.法院內部行政事項。

(四) 法律秘書（Legal Secretary）

法院組織內,每一位法官和輔佐法官均有三位法律秘書作為助手。其通常
為法律學者,以幫助法官和輔佐法官審理案件為主要工作。

(五) 語言部門（Lecturer）

其主要職責為將法院判決及輔佐法官之意見翻譯成八國語言,並參與法庭
內之語言翻譯工作。

四、職　權

歐洲法院最主要職權是解決歐盟內法律爭端。其主體包括會員國之間、會
員國人民與非員國之間及聯盟內之機構為對象。

五、歐洲人權法院

在一般歐洲法院之外,另有根據歐洲人權條約而設置的歐洲人權法院,主
要是針對各國人權議題加以審理。雖然與歐洲法院並無直接關係,但也需考慮

到兩邊法院的一致性。其構成是由加盟國各選出一名法官,其加盟國範圍比歐盟更廣,總共有46位法官。[5]

第五節 歐洲經濟暨貨幣聯盟

一、起源與發展

歐洲區域聯盟的起源可追溯到1957年由法、德、荷蘭、比利時、盧森堡及義大利等國家共同簽訂羅馬條約,依此條約設立了歐洲經濟共同體及歐洲原子能共同體,從會員就開始考慮共同規範各國的外匯政策;1970年由盧森堡前總理魏納(Pierre Werner)主張創立一個貨幣及經濟聯盟,但一直未能付諸執行,直到1989年的道樂計畫中正式定名為歐洲經濟暨貨幣聯盟,並進一步設立歐洲中央銀行來發行單一貨幣。

初步將設立貨幣聯盟的過程分成了三個階段(陳怡平,1997:40-45):

(一) 第一階段(1990.07.01-1993.12.31)

1. 1992年2月歐體12國簽訂馬斯垂克條約;此條約是在增補1957年簽訂的羅馬條約,並提出加入歐洲經濟暨貨幣聯盟的國家必須符合的條件,以及規劃歐洲央行和歐洲貨幣機構的細節。
2. 1993年1月1日起單一市場計畫正式登場,各國的貨物、勞務以及資本均可以自由進出,歐洲共同市場正式更名為歐盟(European Union, EU)。

(二) 第二階段(1994.01.01-1998.12.31)

1. 1994年成立歐洲貨幣機構,並選出第一屆主席。此機構的職責是為了籌設歐洲央行,一旦1998年歐洲央行成立,此歐洲貨幣機構將自動消失。

---

[5] "Composition of the Court." *European Court of Human Rights cour européenne des droits de l'homme*, https://www.echr.coe.int/Pages/home.aspx?p=court/judges&c=#n1368718271710_pointer.

2. 1995年5月歐盟理事公布綠皮書，其中為了順利過渡到第三階段，特別提出歐洲單一貨幣制度實施的預定目標。

3. 1995年12月各國政府舉行高峰會議，確定了單一貨幣的名稱為歐元（Euro）。

4. 1996年12月歐盟各國領袖通過支持歐元的穩定方案，並要求歐盟的成員應該注意預算數額，以免造成組織瓦解。

(三) 第三階段（1999.01.01起）

自1999年1月1日開始實施，建立歐洲中央銀行體制的運作，並實施單一貨幣——歐元。

二、貨幣政策

(一) 歐洲中央銀行體系架構

在貨幣上，主要的改變為歐洲中央銀行體系（European System of Central Bank, ESCB）的設立。此體系是由歐洲中央銀行和各會員國的中央銀行所組成，且由歐洲中央銀行的決策機構所管理，是歐盟內部發行貨幣的唯一機構。只有各會員國的央行，才可成為歐洲中央銀行的股東，而且它的資本股份可反映出該國在歐盟內所占的總人口比例和所占的國內生產毛額比例的大小。而整個歐洲中央銀行體系的領導階層為歐洲中央銀行理事會和執委會，理事會是由執委會成員和各會員國的中央銀行總裁共同組成來頒布命令，作成決議，提出建議與意見；同時理事會也確定歐盟的貨幣政策，針對涉及貨幣政策的指導利率與資金提供的執行等頒布必要的準則；而執委會則根據理事會的準則及決議來執行貨幣政策（周月卿，1992）。

(二) 歐洲中央銀行的目標

歐洲中央銀行體系是以穩定物價為首要目標。在此目標下，依照自由競爭的開放市場經濟原則，提升資源配置的效力，此乃是經濟及貨幣政策以及各機構應依循的方針。歐洲中央銀行體系也被要求在不損害物價穩定的目標下，配合歐盟一般的經濟政策，見表9-4。

表9-4 歐洲中央銀行之特質

目標	此制度的主要目標是在維持物價穩定，在不損此目標之下此制度應該支持歐盟的一般經濟政策，並配合自由競爭的市場。
獨立性	歐洲中央銀行會員國的中央及其任何決策機構的成員，皆不應該尋求任何歐盟機構、任何會員國的政府或其他機構的指示；而歐盟機構及各會員國的政府，也應該遵守此原則力不要企圖去影響歐洲中央銀行及會員國央行決策機構成員的工作。
理事會	總裁、副總裁以及其他市民成員。
委員會	理事會成員加上15國會員國央行的首長。
任職年限	八年，不可連任。
任職程序	歐洲高峰會派任，應該諮詢管理委員會及歐洲議會。
表決	每位成員一票，票數相同時總裁有打破僵局的決定性一票，其加權投票適用於資本、外國資產的移轉以及所得分配等議題。
信用工具	歐洲中央銀行有權力： 1. 以現金買賣或在買回協議請求權及市場工具下於金融市場上進行操作，不管以歐盟或外國的貨幣及貴重金屬進行運作皆可。 2. 與信用機構及其他市場參與者進行信用操作。 3. 由歐洲中央銀行本身或會員國的央行為公開市場之操作，及信用建立總體原則包括條件的公告，在其之下歐洲中央六銀行可進行交易。 4. 要求信用機構在歐洲中央銀行及各會員國央行內的帳戶中應放有最少的準備金，有關所要求的最少準備的計算及決定由管理委員會來作決定。 5. 對於違規者徵收罰鍰，並對可比較的衝擊加以制裁。 6. 配合馬斯垂克條約第109條的規定來規範外匯的操作，委員會對貨幣控制未作特定的方法具有決定權。 7. 歐洲中央銀行和各會員國的央行，不應該同意對歐盟機構各政府或其他會員國的公共單位透支行為，或其他形式的信用進行通融貸款，或直接購買上述單位的債務信用進行通融貸款，或直接購買上述單位的債務信用工具。

資料來源：周月卿（1993：350）。

(三) 歐洲中央銀行體系的基本任務

其基本任務係訂立並執行歐盟的貨幣政策，規範外匯的操作，持有並管理各會員國的官方外匯準備金，以及促進支付制度的順利運作。另一方面，歐洲

中央銀行體系在持有並管理官方外匯準備方面，應該盡量不損害各會員國政府對其國內外匯收支平衡的持有和管理；歐洲中央銀行體系並得透過歐洲中央銀行的運作，發揮其諮詢功能和蒐集並整理各會員國統計資料的功用，並進行國際合作。歐洲中央銀行體系應該促成有關當局對信用機構的審慎監督和金融體系穩定方面的政策平順運作，並由部長理事會授權給歐洲中央銀行來進行。

(四) 歐洲中央銀行體系的組織

　　歐洲中央銀行體系運作的一般原則，是由歐洲中央銀行的決策單位管理委員會及執行理事會來管理整個體系，歐洲中央銀行體系組織的設計主要特性，在於其獨立性。歐洲中央銀行、本國央行以及其任何決策機構的成員，皆不應該尋求各歐盟機構、任何本國政府或其他機構的指示，而歐盟機構及各本國政府也應該遵守此原則，不要試圖去影響歐洲中央銀行以及本國央行決策機構成員的工作。

　　歐洲中央銀行中的決策機構為執行理事會以及管理委員會，係由六名執行理事會的成員加上歐元各國央行首長而組成管理委員會。在某些金融上的規定，需要採加權投票的方式來進行，但理事會及委員會的其他決定可採簡單多數決來表決，在票數相同時主席有決定性的一票。

　　管理委員會的職責為訂出指導方針並作出決定，以確保歐洲中央銀行體系的任務被履行。管理委員會應制定歐盟的貨幣政策，其中包括有關在歐洲中央銀行體系下的中期貨幣目標、主要的利率和準備金的供給等決定，並應該為它的實施建立必要的指導方針。

　　歐洲中央銀行應盡可能授權給各會員國的中央銀行，以便執行各項貨幣政策的實施及操作；在歐洲中央銀行體系下進行任務的交派，歐洲中央銀行可對其訂定規則、決定並提出建議或表達意見。

　　雖然歐洲中央銀行的權限很大，但仍是有所限制的。在馬斯垂克條約第109條中，即將匯率政策的責任劃分，分給部長理事會及歐洲中央銀行。此條款所規定的主要有兩個部分：第一，部長理事會可以一致決為歐洲通貨單位（ECU）與非歐盟貨幣間的匯率制度締結條款，它必須諮詢歐洲中央銀行，以努力求得與穩定物價目標一致化的結果，但其協定對歐洲中央銀行具有約束力，即使干擾物價穩定的目標，歐洲中央銀行也必須執行；第二，部長理事會

可以和非歐盟國家貨幣間的匯率政策採取「整體定位」，但不得違反物價穩定的目標。在部長理事會採取上述任何一個步驟之前，歐洲中央銀行顯然都可以自由地決定是否干預外匯市場，然而一旦部長理事會有所行動，歐洲中央銀行的自治權將受到限制。這不只是在匯率的管理方面，貨幣政策的規範上也是如此，因為對外匯市場的干預將影響貨幣的供給，自然也連帶影響貨幣政策。

(五) 歐洲中央銀行體系的貨幣功能及操作

　　歐洲中央銀行及各會員國的中央銀行可用歐盟內的貨幣或其他國家的外幣作買賣，即期外匯、遠期外匯或是在買回協議下及藉由借貸款的請求權和市場工具，在金融市場上進行操作。除此之外，應規範與銀行和其他機構間的信用操作，其放款須以適當的擔保品為基礎；而歐洲中央銀行或會員國的央行應為公開市場操作以及信用的操作來建立一般性原則，使歐洲中央銀行在此之下進行交易，歐洲中央銀行應要求各會員國的銀行在歐洲中央銀行或各會員國中央銀行內的帳戶中置有最少的準備金，且可以對不遵從的會員國處以懲罰性罰鍰，至於應放置多少準備金則交由管理委員會來決定。

　　在公共實體的關係方面，歐洲中央銀行以及各會員國的中央銀行不應同意對歐盟機構、各政府或其他會員國的公共單位透支行為，或是任何其他形式的信用進行融通貸款，或直接購買上述單位的債券。茲將上述用表加以簡述。

第六節　加入歐盟的條件

　　根據馬斯垂克條約的規定，歐洲經濟暨貨幣聯盟最遲在1999年1月1日成立，屆時會員國的貨幣相對於單一貨幣——歐元將採取固定匯率，各種金融資產將以歐元為計價單位發行，且在2002年3月1日至6月1日，歐元紙鈔及硬幣將完全取代各個國家原有的貨幣。至於歐盟國家若想要加入歐洲經濟暨貨幣聯盟，必須最晚在1997年要達到「一致性標準」才可允許加入（陳怡平，1997；周月卿，1993）。

一、一致性標準

(一) 物價穩定標準

是指會員國的消費者物價成長率，不得超過歐盟三個最低國家的平均值再加上1.5個百分點。

(二) 財政健全標準

是指會員國的預算赤字占國內生產毛額的比重不得超過3%，而且政府的負債餘額占國內生產毛額的比重不得超過60%。

(三) 長期利率標準

是指會員國的長期利率，不得超過消費者物價上漲率最低的三個會員國的長期利率平均值再加上2個百分點。

(四) 匯率穩定標準

是指會員國的匯率波動應該維持在歐洲匯率機制的中心匯率上下2.25%以內至少達兩年。

二、加入單一市場發行歐元的評估

現在確定以歐元為國家貨幣的有法國、德國、荷蘭、芬蘭、比利時、盧森堡、義大利、希臘、西班牙、葡萄牙、愛爾蘭、斯洛伐克、斯洛維尼亞、克羅埃西亞、奧地利、賽普勒斯、愛沙尼亞、拉托維亞、立陶宛、馬爾他等20個國家。[6]

---

6 "Countries Using the Euro." *European Union*, https://european-union.europa.eu/institutions-law-budget/euro/countries-using-euro_en.

三、歐洲的債務危機

2008年金融海嘯爆發後，一些歐洲國家也受到嚴重的影響，特別是希臘的債務問題更是明顯，最後只好接受歐洲央行、歐盟執委會和國際貨幣基金組織（IMF）的紓困金援，但相對地希臘必須改革財政並採取樽節政策，只是如此卻苦了希臘人民而引起反彈。不過就在2022年，希臘終於結束了來自歐盟的十二年財政監督，只是真要償還所有貸款，預計也是2070年的事了。[7]

其實除了希臘外，葡萄牙、西班牙、愛爾蘭、義大利等合稱PIIGS國家的財政亦是存在嚴重的問題。

第七節　歐洲貨幣整合問題

一般而言，歐洲單一貨幣的形成，有助於降低歐盟地區內的交易成本、消除匯率風險、增強企業間的競爭，以及促進歐洲金融市場的整合。此外，近年來歐盟國家為了達到一致的標準，在穩定物價與健全財政等方面所作的努力，也使得長期利率水準顯著下降，這些措施可望提升歐盟經濟成長潛力。

但是，近年來法德等歐盟核心國家景氣復甦緩慢，導致緊縮財政的工作倍感艱辛，不易達成馬斯垂克條約中所規定的財政健全標準；除此之外，法、德兩國對於解釋「一致性標準」的嚴寬不同，以及對歐洲中央銀行的角色定位與歐元幣值強弱所存在的歧見等，再加上歐洲聯盟要實現經濟暨貨幣聯盟必須要滿足：一、會員國必須符合馬斯垂克條約所規定的整合標準；二、進入經濟暨貨幣聯盟第三階段的國家，必須要有發行單一貨幣的政治意願等因素，都增加經濟暨貨幣聯盟能否如期在1999年順利成立的不確定性。

目前歐洲貨幣整合遇到了一些問題，綜合說明如下（周幼明，1995：34-45）：

---

[7] 張雅涵（2022）。〈希臘迎接新未來 結束12年歐盟財政監督〉。《中央廣播電臺》，8月20日，https://www.rti.org.tw/news/view/id/2142144。

(一) 如果嚴格地審查歐洲聯盟國家發行歐元的「一致性標準」，則發現很多國家很難完全符合其標準，所以對其標準的審核應予以放寬，從寬解釋馬斯垂克條約的「一致性標準」。近年來歐盟國家積極致力於削減赤字，使得他們的財政狀況有顯著改善的趨勢，而且由於歐元匯率變動應該和消費者物價上漲率的關係密切。因此，在歐盟國家普遍達成前兩項的標準下，可採取較彈性的作法。

(二) 德國及法國對解釋「一致性標準」的嚴寬、歐元幣值強弱以及歐洲央行角色的定位方面仍存有相當的歧見。法國要求從寬解釋「一致性標準」，讓更多國家加入發行單一貨幣，避免某些國家被排除在外，而導致他國的貨幣貶值，進而影響法國本身的出口競爭力；但是德國卻認為應該嚴格執行馬斯垂克條約，避免某些國家財政狀況不佳，因而會導致歐元幣值弱勢。另外，法國強調會員國對歐洲央行應該有制衡的力量，以免貨幣政策過於著重穩定而忽略成長的重要性；但是，德國卻希望歐洲央行具有絕對的獨立性。

(三) 根據1997年6月所公布的民意調查，反應出一般民眾並未像政治人物熱中於貨幣整合，一部分是受到歐洲近年來景氣不理想，再加上德國的人民基於民族情感，不願意被歐元所取代也是關鍵因素。德國希望法國能放棄其政治主權來交換德國的放棄貨幣主權。

第八節　歐元的發行

　　歐盟已於1999年1月1日發行單一貨幣歐元，歐元的誕生已對冷戰後的世界經濟和政治都產生重大的影響。首當其衝的就是美國，畢竟美國是當今世界上第一經濟強國。但根據2017年第三季的資料顯示，外匯儲備中仍有63.5%是美元，20%是歐元，日幣與英鎊各占4.5%，另外人民幣則占1.1%。尤其美元與歐元所占比例，與歐元發行初期沒有巨大變化。

一、對歐洲本身的影響

　　歐洲單一貨幣歐元的實施，政治意味比經濟意涵更為重大，但是歐洲聯盟的人民並不十分關心，因為他們本身正面臨居高不下的失業問題，而歐元的發行，無法明顯地看出能夠創造新的就業機會。因此，不論歐洲經濟成就有多大，普遍並不被認為能促進經濟繁榮。

　　歐元推動的時期正值歐洲經濟不景氣，失業率高的時期，再加上為了符合加入歐洲貨幣聯盟必須實施緊縮政策，因而歐元的前景並不被看好。此外，穩定暨成長公約紀律對各國的影響超過單一貨幣的實施，加上勞力市場是否進行結構性的改革，各國因此爭論不休。這些均顯示當時歐洲的人民對歐元新時代的來臨，並未充滿信心。所以歐元的成敗端賴於相關國家能否創造就業機會與經濟成長。

　　就短期而言，從1999年到2002年的三年緩衝期間，企業必須同時採用兩種貨幣，如此會造成沉重的成本負擔。歐元的改制，也有可能會造成貨幣流通以及交易的混亂，因而延長轉換的期限。就中長期而言，單一貨幣實施後，歐元刺激各國的價格競爭，價格趨於透明化，各會員國的商品價格趨於一致，使得產業之間的利潤將受到影響，同業之間的競爭將愈來愈激烈，而且廠商獲利減少。為了迎戰激烈的市場競爭，企業併購、相互投資以及進行策略聯盟的現象將一一呈現。

　　儘管歐洲貨幣的統合必須付出相當的成本和風險，但是它也將帶來相當大的經濟利益，這也是為什麼各國的領袖極力爭取發行單一貨幣。簡言之，這些經濟利益包括（朱景鵬，1994：21-45）：

(一) 促進單一市場各國的經濟貿易活動，進而增加整個歐洲對世界的影響力。單一市場內的各國貨物勞務活動可以自由地進出國界，貿易壁壘的消除再加上使用單一貨幣，使得各國間的貿易往來更加透明化。單一市場內的消費者可以自由的比價，有助於歐盟各國的企業提升其經濟以及經營效率。歐元在美元及日幣之後成為另一強勢的貨幣，那麼歐盟在國際間的相對地位不容忽視，它對世界的影響力也因而增加。

(二) 歐洲央行的強勢債信有助降低利率促進投資。雖然目前各國的央行都致力於穩定該國物價和控制通貨膨脹的問題。從較高的利率，可看出市場對各

國的努力並不完全信服。歐洲央行設立之後，預期對各國的通貨膨脹等問題較具規範力，而且它的控制成本將較低，反映在國際金融市場上就為較低的利率水準。

(三) 單一市場的消費者不必兌換外匯，可免除外匯兌換的手續費。單一貨幣的實施表示到單一市場的國家旅行，消費者不必再兌換當地的貨幣，可以節省兌換手續費；對企業而言，則表示單一市場國家之間沒有匯兌風險的存在，所以不再需要任何避險的交易。

(四) 為未來的歐盟各國政治合作鋪路。目前歐盟各國著重在經濟等實質面的合作，如果未來單一市場運作順利，將有助於各國政治層面的合作。歐洲聯盟國家選擇歐洲匯率機制（ERM）的中心匯率，作為12國的貨幣兌換的標準，歐洲匯率機制是為了促進匯率穩定，以便利歐元誕生。總體而言，歐元對內的匯率都是固定的（包括每個會員國對歐元的兌換匯率），歐元可以消除會員國之間經貿投資的風險，但是歐元對外的匯率是浮動的，因為歐元體制的貨幣會在國際匯市上自由地交易。

前已提及，歐洲單一貨幣實施的時間分成三個階段，1998年為第一階段，除了確認歐元創始國之外，並成立歐洲中央銀行，決定採用歐元國家的現行貨幣兌換歐元的匯率；第二階段，自1999年1月起為期三年，以非現金的形式來引進歐元，並且在三年之內完成清算、支持制度運作等任務；第三階段，自2002年1月展開，歐元正式流通。

二、美國與歐元

現今全球景氣正低靡，而亞洲、日本的經濟也很低迷，很有可能會動搖歐洲的貨幣整合。歐元的穩定仍有賴於美、日經濟的活絡。雖然目前實施貨幣整合最大的動力是削減歐洲各國的財政赤字，但是美國的景氣擴張，資金大量流入歐洲市場，投資歐洲市場內的民營化企業，並且持續不斷的吸收來自歐洲的出口商品，因此歐元能否建立它的地位，美國經濟的動向會是重要的關鍵。若是美國經濟衰退，其衝擊將透過金融市場貿易，對歐洲造成衝擊。

歐元的登場，對美國而言，意味著競爭貨幣的突然出現，而龐大的貿易赤字可能會影響美元目前獨大的情勢，再加上歐洲各國央行以匯率存底會大幅縮

小，因此會有大規模的美元外匯存底釋出，造成美元走弱，此舉也將影響央行以及各國銀行美元外匯存底的比率。

三、對亞洲的影響

　　初期許多歐洲的投資人為了分散風險，可能會把部分的資金投入亞洲的股市和債市，反而使得亞洲的貨幣較富吸引力；在貿易方面，歐洲與亞洲的貿易比重向來低於歐洲和美洲之間的貿易量，歐元登場後，歐洲各國區域內的貿易量將大幅成長，這樣使亞洲各國對歐洲出口的困難度增加。特別是如果歐元在初期時保持弱勢，歐洲對亞洲的出口競爭力將大幅提高，不過，亞洲各國經過金融風暴的衝擊後幣值大貶，東南亞各國貨幣紛紛與美元脫節，或許因而減低了歐元的衝擊。

　　景氣持續低迷的日本，比起美國過熱的經濟，更令人擔憂。日本經濟若進一步下滑，將導致亞洲經濟危機再度興起，進而使美國經濟動搖，因而波及亞洲。歐元可能促使日圓地位的降低，亞洲國家因為貨幣危機而動用外匯存底，各國的日圓資產也在此情況下減少了，因為日圓貶值，再加上日本公債值利率創下新低，使得以日圓作為外匯存底的可行性降低，若日本要防止此情況的發生，除了金融大幅改革及充實日圓的短期債券市場之外，還要靠日本本身的努力。

　　對台灣企業而言，在初期，企業可採雙軌外幣的方式來避險，歐洲單一貨幣整合成功，有助於提升歐洲企業效率與競爭力，強化吸收亞洲商品的能力，未來我國出口至歐洲的比重也可能增加。配合歐元的實施，歐盟國家將採取緊縮的貨幣政策及財政政策，此將有利於歐盟區域內利率的降低。雖然歐盟區域內利率的調低，有利於國內企業前往投資，但應該注意的是債權與債務的變化以及新舊制的貨幣換軌時，對企業結構及負擔將造成影響。廠商可利用單一貨幣較容易造成企業併購，相互投資及進行策略聯盟的時機，提前進入歐盟勞力較充沛的地區，透過國際產業分工合作，發揮生產上的優勢。此外，可透過生產據點的建立以及原產地認證的取得，就近進入歐盟市場。

四、建立單一貨幣歐元存在的問題

所存在的問題大約有下列三項：

(一) 多數國家是否願意將本國經濟政策交給一個定位與責任都相當模糊的機構（在政治上沒有定位而且不必也無須負責的機構），若是否定的話，是否表示在財經統合之後就得進行政治統合？

(二) 各國的經濟發展很不平衡，富有國家是否能夠忍受貧窮國家的拖累？尤其在希臘於2010年爆發債務危機後，包含葡萄牙、愛爾蘭、義大利、西班牙各國也面臨著嚴重的債務問題。

(三) 歐盟現有正式成員國27個，實行單一貨幣的則有20個，體制內與體制外的國家如何在經濟上作調整，是否會走向分裂呢？此外，由誰擔任央行總裁與其任期，過去四個月來，法、德領袖頻繁接觸，最後妥協決定由杜森柏格及特里薛來共享首任總裁的任期。杜森柏格雖為首任歐洲央行總裁，但他將在2002年前退休，並且由現任法國央行總裁特里薛接任。在法國總統席哈克的堅持下，特里薛可作滿八年的任期。此決議遭受到金融市場及英國媒體譏諷，因為在歐洲經濟暨貨幣聯盟（EMU）的立法基礎中規定，歐洲央行總裁八年一任，任期不得分割。歐盟國家若是分割央行總裁的任期，或延後推舉人選都會破壞EMU的威信，以及破壞歐洲央行的政治獨立，並打擊投資人對歐元的信心，動搖金融市場對歐元體制的信心。

歐盟兩大國發生意識形態的衝突，法國主張政治力量應該高於歐洲央行，而德國則堅決主張歐洲央行一定要徹底獨立。在歐洲央行總裁一職之爭中，更突顯出法德的歷史情結。法國與德國之間的歷史恩怨由來已久，自1870年的普法戰爭以來，即存在不少的歷史情結，在第一和第二次世界大戰期間，法國曾經兩度被德國征服占領，法國始終無法根除對德國的歷史不信任感，唯恐德國將主宰歐洲。雖然二次大戰後，法國和分裂後的德國逐漸修好，雙方都主張歐洲統合，但是法國主張統合的動機是鑑於西德在50和60年代經濟迅速復興，為了壓制西德才主張歐洲統合。西德則是希望藉此脫離因納粹歷史而遭遇的孤立。

到了1980年後期，法、德之間重大政策性歧見開始浮現，當時法國總統密特朗強烈主張應該迅速創立歐洲單一聯盟，但是德國總理柯爾反應冷淡。直到

1989年，柏林圍牆倒塌，密特朗不願意見到兩德統一，從中阻撓，並以兩德統一為籌碼向柯爾施壓，強調其對兩德的統一具有否決權，迫使柯爾放棄以馬克作為歐洲單一貨幣的主張。由於當時的情勢所逼，柯爾只好屈服於法國所提出的條件之下，與法國為主要盟友。其實馬斯垂克條約只有一個真正的目的，那就是擺脫馬克獨大的局面，以免德國統一後的經濟影響力與日俱增。

　　綜合上述，可以看出歐盟國家為了達成貨幣統合大業，的確付出了許多代價，但是在歐洲貨幣的整合方面仍存在不少的問題。長久之計，歐盟國家更應該捐棄成見，加強宣傳單一貨幣的觀念，使大家都能夠接受，繼而在1999年正式發行歐洲單一貨幣歐元，順利於2002年完成貨幣的整合。

第九節　小　結

　　經歷了四十多年的挫折與努力，歐洲終於將在1999年邁出政經統合的一大步——成立歐洲單一貨幣。歐盟國家之所以如此努力的追求經濟與貨幣政策的單軌化，除了希望促進歐洲市場內部的經貿繁榮之外，更希望奠定歐洲各國團結合作的基礎，藉以消弭引發兩次世界大戰的種族歧視與意識形態分歧，希望藉由歐洲一統來確保歐陸不再發生戰亂。

　　隨著歐盟貨幣的統一，歐元已取代歐盟各國現有的貨幣，成為金融資產以及國際貿易的計價單位，同時世界各國的央行持有歐元當作外匯準備的意願也逐漸增強，所以歐元在國際貨幣體系的地位將凌駕於原來的德國馬克之上，甚至可能和美元相互抗衡。此外，歐洲經濟暨貨幣聯盟成立後，可能致力於物價穩定及財政健全，將有助於歐盟利率水準以及歐元匯價的穩定，進而促進全球貿易擴張及經濟成長。

第十章　結　論

　　政府的結構，從「政策過程」的觀點，正如Dror（1968）教授所言的：
一、要著重這個結構能夠吸納充實的知識和能力，而且這些知識與能力要「相
輔相成」，發揮成為力量，而不是相互抵制、限制、牽制；二、要能將每一個
職位與每一過程中所能發揮的知識與能力，要「權責相符」。權力、責任、民
意，要相配合。如此，「政策過程」才有力量，才能產生好的政策；三、並且
加上在國際上有競爭的能力（張世賢與陳恆鈞，1997：第九章）。

第一節　相輔相成

　　各國政府的組織結構，已進入二十一世紀的過程中，已看出其發展的軌
跡，不在內外部「相互牽制」「相互對抗」，以保障人民的自由權利，而在
「相輔相成」各自彰顯各職位、各機關的優點，彼此相互配合、合作。如此，
方能各顯神通，為民服務，消除民生疾苦。以本書所探討的各國為例：

一、英　國

　　英國的貴族院議員，並非由選舉產生。他們沒有民意基礎，卻有崇高職
位。在英國，並沒有人指責他們是天生的「某某賊」，而他們都以尊榮、高
貴、寬厚、忠誠得有其位，雖無實權。立法權已實際掌握在平民院。平民院議
員必須緊密與選區選民結合在一起。任期原則上為五年，但隨時可以改選，而
且改選於平民院解散後三週內完成。任何一位有心仕途者都只能靠平素勤於耕
耘選區，無法「臨時抱佛腳」，亦因他們隨時接受挑戰，而享有大權——國會
至上。平民院議員隨時處於緊張選舉壓力狀態，心態上便容易急功近利、心胸
狹小，因而要有貴族院議員的寬厚、穩健來陪襯他們，相輔相成。

二、法　國

　　法國人個人主義色彩很重，每個人幾乎都充滿了浪漫英雄主義。在第三和第四共和時代，與其說他們是採「內閣制」，不如說「山頭林立」制，在國會大家彼此相互傾軋，內閣如何能穩定？在第五共和時代，不得不將「山頭林立」與「多數決」相配合，其表現在選舉制度上，是採「兩輪制」，在第一輪的投票，放任各政黨展現其政黨實力，實現其山頭林立的英雄主義；等到第二輪的投票，則收了心，重點放在多數決，理性考慮哪個黨與哪個黨的結合，較可聯合成優勢，獲得多數選票而能當選。

三、美　國

　　美國是標準的多元「相輔相成」。政治的舞臺，人人有份，人人有機會，不會所有的機會和職位一面倒向某個人和政黨。某政黨若主掌聯邦，另一政黨可能則在地方爭勝。某一政黨獲有行政權，另一政黨則在立法權、或司法權獲得優勢。

　　某一政黨在參議院優勢，另一政黨則在眾議院主導。某一政黨在大選年告捷，但卻在期中選舉失利。美國政制的設計，政治機會多得很，而且不曾只有一次，並且不會一面倒，使這個國家的政治人物能夠和樂相處，不走極端。

　　我國的政治應該向美國這一點學習，不要「有」的時候，什麼機會、好處統統都有，卻無法勝任，以致造成「人無百日好」。而在「沒有」的時候，什麼都沒有，甚至遭受落井下石，斬草除根，而不是伸出援手。政治的動盪不安，因而滋生。

　　美國總統制之精髓，在現在的意義，並非「行政權」、「立法權」、「司法權」之相互「制衡」，而是需要三者的相輔相成、相配合，如果不能相互配合，大家便成不了事。

四、日　本

　　日本人是很懂得將中國的內心情分、西方的冷峻「法理」以及「成就取

向」的競爭，融合得恰如其分的國家，亦就是這三種成分「相輔相成」、「相得益彰」。他們的人事制度，以及國會的政治倫理，別的國家難以望其項背。

五、德　國

德國的聯邦制，把聯邦與各邦的關係設計得天衣無縫。「你（邦）辦事，我（聯邦）放心」，可以用在德國聯邦制。這也許就是德國統一比想像的還要來得快的原因。他們真正瞭解到聯邦與邦，相輔相成，不可過分倚重在聯邦或邦的真義。

六、俄　國

俄國1993年之後，將列寧式蘇維埃體制改成西方民主制度（接近法國制度），將國會分成兩院，一為聯邦院，另一為國家杜馬。聯邦院代表各聯邦主體，其職權內容有原先人民代表大會的痕跡，為國家最高權力機關。而國家杜馬代表聯邦整體，其職權內容有來自最高蘇維埃的痕跡，為國家最高立法機關。兩者相輔相成，並未將原人民代表大會實質廢棄，只留原有的最高蘇維埃為國會，可謂極有智慧。

在聯邦院的組成設計中，採用了類似美國參議院的設計，不論大小邦（在俄國，則為聯邦主體，一共有89個）均有兩名。這兩名不是由選民直接選舉產生，而是由各聯邦主體之行政機關、立法機關各派一名，形成各聯邦主體行政機關與立法機關之相互配合，而不是依選舉自然形成兩大黨各有代表，相互牽制之局。

第二節　權責相符

政府組織結構的設計，要能合理的運作，其內部各職位的安排，自然趨向「權責相符」。名、位、權、責，自然相配合，亦即名位、民意、權力、職務、責任相配合。不能配合必然會出問題，遲早要修正改進。如此政策過程的

結構才會嚴謹有力。茲列舉本書各國為例：

一、英　國

　　英王採世襲制，缺乏民意基礎，故屬虛位無實權。貴族院絕大部分成員是世襲貴族，在立法權方面，不如平民院甚多，只能對財政法案有一個月的擱置權，公法案有一年的擱置權。而平民院議員每五年要受定期改選的挑戰，以及隨時遭受到解散、重新改選的命運，隨時要符合民意，因而要落實「國會至上」。

二、法　國

　　法國總統，任期五年，公民直選，具有民意基礎，掌握國政決策大權。總理要對國民議會負責，由總統任命。總理雖為行政首長，不具有議員身分，缺乏民意基礎，掌執行國政之大權，不能與英國首相相提並論。參議員，任期六年；兩國民議會議員，任期五年。任期不同，為避免相互競爭民意基礎，參議員為間接選舉，代表省，每三年改選二分之一。而國民議會議員每五年得全部改選，並得隨時解散重新改選，以與全國選民民意直接銜接。因而國民議會權較參議院大，有對內閣提出並通過不信任案之權。

三、美　國

　　美國為「多元社會」，名位、民意、權責，各有其分際。總統為國家元首及行政首長，其產生方式，由「選舉總統選舉人團」間接選舉產生，而選舉人的產生方式，已因時推移，形成總統的選舉是變相的「直接選舉」，與民意直接關聯，總統成為全國多數民意的「發言人」，以與其權責相配合。而參議院代表各邦，其議員任期六年，為避免與眾議員任期兩年，相互爭論代表民意情形，參議員每兩年改選三分之一。其民意基礎與眾議院在所代表之時間可旗鼓相當。

四、日　本

日本總理大臣的產生與內閣制的英國、德國，有很大的不同。日本總理大臣係由「國會」之議決推定之，不是由「眾議院」推定之。參、眾兩議院皆有權推定總理大臣。兩議院所推定人選相同，則其人受天皇任命為總理大臣。如不相同，相互協調，協調不成，最後以「眾議院之決議為國會之決議」。因為，參議院議員亦有民意基礎，不同於英國之貴族院貴族、德國之參議院之議員。因此，日本內閣總理大臣的產生，不只由眾議院推定，亦由參議院推定。如兩院不一致時，方以「眾議院之推定為國會之推定」。而眾議院之權力所以大於參議院，因眾議院較有民意基礎，除任期為四年以外，並可隨時被解散，以探詢其是否符合民意基礎，而參議院議員任期六年，每三年改選半數，並無「隨時同被解散」之虞。內閣對眾議院負責，眾議院可對內閣行使信任或不信任之決議案。

五、德　國

德國總統為虛位，由聯邦大會選舉產生。聯邦大會由聯邦議會議員及各邦民意代表機關依比例代表制原則，選舉與聯邦議會議員同數之代表組成之。德國總統既為虛位，其產生方式著重在「程序」，而不是「民意基礎」。因此其任期為五年，以與聯邦議會議員任期四年錯開，不與選民意向相關聯。

六、俄　國

俄國民主政治仍在發展之中，總統由人民直接選舉產生，有民意為後盾，因此大權在握。不過，亦受到任期的限制，連任以一次為限，其權力、責任、民意是否相配合，權責相符，有待觀察。

第三節　提升國家競爭力

　　目前，世界各國都在倡導並追求提升國家競爭力，然而政府組織結構與提升國家競爭力到底存有何種關係？如果兩者間沒有關係，為何各國都在如火如荼進行政府機構改革或行政改革？欲提升國家競爭力需要採取下列步驟方能成事：精簡政府的組織結構與人員，減少政府業務，簡化行政作業流程，並加以透明化，引進企業精神和市場機制，利用電腦科技處理政府業務。本書所探討的六個國家政府組織結構對提升國家競爭力有何不同作用？

一、英　國

　　英國國政府組織的國家競爭力端賴：

(一) 民意、國會、內閣三個部門一以貫之。議員（平民院議員）要有民意基礎，方能當選議員，進入平民院為民服務；政黨要在平民院掌控過半數席次，才能組織內閣，內閣要貫徹政令，有國會議員與民意作後盾。如此，政策方能貫徹，政府才能夠成事。

(二) 內閣是一個強而有力的團隊，充分表現集體連帶責任制，各部會之間緊密結合，達成政策目標時彼此之間合作無間，成為強而有力的群聚（Cluster）；不是鬆散，不是孤立，不是相互抵制。因此，內閣能夠充分任事，表現高效率的一面。

(三) 內閣必須隨時反應國會，國會必須隨時反應民意，因此內閣是具有回應民意的政府（Responsive Government）。平民院的議員任期雖是五年，然而卻可能隨時被解散。因此，平民院的議員必須隨時注意民眾需求，並與選區的民意結合。

(四) 文官受到民選政務人員的控制，文官只能在理性、效率上講求，而政策是由民選的政務人員決定。決策功能在部會，而服務功能在文官，兩者各有分工，表現專業的能力。準此，決策精準，掌握時代方向；服務周到，符合民眾需求。

二、法　國

　　法國自二次世界大戰之後，為洗雪政府無能混亂之恥，決心朝強化行政權之路發展，除了賦予總統、內閣較大的權限，並對國會採取相當的抑制。如此，行政權才能「行」政，亦才能提升國家競爭力。其競爭力表現在下列三項：

(一) 雙首長制：總統與內閣總理均是行政首長，但有各自發揮的政治舞臺。總統屬「國家層級」，掌理國家地位、國防、外交等方面，對全國選民負責；而內閣總理掌理內政，對國民議會負責。雖有左右共治局面出現，但並非常態（第五共和至今只有三次），無礙國家競爭力的提升。左右共治局面，最後訴諸選舉方式解決。總統任期七年，2000年修改為五年，國民議會任期原則上五年，隨時可被解散，來反映民意導向，因而解決了不正常的「左右共治」局面。

(二) 法國的政府政令有憲法委員會、中央行政法院負責把關。在事前有憲法委員會審查其是否違憲，以及隨時有中央行政法院審查其是否與相關政令、行政管理、行政經驗相配合，可以減少政令朝令夕改或政策大轉彎之情形發生，維持穩健一貫紮實的政策。

(三) 法國雖然是多元分殊的社會，但在選舉制度上要求過半數，以凝聚共識，亦即「二輪制」。如在第一次投票未能過半數，必須舉行第二回合的投票，以凝聚多數意見，如法國總統、國民議會等的選舉皆然。如此不會使社會內部陷於紛紛擾擾的「內耗」中，對提升國家競爭力極有助益。

三、美　國

　　美國政府競爭力的表現在於權力的分散（三權分立），給予政治人物有無數的機會（機會平等主義），不曾因為機會絕少，而鋌而走險，走極端、走偏鋒。個人的能力猶如在萬花錦簇中崢嶸顯露，各自發揮。而在人們所獲得的職位中均有任期保障，可以任其好好的規劃，充分表現，不像內閣制的國家、內閣總理、議員等都擔心國會下議院隨時被解散之虞。既然是多元政體（Polyarchy），所以一切政事要耐心妥協，「相忍為國」，否則成為政治僵

局，這就是美國政府的強韌性。

四、日　本

日本政府是相當有競爭力的組織，它的表現在：

(一) 眾議院與參議院的相互配合

眾議院給予參議院相當的尊重，可是最後決定權仍在眾議院。例如，首相的選舉，在同為實施內閣制的英、德等國均由下議院決定，然而在日本則由兩院分別推舉，如為同一人，則該人自是首相；如不同，則兩院進行協調，協調不成，最後以眾議院之推舉為國會之推舉。又例如，法案、預算案之通過亦然，如眾議院意見與參議院意見不同，協調不成，法案則只要眾議院以三分之二之多數決通過，即成立。而預算案只要眾議院過半數堅持，則視同國會通過。這樣的制度設計，同時兼顧了民主與效能，是日本一項重大的競爭優勢。

(二) 日本的制度是崇尚務實的制度

例如，1998年日本參議院選舉，日本自民黨大敗，未能獲得參議院過半數的席次，首相橋本龍太郎立即辭職以示負責，不僅辭首相，亦辭去自民黨總裁身分。因此自民黨必須先改選總裁，再由新任總裁在國會競選首相一職。整個過程並沒有人戀棧，也沒有人說辭職是不負責任的說法，亦沒人說要戴罪立功。民主政治就是責任政治，當所負的責任作不好，則由他人接替，把它作好。如此，才有競爭力可言。

(三) 政治體制要建全，政府才有能力

政治體制要健全，就要從選舉制度健全作起。日本1994年的眾議院議員選舉的改革，以及1996年的首度實施，均印證此一說法。政治上是很現實的，要讓年輕人排排座在後面等年長議員的恩賜，已是天方夜譚。政治要公平競爭，優勝劣敗，政府才會有能力。如果駑劣者充斥要津，強優者在社會擾亂，社會不瓦解才怪。日本眾議院的選舉制度，引進「惜敗率」的觀點，在政黨比例代表名額中，順位的排列，允許同一順位可以不只提名一人，讓同一順位的候選

人，亦在單一選舉區內打拚，如在單一選舉區當選，則為已經當選。如未能在單一選舉區當選，則計算其惜敗率（與當選人得票率之比）。同一順位之候選人之惜敗率高者，優先在政黨比例代表選區中當選。在日本單一選舉區當選人與政黨比例代表選區當選人在政治上的分量不相等，所有優勢職位皆由選舉區當選人出任，政黨比例代表選區的當選人只能退到第二線。這種制度與中華民國並不相同。中華民國中央民意代表中，政黨比例選區的民意代表可以當議長、黨團書記長，並指揮區域選出的民意代表，這是極大的諷刺，怪不得愈來愈少政治人物要去衝鋒陷陣，只須求個「全國不分區」代表，既省力，又可圖個大位子，但是整個國家及政黨功能卻愈來愈弱。

五、德　國

西德政府能在第二次世界大戰戰敗的廢墟中站起來，並且又有能力在1990年統一了德國，可見其政府制度的競爭力。簡言之，德國競爭力的表現可由下列三項政治體制發展看出端倪：

(一) 回復內閣制

原來威瑪憲法的政府制度，總統權力較大，但促使了希特勒的獨裁政權發生。因此二次大戰後，改以虛位元首的內閣制。而內閣所採用的「建設性的不信任案制度」，不僅能使政府穩定，不會是群龍無首而是永遠有負責任的政府，亦即不會有內閣已倒，而新內閣未成立之空窗期出現。

(二) 聯邦與各邦配合良好

聯邦統籌決策制定，而各邦負責執行，各邦有機關執行全國事務（基本法§70-72），如此能使視野廣闊，不致有狹隘的地域本位主義。聯邦在委託各邦執行時，均加以原則性地規定執行方法並加以監督，使聯邦與各邦之間水乳融合，形成地域上的「群聚」（Cluster）力量。

(三) 聯邦憲法法院的建立

各種的政治問題均可以司法程序解決，訴諸於法理、理性；而不是以街頭

示威遊行表達需求，政治實力展現等非理性、情緒性、意氣用事，甚至肢體動作解決。因為以冷靜、理性、法理，所以政治問題的解決，就較有條理、系統、有力量。在臺灣，一有政治紛爭出現，例如，精省、鄉長停職，便有一群人聚眾示威，相比之下，便自覺慚愧。

六、俄　國

　　俄國政府的競爭力都是在權力相對抗中產生。首先是在蘇聯瓦解過程中，俄國與蘇聯的對抗，亦即代表俄國的葉爾欽（B. Yeltsin）與代表蘇聯的戈巴契夫相對抗，結果，葉爾欽獲勝，戈巴契夫失敗下臺，蘇聯瓦解。

　　其次是俄國人民代表大會主席與總統的對抗，總統葉爾欽獲勝，進行1993年俄國憲法修改，將列寧式蘇維埃制的人民代表大會，改制為西方式的國會兩院制。

　　前任總統葉爾欽與當時內閣總理丘諾米丁（V. Chernomyrdin）的權力對抗。自1997年年底，丘諾米丁作出接班的態勢，尤其是在1998年2月，丘氏訪美，與美國副總統高爾關室密談，達成祕密協議的動作，更證明此人的接班決心。這些動作引起克里姆林宮高層與金融寡頭集團的警戒，他們明顯感受到已無法完全控制丘諾米丁。葉爾欽害怕丘諾米丁奪權，在1998年3月令其下臺，由年齡36歲的基里延科（S.Kriyenko）擔任總理職務；基里延科在俄政界沒沒無聞，卻突然高升總理，原因是此人易於控制。基氏出面組閣的政治使命只有一個：穩定俄羅斯經濟情勢，防止盧布貶值，以便為克里姆林宮高層與金融寡頭集團爭取完成內部整合，推舉出足以代替這股勢力贏得西元2000年總統寶座的時間。1998年8月17日，基里延科同意採行允許盧布大幅貶值的新政策，造成進口推動型通膨，傷害到有能力消費進口品的較富裕階層，而這些人是葉爾欽政權最後的選票基盤。1998年8月24日葉爾欽決定改由丘諾米丁負責組織內閣，並選定丘諾米丁為接班人。從1998年3月下旬到8月，基里延科僅作了百餘天的總理。這段期間，俄國真正的統治集團——葉爾欽側近及金融寡頭財閥，進行了一場政治實驗。整場實驗的目標，在確保金融寡頭集團繼續支配西元2000年以後的俄羅斯。可是實驗失敗，於是新人退去，老人重來。為此，須在政界找一具備下列三要件的代理人：(一)個人野心不大，願意接受金融寡頭操

控；(二)能夠吸引選票，贏得2000年總統大選；(三)具備折衝能力，能夠擺平國會反對派。在俄羅斯政界，具有總統資格且又符合上述三條件的政治人物，屈指可數。最符合上述三條件的人，至今只有丘諾米丁一人而已。丘諾米丁重回寶座。這表示支配集團承認，丘氏此人雖令人不滿意，但可接受。同樣地，本身地位未必經得起1999年國會改選考驗的國會議員們，也較能接受丘諾米丁這種折衝力強、妥協度高的過渡型人物。

　　1999年8月，俄國總統葉爾欽任命普丁（Putin）為聯邦政府主席，2000年5月葉爾欽總統職位，由普丁代理總統，並進行競選總統，當選。在2004年又當選連任，任期到2008年，受到連選連任只能一次的限制，改推梅德韋傑夫（Medvedev）競選總統，當選。普丁屈居聯邦政府主席，2012年，普丁競選總統，當選。梅德韋傑夫改任聯邦政府主席。2018年，普丁再競選總統，又當選，任期至2024年。

參考書目

中文部分

中央通訊社（2015）。《2015世界年鑑》。台北：中央通訊社。

中央選舉委員會編（1994）。《法國選舉法規輯要》。台北：中央選舉委員會。

王田河譯，Alex Roney著（1991）。《認識歐洲共同體》。台北：中華書局。

王定士（2000a）。〈一九九九俄羅斯國家杜馬選舉研究〉。《俄語學報》，第3卷，頁288-316。

王定士（2000b）。〈俄羅斯千禧年總統選舉研究〉。《中山人文社會科學期刊》，第8卷第2期，頁35-62。

王承宗（1995）。〈俄羅斯「國家體制」之研究〉。《問題與研究》，第34卷第8期，頁23-24。

王承宗（1997）。〈俄羅斯國家觀念與本質探討〉。《問題與研究》，第36卷第7期，頁1-24。

王思維（2011）。〈法國公投制度的設計與運作〉。《歐洲國際評論》，第7期，頁99-120。

王泰銓（1997）。《歐洲共同體法總論》。台北：三民書局。

王業立（2001）。《比較選舉制度》。台北：五南圖書。

任德厚（1995）。《政治學》增訂3版。台北：三民書局。

朱景鵬（1994）。〈歐洲聯盟「經濟暨貨幣聯盟」及其與政治統合之關聯性〉。《問題與研究》，第33卷第11期，頁21-45。

朱景鵬（1996）。〈歐洲議會主義之理論與實際〉。《美歐月刊》，第11卷第7期，頁4-28。

江裕真譯，大前研一著（2006）。《M型社會》。台北：商周出版。

吳玉山（2000）。《俄羅斯轉型1992-1999：一個政治經濟學的分析》。台北：五南圖書。

吳東野（1991）。〈一九九〇年德國國會選舉之分析〉。《問題與研究》，第30卷第1期，頁11-20。

吳東野（1994）。〈歐洲議會選舉之分析〉。《美歐月刊》，第9卷第9期，頁39-56。

李玉珍（1992）。〈蘇聯解體與「獨立國家國協」的前景〉。《問題與研究》，第31卷第4期，頁25-37。

李玉珍（1998）。〈俄羅斯府會之爭的探討〉。《問題與研究》，第37卷第2期，頁55-68。

周月卿（1992）。《歐洲共同體經濟暨貨幣聯盟發展之研究》。淡江大學歐洲研究所碩士論文。

周月卿（1993）。〈從歐洲聯盟條約探討歐洲共同體經濟及貨幣同盟的發展〉。《經社法制論叢》，第12期，頁331-361。

周幼明（1995）。〈歐洲聯盟貨幣整合問題及發展之探討〉。《今日合庫》，第249期，頁34-45。

周家寅（2001）。《法國第五共和憲法委員之研究──以其憲法解釋權限及案例為中心》。國立台灣大學國家發展研究所碩士論文。

林經緯（1996）。〈俄羅斯聯邦安全會議之角色與功能〉。《問題與研究》，第35卷第9期，頁49-60。

芮正皋（1991）。〈法國總統緊急權力〉。《問題與研究》，第30卷第6期，頁77-90。

施能傑（1998a）。〈政府的績效管理改革〉。《人事月刊》，第26卷第5期，頁35-53。

施能傑（1998b）。〈策略管理與美國聯邦政府的改革〉。《人事月刊》，第26卷第4期，頁28-43。

柯三吉（1998）。〈日本政府再造的發展經驗〉。《考銓季刊》，第15期，頁2-16。

洪波（1993）。《法國政治制度變遷──從大革命到第五共和國》。北京：中國社會科學出版社。

胡祖慶（2001）。〈聯合政府的理論與實踐──法國經驗〉。載於蘇永欽主編，《聯合政府──台灣民主體制的新選擇？》。台北：新台灣人文教育基金會。

范祥偉（1998）。〈美國文官制度變革與發展（上）〉，《人事月刊》，第27卷第1期，頁10-14。

泰俊鷹、潘安順編譯（2000）。《法國政治體系》。台北：風雲論壇。

國民大會秘書處資料組（1996）。《新編世界各國憲法大全》。台北：國民大會秘書處資料組。

張世賢（1997）。〈日本眾議員選舉惜敗率之研院〉。載於《紀念陳水逢先生論文集》。台北：中華民國日本研究學會，頁143-190。

張世賢（2011）。《各國選舉制度》。台北：五南圖書。

張世賢、郭秋慶（1998）。〈德國聯邦議會議員為選舉制度之探討：以1998年選舉為例〉。《中國行政評論》，第8卷，頁1-22。

張世賢、陳恆鈞（1997）。《公共政策：政府與市場的觀點》。台北：商鼎文化。

張台麟（1995）。《法國政府與政治》。台北：五南圖書。

張台麟（2000）。〈法國第五共和實施公民投票之研究〉。《問題與研究》，第39卷第12期，頁25-40。

張台麟（2002）。〈法國總統的權力基礎與實際運作〉。載於高朗、隋杜卿主編，《憲政體制與總統權力》。台北：財團法人國家政策基金會。

張台麟（2010）。〈2008年法國修憲內容及其對我國的啟示〉。載於《國政分析》。台北：財團法人國家政策研究基金會。

張勇、任溶、孫琦（2001）。《MPA登陸中國》。北京：中央編譯出版。

張國榮（1997）。〈歐盟統一貨幣之前景及影響〉。《國際經濟情勢週報》，第1196期，頁6-13。

梁松雄譯（1990）。〈西德聯邦憲法法院法〉。載於司法院第二科編，《考察法、德、奧三國釋憲制度報告》。台北：司法院秘書處，頁93-130。

畢英賢（1994）。《俄羅斯》。台北：國立政治大學國際關係研究中心。

畢英賢（1996）。〈俄羅斯國會改選之研析〉。《問題與研究》，第35卷第4期，頁28-40。

許南雄（2016）。《各國人事制度》增訂16版。台北：商鼎文化。

許湘濤（1996）。〈俄羅斯的政治發展：1990～1996〉。《問題與研究》，第35卷第12期，頁29-58。

郭俊偉譯，G. Bingham Powell Jr.、Kaare W. Strom、Melanie Manion、Russel J. Dalton著（2021）。《當代比較政治一種世界觀（下）》。台北：五南圖書。

郭秋慶（1996）。〈歐洲議會在歐洲聯盟中的超國家發展〉。《美歐月刊》，第11卷第7期，頁29-41。

野上修市（1997）。《行政改革》。東京：新日本法規出版。

陳水逢（1984）。《日本政府與政治》。台北：黎明文化。

陳水逢（1985）。《戰後日本政黨政治》。台北：財團法人中日文教基金會。

陳水逢（1994）。《現代政治過程論》修訂本。台北：財團法人中日文教基金會。

陳怡平（1997）。〈歐洲經濟貨幣聯盟簡介〉。《企銀報導》，頁40-45。

陳恆鈞（1996a）。〈析國家與社會關係另一種研究途徑〉。《中國行政評論》，第5卷第2期，頁145-190。

陳恆鈞（1996b）。〈德國統一對歐盟的影響〉。《法政學報》，第6期，頁133-152。

陳恆鈞（1996c）。〈德國綠黨與環保運動支持者關係之研究〉。《空大行政學報》，第6期，頁229-242。

陳恆鈞（1997a）。〈政治行為之研究：研治文化與社會化〉。《淡江國際事務學報》，第1卷第2期，頁73-86。

陳恆鈞（1997b）。〈政治與政策執行：第三世界的特色〉。《公共政策學報》，第18期，頁57-76。

陳恆鈞（1998）。〈德國統一後政治文化變遷的展望〉。《淡江學報》，第36期，頁177-192。

陳麗娟（1996）。〈從馬斯垂克條約內涵論歐洲共同體與歐洲聯盟之互動〉，《美歐月刊》，第11卷第10期，頁20-31。

曾令良（1994）。《歐洲聯盟與現代國際法》。台北：志一出版社。

集英社（2005）。《情報、知識imidas，2005》。東京：集英社。

黃仁俊（2021）。〈德國政黨法的新發展——排除政黨財務補助之刃〉。《臺北大學法學論叢》，第120期，頁1-49。

黃臺生（1994）。〈行政革新：英國的經驗〉。《人事月刊》，第19卷第6期，頁72-80。

黃臺生（1997）。〈法國文官制度及行政革新概述〉。《公務人員月刊》，第15期，頁33-45。

葉自成（1997）。《俄羅斯政府與政治》。台北：揚智文化。

鄒忠科（1993）。〈歐洲經濟區域之形成及其發展〉。《問題與研究》，第32卷第2期，頁74-92。

雷飛龍（2010）。《英國政府與政治》。台北：臺灣商務印書館。

趙竹成（2001）。〈俄羅斯聯邦「聯邦制度」的改造〉。《俄羅斯學報》，創刊號，頁171-205。

劉向文（2002）。《俄國政府與政治》。台北：五南圖書。

劉淑惠（1994）。〈法國第五共和的國會〉。載於《法國第五共和的憲政運作》。台北：業強出版社。

劉嘉寧（1997）。《法國憲政共治之研究》。台北：臺灣商務印書館。

盧瑞鍾（2000）。〈從邦聯制談兩案問題〉。《政策月刊》，第62期，頁20-24。

賴郁君譯，豬口孝著（1994）。《日本：經濟大國的政治動作》。台北：月旦出版社。

鍾國允（2001）。《法國合憲性審查之研究》。國立台灣大學國家發展研究所博士論文。

嚴震生（1996）。〈1996年美國國會選舉結果之初步分析〉。《美歐月刊》，第11卷第12期，頁44-74。

英文部分

Acquaviva Jean-Claude (2005). *Droit Constituttionnel et Institutions Politiques* (8th ed.). Paris: Gualino èditeur.

Almond, Gabriel (1956). "Comparative Political Systems." *Journal of Politics*, 18: 391-409.

Almond, Gabriel A. & G. Bingham Powell, Jr. (1966). *Comparative Politics*: A Developmental Approach. Boston: Little Brown & Co.

Almond, Gabriel A. & G. Bingham Powell, Jr. (1978). *Comparative Politics: Systems, Processes, and Policy*. Boston: Little Brown & Co.

Almond, Gabriel A. & G. Bingham Powell, Jr. (1996). *Comparative Politics Today: A World View*. New York: Harpen-Collins College Publishers.

Almond, Gabriel A. & Sidney Verba (1965) *The Civic Culture: Political Attitudes and Democracy in Five Nations*. Boston: Little Brown & Co.

Andeweg, Rudy (1995). "The Reshaping of National Party Systems." *West European Politics*, 18(3): 60-75.

Belin, Laura, Robert W. Qrttung, & Ralphs Crame Clem (1998). *Russian Parlianentary Elections of 1995: The Battle for the Duma*. New York: M. E. Sharpe.

Blaustein, Albert P. & Gisbert H. Flanz (eds.) (1992). *Constitutions of the Countries of the World*. Dobbs Ferry, New York: Oceana.

Brown, Archie (ed.) (2001). *Contemporary Russian Politics: A Reader.* New York: Oxford University Press.

Burch, Martinch & Ian Holiday (1996). *The British Cabinet System.* Englewood Cliffs, NJ: Prentice-Hall.

Byrne, Tony (1990). *Local Government in Britain* (5th ed.). London: Penguin Books.

Conradt, David P. (2001). *The German Polity* (7th ed.). New York: Addison-Weley Longman.

Converse, Philip E. & Roy Pierce (1986). *Political Representation in France.* Cambridge, MA: Harvard University Press.

Corbett, Richard (1994). "Representing the People." In Duff, Andrew, John Pindet, & Roy Pryce (eds.), *Maastricht and Beyond: Building the European Union.* London: Routledge.

Coxall, Bill, Lynton Robins, & Robert Leach (2003). *Contemporary British Politics.* New York: Palgrave Macmillan.

Cummings, Milton C. Jr. & David Wise (2005). *Democracy Under Pressure* (5th ed.). New York: Harcourt Brace Jovanovich.

DeHart, Paul R. & Ronald J. Oakerson (2022). "Are Local Governments Mere Creatures of the States?" *National Affairs*, 54.

Downs, Anthony (1967). *Inside Bureaucracy.* Boston: Little Brown & Co.

Drewry, Gavin & Tony Butcher (1991). *The Civil Service Today* (2nd ed.). Oxford: Basic Blackwell.

Dror, Y. (1968). *Public Policymaking Reexamined.* San Francisco: Chandler.

Drucker, Peter F. (1969). *The Age of Discontinuity.* New York: Harper & Row.

Dyke, Vernon V. (1960). *Political Science: A Philosophical Analysis.* Standford, CA: Standford University.

Easton, David (1965). *A Framework for Political Analysis.* Englewood Cliffs, NJ: Prentice-Hall.

Elazar, Daniel J. (1966). *American Federalism: A View from the States.* New York: Crowell.

Elgie, Robert (2003). *Political Institutions in Contemporary France.* New York: Oxford University Press.

Elgie, Robert & Steven Griggs (2000). *French Politics: Debates and Controversies.* New York: Routledge.

Europa Publications Committee (2005). *The Europa World Year Book.* London: Europa Publication.

Flinders, Matthew (2001). *The Politics of Accountability in the Modern State.* Burlington: Ashgate.

Guyomarch, Alain, Howard Machin, Peter A. Hall, & Jack Hayward (2001). *Developments in French Politics 2.* Hampshire, England: Palgrave.

Hayward, Jack & Anand Menon (eds.) (2003). *Governing Europe.* Oxford: Oxford University Press.

Hayward, Jack & Vincent Wright (2002). *Governing from the Centre: Core Executive Coordination in France.* New York: Oxford University Press.

Hewlett, Nick (2003). *Democracy in Modern France.* New York: Continuum.

Huntington, Samuel P. & Joan M. Nelson (1976). *No Easy Choice: Political Participation in Developing Countries.* Cambridge, MA: Harvard University Press.

Inglehart, Ronald (1990). *Culture Shift: In Advanced Industried Society.* Princeton, NJ: Princeton University Press.

International Public Management Study (1994). *An Insight into Japan's Bureaucracy.* Tokyo: The Japan Times.

Japan Times (1994). *An Insight into Japan's Bureaucracy.* Tokyo: IPMS Group.

Kaneko, Yuko (1997). *Administrative Reform: The Care of Japan.* New York: United Nations.

Kesselamn, M., J. Kriegar, & W. A. Joseph (1996). *Comparative Politics at the Crossroads.* Lexington, MA: D. C. Heath and Company.

Kingdom, John (2003). *Government and Politics in Britain: An Introduction.* Oxford: Polity.

Lane, Jan-Erik & Svante O. Ersson (1996). *European Politics: An Introduction.* Beverly Hills, CA: Sage Press.

Lansford, Tom (ed.) (2017). *Political Handbook of the World 2016-2017.* New York: CQ Press.

Lasswell, Harold D. (1952). *Politics: Who Gets What, When, and How.* New York: McGraw.

Levisky, Steven & Lucan A. Way (2010). *Competitive Authorianism: Hybrid Regisms the Cold War.* Cambridge: Cambridge University Press.

Love, J. et al. (eds.) (2017). *The Europa World Year Book 2017.* London: Routledge.

Mayntz, Renate & Fritz W. Scharpf (1975). *Policy-Making in the German Federal Bureaucracy.* Amsterdam; New York: Elesevier.

Mosher, Frederich C. (1968). *Democracy and the Public Service.* New York: Oxford University Press.

Nishikawa, Toshiyuki (2009). "The Future of Japanese Constitution: From the MacArthur Constitution." 比較法文化, 17: 51-80.

Parkinson, C. N. (1957). *Parkinson's Law.* Boston: Houghton Mifflin.

Peele, Gillian (1995). *Governing the UK* (3rd ed.). Oxford: Blackwell.

Pyper, Robert & Lynton Robins (2000). *United Kingdom Governance.* New York: St. Martin Press.

Ranney, Austin (1996). *Governing: An Introduction to Political Science* (7th ed.). Englewood Cliffs, NJ: Prentice-Hall.

Rasmussen, Jorgen S. & Joel C. Moses (1995). *Major European Government.* Belmont, CA: Wadsworth.

Rhodes, R.A.W. (ed.) (2000a). *Transforming British Government: Volume 1. Changing Institutions.* New York: Macmillan.

Rhodes, R.A.W. (ed.) (2000b). *Transforming British Government: Volume 2. Changing Roles and Relationships.* New York: Macmillan.

Rose, Richard (1994). "Postcommunism and the Problem of Trust." *Journal of Democracy*, 5(3): 18-30.

Roskin, Michael G. (1989). *Countries and Concepts: An Introduction to Comparative Politics* (reissued). Englewood Cliffs, NJ: Prentice-Hall.

Rourke, Francis E. (ed.) (1965). *Bureaucratic Power in National Politics.* Boston: Little Brown & Co.

Rourke, Francis E. (ed.) (1969). *Bureaucracy, Politics and Public Policies.* Boston: Little Brown & Co.

Sakwa, Richard (1996). *Russian Politics and Society* (2nd ed.). New York: Routledge.

Sakwa, Richard (2002). *Russian Politics and Society* (3rd ed.). New York: Routledge.

Sayre, Wallace (1958). "Premise of Public Administration: Past and Emerging." *PAR*, 18(2): 102-105.

Schlesinger, Arthur Meier Jr. (1973). *The Imperial Presidency.* Boston: Houghton Mifflin.

Schmidt, Manfred G. (2003). *Political Institution in the Federal Republic of Germany.*

New York: Oxford University Press.

Schmidt, Steffen W., Mack C. Shelley, & Barbara A. Bardes (2005). *American Government and Politics Today*. Belmont, CA: Thomson/Wadsworth.

Sherrill, K. S. & D. J. Vogler (1982). *Power, Policy and Participation*. NewYork: Harper and Row.

Shirael, E. (2010). *Russian Government and Politics*. New York: Paligrave.

Stevens, Anne (1996). *The Government and Politics of France* (2nd ed.). New York: St. Martin's Press.

Theen, R. H. W. & Frank L. Wilson (2001). *Comparative Politics: An Introduction to Seven Countries*. Upper Saddle River, NJ: Prentice Hall.

Tocqueville, Alexis de (1954). *Democracy in America, Vol. 1*. NewYork: Vintage.

Verba, Sidney & N. H. Nie (1972). *Participation in America: Political Democracy and Social Equality*. New York: Harper and Row.

Verba, Sidney (1965). "Comparative Political Culture." In L. Pye & S. Verba (eds.), *Political Culture and Political Development*. Princeton, NJ: Princeton University.

Wasserman, Gary (1991). *Basics of American Politics*. New York: Harper Collins Publishers.

Webb, Paul (2000). *The Modern British Party System*. London: Sage.

White, Stephen, Richard Rose, & Ian McAllister (1996). *How-Russia Votes*. New York: Chatham House.

White, Stephen, Zvi Gitelman, & Richard Sakwa (2005). *Developments in Russian Politics 6*. Hampshire, England: Palgrave.

Wildavsky, Aaron (1979). *The Politics of Budget Process* (3rd ed.). Boston: Little Brown & Co.

Wilson, David (2005). "The United Kingdom: An Increasingly Differentiated Polity." In Bas Denters & Lawrence E. Rose (eds.), *Comparing Local Governance: Trends and Developments*. New York: Palgrave Macmillan.

Wilson, David & C. Game (2002). *Local Government in the United Kingdom* (3rd ed.). London: Macmillan.

Wu, Yu-Shan (2005). "Appointing the Prime Minister under Incongruence: Taiwan in Comparison with France and Russia." *Taiwan Journal of Democracy*, 1(1): 103-132.

Yuko Kaneko (1997). *Administrative Reform: The Care of Japan*. New York: United Nations.

比較政府資料相關網站

國名	機關別	網址
英國	英國首相府	http://www.number-10.gov.uk/output/Page1.asp
	英國皇家	http://www.royal.gov.uk/output/Page1.asp
	英國國會	http://www.parliament.uk
法國	法國總理府	http://www.premier-ministre.gouv.fr/en
	法國總統府	http://www.elysee.fr
	法國參議院	http://www.assemblee-nationale.fr
	法國國民議會	http://www.senat.fr
美國	美國政府	http://www.firstgov.gov
	美國白宮	http://www.whitehouse.gov
	美國國務院	http://www.state.gov
	美國參議院	http://www.senate.gov
	美國眾議院	http://www.house.gov
	美國普查局	http://www.census.gov/govs/apes/05stus.txt
	美國人事管理局	http://www.opm.gov
日本	日本政府	http://www.kantei.go.jp
	日本總務省	http://www.soumu.go.jp/index.html
	日本參議院	http://www.sangiin.go.jp
	日本眾議院	http://www.shugiin.go.jp/index.nsf/html/index.htm
德國	德國政府	http://www.bundesregierung.de
	德國總統府	http://www.bundespraesident.de
	德國參議院	http://www.bundestag.de
	德國聯邦議會	http://www.bundesrat.de.Site/Inhalt/DE
俄國	俄國政府	http://www.government.gov.ru/government/index.html?he_id=38
	俄國聯邦院	http://council.gov.ru
	俄國國家杜馬	http://www.duma.gov.ru

國家圖書館出版品預行編目資料

比較政府／張世賢著. -- 六版. -- 臺北市：五
南圖書出版股份有限公司, 2023.10
　　面；　公分

ISBN 978-626-366-577-4（平裝）

1. CST: 比較政府

572　　　　　　　　　　112014667

1PA7

比較政府

作　　者－張世賢（203.2）

校 訂 者－蘇俊斌、柯文娟

發 行 人－楊榮川

總 經 理－楊士清

總 編 輯－楊秀麗

副總編輯－劉靜芬

責任編輯－黃郁婷、許鈺梅、邱敏芳

封面設計－姚孝慈

出 版 者－五南圖書出版股份有限公司

地　　址：106台北市大安區和平東路二段339號4樓

電　　話：(02)2705-5066　　傳　真：(02)2706-6100

網　　址：https://www.wunan.com.tw

電子郵件：wunan@wunan.com.tw

劃撥帳號：01068953

戶　　名：五南圖書出版股份有限公司

法律顧問　林勝安律師

出版日期　1998年 9 月初版一刷
　　　　　2005年 3 月二版一刷
　　　　　2006年 5 月三版一刷
　　　　　2010年 6 月四版一刷
　　　　　2018年 9 月五版一刷
　　　　　2023年10月六版一刷

定　　價　新臺幣550元

所有 · 欲利用本書內容，必須徵求本公司同意※

全新官方臉書

五南讀書趣

WUNAN Books since1966

Facebook 按讚

👍 1秒變文青

★ 專業實用有趣
★ 搶先書籍開箱
★ 獨家優惠好康

f 五南讀書趣 Wunan Books 🔍

不定期舉辦抽
贈書活動喔！！

經典永恆・名著常在

五十週年的獻禮——經典名著文庫

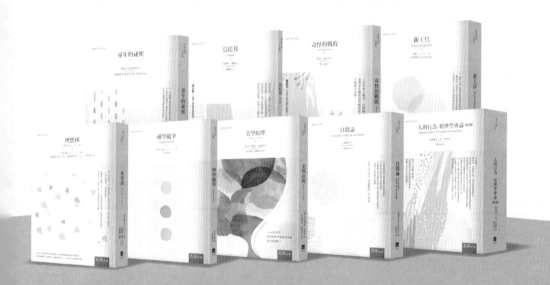

五南，五十年了，半個世紀，人生旅程的一大半，走過來了。

思索著，邁向百年的未來歷程，能為知識界、文化學術界作些什麼？

在速食文化的生態下，有什麼值得讓人雋永品味的？

歷代經典・當今名著，經過時間的洗禮，千錘百鍊，流傳至今，光芒耀人；

不僅使我們能領悟前人的智慧，同時也增深加廣我們思考的深度與視野。

我們決心投入巨資，有計畫的系統梳選，成立「經典名著文庫」，

希望收入古今中外思想性的、充滿睿智與獨見的經典、名著。

這是一項理想性的、永續性的巨大出版工程。

不在意讀者的眾寡，只考慮它的學術價值，力求完整展現先哲思想的軌跡；

為知識界開啟一片智慧之窗，營造一座百花綻放的世界文明公園，

任君遨遊、取菁吸蜜、嘉惠學子！